长期的思想比法2年中，我们已经因

经济，科技与诗等把握得比的认识。

初此需要继承这当代等的成

它也叫当此研究的情况，已

上海2所的地律，但已经改

对。重要明清的问题度

度之一张已是此实

引是民内经民的

。我们

徐惟诚

徐惟诚，1930年生，笔名余心言，安徽芜湖人。中共党员。先后在上海南洋模范中学、中华工商专科学校、民治新闻专科学校及大夏大学经济系学习。新中国成立后，长期从事共青团工作和新闻工作。历任上海《青年报》总编辑，上海《解放日报》副总编辑，共青团中央候补书记，《北京日报》社长、总编辑，中共北京市委常委、宣传部长、副书记，中共中央宣传部常务副部长，中国大百科全书出版社总编辑，中国文化扶贫委员会主任，八届全国政协常委、九届全国政协委员，中国职工思想政治工作研究会常务副会长，中国家庭文化研究会会长，中国伦理学会名誉会长，中国人民大学道德研究院院长，北京市杂文学会会长，北京市家庭教育研究会名誉会长，中华全国新闻工作者协会主席团委员，北京市新闻工作者协会名誉会长，是中国作家协会会员。著有《市场经济和道德建设》、《论理想和纪律教育》、《论新时期精神文明建设》、《改革开放中的精神铸造》、《传统道德的现代价值》、《论思想教育》、《群众路线十题》、《人生探索》、《文明絮语》、《给小红的信》、《祝你学习好》、《八十年寻路记》、《做有经济头脑的人》、《处世百题》、《少年儿童教育论集》、《余心言杂文选》、《余心言文集》等著作70余种。

自　序

　　我不是专职从事理论研究工作的。从中学时代在上海做地下党工作开始，我这一辈子主要从事学生工作、共青团工作、新闻出版工作、宣传部门工作，只有很短时间在企业工作。在工作过程中，为了解决自己的困惑，也为了回答青少年成长的困惑，而去读理论著作，研究实际问题，指导自己的实际工作。而由于工作的需要，自己学习的体会、心得，需要形成文字，或者变成讲话稿，几十年就有了若干积累。收入本书的是我比较容易找到的一些文章，大概发表于20世纪80年代至21世纪初。

　　我一直确信理论是有用的。理论是从实际当中抽象出来的规律性的认识，是可以指导我们的实践，推动实际工作前进的。当然，理论要有用，必须与实际紧密结合。我们处在一个科学技术、生产力前所未有的迅猛发展的时代，社会、生活处于极大的变化之中，而我们中国又与别的国家有很大的差异，我们只能立足于变化了的实际，变化了的中国来做理论研究，只有这样的研究才能于社会、于国家有用。

　　本书中收集的 46 篇文章分为五个部分，分别是：马克思主义相关基本理论研究（8 篇）、宣传工作与宣传艺术（7 篇）、思想政治工作与方法创新（12 篇）、道德建设与伦理学研究（9 篇）、新闻出版——业务研究与实践创造（10 篇）。每个部分的文章按时间先后排序。这些文章反映了我几十年不断学习的过程，也反映了我几十年认识的不断变化过程。生活之树常青，新的事物层出不穷，我们的认识永远赶不上时代的变化。这些文章表达的都是当时的认识，而认识是有局限性的。我保留了文章的原貌，保留了自己对真理探索的足迹。我现在一直还在继续学习，继续研究我认为重要而又尚未引起足够重视的实际问题，希望自己能不落后于这个时代，并对这个社会有用。

2010 年 8 月 22 日于北京

目　录

马克思主义相关基本理论研究

宣传工作与宣传艺术

思想政治工作与方法创新

道德建设与伦理学研究

新　闻　出　版

——业务研究与实践创造

马克思主义相关基本理论研究

MAKESIZHUYI XIANGGUAN

JIBENLILUN YANJIU

关于社会主义精神文明建设的
若干问题[*]

一、关于社会主义精神文明建设的意义

党的十二大把社会主义精神文明建设提到战略的高度。胡耀邦同志在《全面开创社会主义现代化建设的新局面》的报告中说："在全党把工作重点转移到现代化经济建设上来以后，党中央曾多次郑重提出：我们在建设高度物质文明的同时，一定要努力建设高度的社会主义精神文明。这是建设社会主义的一个战略方针问题。社会主义的历史经验和我国当前的现实情况都告诉我们，是否坚持这样的方针，将关系到社会主义的兴衰和成败。"邓小平同志在十二大的开幕词中，也把建设社会主义精神文明列为今后一个长时期，至少是到 20 世纪末的近 20 年内，我

---

* 本文由四川人民出版社 1983 年 5 月出版。

们要抓紧的四件工作之一，并指出：这是"坚持社会主义道路，集中力量进行现代化建设的最重要的保证。"对于党中央的这些重要论述，许多同志从自己本单位的情况，从当前社会风气存在的各种问题，从我们的历史经验，已经谈了许多很好的体会。但是，也有一些同志提出了一些问题。

首先，是关于社会主义精神文明是社会主义的重要特征的问题。

胡耀邦同志在十二大的报告中指出："过去在讲到社会主义特征的时候，人们往往强调剥削制度的消灭和生产资料的公有，按劳分配，国民经济有计划按比例的发展，以及工人阶级和劳动人民的政权。人们还强调，高度发达的生产力和比资本主义更高的劳动生产率，作为社会主义发展的必然要求和最终结果，也是它的特征。这些无疑都是正确的，但是还不足以完全包括社会主义的特征。社会主义还必须有一个特征，就是以共产主义思想为核心的社会主义精神文明。没有这种精神文明，就不可能建设社会主义。"这是一段有创见性的精辟论述，是我党在深刻总结、研究了我国和国际共产主义运动的历史经验，研究了现实生活中的新情况、新问题，通过对科学社会主义理论的深刻思索之后，提出来的对社会主义特征的新概括。

我们知道，马克思主义的经典作家讲过文明，也讲过精神，但是他们没有把这两个词联系起来，没有对精神文明，以及精神文明在社会主义建设中的地位作过明确概括的论述。一些同志认为，社会主义精神文明中的许多问题都是马克思主义经典作家论述过的，今天提出来，并没有什么新鲜东西。另外一些同志则认为，把社会主义精神文明作为社会主义的重要特征，违反了马列主义的基本原理，因为经典作家没有这样讲过。

这两种看法都是不对的。事实上，我们党把社会主义精神文明列为社会主义的重要特征，既坚持了马克思列宁主义的基本原理，又是运用这些基本原理，结合我国和国际共产主义运动的历史经验，对全面概括社会主义特征这一重大的理论和实践问题，所做出的创造性的贡献。

让我们回顾一下共产主义运动的历史。

关于社会主义的特征，恩格斯曾经在《反杜林论》中作过分析。后来，他又把这些论述抽出来加以补充，形成了《社会主义从空想到科学的发展》这本被马克思称为科学社会主义入门的小册子。在这本书里，恩格斯对社会主义的特征，主要分析了它的经济方面。恩格斯着重指出，无产阶级将取得社会权力，把生产资料转变为公有财产，取代生产者和生产资料的分离；用按照预定计划进行的生产，取代整个社会生产的无政府状态。恩格斯在当时的主要任务，是要同空想社会主义划清界限。而空想社会主义之所以是空想，恰恰因为它只是单纯地从伦理概念出发，离开了客观的经济发展进程。所以，恩格斯在当时就必须着重分析在社会主义特征中最主要的、起决定作用的经济方面。恩格斯自己也说，他的这些论述仅限于经济方面，是一个"无论是政治的还是非经济的社会问题都根本未触及的不全面的概述。"

但是，这绝不是说马克思、恩格斯在论述共产主义革命的时候没有涉及精神文明方面的问题。在《共产党宣言》中，他们就明确地指出："共产主义革命就是同传统的所有制关系实行最彻底的决裂；毫不奇怪，它在自己的发展进程中要同传统的观念实行最彻底的决裂。"他们在这篇光辉的著作中，还对宗教、道德、哲学、教育等方面的变革作了明确的论述。当然，那个时候，马克思和恩格斯还没有明确地形成共产主义分为社会主义和共产主义这样两个阶段的概念。因此，他们在当时也就不可能把有关的内容集中概括为社会主义精神文明这样的概念。

后来，马克思在《哥达纲领批判》当中，对社会主义特征的政治方面作了论述。他说："在资本主义社会和共产主义社会之间，有一个从前者变为后者的革命转变时期。同这个时期相适应的也有一个政治上的过渡时期，这个时期的国家只能是无产阶级的革命专政。"马克思在这本书中对社会主义特征的经济方面也作了进一步的揭示，指出在这个共产主义社会的低级阶段只能实行按劳分配的原则。马克思这些关于社会主义特征的论述都是极其重要的，但是毕竟没有构成对社会主义特征的全面概括。

列宁在领导俄国十月革命取得胜利之后，面临着组织人民建设社会主义的伟大任务。他在论述社会主义特征时，除了反复强调以上各点之外，特别强调发达的生产力和比资本主义更高的劳动生产率。同时，列宁还反复阐明共产主义教育、共产主义道德、共产主义纪律、共产主义劳动态度的重要意义。列宁要求在社会主义社会里，要

"帮助培养和教育劳动群众，使他们克服旧制度遗留下来的旧习惯、旧风气，那些在群众中根深蒂固的私有者的习惯和风气"，"战胜自身的保守、涣散和小资产阶级的利己主义"，"树立新的劳动纪律，建立新形式的人与人的社会联系，创立吸引人们参加劳动的新方式和新方法"。他要求人们"用人类创造的全部知识财富来丰富自己的头脑"。列宁的这些论述，讲到了建设社会主义精神文明的许多方面的任务。但是他还没有来得及把这些任务概括起来，形成建设社会主义精神文明这样明确的概念。

毛泽东同志对于加强思想政治工作和发扬革命精神是非常重视的。他提出过许多正确的思想，如"政治工作是一切经济工作的生命线"，"思想工作和政治工作是完成经济工作和技术工作的保证"，"要保持过去革命战争时期的那么一股劲，那么一股革命热情，那么一种拼命精神；把革命工作做到底"等。但是，毛泽东同志也没有提出过建设社会主义精神文明这样一个明确的概念，也没有把它作为社会主义的重要特征来论述。到了他的晚年，他把精神的作用夸大到不恰当的程度，并且错误地发动了"文化大革命"，给我们的国家带来了严重的灾难。

现在我们党提出了建设社会主义精神文明的任务，并且把社会主义精神文明作为社会主义的重要特征，这正是继承和坚持了马列主义、毛泽东思想的基本观点，纠正了过去出现过的"左"的错误，使社会主义的特征得到全面的概括，使建设社会主义有了全面的纲领。

其实，把社会主义精神文明作为社会主义的基本特征，完全是顺理成章的。我们平常讲共产主义理想，总是说那是一个生产高度发展、人们的道德水平又有极大提高的社会。社会主义作为共产主义的初级阶段，怎么能不努力在建设精神文明上下功夫呢？如果我们对社会主义的理解陷入片面性，只注意物质方面的建设，那么，现代化的建设就不能保证社会主义的方向，社会主义社会本身就会失去理想和目标，它的其他特征也可能有保持不住的危险。

其次，有些同志认为，现在提出社会主义精神文明建设，是因为前几年对思想工作放松了，只讲按劳分配，只讲要富起来，把人们的思想搞乱了。现在，因为社会上的问题太多，只好赶快把精神文明建设提出来。在他们看来，好像提倡社会主义精神文明只是为了应付眼前的权宜之计。这种看法当然是不对的。因为，当前无论是社会风气或者是党风存在的问题，都不是十一届三中全会以来的政策造成的。相反，谁都可以看得见，虽然党风和社会风气的根本好转还有待实现，但它确实是有了明显好转。而且，建设社会主义精神文明，正是十一届三中全会以来党中央一贯的主张，并不是现在才突然提出来的。

党的十一届三中全会公报中，就提出了"大力加强实现现代化所必需的科学与教育工作"、"注意把思想政治工作和经济手段结合起来"、"在人民和青年中继续加强自力更生、艰苦奋斗的革命思想教育"等问题。

1979年9月，党的十一届四中全会明确地提出了建设社会主义精神文明的概念。全会所通过的叶剑英同志代表党中央、全国人大常委会和国务院在庆祝中华人民共和国成立 30 周年大会上的讲话中，明确指出："我们要在建设高度物质文明的同时，提高全民族的教育科学文化水平和健康水平，树立崇高的革命理想和革命道德风尚，发展高尚的丰富多彩的文化生活，建设高度的社会主义精神文明。"

　　1979 年 10 月 30 日，邓小平同志代表党中央和国务院在中国文学艺术工作者第四次代表大会上的祝辞中又提出："我们要在大幅度提高社会生产力的同时，改革和完善社会主义的经济制度和政治制度，发展高度的社会主义民主和完备的社会主义法制。我们要在建设高度物质文明的同时，提高全民族的科学文化水平，发展高尚的丰富多彩的文化生活，建设高度的社会主义精神文明。"

　　1980 年 2 月，胡耀邦同志在剧本创作座谈会上的讲话中也指出："我们的根本目的，是要使我们的物质财富大大地丰富起来，使我们的精神财富大大地丰富起来。""我们要搞两个文明，一个物质文明，一个精神文明。"

　　1980 年 12 月的中央工作会议把建设社会主义精神文明的问题作为重要议题进行了讨论。邓小平同志在会议上的讲话中指出："我们要建设社会主义国家，不但要有高度的物质文明，而且要有高度的精神文明。"他并且尖锐地指出："没有精神文明，没有共产主义思想，没有共产主义道德，怎么能建设社会主义？"

　　1981 年 2 月，中宣部等单位发布了关于开展文明礼貌活动的通知，对全总、团中央、妇联等单位关于在全国开展"五讲四美"活动的倡议予以肯定，并且指出："这是多国社会主义精神文明建设的一项重要工作和具体形式。"要求"把它作为当前建设社会主义精神文明的一件大事，认真抓好"。通知还指出："我们在社会主义现代化建设中，要继承和发扬中华民族的优良传统，建设高度的社会主义精神文明。"

1981 年 6 月，党的十一届六中全会通过的《关于建国以来党的若干历史问题的决议》，确认"社会主义必须有高度的精神文明"，并且把党在新时期的奋斗目标概括成为建设现代化的、高度民主的、高度文明的社会主义国家。

我们所以不厌其烦地引用这么多材料，就是为了用事实证明，建设社会主义精神文明的问题，确实是党中央在十一届三中全会以后"多次郑重提出"的，完全不是最近才突然提出来的。只是有些同志对党中央的这些明确的提法，没有认真加以注意。

还有的同志，举出前一段有的报刊上发表过的文章中的错误观点为例，据此认为党中央没有把方针掌握好。这样的看法也是不符合事实的。胡耀邦同志在十二大的报告中指出，在历史大转变的时刻，人们思想上的片面性是很容易发生的。有一些同志对党的方针、政策一时不能正确理解，产生了"左"的或者右的错误倾向，发表了一些错误的意见。但是，这些意见并不是党中央的方针，恰恰是违背了党中央的方针。而且，党中央一直是及时地对这些错误的倾向进行了严肃的批评和纠正。这也是有事实为证的。

早在 1979 年 3 月，邓小平同志代表党中央在党的理论工作务虚会上的讲话中，就提出"要在中国实现四个现代化，必须在思想上政治上坚持四项基本原则。这是实现四个现代化的根本前提"。他说："中央认为，今天必须反复强调坚持这四项基本原则，因为某些人（哪怕是少数人）企图动摇这些基本原则。这是决不许可的。"

1979 年 10 月 30 日，邓小平同志在中国文学艺术工作者第四次代表大会上的祝辞中要求文艺界，"对于来自'左'的和右的，总想用各种形式搞动乱，破坏安定团结局面，违背绝大多数人利益和意愿的错误倾向，要保持清醒的头脑"，"要运用文艺创作，同意识形态领域的其他工作紧密配合，造成全社会范围的强大舆论，引导人民提高觉悟，认识这些倾向的危害性，团结起来，抵制、谴责和反对这些错误倾向。"

1980 年 1 月 16 日，邓小平同志在《目前的形势和任务》中，就一些值得注意的违反四项基本原则的社会思潮进行了分析和批判，进一步阐述了坚持四项基本原则的意义。

1980 年 2 月，胡耀邦同志在剧本创作座谈会上，结合如何看待我们的党、如何看待我们这个社会、如何看待我们的人民、如何看待毛泽东同志等问题，对当时存在着的一些错误思想进行了分析，指出了文艺工作者应该注意的问题。

1980 年 12 月的中央工作会议，决定加强党的思想政治工作，加强建设社会主义精神文明，批判违反四项基本原则的错误思潮，打击破坏社会主义事业的反革命分子。邓小平同志在讲话中说："我们在新民主主义革命时期，就已经坚持用共产主义的思想体系指导整个工作，用共产主义道德约束共产党员和先进分子的言行，提倡和表彰'全心全意为人民服务'，'个人服从组织'，'一不怕苦，二不怕死'。现在已经进入社会主义时期，有人居然对这些庄严的革命口号进行'批判'，而这种荒唐的'批判'不仅没有受到应有的抵制，居然还得到我们队伍中一些人的同情和支持。每一个有党性、有革命性的共产党员，难道能够容忍这种状况继续下去吗？"

1981 年七八月间，中央又召开了思想战线问题座谈会，对资产阶级自由化倾向进行了严肃的批评，提出了改变思想战线领导存在的涣散软弱状态的问题。

大量的事实都说明，党中央对于思想政治工作，一直是抓得很紧的，对于各种错误倾向，从来就没有放松过批评和纠正。在党中央的领导下，各级党委的宣传部门、报刊单位也做了大量的工作。对于报刊上发表的有明显错误观点的文章，绝大部分都及时发表了旗帜鲜明的批评文章。如果看不见这些大量的、基本的事实，只是对那些已经得到批评、纠正的事实念念不忘，恐怕不能算是思想方法正确吧。应该指出和批评那些错误的倾向，并且从中吸取教训。但是，把这些错误的倾向认为是中央的方针，认为是中央在执行方针中的摇摆，那就不符合事实了。

与此相联系的，就是还有少数同志认为，现在提出建设社会主义精神文明，是不是又回到"无产阶级专政下继续革命"的理论上去了。

我们必须弄清楚，所谓"无产阶级专政下继续革命"的理论，它的特定含义就是毛泽东同志发动"文化大革命"的那些"左"倾错误论点。这些论点包括：党里、政府里、军队里和文化领域各界里，混进了一大批资产阶级代表人物，反革命修正主义分子；相当大的一个多数的单位的领导权已经不在马克思主义者和人民群众手里；党内有一个资产阶级司令部，有一条修正主义路线，各地区、各部门都有它的代理人；只有搞"文化大革命"，发动群众才能把被走资派篡夺的权夺回来；"文化大革命"实质上是一个阶级推翻另一个阶级的政治大革命，以后还要进行多次。实践已经证明，这些论点是完全错误的。党的十一届六中全会通过的《关于建国以来党的若干历史问题的决议》指出："毛泽东同志发动'文化大革命'的这些'左'倾错误论点，明显地脱离了作为马克思列宁主义普遍原理和中国革命具体实践相结合的毛泽东思想的轨道，必须把它们同毛泽东思想完全区别开来。"如果不系统地清理这一套错误理论，就很难防止阶级斗争扩大化的错误，我们就不能造成安定团结的局面，团结广大群众，集中力量在社会主义建设的道路上继续前进。几年来，我们正是在这一方面做了大量的工作。不但是现在，而且今后无论什么时候，也决不允许再把这一套错误理论重新捡起来。

党的十一届六中全会通过的《关于建国以来党的若

干历史问题的决议》指出："毛泽东思想是我们党的宝贵的精神财富，它将长期指导我们的行动。"我们必须"把经过长期历史考验形成为科学理论的毛泽东思想，同毛泽东同志晚年所犯的错误区别开来"。"我们必须珍视半个多世纪以来在中国革命和建设过程中把马克思列宁主义普遍原理同中国实际相结合的一切积极成果，在新的实践中运用和发展这些成果，以符合实际的新原理和新结论丰富和发展我们党的理论，保证我们的事业沿着马克思列宁主义、毛泽东思想的科学轨道继续前进。"十一届三中全会以来，我们党中央正是这样做的。党中央的一系列路线、方针、政策，包括提出社会主义精神文明建设在内，既不存在一度离开马列主义、毛泽东思想轨道的问题，也不存在后来才回到这个轨道上来的问题。我们所做的拨乱反正工作，是拨林彪、江青反革命集团所造成的混乱，是要纠正毛泽东同志晚年的"左"倾错误，是对马列主义、毛泽东思想的坚持和发展。如果谁要用毛泽东同志晚年的错误观点来解释社会主义精神文明建设问题，那就一定会解释歪了。

二、关于共产主义思想和道德的物质基础

胡耀邦同志在党的十二大的报告中指出，共产主义思想是社会主义精神文明的核心，在全社会建设社会主义精神文明的伟大任务，要在共产主义思想指导下进行。

报告的这些论断，抓住了决定社会主义精神文明性质

的最根本的问题，也使我们的实际工作有了明确、坚定的方向。历史的经验和现实的情况都证明：如果不高举共产主义思想的伟大旗帜，就不可能抵制资本主义思想和其他非无产阶级思想的侵蚀和影响，就不能保证社会主义建设事业的胜利。可是，由于林彪、江青反革命集团鼓吹假共产主义所造成的恶劣影响，也由于我们自己过去工作中"左"的失误，一些同志对今天提倡共产主义思想和道德的可能性产生了种种怀疑。我们必须从理论和实践的结合上把这些问题弄清楚，才能科学地、理直气壮地、有效地进行共产主义思想的宣传。

有的同志说，存在决定意识，既然现在还是社会主义社会，还没有到共产主义阶段，就不应该提倡共产主义思想。否则，就是超越历史阶段，就是唯心主义。

说得不客气一点，这是一种对唯物论的基本概念，对共产主义运动的历史，都缺乏基本了解的、很幼稚的看法。

让我们先来了解一下，"存在决定意识"的本来含义是什么。

存在决定意识这是一个唯物主义的哲学命题。它回答的是，物质和精神，谁是第一性的问题。它告诉我们，人的思想、意识、观念等精神的东西，既不是从天上掉下来的，也不是从头脑里自己产生出来的，而是客观的物质存在在人的头脑中的反映。它告诉我们，当我们研究某一种思想、观点、学说、主张的时候，我们不能仅仅从这些观点的词句本身来了解它们，还要进一步了解所以产生这些观点的物质条件。某种观点，包括若干错误的、甚至荒谬的观点，它既然产生出来了，总有它所以能够产生的客观条件。例如，古代人们的迷信思想，就是在人类生产力水平极其低下的条件下产生的。我们的先人，慑于风、雨、雷、电等自然现象的威力，又不可能对它们作出科学的解释，就只能产生出冥冥之中有某些神灵在主宰的观念。实际上，人们是按照自己的模样去想象和创造神的模样的。最近，法国绘画展览在北京举行，其中有一些宗教画。我们可以看到，那些外国的神仙，也都是高鼻子。我们又可以看到，从印度来的菩萨，许多额上点着吉祥痣，这是印度人的风俗。观世音菩萨，在印度，本来是男相，传到中国逐渐变化，最后变成一个中国古代装束的妇女。无论是《西游记》，还是《聊斋志异》，写的虽然是神仙鬼怪，但那里面的故事，还是人间的故事，是人世间的各种纠纷，各种喜怒哀乐、悲欢离合，穿上了神怪的外衣，在那里演出。

懂得了存在决定意识这样一个唯物主义的基本原理，我们就可以知道：一方面，只要产生某种观点的物质条件继续存在，那么，无论这种观点多么错误，多么荒谬，受到多少人的批评和反对，这种观点仍旧是不会消失的，而是要不断地产生出来。另一方面，随着人们物质生活条件的改变，也就必然会产生出新的思想、新的观念，并且终将战胜、代替那些过时了的旧思想、旧观念。马克思和恩格斯说："人们的观念、观点和概念，一句话，人们的意识，随着人们的生活条件、人们的社会关系、人们的社会存在的改变而改变。""任何一个时代的统治思想始终都不过是统治阶级的思想。"今天，无产阶级已经成为中国社会的领导阶级，无产阶级的政党——共产党已经成为我们伟大社会主义国家的领导政党，也就是人们通常所说的执政党，我们已经建成了共产主义的初级阶段——社会主义社会，难道无产阶级的思想，即共产主义思想，不是理所当然应该成为整个社会的指导思想吗？

按照存在决定意识这一唯物主义的基本原理，我们说，今天的中国社会，还不是完全的共产主义社会，还没有发展到共产主义的高级阶段，因此，还不可能使整个社会的每一个成员都成为自觉的共产主义者。从这里来认识我们思想政治工作的艰巨性、长期性，当然是对的。

但是，我们还应该说，今天的中国社会，毕竟是一个社会主义社会，是已经进入了共产主义的初级阶段，已经有了若干共产主义的因素，这些因素还必将随着历史的发展而发展。最后必将前进到共产主义的高级阶段去。这就是这个社会的发展前途。随着社会的发展和前进，经过我们不断的努力，共产主义思想必然会在越来越大的范围中取得胜利，难道还能得出相反的结论来吗？

存在决定意识的过程，是一个极其复杂的过程。客观存在的事物要反映到人的头脑中来，要受到许多条件的制约和影响，要经过曲折的道路。它不像在实验室中做化学实验，只要增加某一个条件，就一定出现某种反应。我们学习和掌握存在决定意识这个原理，只能运用它来指导我们对社会中存在的各种思潮、各种观念进行研究，判定他们的发展趋势，从而确定我们的立场，选择正确的方法，去促进那些陈腐观念的死亡，促进那些有无限光明前途的思想获得胜利。这样做，才是坚持了唯物论。如果不是这样，而是拿一个原理做套子，命令什么思想可以产生，什么思想不可以产生，那就是武断，这种做法本身就不是唯物主义而是陷入了唯心主义。事实上，共产主义思想已经产生并在全世界传播了100多年，怎么能凭一条原理就变成不应该存在和宣传的东西呢？当然，不是这个原理本身有什么不对。这是一条马克思主义的原理。问题是，我们的一些同志把这条原理理解错了，运用错了。

社会存在的情况本身就是极其复杂的。不能说在一个社会里就只有一种单一的社会存在。社会意识，作为社会存在的反映就更复杂了。我们现在是社会主义社会。照一些同志的简单化的想法，就应该只有社会主义思想。可是，事实上却存在着资本主义思想、封建主义残余思想和各种非无产阶级思想。北京这个地方，文化算是比较发达的，可是还是不断地要出现个把自封为"皇帝"的人。你能说这些思想是违反了"存在决定意识"的原理冒出来的吗？当然不能。这些思想也不是从天上掉下来的。归根到底也是客观存在决定的。当然，其中有许多是反映了过去的存在。即使这样，我们应该怎么办呢？能不能简单地宣布一下：这些思想违反了存在决定意识的原理，因此应该自动消亡。这样做当然是毫无意义的。我们能做的事情，就是充分发挥社会主义的有利条件，因势利导地去进行工作，从而促进这些与我们社会主义社会发展的要求相背离的思想、观点的消亡。

现在，让我们回到产生共产主义思想的物质基础这个问题上来。大家知道，共产主义思想、共产主义道德，都是在资本主义社会中产生的。资本主义社会，怎么能产生共产主义思想呢？因为资本主义社会是由两大对抗阶级组成的。有资产阶级，就必然有资产阶级的剥削对象——无产阶级，否则资产阶级就存在不下去。但是无产阶级同时也就是资产阶级的掘墓人。无产阶级在现代的大工业中生产，这就使他们和科学技术的进步紧紧地联系在一起，使他们的眼界开阔了。大工业生产又锻炼了他们的组织性和纪律性，锻炼了他们的团结协作精神。他们被资产阶级剥夺了一切生产资料，连他们自身的劳动力都变成了商品，这种阶级地位决定了他们必然具有彻底的革命精神。而他们在同资产阶级斗争的过程中，更加认识到了自己作为一个阶级组织起来、团结起来的力量。他们所处的历史地位，使他们的解放，只有在全人类的解放中才能最终获得。正是工人阶级的这种种客观的社会存在，反映到马克思、恩格斯的头脑中，再经过他们总结了整个人类历史的经验，才形成了共产主义的科学的思想体系。正因为共产主义思想是在这样坚实的物质基础上产生的，所以它诞生以来的100多年中始终是无产阶级进行战斗、争取解放的武器。它能够在这样长的时期中，动员如此广大的群众，去为实现自己的利益而奋斗，这是自有人类历史以来的任何思想都不能够比拟的。

这些情况说明，不同的社会成员，处于不同的社会地位，他们就有可能产生不同的思想、观点。所以，在一个社会中，往往既有已经消亡的旧社会的思想残余存在，又有代表社会前进和发展方向的未来新社会的思想萌芽产生、发展和壮大。我们知道，资本主义思想的萌芽，大约产生于公元1300年左右，而那时的欧洲，还正是封建黑暗的中世纪。这种情况，从历史来看，是完全合乎逻辑的。如果资本主义思想不是在封建社会中产生，那么资产阶级用什么旗帜、什么思想武器来进行资产阶级革命呢？封建社会怎么会垮台？人类又怎么可能进入资本主义社会呢？同样，如果共产主义思想不是在资本主义社会中就产生出来，那就不可能有什么共产主义运动，不可能推翻资本主义制度，不可能建立如我们今天这样的社会主义制度。既然共产主义思想，在资本主义社会中（在我国是半殖民地、半封建社会）就指导了无产阶级和广大人民争取解放的斗争，那么，到了社会主义阶段，当然更不能因为共产主义的高级阶段尚未来到，反而拒绝共产主义思想的指导。

社会主义制度和资本主义制度相比，已经产生了根本的变化。我们已经建立了生产资料的社会主义公有制，这就使共产主义思想和道德更加广泛深入地传播，有了更加坚实的物质基础。如果说，在旧社会，有可能接受共产主义思想的，还只是工人阶级和一部分先进分子。那么，到了社会主义社会，由于生产资料公有制的存在，就使得全体劳动者，进而使全社会的公民，都在客观上有了共同的利益。从这一点出发，这个社会的全体公民，还有着共同的前途，因而也就有共同的理想，有为了保护共同的利益和实现共同的理想所需要的共同的道德、共同的纪律。这就是说，有了逐步向这个社会的全体成员普及共产主义思想的可能性。

　　说有这种可能性，不是说共产主义思想的普及会是很容易的事。事情是不容易的。真正要做到共产主义思想的普及，还需要经过好几代人的努力。一方面，旧思想、旧习惯的影响根深蒂固，不肯轻易退走。另一方面，客观存在的利益不一定能被人们的主观认识到。正因为这样，毛泽东同志才说，马克思列宁主义的基本原则，就是要帮助群众认识自己的利益，并且团结起来，为实现自己的利益而奋斗。我们共产党革命几十年，做的可以说就是这样一件事，今后也还是要做这样　件事。

　　提倡共产主义的思想和道德，一方面，不容易；另一方面，毕竟有了可能性。社会主义即共产主义初级阶段的客观存在，总要或多或少或快或慢地反映到人的头脑中去。因此，在我们今天的社会里，就有许多普通的工人、农民、知识分子，普通的居民，或多或少地接受了共产主义教育的某一部分内容，或多或少地在按照共产主义的思想和道德指导着自己的行动。比如，上海女工陈燕飞，虽然身怀有孕，但她看到别人落水时，仍毫不犹豫地跳到水中去救人，受到广大群众的赞扬。据说，陈燕飞在工厂里平时并没有什么突出的表现，只能算是"一般"。但就是这样"一般"的女工，在关键时刻也能做出不一般的表现。她认为她这样做是理所当然的，并没有经过什么思想斗争，这就说明，平时的共产主义思想和道德教育，确实在她身上发生了作用。我们有共产党的领导，有党领导下的人民政权，有强大的社会主义性质的经济基础，建设以共产主义思想为核心的社会主义精神文明，就是完全有可能的。

有的同志提出，资本主义国家很富，道德水平却很低，我们过去战争年代生活很苦，可精神却很高尚，这种情况是不是可以说明还是"越穷越革命"？还有的同志则认为，现在社会风气不好，根本原因就是"穷"，只要生产发展了，生活富裕了，人们的道德水平自然就会高起来。

这两种说法当然都是不对的，因为它们都不符合事实。大家都可以举出许多相反的例证来反驳这两种说法。

马克思主义认为，道德作为一种上层建筑，是由人们的物质生活条件决定的。但是，请同志们注意，这里说的"物质生活条件"是哲学上的语言，而不是我们平常生活里的语言。有的同志看见"物质生活"这几个字，就产生了误解，以为指的就是吃的食品、穿的衣服、住的房子、坐的车子等等。但是，道德的营养物并不是这些东西。道德并不是决定于吃牛奶面包，还是吃窝头。道德是关于人们共同生活及其行为的准则和规范，它所涉及的是人的社会关系问题。因此，在哲学上讲到决定道德的"物质生活条件"，指的首先就是生产方式，也就是生产力和生产关系的总和。而在生产方式之中，又是生产关系的总和，构成了直接决定包括道德在内的各种上层建筑的经济基础。那些发达的资本主义国家，社会道德风气愈来愈糟，并不是因为那里生产水平不高，也不是因为它们太富了，而是因为那里的社会制度。它们的繁荣是建筑在对国内劳动人民的残酷压榨和对世界弱小国家野蛮掠夺的基础之上的。资本的本性是追逐利润，在资本主义制度下，通行的原则自然就是赤裸裸的利己主义、拜金主义，不是我剥削别人，就是被别人剥削。这个社会制度已经走到了它的末路，已经没有前途了。正是这些状况，决定了这些国家中社会道德水平的低下。

在我们国家里，曾经有一段时间，生产水平和道德水平都日益提高。这是因为我们推翻了旧制度，建立了新中国，所以无论物质文明建设或者精神文明建设，都显示出欣欣向荣的局面。后来，在十年内乱当中，社会的道德风貌也出现了严重的问题，这并不是生产力发展的结果，而是林彪、江青反革命集团破坏的结果。经过这几年的拨乱反正，生产已经得到了恢复和发展，人们的生活水平比之解放初期那几年显然要高得多，但是社会的道德水平则还没有恢复到那个时候的水平。这也可以看出，物质文明建设和精神文明建设的发展是不平衡的。那么，是不是解放初期那几年的道德就是最高的水平呢？也不是。许多人有了正反两方面的经验，经过了反复的比较，对共产主义会在新的基础上产生更高、更坚定的信仰。在新的实践中，他们的道德品质也会达到新的更高的水平。这样的新人已经出现和正在出现。

物质文明和精神文明的关系，不能简单地等同于物质和精神的关系。它们之间的关系，不是一个决定另一个，而是如胡耀邦同志在党的十二大报告中说的："物质文明的建设是社会主义精神文明的建设不可缺少的基础。社会主义精神文明对物质文明的建设不但起巨大的推动作用，而且保证它的正确发展方向。两种文明的建设，互为条件，又互为目的。"互为条件，这比较好理解。两种文明建设，这一方面搞好了，可以为另一方面提供有利的条件。怎么理解互为目的呢？社会主义的经济建设，是我们长时期的中心任务，也是社会主义社会能够不断向前发展的基础。我们的一切工作，包括社会主义精神文明建设在内，都要自觉地为这个中心任务服务。社会主义精神文明建设，提高人们的觉悟，帮助人们树立革命的理想和道德，帮助人们提高文化水平，树立纪律观念等等，这一切都不能离开推进社会主义建设事业这个总目标。另一方面，社会主义生产的目的就是要努力满足人们不断增长的物质和文化生活需要，并不只是物质生活的享受这样一个方面。我们今天建设社会主义，以后建设共产主义，既是为了使人们的物质生活有更大的丰富，更是为了人自身的发展，使人能够发展成为更加文明、更加健康的自觉的、平等的劳动者，使人能够得到更加全面的发展，更加充分地发挥自己的聪明才智。一句话，就是要造就共产主义的新人。这里大量的是社会主义精神文明建设的任务。我们社会主义社会的物质文明建设，当然要自觉地为这个目的服务。

关于社会主义精神文明建设以物质文明建设为基础的问题，也有一些不同的情况。一般来说，精神文明的一部分内容，如教育、科学、文化事业的发展，需要相应的物质手段和技术手段，它们发展的规模、数量、技术水平等在较大的程度上取决于物质文明的发展水平。但是，社会主义精神文明的另一些内容，诸如人们的思想、政治、道德水平，社会的精神面貌和精神生活，精神产品的思想内容，社会关系和社会风尚，等等，和物质文明建设水平之间的不平衡则表现得比较明显。这些方面，完全可以由于社会主义制度的建立，由于党的领导和教育工作，由于全体人民的努力，而达到相当高的境地。当然，上面讲的这些条件，归根到底，也是要由物质生产力的一定发展水平作为基础的。

在社会主义精神文明建设中，要坚持以共产主义思想为核心，就必须破除"共产主义渺茫"的错误观点。这个问题，胡乔木同志在《关于共产主义思想的实践》中已经作了十分精辟而详尽的论述。可是，也有一些同志还没有完全想通。他们说这篇文章着重论述了共产主义运动并不渺茫，而他们的问题则是认为共产主义的目标渺茫。因此，他们认为，他们的问题还没有得到解决。其实，胡乔木同志的这篇文章，正是回答他们的问题的。因为，他们在认识上的错误恰恰是在于没有看清共产主义首先是运动这一点上。如果看清楚了这一点，就会看见，100多年来，共产主义运动在前进，已经并且正在一步一步地实现着自己的目标，就不可能产生"共产主义渺茫"的问题。

马克思、恩格斯创立了科学共产主义理论，或者叫做科学共产主义的思想体系。但是他们并没有给我们开一张支票，没有向人们详细地描述过未来的人间天堂的具体模样。他们只是根据人类的全部历史揭示了人类社会发展的客观规律，并且运用这些规律，具体地研究了资本主义社会的各种矛盾运动，从而指明这些矛盾运动向前发展的必然趋势。马克思、恩格斯的共产主义理论并不是一种抽象的信仰，而是科学的结论。有了这样的科学结论，我们就对前途充满了信心，就可以动员千千万万劳动者为实现理想的目标而英勇奋斗。

不是说实践是检验真理的标准吗？未来的事情既然没有经过实践检验，怎么能知道它的真理性？不知道它的真理性，为什么要为它奋斗？按照这样的逻辑，任何人间的理想都是站不住的，而人类如果没有理想，只顾眼前，不去为实现理想的目标奋斗，人类社会就根本没有前进的可能。幸好人类的历史并不是这样的。人类的历史就是一个不断地为实现自己的理想而奋斗，不断地前进，又不断地提出新的理想目标的历史。人类的劳动，人类的活动，和其他动物的本能活动的一个根本区别，就在于人类在从事劳动之前已经在自己的头脑中构成了这一项劳动成果的蓝图。登月火箭在发射之前，甚至在制造之前，人们的目标就是让它在月球上着陆。盖房子、造机器，都要有设计图纸。这些事先的设想是不是可靠呢？基本上是可靠的。如果不是，人们就不会这样做了，任何科学工作也都没有必要了。那么这是不是违反"实践是检验真理的唯一标准"的原理呢？不。虽然这件事还没有经过实践，但是人们已经有了大量的其他的实践，完全可以从这些实践中得出关于客观事物的规律性的认识，即科学的真理。这些真理是经过实践检验的，人们就有可能用这些对客观规律的认识来指导自己今后的行动。当然在今后的实践中也还可能出现事先没有预料到的情况，因此人们的认识还要不断地接受实践的检验，并且根据检验的结果来修正和发展原有的认识。

马克思主义的经典作家对未来的共产主义社会的设想，正是完全遵循了这样的唯物主义的思想路线的。他们把未来社会的一切细节都留给未来的实践，他们只是严格地根据人类的历史和资本主义社会的现实矛盾作出了最基本的结论。他们说，人类的社会生产力将要发展到空前未有的高度，社会产品将要极大地丰富起来。这一点难道有什么可以怀疑的吗？人类几百万年的历史，难道不是生产力发展水平不断提高的历史？近几百年中，这种生产力水平发展速度的总趋势难道不是越来越快吗？任何人都没有理由断言生产力的水平会到此为止，不再提高了。马克思主义的经典作家还说，生产力的高度发展，必将冲破现存的资本主义生产关系的框框。生产的高度社会化不可能长期容忍对生产资料的私人占有，未来的社会只能是共产主义的。这里所说的生产力和生产关系的矛盾，是资本主义社会的现实。这两者之间的矛盾只能以打破旧生产关系的束缚来解决，这也是人类历史所早已证明了的。生产关系或迟或早必然要向着适合生产力发展的方向变化，这也是不依人的意志为转移的客观规律。这样说来，对共产主义的前途、共产主义的理想，还有什么可怀疑的呢？

　　一些同志的怀疑，主要是认为：这样的共产主义社会必然要求整个社会的人们都具有共产主义的思想、共产主义的道德，这种状况，在几千年历史中，从来没有出现过，是没有经过实践检验的。

　　人类几千年历史的实践，在这一方面证明了什么呢？证明了自私是人类的天性吗？不是。几千年来人们的思想、道德都在不断地改变着，随着社会的向前发展而发展着。历史向我们证明的是：人的思想、道德都不是先天的、一成不变的东西，它们是由人们的社会存在决定的。既然资本主义的生产方式可以把封建主义的等级观念打得粉碎，那么共产主义的生产方式为什么就不可以把人们的私有观念打碎呢？几千年来的私有观念，不过是生产资料的私人占有制在人们头脑中的反映。生产资料公有制的出现和发展，当然也就为这种私有观念敲响了丧钟。这难道不是历史的必然吗？

　　说人类没有经过"大公无私"的实践，这恰恰是不了解人类历史发展的说法。人类社会的全部历史大约有二三百万年。其中产生了生产资料私有制和私有观念的社会，不过只是近五六千年的事。这就是说，占人类历史发展的绝大部分时间里，人类是不知道什么叫自私的，凭什么只承认后来的短暂历史的实践，不承认占人类历史大部分时间的实践呢？我们这样说，并不是在说神话。达尔文是一位资产阶级的学者，在19世纪，他到火地岛去考察的时候，送给当地的土人一条毯子。土人却把这条毯子按照部落的人数割成同样大小的小块，分给每人一块。不要笑话这些土人愚昧，因为在他们的思想中，除了公平分配之外，确实不可能产生别的观念。达尔文还记述过这样的事：一个土人在沙滩上发现一条鲸鱼，虽然他自己正处在饥饿之中，他仍旧不去先吃一点，而是跑去报告氏族的成员，大家赶到海滩，然后由年长者主持平均分配鲸鱼的尸体。新中国成立初期也曾发现有的少数民族部落仍然保持着原始共产主义社会的某些习俗。他们把别人的贫困看作自己的耻辱，把对别人的帮助看作自己应尽的义务。他们的某些行为，在外人看来似乎不可理解，但他们也很难理解外面的人为什么有那么多自私观念。

这种状况，也并不证明"人之初，性本善"。而是反映了人类早期生产力水平低下的状况。在那样的生产力条件下，不可能有剩余产品，也就不可能有私有财产和私有观念。人离开了集体就不可能生存。集体的利益在他们的观念中就自然成了第一位的、最神圣的东西。

我们回顾这样一段历史，并不是说人类还有可能重新回到原始共产主义的状态中去。那是不可能的。我们想说明的是，私有观念并不是人的本性，它不过是人类历史中在一定条件下产生的一种短暂的现象。当这种条件改变了的时候，私有观念的存在也就必然会失去它的基础。人类将要在更高的水平上达到大公无私的境界。这也是历史的必然。

有的同志觉得，对"大公无私"这个词不好理解。他们说，"先公后私"是可以做到的，革命第一，工作第一，他人第一；有矛盾的时候，可以为集体牺牲个人利益，这都好理解。"大公无私"，完全不讲个人利益，不好理解。照我的看法，所以会产生这种疑问，一个重要的原因，是在中国的方块字，同样一个"私"字，可以作多种不同的解释。"先公后私"中的"私"是指个人利益，"大公无私"中的"私"则是指个人主义。个人利益是永远不能否定的，只要有人类存在，就有个人利益。但是个人主义却是不应该而且也可以不要的。我们讲的"大公无私"，就是讲集体主义，不要个人主义的意思，而不是提倡绝对不要个人利益。但是，不能把"先公后私"中的"私"字解释为"个人主义"。如果那样，变成先集体主义，后个人主义，保留个人主义的合法存在，那就不对了。如果我们分别对"大公无私"、"先公后私"这两个词中的"私"字作了不同的解释，那么这两个词的意思就没有什么矛盾了。

　　还有的同志问，为什么不能用社会主义思想、社会主义道德的提法呢？我们认为，从思想体系来说，科学社会主义和科学共产主义，就是一个思想体系，并没有什么区别。过去我们也有时这样用，或有时那样用，并没有严格的界限。但是前几年，有一些同志主张当前只能提倡社会主义思想、社会主义道德，不能提倡共产主义思想、共产主义道德。他们否定"大公无私"、"毫不利己，专门利人"、"一不怕苦、二不怕死"这些庄严的口号，为"斤斤计较"的个人主义辩护，拐弯抹角地宣传资产阶级利己主义。在这种情况下，我们就必须旗帜鲜明地指出社会主义的精神文明必须要以共产主义思想为核心，必须在整个社会普及共产主义思想和道德的教育。当然，有一些问题，是只在社会主义这个共产主义的初级阶段存在的，例如爱国主义和国际主义的问题，就不好说到共产主义阶段还有国家，就只能用社会主义的爱国主义和国际主义的提法。但是，即使如此，我们仍旧不能忘记，我们的爱国主义和国际主义思想，必须是在共产主义思想体系的指导之下来树立的。

马克思和恩格斯在《共产党宣言》中指出，无产阶级夺取政权之后要做10件事："1. 剥夺地产，把地租用于国家支出。2. 征收高额累进税。3. 废除继承权。4. 没收一切流亡分子和叛乱分子的财产。5. 通过拥有国家资本和独享垄断权的国家银行，把信贷集中在国家手里。6. 把全部运输业集中在国家手里。7. 增加国营工厂和生产工具，按照总的计划开垦荒地和改良土壤。8. 实行普遍劳动义务制，成立产业军，特别是在农业方面。9. 把农业和工业结合起来，促使城乡之间的对立逐步消灭。10. 对一切儿童实行公共的和免费的教育。取消现在这种形式的儿童的工厂劳动。把教育同物质生产结合起来，等等。"回顾一下我们建国以后30多年的历史，这些事情我们绝大部分已经做到或者基本做到了，或者超过了。我们做的事正是《共产党宣言》中所提出的初步奋斗目标。实践不是证明了这些目标的正确性吗？怎么还能说共产主义渺茫呢？

归结起来，就是我们一定要在科学的基础上增强自己对共产主义的认识和信心，这应该是我们学习社会主义精神文明问题的一个重要成果。

三、宣传共产主义思想与执行现行政策的关系

胡耀邦同志在党的十二大所作的报告中指出："在现阶段，我们必须在经济和社会生活中坚持按劳分配制度和其他各项社会主义制度，我们当然不能要求每一个社会成员都成为共产主义者，但必须用共产主义思想要求共产党员、共青团员和一切先进分子，并且通过他们去教育和影响广大群众。"一方面，要扩大共产主义思想的宣传，一方面要坚定不移地执行现行的社会主义政策，这两个方面是统一的、不可分割的。

首先，我们要看到，现行的政策本身就是在共产主义思想体系指导下制定的，执行现行的政策，就是现实的共产主义运动的组成部分。只有通过这样的道路，我们才能逐步实现共产主义的伟大理想。

党的十一届三中全会以来，我们党实行的一系列方针政策，对外开放，对内搞活经济，推行各种经济责任制，等等，大大调动了广大劳动者的社会主义积极性，促进了工农业生产和各方面工作的发展，所收到的效果是显著的，受到了群众的欢迎。这些情况，大家有目共睹，不需要多说了。

有些同志虽然也承认现行政策所收到的这些效果，可是他们又认为这是用倒退换来的。他们认为，执行现行的方针政策是离共产主义越来越远了。有的说："辛辛苦苦

三十年，一夜退到解放前。"

究竟现在离共产主义是比过去近了，还是比过去更远了呢？

我们知道，要实现共产主义的伟大理想，要有一个长期奋斗的过程，需要若干代人的艰苦努力，需要经历若干发展阶段，才能完成。每一个阶段有每一个阶段的任务。好比万里长征，只能一步一步地走。各个不同的阶段，又有不同的走法，爬雪山有爬雪山的爬法，过草地有过草地的过法。这一步没有走完，就走不到下一步去。这一步用了下一步的走法，就会连这一步也走不成。我们在共产主义运动的每一个不同的阶段，也只能采取适应当时社会生产力发展状况和其他各种情况的政策，才能顺利地完成每一个阶段的任务，从而加速整个运动的进程。所以走得快还是慢，离共产主义近还是远，并不能只看调子唱得有多高，归根到底还要看我们采取的政策和措施，是不是适当。

党的十一届三中全会以来，我们党经过拨乱反正，恢复了实事求是的思想路线，这才有可能采取了一系列正确的、和过去不同的政策。这些政策的实行，促进了生产，使社会主义的物质基础得到了加强，使我们前进的步伐更加扎实、有力，改善了人民生活，恢复和提高了党在人民群众中的威信，增强了群众对党的信任，得到了群众的更大拥护。这一切，怎么能说反而是离共产主义远了呢？

问题是我们有些同志，头脑中"左"的框框还没有完全被打破。拿农业来说，长期以来，我们的头脑中有一个固定的模式，以为只有如此这般才叫搞社会主义，离开了半步，就叫资本主义倾向。实际上这个模式是从苏联的集体农庄套过来的，虽然结合中国的情况，有一些改变，但是基本上还是那一套。为什么只有那样做才算社会主义？马克思列宁主义的基本理论中有哪一条是这样告诉我们的？一条也没有。马列主义从来没有说过，社会主义的农业就必须是大拨轰，必须是单一经营。有人说是"退到解放前"，解放前的农村是什么样子？那时候土地基本上掌握在地主手中，他们对农民进行残酷的剥削。我们现在难道允许这种情况出现吗？有人说，实行了责任制，农民的私心重了。这也不符合事实。原来搞大拨轰、平均主义的结果，只能使农民觉得集体的利益和自己无关。现在，实行了责任制，农民至少对他负责的那一部分集体的事业关心起来了。这不是私心重了，而是公心重了。从不关心集体利益，到关心一部分集体的利益，这难道不是前进？从这一点出发，经过我们的工作，还可以使群众逐步认识到他负责的这一部分和其他部分之间的关系，从而逐步扩大他们的眼界。

那么何以证明，现行的政策能够引导农民走上共同富裕的道路，从而保证将来向共产主义的方向发展呢？农业生产责任制推行和落实的时间还不久，它的强大生命力已经显示出来了。农民富裕起来的速度虽然是不相同的，但广大农民普遍比前几年富裕，比前几年生活得更好，这都是铁的事实。在这个基础上，农业生产的专业化、社会化、商品化都会有所发展，并且一定会形成各种形式的新的联合。这种建立在经济发展的客观要求的基础上的联合，才真正是雷打不散的。关键还在我们党的领导，在我们各级党组织是不是能够看到这个趋势，因势利导地去做好我们的工作。

向共产主义前进，只能是扎扎实实的。本来是需要几代人努力的事，偏要说十几年、几年、甚至几个月就能实现。这并不是真的离理想的目标近了，而是树立了一个假的虚幻的目标。好比海市蜃楼，看上去并不远，却永远也走不到，因为它本来就是假的、空的。从这样一条错误的道路中走回来，重新走上扎扎实实的道路，怎么能说离大目标远了呢？事实上，只有走上正路，才能有把握地向理想的目标越走越近。这个道理本来很简单，问题是我们自己的思想必须从"左"的束缚中解放出来。1958 年，我们犯过"跑步进入共产主义"的错误，刮过一阵"共产风"，对社会生产力造成了极大的破坏。林彪、江青反革命集团后来又鼓吹"穷过渡"，大割所谓"资本主义尾巴"，更给我们的民族造成了灾难。这些东西的流毒是很深的，决不可以低估。一些同志由于"左"的思想影响没有肃清，就会把明明是社会主义的东西，看成是资本主义，从而失去信心，或者会坚持采取某种不恰当的政策。

我们现在强调加强共产主义思想教育，必须同刮"共产风"严格区别开来。胡耀邦同志最近指出，要注意宣传中"左"倾思想的抬头。这个问题值得我们提高警惕。许多同志在那一条"左"倾的道路上走惯了，轻车熟路，一讲共产主义思想教育，很容易把那些老一套的"法宝"又拿出来。那样，就会破坏当前的大好形势，这不是推进共产主义运动，而是使现实的共产主义运动受到损害。我们反对"一切向钱看"，但是我们不应该一般反对"向钱看"。我们还需要发挥货币的作用，用它来帮助我们核算劳动的经济效益。我们不能反对人们关心自己的物质利益，不能反对人们多劳多得。有人认为讲共产主义，就不能讲"实惠"。这样来理解共产主义，就完全理解错了。如果不是为了人民获得实际的利益，我们何必革命，何必搞共产主义？事实上，我们今天所得到的各种"实惠"，也就是实际利益，都是和共产主义运动在中国的胜利分不开的。有人以为靠个人主义可以使人得到实惠，其实，那才是真正靠不住的。你可以损人利己，人家也可以损你利他，发展下去的结果，可能使广大社会成员的生命财产的安全都失去保障，还谈得到什么实惠？

毛泽东同志说过，一切中国共产党人，一切中国共产主义的同情者，必须为着现阶段的目标而奋斗。社会主义的按劳分配政策，就是为实现当前的奋斗目标所必需的政策。而且，按劳分配政策本身就是我们多年革命奋斗的成果。有了这个成果，就意味着消灭了"不劳而获"的剥削。今天，我们共产主义者只能为这个政策的落实和完善而奋斗，而决不能让平均主义冒充共产主义来损害按劳分配政策的贯彻。

其次，我们要用加强共产主义思想教育来保证现行政策的顺利执行，推进社会主义现代化建设。

现行的政策，是社会主义的政策，为什么要靠共产主义思想教育来保证呢？

因为，现行的社会主义政策，都是在共产主义的思想体系指导下制定的，也只有用共产主义思想才能更好地理解它，准确而顺利地执行它。

社会主义本来就是共产主义的初级阶段。社会主义阶段的各项政策，既要适应现阶段生产力发展的要求，又要便于继续向前迈进。如果我们胸中没有共产主义的伟大目标，对于现行的各项政策的执行就不容易掌握好。

对于当前政策的社会主义性质，也只有用共产主义思想才能正确地理解。有些人常常把我们当前实行的某些具体政策比拟于资本主义的做法，认为这些政策就是采用了资本主义的办法。有的直接用资本主义的原则来理解这些政策。这样，在执行社会主义政策中就难免要走样。我们说，对资本主义的技术、资本主义的某些管理方法，是可以而且应当借鉴的。但是，资本主义的原则却决不能照搬。我们讲经济效益，就和资本主义的为利润而生产不是一回事。我们的工资政策还需要改革，以进一步贯彻按劳分配的原则。这和资本主义建筑在剥削基础上的工资制度也完全不是一回事。我们的社会主义政策，是要使劳动者通过看得见的切身利益，进而去理解他们的长远的根本的利益，并且能够自觉地去为这个更高的目标奋斗。没有共产主义思想教育，就不可能达到这个目的。

我们在执行现阶段各项政策的过程中，不可避免地要遇到资本主义、封建主义的和小生产者的各种错误思潮的干扰和阻碍。如果没有共产主义思想的教育，就抵抗不住各种错误思潮的侵袭。例如，在实行按劳分配政策的时候，如果不用共产主义思想、共产主义道德、共产主义劳动纪律去教育群众，只是片面地讲报酬，那就可能在群众当中滋长斤斤计较、"一切向钱看"的错误思想；就有可能把按劳分配变成"按酬付劳"，甚至"少劳多酬"；就可能滋长雇佣劳动的观念。在这种情况下，劳动者就会同国家、同集体处于对立的地位，而不是自觉地以主人翁的态度来对待劳动。这样下去，最后可能连正常的工作秩序、生产秩序都难以维持，按劳分配的政策也就不可能得到贯彻。

执行现行政策，不仅需要我们加强思想政治工作，同时也为我们进行思想政治工作提供了有利的条件。我们要充分利用这些有利条件，创造性地进行工作，使共产主义思想教育做得更有成效。可是，许多同志往往只看到当前思想工作困难的一面，没有充分注意到已经出现的许多有利条件。

人民群众为什么会跟着我们党走？从根本上说，就是因为人民群众看到，我们党是代表人民利益的，是真心实意为人民服务的，人民因为我们的工作得到了实际的好处，他们就从切身的经验中认识了我们党，拥护我们党。前一个时期，党的威信为什么下降了？就是因为林彪、江青反革命集团的破坏，他们打着我们党的旗号干了许多坏事，破坏了我们党的肌体。我们自己也犯了许多"左"的错误，损害了人民的利益。党的三中全会以来，经过拨乱反正，党的各项正确的政策得到了贯彻落实，人民群众从自己得到的实际利益中看到了党的政策的正确，这就是党的威信重新上升的最重要的根据。现在大家普遍反映气顺了，牢骚少了，政治学习的要求提高了，要求入党的积极分子增加了。可是，我们还没有充分地把当前的有利条件利用起来。我们努力做了许多好事，许多群众还不了解，或者不清楚。对于群众思想的新变化，我们有些同志也不完全清楚。我们的宣传工作还有些一般化。如何适应新的形势，面对新的现实，更加细心地、有创造性地做好我们的宣传工作，开创宣传工作的新局面，这是我们全体宣传工作者的责任。

最后，我们共产党员、共产主义者，又决不能被"按劳分配"束缚住自己的思想。

我们在为实现当前的任务而奋斗、坚决执行现阶段的政策的同时，决不能忘记我们的最终目标是实现共产主义的伟大理想。我们是为了共产主义事业，为了全民族、全人类的彻底解放来参加革命、参加共产党的。我们不是为了个人的报酬。这不是说，共产党人没有自己的个人利益。但是，我们一定要把个人利益放在恰当的位置上，只要有必要，就不惜牺牲个人的一切。我们知道，事实上不可能把每一项劳动的报酬都计算得十分精确、十分合理。我们要不断改进劳动计酬的方法，使它越来越有利于发挥劳动者的社会主义积极性。但是无论怎样改进，总会有许多无法计算报酬的事情。从人民的利益、革命的利益考虑，这些事情总要有人做，要有人带头去做。如果我们共产主义者不来带这个头，谁来带这个头呢？列宁说过，共产主义劳动，从比较狭窄和比较严格的意义来说，就是一种为社会进行的无报酬的劳动。这种劳动，在有些人看来叫做"吃亏"。但是，共产主义者却不是这样看问题的。如果说"吃亏"，无数革命先烈，为了共产主义的事业，献出了他们的生命，许多人甚至连姓名都没有留下，他们岂不是更吃亏吗？为什么他们能含笑就义呢？难道他们都是一群傻瓜？不！他们是我们民族的精英，他们是有大智大勇的人。他们比普通人看得更远、更深。他们看到，把有限的生命投入人类历史上最壮丽的事业，就是使生命发出最灿烂的光辉，这是最值得的，最有价值的。他们知道，随着他们的牺牲，将要为人民赢得整个中国、整个世界。世界上难道有比这更有意义的事吗？

那么，作为一个共产党员，一个共产主义者，如果遇到对自己不公平的事，遇到打击报复，还要不要起来反对呢？要的。但是要注意：第一，对于一些无原则的纠纷，不要去计较，要善于忍让。第二，要为维护党的原则去反对错误的行为，而不是为个人去争名誉、地位、待遇。我们反对错误的倾向，是因为这些错误的倾向，违反了党的原则，损害了党的利益，我们是为党的利益去战斗的。我们不计较个人的利益，也不因为事情涉及个人利益，怕别人说闲话就不敢出头。第三，无论在什么情况下，都不应该影响我们自己工作的积极性。因为我们是为党，为革命工作的，不是为哪一个人工作的。

反过来，遇到和自己切身利益没有直接关系的事要不要管呢？现在有些人做了坏事，为了保护自己，不受别人的干涉，往往用这样一句话来抵抗那些干涉者："和你什么相干！"这句话的前提是什么呢？就是每一个人都应该是个人主义者，都只应该管和他自己切身利益有关的事。我们当然不能说这句话是合理的。遇到这样的人，我们就要理直气壮地回答他：就是和我相干！因为我是中国共产党的党员，这件事涉及我们党的利益，涉及人民的利益，又正好被我知道了，我就当然要过问一下。

　　总之，作为一个共产党员，我们的精神境界应当更高尚一些。这样，我们才能把现行的政策贯彻好，才能有效地在群众当中扩大共产主义思想的影响，带领群众不断前进。

四、一定要重视文化建设

　　谈到社会主义精神文明建设，许多同志往往立刻想到"五讲四美"、"文明礼貌活动"，或者想到加强思想政治工作。想到这些属于思想建设方面的内容无疑是对的，这些都是当前必须大力做好的事情。但是如果只想到这些，忽视了精神文明建设还有一个重要方面，就是文化建设，那就不免有点片面性了。

　　我们过去的"左"倾错误的一个重要表现，就是轻视文化的作用，轻视科学、技术、知识在社会主义建设中的作用，轻视知识分子的作用。林彪、江青反革命集团利用"文化大革命"对我国的民族文化进行了毁灭性的破坏。他们鼓吹"知识愈多愈反动"、"宁要没有文化的劳动者"，把知识分子说成了臭老九，在社会上造成了以没有文化为荣的不正常的风气。他们的这些罪恶活动，对一代人的成长，对整个社会的道德风尚，对我国的社会主义建设，造成了严重的破坏。我们至今还不得不承受由于他们的破坏所造成的恶果。重新强调文化建设的重要，把文化建设放在应有的地位，这是拨乱反正的重要组成部分。

胡耀邦同志在党的十二大所作的报告中指出："社会主义精神文明的建设大体可以分为文化建设和思想建设两个方面。"又说，精神文明"表现为教育、科学、文化知识的发达和人们思想、政治、道德水平的提高"。这就分别指明了文化建设和思想建设两个方面的内容。

怎样理解文化建设的重要意义呢？胡耀邦同志说："文化建设指的是教育、科学、文学艺术、新闻出版、广播电视、卫生体育、图书馆、博物馆等各项文化事业的发展和人民群众知识水平的提高，它既是建设物质文明的重要条件，也是提高人民群众思想觉悟和道德水平的重要条件。文化建设也应当包括健康、愉快、生动活泼、丰富多彩的群众性娱乐活动，使人民在紧张劳动后的休息中，得到有高尚趣味的精神上的享受。"

下面，我想分开来谈一谈。

首先，提高群众的文化生活，本身就是社会主义建设的目的之一。社会主义建设，就既要满足人们不断增长的物质生活需要，又要满足人们不断增长的文化生活需要。人民生活水平的提高，不仅仅是为了吃得好、穿得好，还需要有文化生活。娃娃要上学，上了小学，还想上中学、大学；要看书、看报、看电影、看戏；要有各种文化生活的享受。没有这些，人就不可能得到全面的发展。我们要联系社会主义建设的根本目的来理解文化建设的意义，不要把文化建设看成可有可无的东西。

其次，文化建设是建设物质文明的重要条件。我们搞现代化建设，无论是工业现代化、农业现代化，还是国防现代化，没有科学技术知识是不行的。我们常说日本、联邦德国这些国家在第二次世界大战之后发展得很快。其中一个重要的原因就是他们的国民教育基础打得好，国民的科学文化知识水平高。所以，虽然经过战争的破坏，工厂毁了、矿山毁了，可是知识在人的头脑里，搬不走也毁不了，有了适当的条件，就可以发挥作用。

我们现在要搞四个现代化建设，除了靠政策正确，还要靠科学技术。不但要有自然科学知识，而且要有社会科学知识。人才不像别的东西，不能靠花钱进口，别人不可能代替我们建设中国的社会主义。不但是工业，而且农业生产水平的提高也离不开科学技术。有的国家就有法律规定，不取得农业专科学校的毕业证书，就不准经营农场。哪怕你是老农场主的儿子也不行。

对于教育和科学的重要性，人们的认识已经逐渐提高了。党的十二大又把教育和科学列为经济发展的战略重点。但是，全党真正把这个问题认识清楚，并且落实到行动上，恐怕还需要有一个过程，还需要我们认真地做好宣传教育工作。列宁说过，在一个文盲充斥的国家里，是不可能建设社会主义的。可惜，我们现在文盲和半文盲的人数还不少，具有高等学校文化程度的人还太少太少。还有相当一部分在十年动乱中上学的青年，由于当时的历史条件，使他们少学了许多应该学到的知识。这一切都不能不引起我们的重视。

第三，文化建设又是思想建设的重要条件。

我们要用共产主义思想教育人民，就离不开一定的文化科学知识。我们知道，马克思主义的世界观、共产主义的思想体系，是建筑在对人类社会全部历史发展和当代社会的分析基础上的科学结论。它继承了人类社会全部文明的成果，包含着丰富的知识内容。没有相当的文化，要掌握它是很困难的。一个对自己的祖国和人类的历史毫无所知的人，对世界状况毫无所知的人，要牢固地树立爱国主义和国际主义思想，恐怕也不容易，更谈不到接受共产主义世界观了。列宁在《青年团的任务》这篇著名的讲演中说过："只有用人类创造的全部知识财富来丰富自己的头脑，才能成为共产主义者。"他还深刻地指出："我们不需要死记硬背，但是我们需要用基本事实的知识来发展和增进每个学习者的思考力，因为不把学到的全部知识融会贯通，共产主义就会变成空中楼阁，就会成为一块空招牌，共产主义者也只会是一些吹牛家。"对一个名副其实的共产主义者，在文化知识方面的要求，决不能比一般人更低，而只应当更高。当然这不是说文化程度高的人，就一定会有很高的共产主义觉悟。但是，没有一定的文化，确实难以掌握共产主义的思想体系。我们相信共产主义，相信科学，这就不是只有阶级感情所能解决问题的。

有的同志可能会说，我们革命队伍中过去有许多先烈本身文化程度并不高，可他们的革命觉悟和牺牲精神却是永远值得我们学习的。怎样来解释这种情况呢？首先，我们要看到这些先烈的文化程度之所以不高，是由于一定的历史原因造成的。并不是他们自己不愿意学习，也不是他们不需要学习，而是地主、资本家的残酷剥削，剥夺了他们学习文化的机会。我们进行革命，其中一个重要内容，就是要打破剥削阶级对文化的垄断，让科学文化知识回到劳动人民的手中来。其次，还应当看到，这些同志在投身革命之后，他们就不是孤立的个人了，而是革命组织中的一员。他们的觉悟是在党和人民军队的革命教育下提高的。也就是说，是同一定的革命文化的影响相联系的。马克思主义传播到中国来，首先是经过一部分先进的知识分子，然后才逐步扩大到工农群众中去。即使在过去艰苦斗争的岁月中，革命的队伍也总是要求和帮助它的每个成员努力学习文化，不断提高文化水平。毛泽东同志当时就强调，没有文化的军队是愚蠢的军队，而愚蠢的军队是不能战胜敌人的。他还说，没有文化，马克思列宁主义就学不进去。要通过提高干部战士的文化水平，来达到提高他们的理论水平的目的。我们相信，如果这些先烈活到今天，他们也一定会跟上时代的步伐，适应时代的需要，努力提高自己的文化水平，他们不会认为"大老粗"是光荣的。

　　我们还要看到，现在社会上存在的各种不文明现象，其中有许多就是和愚昧无知相联系的。有的女青年穿着印有"Kiss me"字样的衣服招摇过市，其实她并不知道这两个英文字是什么意思。有的青年迷恋某些流行音乐，也和他们的欣赏水平不高，缺乏审美的能力有关。当他们听了一些我们民族的和世界的名曲之后，当他们学到了一点欣赏音乐的基本知识之后，当他们了解到各种音乐作品创作的历史背景，懂得一点音乐语言之后，他们当中的大多数就会觉得这些流行音乐不但不美，而且可厌。有的青年凭自己的拳头硬来逞英雄，有的青年崇尚哥们义气，包括一部分走上犯罪道路的青年，有许多也和他们的文化水平过低，缺乏辨别美丑是非的能力有关。一些要求上进的青年，对于那些歪曲现实、反对党的领导和社会主义道路的错误思潮，虽然感到气愤，但是由于知识不足，讲不清道理，也往往难以进行有说服力的批驳。

这些情况都说明，思想觉悟的提高和文化知识水平的提高，是相辅相成，互相促进的。一方面，思想觉悟越高，学习的自觉性就应当越高；另一方面，文化知识的普及，也为提高广大青年和群众的思想觉悟创造了有利条件。

我们现在已经进入了一个新的历史发展时期。广大青年和群众对于文化生活提出了一系列新的迫切要求，我们应当看到这个趋势，因势利导，努力加强文化建设，把思想建设和文化建设有机地结合起来。

从我们整个民族看，一个学习文化、学习科学技术知识的热潮正在兴起，而且是一个蓬蓬勃勃，方兴未艾的势头。各级学校的正常秩序恢复了，在校学生的学习质量提高了。许多工厂、企业、机关各种形式的业余学习发展的规模很大。各种报刊的发行总量大量增加。有的书店比百货大楼还要挤。到图书馆看书的人要抢占位置早已不是新闻了。

有人认为，农村实行了责任制，农民就不让小孩子上学了，要小孩子回家种责任田。这种说法，是没有看见本质和主流的说法。有些地方可能暂时出现这样的现象。就像有的地方在实行责任制的初期曾经卖过拖拉机，然后又出现抢买拖拉机的热潮一样。随着责任制的落实，必然地要出现农民要求掌握科学技术的热潮。过去在农村里，新技术的推广，往往要靠上面下命令，层层检查还不一定能落实。实行了联产计酬的责任制以后，农民像寻找治病的偏方一样，到处去打听新技术，他们自己掏几元钱托人到城里去买科技书，请识字的孙子或者邻居的小孩子给他们念。那些回乡务农的中学生，很多成了搞多种经营致富的带头人。因为他们有一定的文化，接受新的信息比较快，消息也比较灵通。

群众的收入增加了，他们就不但要求改善自己的物质生活，还要求改善自己的文化生活。如果我们不能满足他们的正当要求，他们就不安心，不满意，甚至会去找歪门邪道。有的地方农民收入不少，铺张浪费的旧风气也滋长得很厉害，甚至于搞赌博、打架斗殴，进行迷信活动。我们要认识这个新形势，适应这个新形势，改进我们的思想政治工作，把思想建设和文化建设结合起来。这样做，就可以收到事半功倍之效。李燕杰的报告为什么能吸引人？有一个重要的原因，就是他讲的内容中充满着各种知识。把思想性和知识性结合起来，我们的宣传工作就会有战斗力、说服力和吸引力。在近几年当中，我们一定要把普及中国近现代历史知识的教育，作为思想建设的一项基本建设，认真切实地抓好。

要搞文化建设，许多人想到的困难，就是没有钱，没有投资。当然需要有必要的经费。但是，我们的国家目前还很穷，不可能一下子增加大量的投资。这就是矛盾。解决这个矛盾的办法，还是要靠千方百计发动群众。许多事情群众有要求，也愿意自己出钱，就等我们去做组织工作。许多事情，群众可以自己动手来干，可以大大节约开支。解决问题的形式也可以多种多样，不拘一格。自学考试就是一种很好的办法。人家自己学成了，又不要国家投资，我们还不承认，岂不是自己把自己框死了？所以，还是要解放思想。

解放思想，就是要使我们的思想真正适应实际情况，要从各种束缚中走出来。"文化大革命"中，来了一个普及高中，把职业中学一刀砍掉，看上去是前进，实际上是倒退。许多高中是勉强办起来的，条件不具备，学生也很难学到名副其实的高中知识。而且，这么多高中毕业生，学的课程都是为升大学设置的，大学每年又只能容纳其中的4%左右。大部分人既升不了大学，又没有学到进入社会从事各种职业的本领，学习怎么能有积极性呢？我们不应当埋怨学生学习不积极，而应当检查我们自己的方针对不对。这两年办了一些职业中学、农业中学，学生的学习积极性就很高，有的甚至学得比普通中学还要好。我们办教育、办文化的同志，都要努力使自己的工作适合群众的需要。不要以为做普及工作，办职业中学之类就不光彩，能够为人民做出更大的贡献，为我们这个民族的精神文明建设做出更大的贡献，怎么不光彩呢？

我在前面说过，社会主义精神文明建设所包括的内容极其广泛，我愿意继续对这个问题深入研究下去，也相信大家的研究一定会出现许多很好的成果。只要我们大家在党的领导之下，奋发努力，我国的社会主义精神文明建设一定会出现一个蓬勃发展的新局面。

树立适应改革开放的
社会主义新观念[*]

改革中的社会变动是相当大的。城市改革应当说现在才刚刚开了一个头。作为从事思想工作的同志，首先需要自己，然后在干部中、在党员中、在群众中树立一系列的新观念。这些新观念是什么呢？

第一是关于发展生产力的观点。社会主义时期，最根本的任务、最重要的问题，就是发展生产力。社会主义要战胜资本主义，靠发展生产力；人民的生活要改善，靠发展生产力；改革的目的也是发展生产力。有人说改革的目的是"国家得大头，企业得中头，个人得小头"，这个说法不对。什么道理呢？近来有些人一见面首先问："你们那里改了没有？""拿多少钱？"好像改革的目的就是拿钱。这不行。为什么不行？因为光有钱是没有用的。如果社会产品还是那么多，电视机还是那么多，房子还是那么

＊ 本文系 1984 年在北京市改革思想教育座谈会上的讲话摘要。

多，肉也是那么多，牛奶也是那么多，啤酒也只有那么多，你的钱翻两番有什么用？人民生活的提高靠什么？归根到底不是靠你手里有多少张票子，如果靠手里有多少张票子就能提高，那么容易得很，叫人民银行多印几张票子不就行了？如果整个社会生产出来的可供消费的总产品不多，那么你怎么变，平均每个人的消费也多不起来。今年夏天大家都高兴，西瓜吃得多。什么原因？农民生产的西瓜多了，你才能吃得多，生产不多，你光多拿奖金，认为有钱就能多吃，最后你还是吃不多，生产出来的西瓜平均每人只有10公斤，你怎么可能平均每人吃到50公斤？改革的目的只能放在提高社会生产力上，用什么办法能使我们更快地提高生产力，这才是对我们全体人民最有利的。凡是违背这一条，忘记这一条的，都会走到歪门邪路上去。和这个相联系，许多人在讨论利改税的办法、承包的办法时，问油水大不大？我认为研究油水大不大是好事，不是坏事。但是什么叫油水大呢？许多人说的油水大小，就是看去年让我留利20万元，今年让我留利25万元，这油水叫大，让我留利21万元，这油水叫不大。我们讲，改革的油水大小不在这个地方，而是在于实行一种新的办法，使你有更多的自主权，你可以去发展更多的生产。去年你搞到100万元利润，今年有可能让你去施展你的才能，搞出200万元利润来，不限制你，不束缚你，让你可以放开手脚多干活，当然你留得也更多了，油水是在这个地方。这是对油水大小的正确看法。商业、服务业的改革，怎么也是为了发展生产力呀？我们现在的生产为什么发展不起来？因为明明东西不够，但是从生产厂家来讲，有的东西又卖不掉。那么，我们把商业、服务业搞活了，目的就在把渠道打通，使得生产单位减少库存，加快资金周转，生产更多的商品。商业、服务业改革的目的就在这个地方。如果不在这个方面使劲，我们还是站不住。有了发展生产力的观念，就会有在智力投资上算账的观念。现在一些工厂里，职工要学习，有些同志就用各种方法去为难他，有的工人说我要上电视大学，你不批准我，我不要工厂出钱，一切都不要你负担行不行？我保证不耽误生产行不行？就是这样，开一张介绍信，我们许多工厂都不肯开。这样的企业领导人，他缺少的是什么呢？缺少的还是发展生产力的观念。有相当一部分单位，千方百计扩大奖金部分，把技术改造的资金压得少而又少，以为这就是照顾了工人的利益，以为发到工人手里的是工人的利益，搞技术改造就不是工人的利益。其实你这个工厂要是不搞技术改造，今年能维持，明年能维持，过两三年，别的工厂搞了技术改革，它的成本降低了，它的质量提高了，你的工厂的产品在市场上竞争不过，垮下来，你怎么办？你那儿的工人还有饭吃没有？现在是因为大锅饭兜着，反正垮下来有国家包着，以后国家不包你了。技术改造的资金也是工厂所需要的。这个道理，跟工人很容易讲明白。在解放前，国民党快垮台了，我们组织工人护厂，那个厂的机器还是资本家的，工人都很明白，无论如何不能让这个机器搬到台湾去。工人很明白，这个就是吃饭的家伙，这是工人的利益所在。工人，作为一个实际生产者，只有发展生产力，只有技术改造，只有除掉大锅饭的束缚，才能够有工人的利益，是很容易讲清楚的。所以不敢讲，主要还是我们头脑里有些框子，好像那样就对不起工人了。至于当前的多种经济形式的问题，为什么外资的引进，个体经济的发展，都是社会主义经济的必要的补充，为什么富裕的程度可以有先后的不同等等，这些问题，都要从发展生产力的观点出发，才比较容易得到解释。

第二是要树立按价值规律办事的观念。毛主席在1958 年说过，价值规律是个大学校。可是后来很长时间这个观点没有在实际工作中贯彻下去。因此，长期以来，我们把价值规律看作是资本主义的规律。实际上只要有商品生产存在，价值规律就必然存在。我们只能通过价值规律来学会怎样管理社会主义经济，培养和提高人们的共产主义观念。说起来似乎很简单，我们今天社会当中的各种各样的复杂问题，有许多事情所以弄不好，往往都跟我们对价值规律没有理解，和它相对抗造成的。我们长期形成一种错误观点，好像物价的绝对稳定，就是社会主义的优越性，就是大好事；物价稍微有些变动，人心惶惶，社会主义就没有优越性了，工作搞糟了。其实物价绝对不变才是工作搞糟了。要使工作能够顺利地进行，就应该包括物价随时有适合于价值规律的必要的变动。这样，是不是物价就会无限制地上涨？不会的。因为社会总的物价水平是由两个东西控制住的，一个是整个社会生产出来多少东西，一个是社会上有多少货币。你总的东西多，货币并没有增加上去，可能这样东西要涨，那样东西就必须要跌下来，因为整个货币量和商品量有个总的平衡关系。不可能社会产品多了，所有的东西的价格却都涨上去了，没有这种可能性。具体到每种产品的价格，它如果绝对不变动，社会的正常生产就很难进行。一个新产品出来，花的成本比较高，劳动代价比较高；慢慢机械化了，可以十倍百倍地提高产量，因此这个产品里面包含的劳动量只有原来的10%或1%，不跌价怎么行。农业产品就不可能提高这么快。由于人们的生活水平提高了，就要求有更多的农产品。原来的土地就不够，原来的栽培方法就生产不出来，因此需要提高产量。如果你这一亩地只打150公斤粮食，基本上不用什么投资就可以收，把种子撒下去就可以收。你要提高到300公斤，那加的本钱，加的劳动，要比150公斤不是加1倍，要加好多倍才行。你要提高到500公斤，那加的倍数就更多。所以粮食产量提高的时候，每一斤粮食里所包含的劳动量就增加了。既然是等量劳动相交换，从整个社会来讲，必然是这样一个总趋势，就是工业品相对来说要不断降价，农产品价值总的来讲要提高，这样社会生产才能正常进行。硬要违背这个规律，统统不许动，把这个叫社会主义优越性，实在是愚蠢的行为。跟价值规律对着干，生产的人无利可图，他当然没有积极性，最后就弄得大家连花生米也没得吃。我们生活中长期存在着许多怪事。城里有烧管道煤气的，有烧液化气的，有烧煤球的，大家都知道烧煤气最方便，最干净，烧煤球最累，最脏。但是同样一个四口之家，烧煤球最贵，烧管道煤气两块钱就够了，烧煤球四块多钱都不够。就是越方便越便宜，越不方便越贵，世界上有这种道理吗？但是，我们发展管道煤气既亏本，又要有很大的基本建设投资。照理说应该是烧管道煤气的最贵，烧液化气的比管道煤气的稍便宜点，烧煤球的更便宜点，这样才合理，才能使管道煤气得到发展，使大家都能用上管道煤气。所以说，有些物价应该做适当调整。许多观念跟价值规律是相联系的。再如，我们做买卖历来要求政府投资。我们讲有一分钱本钱做一分钱买卖，有一块钱本钱做一块钱买卖，我们不敢讲有一块钱本钱做十块钱的买卖。谁借钱做买卖，往往被人家骂，说这个人是冒险、投机。我们要建设一个新的工厂，只知道我有多少钱买个新机器，很少有人有这样的观念，说我去租个机器来生产，每个月付租金。我们要办展览会，没有展览场所，花一二十万元钱租人家的展览地方，觉得吃亏，觉得很心痛，就要求自己盖展览厅。自己花500万元不心痛，那是我的呀，永远归我所有。没有想500万元存在银行里拿利息，一年拿多少钱，拿利息也够你付那租金的。这里当然还有个制度问题。我们日常生活当中租赁的观念也是很少的，现在有一点了，就是在公园门口有租照相机的，其他的东西很少发展。譬如小孩子学走路的车，三个轱辘一个圆圈，差不多家家都要用，用几个月呢？用三个月，等小孩会走路就不用了。但是都买。据我所知北京好像还没有出租学走路的儿童车的店铺。只需要用三个月，但是没有地方租。更谈不到租一台电风扇来吹一吹，租一个电视机来看一看，租一台空调机来用一用，我们根本没有这个观念。多少年我们讲：繁华街道上铺面房浪费，解决不了。谁解决了呢？个体户来解决，就解决了。大栅栏地区一下子解决了 17 户，17 个铺面腾出来了，都是个体户去挖出来的，我们的国营企业就挖不出来。个体户怎么挖？哎，你这间房不错，可以开个饮食店；你家里几口人？三口人，住在这么一个闹市区不好，把我家两居室的单元房子同你换好不好，你要同意的话贴你 3000 元钱。这样就干了。你问个体户为什么肯出这 3000 元钱？他说我半年就盈利 9000 元，我当然肯出 3000 元。国营企业要出这 3000 元没地方报销。我们从这些事实里面学到什么？学到一个价值规律，学到一个用价值规律看事情，从而按照这样的观点改进我们各方面的工作。这样，政府一个一个政策出来的时候，我们就不感到奇怪了，而是感到这正是我们早想要做的事，这样我们宣传就主动了。关于按价值规律办事的观点，不能只讲一面。我们现在报纸宣传专业户发财几万元、几十万元，我们很少宣传哪个专业户垮台的。要知道既然是商品生产，就有发财的，有垮台的，有万元户，也有破产的。因为商品生产有盲目性，有利益，也有风险，这是均等的。只要利益，不要风险，那是不可能的。

第三是按劳分配和社会主义、共产主义教育的观念。许多人认为我们讲家庭承包、讲个人承包，就必然会发展个人主义，因为一切向钱看了嘛！我们说，人们考虑钱比过去多了，这是必然的，但是个人主义不一定比过去多。过去他当然很少考虑钱，因为他没办法考虑，考虑也没有用，什么都是票证，什么都是规定好了的，他想什么呀！

他如果有个人主义，就只想一条：我少干点活。这一条他有自由。还有一条，就是利用他的职权，搞分外的利益。厂子里的东西大家拿。现在他转换一个形态，从懒变成考虑到经济利益，如果说是个人主义，只不过是个人主义的形态转换，而不是个人主义本身增加。从集体主义和个人主义的矛盾来讲，我们当然要教育人们提高集体主义觉悟，走向社会主义、共产主义。这种任务在什么条件下更容易进行呢？在物质利益原则贯彻的条件下更容易进行。因为只有在这个条件下，他才当了一部分家，做了一部分主，整个国家主人的事情，有一部分他可以做主了。他的利益和整个企业利益、国家的利益连在一起了。而他进一步要提高自己的利益时，他就会想到，而且也很容易明白，光靠他自己不够，还要靠别人，靠共同上去，因此他也会关心整个市场的情况。一个工人，他要关心市场，关心群众爱好的变化，关心我们政治稳定不稳定。你看穷乡僻壤的农民，对共产党开"十二大"，非常关心。他关心邓小平同志还管事不管事，他就关心这一条，他知道这一条比老天下雨不下雨重要得多。这样，他就必然要关心政治，不是政治同他无关，而是同他非常有关。在这样的情况下，我们提高人们的社会主义意识，应该说比过去更有条件。我们讲按劳分配，还要同为人民服务紧密联系起来。按劳分配什么是劳？是为人民服务之劳，这个劳要使人民得到利益，得到实际的好处，才能给你必要的报酬。没有为人民服务，或者客观上人民没有得到好处，你这个劳就不能被人民承认。企业有了自主权，每个工人都有机会发挥自己的聪明才智和劳动能力，这种劳动能力发挥的成果，要有相当大的一部分集中到企业手里、国家手里来为我们全体人民、全企业的工人谋利益；直接用货币形式分配到个人手里的，只可能是其中很少的一部分。其实，这个账是可以算得清楚的。我们现在的思想工作一定要联系到经济利益来做。宣传干部一定要会算账、不会算账，宣传工作做不好。

第四是社会主义的优越性和经济管理的方式问题。要坚持我们社会主义制度的优越性，就要在经营管理的方式上，使得这个优越性能充分发挥出来。现在我们关键的一步叫利改税，这是我们当前改革当中一个最大的变动。许多单位做了很好的宣传，但是也有一些同志，到现在还不明白什么叫利改税。或者是连账都不会算，或者是只认为这是一个算账的方法。其实这不只是一个企业吃不吃国家大锅饭的问题，而且要发挥企业的独立经营的作用。我们长期形成一个观念，既然是全民所有制的企业，就只能通过国家，然后一级一级政府，从中央的国务院、各部委，到地方上的局，然后分公司，这么一层一层管下来，这才叫做全民所有制，不然怎么体现呀！所有权和经营权分不开来。这样管的结果，企业一点自主权都没有，买一个热水瓶都要上边批。他怎么能根据全民的利益及时地作出反映呢？上面又怎么能够知道下面哪一件事情是最符合全民利益呢？这就使得最高明的领导也得犯官僚主义的错误。但是要把所有权和经营权分离开来，变化就大了。这是很大很大的变化。上面没有婆婆了，也没有保姆了。垮台了找厂长，这个变化就大了。我们将要碰到一系列观念上的问题。各个厂的工资标准都可能不一样，两个厂生产同样的产品，这个厂的工资标准可能比那个厂高一倍。全国一样的通用的工资标准可能行不通了。各个厂也可能规定不同的工人等级。也可能会出一些消极的东西。可能有人要吃光分净，讨好群众，我在任厂长期间工资很高，至于工厂明天发展不下去我不管。也可能有的工厂要搞偷税、漏税，跟国家的税务部门耍心眼，对着干。但不管怎么样，自主权和他对国家所负的责任、权利和义务是对等的，是连在一起的。在这样的情况下，厂长负责和发挥职工的民主会不会产生矛盾？如果是一个好的厂长，是一个聪明的厂长，应该是不矛盾的。也可能有的厂长会侵害职工的民主权利。在这样的情况下，党的领导作用就更加重要了，有的同志说很困难，我说不困难。厂长他可能是代表企业的利益，而党组织就应该代表整个党的利益，因为党组织是整个共产党的一个支部，而不是某一个厂的党。只要既能代表这个企业职工的当前利益，又能够代表长远利益，代表整个民族的利益，那么，就能比人家站得高一点。

　　第五是关于劳动的前景。劳动的前景，我们要有一个预见。在企业内，劳动力分布状况必然会产生一些变化，这就是技术人员的比例会越来越高，技术工人的比例会越来越高，经营人员的比例，采购员、推销员的比例和他们所处的地位会越来越重要，这是必然的。在企业内部管理者和经营者的作用会越来越得到更多人的承认。从北京来讲，农村已经有了一个变化，就是农民离土不离乡，有20%的农民转移出来，以后有可能逐步发展到50%；在城市来讲，劳动结构会有什么样的变化呢？就是服务性的劳动所占比重要大规模地上升。工业企业的劳动力从整体来讲，所占比重还要下降。50 年代初期，中学生分到工厂做工人，他就哭鼻子，说委屈他了，他是知识分子，怎么能到工厂做工。到了 1956 年，大规模生产建设开展以来，这个观念慢慢变过来了。那时分到工厂当工人，真是高兴得不得了。这是一个观念上的变化。现在我们必然要经历另一种变化，就是大批的劳动力要转到服务行业。家务劳动的社会化，一定会大大增加。这个变化是必然的。对于待业，我们也必须打破那些陈旧的观念，如像不被国家录用成正式工就认为是待业的观念就要变。好些地方挂着招牌：待业青年饭馆。他开饭馆开了 3 年了，赚了好几万元钱了，他还能叫待业青年？包括临时工都不能叫待业。社会上有一部分人做临时工是正常的，合同工也要变成真正的合同工。哪个厂变得好，哪个厂前途光明。从更大的范围讲，在今后 20 年内，北京的人口向农村、向卫星城以及向祖国的内地、向西北流动也是必然的。当然不会有像过去那样的上山下乡劳动，而是采取比较好的政策。包括户口不动，到新疆去，到西藏去，到青海去，干他三年五年，干他一个什么开发性的劳动，赚他 1 万元回来结婚办喜事，这也是一种流动啊！

第六是要关心群众的生活和消费。我们历来是动员人们努力生产，很少讲关心群众的生活和消费。应该看到，为了发展生产力，进行社会的再生产，就必须全面关心生产、流通、分配、消费四个环节。因为生产的目的是通过消费满足人民物质和文化生活的需求。消费不合理或正当的消费受到限制，生产要发展是不可能的。不要以为物质利益原则就只等于货币的利益原则，就是只看分了多少钱。让群众得到可以消费的物质，才算真正的物质利益原则。现在北京市城市居民的储蓄存款，已经达到接近每人平均一年工资的程度。人民群众富裕起来了，这当然是好事。但同时我们也要想到一个问题，如果这个情况再发展一倍，比如说他攒了两年的工资，他的劳动积极性是提高呢，还是下降呢？我看有下降的危险。现在已经有一部分青年工人，过去他不去玩，他攒倒休，现在他不大重视那几元钱奖金，什么时候想玩就走了。为什么呢？他拿这几元钱也买不到他所需要的东西。因此，我们作为一个领导的党，不仅要关心生产、关心群众的思想，还要关心群众的消费。要帮他们打算盘，帮助他们花钱，花得正当，花得好，才是群众真正的好朋友。我们不帮助，别人会帮助的，社会上不健康的意识会去帮助的。随着生产的发展，人民生活水平的提高，消费需求也将会有一系列的变化，应尽早考虑群众的需要，在生产上做好准备。想不到这些，没有准备，群众有钱买不到他需要的东西，就要骂人。我们还要特别重视关心群众的文化生活。物质生活富裕到一定程度，他必然会在文化生活上提出越来越高的要求，而我们现在还处于十分不适应，准备十分不足的状况。有的单位已经意识到这个问题，像首钢，就在这方面做了大量的工作。

从实际出发研究社会主义
精神文明建设的理论[*]

有这么多的同志热心研究改革时期的精神文明建设理论问题，这是一个很好的现象。我看了一部分同志写的论文。这些论文下了功夫，不回避现实问题，进行了深入的理论思考，对于社会主义精神文明建设一定会起到很好的作用。

今天我想就研究问题的方法，和大家共同探讨。

理想、道德、精神文明当中的思想建设等，都属于意识形态。意识形态是社会存在的反映。我们所提倡的、希望在社会上树立的观念，只能是当前的社会存在所决定的那种观念，而不能按照主观的想象，同客观规律对着干。按照客观规律办事，我们才能在历史前进中起到推动作用。

---

[*] 本文系 1986 年 3 月 27 日在北京市社会主义精神文明建设理论研讨会上的讲话摘要。

当前我们碰到的实际问题，就是经济体制改革和精神文明建设到底是什么关系？现在社会上还有相当多的人认为，社会上出现的腐败观念、腐败现象是改革带来的，因此，加强思想工作，加强精神文明建设，是给改革套上笼头，以限制它的消极作用。这个问题我们在理论指导上如果解决不好，在实际工作中就会带来危害。对于我们的思想政治工作，精神文明建设，长期以来有一种错觉，好像就是为了让人放弃自己的利益，好像只有这种做法才叫合乎道德。有的工人对我们的支部书记说，你讲来讲去，不就是两句话吗？一是让我多干活，二是让我少拿钱。如果大家把思想政治工作、精神文明建设，看成是让老百姓吃亏，这样的道理讲得再好，也是很难使人接受的。

关于改革为精神文明带来的好处，目前讲得比较好的主要是在这样两个方面：第一，生产发展，生活改善，显示了社会主义的优越性，使人们看到共产党的路线、方针、政策的正确；第二，随着生产的发展，文化建设也比以往繁荣，科学技术大大发展，知识受到重视，这些都是精神文明建设的内容。人们感到有困难的是在思想方面。如：改革是有利于共产主义思想的宣传，还是有利于个人主义呢？商品经济是不是必然要使人们一切向钱看？一切向钱看是不是当前的不正之风的根源和原因？大家赞成按劳分配，按劳分配是不是鼓励人们一切向钱看呢？这些问题的解决都需要社会科学的理论工作者下功夫研究。

我们的理论工作者已经做了很大的努力。许多同志在研究工作中抓住了发展生产力和改革这两个根本环节。贯穿在中共中央关于经济体制改革决定中的根本思想，是要使我们的经济体制适应于社会主义的有计划的商品经济发展的需要。这在科学社会主义的理论上是一个伟大的突破。从这一点出发，就产生了把企业搞活作为搞活经济的中心环节这样一个论断。应该说，其他许多东西都是和这两条配套的。正是发展社会主义的商品经济以及使企业成为相对独立的自主经营的经济实体这两条引起人们思维方式、价值观念、生活方式等一系列变动。这种变动和不正之风之间有没有必然的联系？可以断然地回答说没有。但是，需要从理论上加以分析。例如，商品经济的最基本的规律是等价交换，它的前提条件就是各企业要成为互相平等的商品生产者、商品经营者，只有这样才能进行等价交换。这是商品存在的必要前提。而我们当前反对的各种不正之风，哪个是按等价交换原则进行的呢？我看都不是。当前的不正之风，更大的特点是以权谋私。以权谋私就是不平等的交换，如果不说掠夺的话。它恰恰是妨碍商品经济的形成和发展的。所以，我们说不正之风同社会主义商品经济没有必然联系。或者可以说，不正之风的猖獗，同商品经济的不发达关系更大一些。如果商品经济很发达，流通渠道是畅通的，东西好买到，以权谋私的特权就会相对削弱。党中央提出，纠正不正之风，是为了保护改革，促进改革。我希望，社会科学的理论工作者在这方面作出贡献，从理论上讲清楚：不正之风的存在是怎样妨碍商品经济的？妨碍一些什么？商品经济的发展本身为什么要求纠正不正之风？纠正不正之风，对商品经济的发展有什么保证作用？有什么促进作用？又怎样依靠改革和社会主义商品经济的发展来增强同不正之风作斗争的力量？

在改革的过程中，新问题层出不穷，大家议论纷纷，是很自然的。许多问题有不同的看法。这些看法就是我们研究的课题，许多是值得我们认真研究的。例如，一切向钱看当然是错误的观念。它并不能正确反映社会的现象。客观上存在着许多不能用钱来衡量的东西。这种错误观念是怎样产生的？很需要在理论上的说明。货币作为一般等价物，在商品经济中起着特殊的作用，使得人们有可能夸大这种作用，从商品拜物教发展到金钱的拜物教。但是如果把"一切向钱看"作为产生不正之风的根本原因，恐怕就值得研究。把观念的东西作为最根本的原因，是不是同我们的唯物论有一点矛盾？这不是说观念的东西不重要。我们社会科学研究的理论成果都是观念的东西，改革需要破除旧观念，树立新观念，需要做的也是观念的战斗。但是正确的观念要符合客观实际，能正确地反映社会现实。归根到底，要到社会实际中去找各种现象产生的根源。

从我们整个社会看，商品经济还很不发达。商品经济本身的不发达造成了适应商品经济的观念很不够。现在的问题是，从共产主义伦理学的观点看，社会主义商品经济的发展，对集体主义的观念形成究竟是有利还是不利。在现代社会，商品生产者和商品经营者主要是企业，个体劳动者只能占极小的比例。现代生产力只能在企业里才能形成。现代的劳动者，只有集合在企业中，才能同劳动资料相结合，从事现代化的生产。在每个自主经营的企业里，工作人员的利益和企业的利益是紧密相关的。我们历来讲三者利益相结合。但是在实践中，劳动者最低限度的物质利益不能不保障，其他的利益基本上由国家拿走，中间那个企业的利益并没有什么保证。在工人的心目中，他们的利益完全是由国家规定的。社会上通行的观念是，工资是国家给的。因此，工厂处分工人顶多是扣奖金，不敢动工资，企业搞得再不像话，工资也得照发。这个观念是这样形成的：30多年来，每次调工资都不是企业决定的，而是由国家做规定。工人的利益直接和国家挂钩。但是，国家很大，工人又感到个人的努力究竟对国家的发展能起多大作用不容易看出来，这种利益如何返回到自己身上更不容易看清楚，就是说比较渺茫。这种现象长期存在下去，使企业的发展缺少内在的动力。企业不能发展，社会生产力能迅速提高吗？所以我们在改革中需要解决的一个问题，就是把劳动者的利益和企业的利益紧紧联系起来。突出了这么一个中间环节，三者利益才能真正兼顾。这样做也会更有利于树立集体主义思想。

　　再一个问题，我们搞活企业，发展商品经济，是和加强宏观控制配套进行的。有的人却认为，加强宏观控制就是"收"，就是对商品经济的限制。其实，我们的宏观控制完全是为了促进商品经济发展的，是为了促使人们按照商品生产者和经营者的办法去做事情，而不再沿着过去的旧模式走下去。过去工厂基本上按照指令性计划生产，靠行政权力来指挥，上级给生产任务，也要给原材料。现在指令性计划逐步缩小了，计划供应的原材料也不给了或者给得很少了，有的厂长就走后门去弄。加强了宏观控制，后门走不成，他就认为生产进行不下去了。其实，走后门并没能跳出依靠行政权力分配产品这个框子。后门的权力也是行政权力，仍旧不是按照价值规律办事，同发展商品经济的要求是不符合的。后门堵住了，上哪去弄原材料呢？上市场。这就要相互竞争，优胜劣汰。谁有本事，用比较高的价钱买进原材料，又能做出便宜的产品，或者产品虽然涨点价，但是质量好，花色品种出众，保持畅销，这个企业就能发展起来，这个企业的职工就能得到更多的利益。这样做对国家、对人民也更有利。这样一种变化过程和人们的道德观念也不可能没有关系。

我希望社会科学的理论工作者，在研究社会主义精神文明建设的时候，能够更加在理论和实践的结合上下功夫。一方面，弄清楚我们所进行的改革，为共产主义理想教育、道德教育，为社会主义精神文明建设提供了什么样的物质基础；另一方面，也弄清楚这种思想教育对改革的保证和促进作用。解决好这个问题，是中国的社会科学理论工作者在社会主义建设事业中应当立的功劳。关于在公有制基础上的社会主义的有计划的商品经济的理论，是中国共产党这几年对于马克思主义理论宝库所做的重要贡献，也是一个大的突破。这个突破需要我们在许多方面配套地发展。我相信，只要我们这样做了，我们的理论工作一定会受到人们的欢迎。

发展社会主义商品经济和
坚持党性原则[*]

发展社会主义商品经济和坚持党性原则的关系，是新时期党的建设中一个突出的引人注意的问题。党内党外议论甚多。由于这是一个新问题，我的研究学习也不够，只能谈谈自己的想法，和同志们一起敞开思想共同探讨。

大家都知道，我们经济体制改革的一个中心思想，就是要使我们的经济体制适应在公有制基础上的有计划的社会主义商品经济发展的要求。随着经济体制改革的进展，社会主义的商品经济在这几年确实有了相当的发展，带来的好处大家也都看见了，这里就不多说了。与此同时，在社会上，在党内，也有一个突出的现象，就是不正之风的存在。我们现在正在全党上下动手、集中力量来端正党风，就是为了纠正这些不正之风。这两种现象同时存在，人们很自然的要议论：不正之风和商品经济是什么关系？

---

* 本文系 1986 年在中共北京市委党课上的讲稿。

如果说不正之风是商品经济发展的必然结果，那么，我们搞增强党性的教育还有没有用；或者说，我们发展商品经济是不是搞错了；有人提出这样发展商品经济是不是必然会搞资本主义；也有人从另一个方面提出在新时期还有没有必要这样强调党性；现在讲党性是不是老八股，不合时宜；或者认为讲党性就是为了限制商品经济，给它套上笼头。总之，是认为我们一方面提倡商品经济，一方面强调党性原则，这二者似乎是有矛盾的。我们当然不能同意这些认识。我们不赞成说只有搞商品经济才有不正之风。因为事实上，在我们搞改革之前，在我们提出发展社会主义商品经济之前，就有不正之风，特别是在像"文化大革命"那样极"左"发展到顶点的时候，社会上的不正之风，党内的不正之风，也几乎发展到顶点。这些和发展商品经济有什么关系呢？同时，我们也并不认为今天存在的不正之风和商品经济一点关系也没有。因为，今天存在的不正之风的形态，确实和过去我们没有大力发展商品经济的时候的形态有许多不一样。像现在的出租银行账号、利用合同行骗等等这样一类事情，不搞商品经济它就不大容易发生。但是，我们认为把党性原则和发展商品经济对立起来的观点，终归是不正确的。我们的国家是共产党领导的社会主义国家，这是我们党领导人民奋斗几十年的结果，是上了宪法的无可怀疑的事实。我们必须坚持四项基本原则，其中最重要的是要坚持走社会主义道路，坚持共产党的领导。党要实现自己的领导，就必须教育自己的党员，坚持党性原则。一方面，在现在的社会主义阶段，发展商品经济正是我们党从党性原则的立场上得出的必然结论。另一方面，我们也清醒地看到，发展社会主义商品经济，特别是在我们这样一个国家，在过去长期商品经济极不发展的基础上，在建立了社会主义制度以后的长时期中，无论是在理论上，还是在实践上，都倾向于否定商品经济存在的这样一个历史背景下，来发展商品经济，就更必然是充满着困难，充满着阻力，必然会产生许多新的矛盾，因此也就更需要加强共产党员的党性教育。只有把发展商品经济和坚持党性原则这两个方面很好地统一起来，才能使我们的四化事业比较顺利地前进。

首先，我们要看到商品经济是人类发展历史上不可逾越的阶段。恩格斯说劳动创造了人。人类社会的存在一天也离不开劳动，人类社会的前进更是一天也离不开劳动。人的劳动在开始的阶段，是完全为自己的、自然的劳动。无论是打猎还是采果子，劳动都是直接为自己或者直接为自己这一群人服务的。就是说直接实现其使用价值。但是，这样一种劳动必然是和生产力水平极低的状况相联系的。要提高人们的劳动能力，就必须有分工，随着分工的发展，就要互相交换自己的劳动产品。我是种地的，你是养羊的，你要吃粮食，我想要羊皮，我们就要相互交换。社会越进步，分工越复杂，交换也就越频繁。人们只有通过商品交换的方法，才能够实现各自的需要。马克思主义的创始人和许多先进的人们都预计在未来的社会将要废弃商品生产。但是，那时的社会应当是人类的劳动生产力极大的提高；生产出来的产品极大的丰富；而且人们的道德水平也极大的提高。在这样的条件下，才能够在更高的阶段上直接生产产品。现在世界上，任何一个国家的生产力水平都没有达到这个程度。在今天的中国，生产力比较低，我们迫切需要进一步发展社会分工来提高社会生产力。现在我国有全民所有制经济、集体所有制经济和个体经济等多种经济成分，这些不同的经济成分之间的产品也只能用商品的形式来交换。而且，我们还要与世界上一百几十个国家和地区发生经济上的联系，既要互通有无，又要取得别人的技术。它只有通过国际贸易即国际上的商品交换形式才能进行。我们共产主义者当然要以实现共产主义作为最高的奋斗目标，要实现这个理想，首先就要发展社会生产力。今天，只有在商品经济的条件下才能使生产力得到迅速的发展。所以，在今天的条件下，热心发展社会主义商品经济，正是我们共产党员党性坚强的表现。

　　商品经济的基本规律就是等价交换，或者说是价值规律。商品经济通俗地讲，就是为出售而生产，或者科学地说，是为交换而生产的经济。我把我生产的东西卖给你，你又把你生产的东西卖给我。然而，双方相互交换的东西，只有在各自所包含的价值相当时才能够顺利地交换。这个价值是根据什么来计算的呢？是根据产品所包含的劳动量来计算的。我花 5 个小时生产的东西，我就想换回 5 个小时所生产的东西。我的产品要花 5 个小时的劳动，你的产品只花 1 个小时的劳动，你跟我交换，我就觉得不上算，还不如我自己干。所以，最后终归要趋向于大家都按照一个同样的尺度，就是等量劳动相交换。只有在这样的条件下，商品的交换才能正常进行。但是，等价交换的实现，必须具备两个前提条件：一个是商品交换的双方都是平等的。互相不平等就难以等价交换。我可以管着你，强迫你把你的 5 个小时劳动的产品给我，我只给你 1 个小时劳动的产品，你没有办法抗拒。这样，等价交换就实现不了。第二个条件，就是双方都出于自愿。进行商品交换，买东西卖东西不能强迫，只有一个愿买一个愿卖，交换才能实现。如果没有这两个必要的前提条件，商品交换就不能实现，商品经济也就不能充分地发展，而只能受到限制，受到束缚。因此，商品经济的基本规律就是等价交换，就是平等自愿基础上的等价交换。

了解了商品经济的基本规律和必要前提，我们就可以看出，现在流行的不正之风，其中有许多不但不是发展商品经济本身的要求，而且是和商品经济的本性互相矛盾的。现在流行的许多不正之风是等价交换吗？是拿出自己等量的劳动又拿回等量的劳动吗？不是这样的。而是利用自己所把持的特权，来攫取非分的利益，也就是剥夺别人的利益，剥夺国家的利益，剥夺人民的利益，归自己个人所有。无论是干部以权经商、行贿受贿，还是现在许多干部从事投机倒把的买卖，多数都是依仗权势来进行的。没有权，他就搞不到紧俏商品。所以这些不正之风所遵循的恰恰不是商品经济所遵循的等价交换原则，而是不等价的。它们的存在，并不像有些人说的，是商品交换原则侵入党内的结果；而是封建特权观念在党员、干部中起作用的结果。这种不正之风的泛滥，已经成为发展社会主义商品经济的一种障碍。在一部分人的特权面前，普通的、没有特权的人，发展商品经济就发展不起来。你可以走后门搞到平价材料，他没有后门，只能买到高价原料，他就竞争不过你。因此，党中央在纠正不正之风的各种决定、文件、讲话当中一再地讲，端正党风，纠正不正之风，是为了促进改革和保证改革。也就是说，增强党性，绝不是为了限制商品经济，而恰恰是为了使社会主义的商品经济能够得到更好的发展条件。但是，商品经济也不是十全十美的，没有内部矛盾的，商品经济也像其他事物一样，它们内部也充满着矛盾。

　　第一，在商品生产中有可能产生交换价值和使用价值背离的情况。商品的生产和产品的生产不同。比如，我自己在家里做个小桌子，是为我自己用的，它直接实现的是使用价值，我的手艺好与不好，都不会自己骗自己。商品的生产就不一样了，生产的目的是销售，销售的目的是实现交换价值。当然，交换价值和使用价值要捆在一块，没有使用价值就交换不了。但我这个商品生产者的生产目的不是使用价值，而是交换价值。这样，就产生了一种可能性，就是我不去注意它的真实的使用价值，而是怎样在交换的时候骗过你。只要实现交换价值，商品生产者的目的就达到了。于是产生了使用价值和交换价值二者的背离，就可能出现弄虚作假、欺骗别人的现象。因此，在有可能的情况下，就会把使用价值忘记了，抛弃了，甚至有意识的不顾了。这种可能性是存在的。

　　第二，商品经济的基本规律虽然是等价交换，但是，实际的交换却并不是每一次都正好等价，而是几乎每一次的交换都是不等价的。这是因为实际的交换还要受到供求关系的调节。本来生产20斤粮食和一张羊皮所花费的劳动一样多，可以等价交换。但是，今年养羊的人很少，而需要羊皮的人却很多；今年种粮的人很多，需要粮食的人反而少。因此，粮食就换不出去，羊皮却有人抢着要。所以，商品交换是等价交换。但这个等价交换规律是在不断的背离当中实现的。价格和价值背离了，就会给商品生产者一种信号，促使他们增加或者减少某种商品的生产，供求关系就会得到调整。但是无论怎样调整，也很难做到供给和需求完全一致，因此，价格总是围绕着价值上下波动。正因为商品交换的每一次的实现都要或多或少地离开价值，所以人们就可能产生一种愿望，把自己生产的商品的价格保持在它的价值之上，也就是说，用少量劳动换回更多的劳动产品，拿到超额的利润。这种可能性不是不存在的。譬如，我掌握了某种垄断地位，虽然某种产品供不应求，我也不多生产，也不准别人多生产，我就可以一直卖高价。这当然是不合理的。但是，在商品生产中人们追求不合理收入的可能性是存在的。

　　第三，商品交换是在市场上进行的。一个产品能不能卖掉，会不会卖个好价钱，在生产的时候并不完全知道，这个命运要到市场上才能决定。你以为收音机要畅销，就大量生产，结果是滞销，你就砸在手里。许多服装厂商预计今年的流行色是红色和黑色，结果街上流行黄裙子。这一批红色黑色的就砸了，就积压了。不可能下个命令：所有的人不许买黄裙子。因此，人们就认为市场是一个盲目的，可以支配自己的力量。自己对自己的命运并没有把握，而是要靠撞运气，撞上了就赚了，撞不上就赔了，甚至于倾家荡产。市场本来是人造出来的，但许多人又觉得自己支配不了它，反而要受它的支配。在这种情况下，就会在一部分人中产生一种心理状态，就是搞投机，撞大运。

第四，除了在原始阶段的商品交换是物与物之间的直接的交换以外，几千年来，商品交换都是通过货币作为媒介来实现的。当分工发展越来越细的时候，成千上万种产品，要直接实现物物交换，那是太困难了。大家都把自己的产品换成一个大家都能接受的商品，用这个商品作媒介，去换自己需要的产品，这样才能使得整个商品生产和商品交换顺利地进行。货币是人类在商品交换的实践中创造出来的一个非常有用的工具。但是，这个工具创造出来之后，它就有了独立的存在价值，甚至在某种程度上表现出一种支配人的力量。谁手里有货币，谁就能换取商品。别人一般是不问他的货币是从哪里来的，是不是他的劳动成果，这一点从票子上是看不出来的。然而，你只要手里有货币，就能把别人的劳动成果变为己有。这样，人们就会产生对货币的崇拜心理，不是依靠自己的劳动来多创造财富，而是不管用什么手段只要把货币拿到手里就好。这样，就把货币这个工具变成了目的。其实，从社会的角度看，追求这个目的并没有什么用处。一个社会的生活水平，归根到底是由这个社会能生产出多少有用的物质产品决定的。你要货币，多印点票子就可以满足。但是，社会上的物资就那么多，每个人所得到的物资也只能有那么一点，票子再多也改变不了这种状况。但从个人眼前看，只要我手里的货币多了，就可以占有更多的物资。因此，有些人就追求、崇拜这个货币，认为金钱万能。

第五，商品的生产、商品交换发展到比较发达的阶段，使得整个社会的一切东西都变成了商品。本来经过人的劳动创造出来的用于交换的产品才是商品，商品经济的发展却可能使一切都成了商品，或者具有商品的形态，包括劳动力也成了商品。资本家雇用工人也是按商品交换的原则进行的。工资就是相当于劳动力再生产所需要的费用，就是能够维持这个劳动力和他的家属子女的生活以及必要的教育所需要的费用。资本家就是按这个价钱来雇用工人，付给工资的。资本家购买到劳动力之后，就强迫劳动力和生产资料相结合，进入生产过程。在生产过程中，劳动力可以生产出超过维持劳动力生存以外的更高的价值来，并归资本家个人所有。这就产生了资本主义的剥削。商品经济并不等于资本主义。人类社会有商品经济已好几千年了，资本主义只有几百年。然而，资本家进行剥削确实是利用了商品经济的规律，把它运用到劳动力的买卖中去，产生了雇佣劳动，从而攫取到剩余价值。

这几条都是商品经济本身所包含的矛盾。除了最后一条是在资本主义条件下发生的，前四条在一般的商品经济条件下都会存在，都会不同程度地发生作用。这些作用可以说是一些歪风所以能够产生的直接的一般的经济原因。

所以，这些问题需要我们在发展社会主义商品经济的时候清醒地加以注意。是不是只要有商品经济存在，就必然会大量产生如我们现在看到的这样的不正之风呢？不是的。因为商品经济本身还有它的基本要求，它的基本规律还要发生作用。它要求等价交换，要求互相平等自愿交换。这些基本的东西是一定会发生作用并且占主导地位的。所以，在一个健全发展的商品生产社会当中，总是会找到许多力量，找到许多形式来制约这些不正常的东西。在资本主义条件下，他们也要这样做，在有些问题上也可以做得相当有成效。但是，由于生产资料资本主义私人占有的性质，决定了他们不能做得彻底，从根本上说，他们要维护那个剥削制度。许多我们认为不正之风的东西，在他们那里就是作为正风来看待的。

在资本主义发展的初期，在资本原始积累阶段，这是一个商品经济又发展又不完善的时期，也是一个充满着血污的时期。整个社会到处都是各种乌七八糟的事情，坑蒙拐骗，无恶不作。我们现在在某些企业发展中看到许多不正常的现象，跟商品经济不够充分发展又刚刚开头这样一个状况也很有关系。例如，我们在反对不正之风当中，遇到一个制造和贩卖假药、假酒、冒牌自行车等等的问题。造假货的情况，在北京、天津、上海这些大城市就比较少发生；那些特别落后的地方，还是自然经济占上风，也很难发生。造假货比较多的地方，也是在那些又要发展商品经济又不太发展的地方。所以，当前表现出来的不正之风，至少其中相当大的一部分，与其说是随着商品经济的发展而发展起来的，还不如说是商品经济不够充分发展的一种现象。

特别是在现在的条件下，我们的改革正在逐步进行，两种体制，两种价格，两种管理方法同时存在。一方面是开放了，把原来的控制削弱了；另一方面，新建立起来的体制还不健全，还不完备，还没有充分发挥作用。这样做法的好处是我们的改革可以稳定进行，社会上的动荡不会太大。但毛病是会有相当多的漏洞，相当多的空子可钻，会产生相当多的矛盾。有一些人就是在钻空子。也有一些人不能适应这种新旧体制的交替，不懂得什么是自己真正的利益，看到一点表面现象，就急于采取行动，还自以为聪明，自以为对自己有利，其实是做了一些蠢事。我们党内许多同志是好心好意的，但并不懂什么是商品经济。这也不能怪他们，因为我们许多年不讲这个东西，他们没有接触这个东西。现在放开了，眼睛一睁，并没有学会真正的生意经，而是看见了一些歪门邪道，学到的是发红包，给自己长工资，滥发奖金等等。我们常常说这是资本主义的影响，实际上，拿到国际上去讲，外国的资本家是不会服气的。因为没有一个真正的资本家肯像我们有些干部那样干。什么滥发奖金，他才不干呢。还有干部经商的问题，多数资本主义国家都有法律规定，不准官员经商。我们有些地方发股票，既保本、保息，又要分红利。在世界市场上，这样一种负盈不负亏的股票大概没有人会承认。我们知道，世界上企业集资有两种方法：一是发债券，规定年限和利息，到期还本保息；二是卖股票，一股多少钱。买股票的人作为企业的股东可以根据企业赢利的状况分得股息。但是，股票是不能随便退的，也没有固定的利息。企业盈利多，股息就多，股票的价值就上升，100元买的股票，可能值200、300元，甚至2000、3000元；企业亏本，发不出红利，所有的股东大家一块亏，股票也变得不值钱，100元买的股票，可能只值二三十元，甚至分文不值。我们有些企业发的股票不知是个什么东西。你问他是从哪里学来的，他说是从资本主义那里学来的。其实资本主义并没有那样的股票。有些同志并没有真正把商品经济学明白，他们搞的一套办法，只是把自己的党性丢掉了。他们想的是不费力气，就把别人的或者集体的、国家的钱，弄到个人腰包里来。只要利益，不担风险，这不是商品经济的要求，更不是共产主义者利用商品经济发展生产力的要求。我们的目的是要发展生产、增加社会总财富。按小平同志说的，就是从人均国民生产总值200多美元，到20世纪末提高到人均800美元，达到小康水平。然后在这个基础上再向前进。有些同志所以犯错误，并不是因为搞了商品经济，而是他们的做法、想法跟发展社会生产力，实现翻两番的目的背道而驰。所以我们认为，在今天的形势下，更需要有坚强的党性。只有这样，才能使社会主义商品经济发展得更好，才能使我们在商品经济的海洋中游好泳，才能善于利用商品经济的发展达到我们共产党人的目的。

下面我想简要地说一下在发展社会主义商品经济的条件下，特别需要强调的一些党性观念。共产党人的党性，是现代无产阶级的世界观和阶级利益的集中表现。最根本的就是辩证唯物主义和历史唯物主义，就是一切从实际出发，一切为了人民的利益。它的内容是很丰富的。在这里只能把当前实践中感觉到特别需要注意的几个问题提一下。

第一，发展生产力的观念

根据辩证唯物主义和历史唯物主义的原理，我们认定了只有社会生产力的发展，才是社会历史前进的最根本的决定因素。这个道理是很容易明白的。因此，共产党员党性的最重要的表现，就是看我们是不是热心发展社会生产力。看我们做的事情对不对的标准，不是看符合哪个文件就对，不符合哪个文件就不对，或者说合乎流行的道德观念就对。真正的标准就是要看对发展社会生产力有利还是不利。有利的事情，我们就应努力去做，不利的就坚决制止，这就是共产党人的党性。过去，我们为推翻旧社会而奋斗，目的也是为发展社会生产力扫除障碍；今天，我们就要集中精力来直接推动社会生产力的发展；我们进行的改革，就是不断完善社会主义的生产关系和上层建筑，使它们适应发展社会生产力的要求。

我们知道，发展生产力最重要的因素是劳动。在商品经济中，互相交换实际上也是劳动。因此，我们共产党人只承认劳动的价值。当然，我们承认的劳动成果，包括体力劳动和脑力劳动，包括管理的劳动和经营的劳动。但是，我们不承认不劳而获的权利。我们做的一切工作都是为了使人民能够更好地为自己劳动，使人民的聪明、智慧、能力得到充分的发挥，从而为自己创造幸福的生活。这是符合发展社会生产力的要求的。反之，任何一种不是依靠自己的劳动来提供更多的为社会承认的成果，而多向社会索取报酬的做法，都是错误的。我们希望人民的生活越来越好。达到这个目的只有一条道路，这就是帮助人民更好地劳动。这样增加的收入才是靠得住的。然而，我们有一些同志却不是这样做的。他们也在那里研究，今天这个规定怎么样，明天那个文件怎么样，研究的目的是怎样钻空子多长工资、多拿钱，而不是研究我如何运用这些规定来鼓励和组织本单位的工作人员更好地劳动，创造更多的财富。看到企业可以多发奖金，一些公司就向企业靠，听说行政机关要调整工资，又纷纷改回来，调完了工资又伸手要奖金。为了鼓励教师，国家规定发给教龄津贴。有的地方就把原来已经收归区教育局的校办工厂，重新划回学校。目的是使在校办工厂里工作的一些同志算作教师，领取教龄津贴。我们一些领导同志不是想尽办法把教师队伍搞得越精越好，少花一点人头费，使有限的教育经费发挥更大的作用。而是想尽各种办法帮人家挤进来，吃教育经费的大锅饭。这样做对教育事业不利，对那些被"照顾"的同志也没有好处。因为他们领了教龄津贴就不能作为工厂的职工领比较多的奖金，他们的劳动积极性也就下来了。不让他们拿教龄津贴，他们的收入倒可能更高一些，条件就是他们能够好好地劳动。如果真从党性出发，为职工的利益打算，究竟应该抱什么态度呢？

　　我们作为共产党人，要按照客观规律办事，要热心地发展社会生产力，我们的党性就必然要求我们要努力学习先进的科学技术知识，要支持科学研究和技术开发事业，要努力培养我们的劳动者，增加智力投资，要不断地改进技术装备。如果不是这样，在商品经济的竞争当中，我们就要落后，就要失败。现在我们国营企业，尽管已经建立了责任制，但是对于追求科学技术进步的问题，许多同志可能还没有完全认识。因为企业还没有完全自负盈亏。乡镇集体企业在这个问题上感觉到的威胁就比较明显，他们花钱买技术的积极性也比较大一些。党要代表人民的利益，就要帮助人民认识这个真理，去追求技术进步的路，看来眼前要付一点代价，好像富得慢些，其实只有这样才能富得更快，而且可以持续地、稳定地提高人民的生活。但是，现在许多乡镇企业的领导干部对这个问题还很少认识。国营企业的领导干部对这个问题的认识就更不够了。许多同志总认为增加机器设备是上级的事情。上级给钱就增加，不给钱就只有混下去。经济体制改革就是要让每个企业相对独立、自主经营、自负盈亏。作为企业的领导者，就要像《共产党宣言》所说的，不但代表工人群众今天的利益，还要代表工人群众明天的利益，为明天生产力提高着想。

要致力于发展社会生产力，还要摒弃头脑里一些阻碍发展生产力的旧观念。比如说，实行破产法，企业搞不好，就要垮台，就要破产。许多人就觉得看不惯，认为这样一来就没有社会主义优越性了，工人就失去保障了。其实，没有破产法，某些企业也早就破产了。实行《破产法》只是承认这个事实，并且规定一些妥善处理的办法。它改变的只是"铁饭碗"、"大锅饭"这些不合理的制度。有些同志总是强调客观，因此他们认为企业破产应由社会来兜着。客观原因是存在的，但同样的客观原因，并没有造成所有类似的企业都垮台，别的企业为什么不垮台呢？这就有它们主观努力的因素。在同样不利的条件下，能够生存并且发展的，才是好企业，有生命力。遇到一些不利条件，就活不下来，那有什么办法，只好垮台。这就需要我们有承担风险的观念，不能一切风险都由国家承担。大家安安稳稳吃太平饭，社会主义建设就搞不好。

有些同志往往埋怨改革不好搞，理由是政策多变，今天放了，明天又收，搞不下去。改革是在不断的试验中前进的，具体政策不可能没有变化。但是，总的趋势是不变的，只能是越来越开放，越来越搞活，也越来越完善。当然也不能保证政策的每一次具体变化都是合理的，即使暂时不合理，最后还是要变得越来越合理。另外有一些企业就能够一直保持自己的主动权，保持改革的势头，不受或者很少受到影响。为什么呢？因为这些单位的同志党性很强，他们对于各种改革政策的实质理解得很清楚，紧紧地把握住调动劳动积极性、发展社会生产力这个环节，不搞平均主义，这样，他们就一直保持主动，无论具体政策怎么变，都可以继续鼓励职工多劳动，多创造，从而也多增加收入。而那些感到被动的单位，大都只看到政策一放宽，还没弄清楚是怎么一回事，就急急忙忙给职工发钱。劳动生产率没有提高，或者只提高了百分之二三十，职工收入却增加了百分之七八十，甚至增加一倍两倍。这样的状况当然维持不下去。上面配套管理的政策一出来，他们就更搞不下去了，职工的收入就只好降下来。在这样的单位，即使职工收入仍然比其他单位高，劳动者仍然会不高兴，劳动积极性必然要下降。因为收入上去了再下来就很难。所以，是不是从推动生产力的发展来考虑问题，办事情的结果就会大不一样。我认为，这应当成为我们在新时期强调党性原则的重要的观点。

第二，就是一切从实际出发的观念

应该说，一切从实际出发，是我们党性原则的根本点。但是，要真做到，是怎么样，就说是怎么样，就按照这种实际情况来做工作，是很不容易的。要从实际出发，就要有勇气。现实生活前进了，我们做的事情有一些和本本上不一样，有一些和马克思讲的不一样，有一些和过去的文件不一样，有一些和流行的观点不一样，还有一些涉及人们切身利益的调整，这些都是考验人们敢不敢实事求是的地方。真正要实事求是，我们就要有勇气面对这些问题。

这个政策好，就是好。不好，就是不好。有三分好，七分不好，就是三分好，七分不好。不能说，这个东西是哪儿下来的，好也是好的，不好也是好的。那就不是实事求是。比如说，这次工厂企业的工资调整，企业拿出一部分奖金给每人长级，这个办法就是不好，就是倒退，引起工人普遍不满。那么，我们对工人应该怎么讲呢？要讲他们不满意是对的，应该不满意。为什么呢？因为这种做法是向平均主义倒退。本来奖金已经逐渐做到拉开距离发放了，现在拿出一大块给每人长一级，无论劳动好坏人人有份。剩下的奖金部分数量大大减少了，距离也难以拉开了，这不是向平均主义倒退吗？如果中国工人阶级对这样的倒退都没有不满意，那中国的改革真没有希望了。所以，不好就要实事求是地讲不好。不能说，这是市里布置的，上边有文件，我们就说它好。但是，虽然不好，已经实行了，这也是一个实际，也要从这个实际出发，来研究用什么办法去解决。这样讲，思想政治工作还好做些。如果一定要把那些不好的做法说成是好的，思想工作就不好做，做了人家也不相信，只能使共产党的威信受到影响。有许多单位做得不错，他们也按工资调整的部署办了，也承认按规定调整的工资。工人退休的时候可以按经过调整的工资发退休金，调动的时候可以按经过调整的工资开工资介绍信。但是，现在发工资却不能按这个标准，而是把这一部分钱拿出来，和剩下的资金放在一起浮动。有些厂长说，如果他有权，他就把工资这样浮动，调动工人的劳动积极性。厂长当然有这个权，只要你敢这样做就行。上面没有什么规定限制你，不准你这样做。愿意把20%、30%的固定工资拿出来和奖金一起浮动都可以，都有这个权。问题是厂长要有勇气，不怕人家骂，不怕人家告状。凡是有勇气这样做的，效果都很好。

我们的企业以后要自主经营了，企业的各种事情要靠在企业里工作的同志自己作判断，作决策，而不是一切都靠听上级的指令办事，这就要求在企业里工作的党员、干部，有从实际出发的思想素质。企业的自主权总会越来越增多，照搬照套的东西以后会越来越少，到最后总要发展到上级不规定谁发多少工资，完全让企业自己去决定。是不是会滥发呢？我看不见得。工资太高，企业就会失去竞争力，它自己要垮台。垮台了就没有工资了。总还是要讲贡献，贡献多的多得，贡献少的少得。要敢于实事求是，善于根据自己的情况就决定，该收的钱敢收，该扣的钱敢扣，该发的钱敢发，该涨的敢涨，该降的敢降。

门头沟乡镇企业小煤窑的煤大量积压，卖不掉，许多煤井已经停产了。原因就是山西的煤，河北河南的煤，比北京的煤便宜。用汽车拉来，送到用户的手里，比我们在井口卖的价还便宜，质量又好，把我们顶了。怎么办？我们为什么不能降价呢？可我们有些同志不愿意也不敢做这个决定。把煤堆在那里，这是敢的，停产，不下井了，这也敢。暴雨一来，一冲就冲走几十万元钱。这不用人做决定，老天爷做决定了。大概也不会有什么人受处分。可就是没有人敢及时决定把价格向下浮动。该降的要敢降，该涨的也要敢涨，该收的钱也要敢收，不要怕人家说。我们就是要讲老实话，办老实事。

第三，需要有全心全意为人民服务的观念

全心全意为人民服务是我们共产党的根本宗旨，也是我们的看家本领。特别是在发展商品经济的条件下，尤其需要讲服务，讲以服务求生存，以服务来实现领导。

北京前门福康药店给人家煎药，3 毛钱一付，赚不了几个钱，但他搞了这项服务，每天就增加了 100 多位顾客。如果 5 元钱一张方子，就是 500 多元的买卖，可以增加几十元利润。商品经济，必然要有竞争，实行优胜劣汰的原则。这种竞争在我们社会主义条件下，从根本上讲就是服务的竞争、服务的竞赛，谁服务得好，谁就有强大的生命力。

　　现在我们有些同志却总是只想到让别人为自己服务。行业不正之风不去说它了。各行各业都有一个怎样对待困难和方便，把什么留给自己，把什么让给别人的问题。长途电话过去是可以在家里打的。但是事后有人不交钱。怎么办？很好办，在家里不准打，谁要打长途电话请上邮电局去。这样，漏洞就堵上了，邮电局也方便了，顾客却不方便了。老实说，这种做法在全世界都是没有的。书店过去也是这样，书架一打开，有人偷书，有人乱拿，怎么办？用柜台把书架挡住，谁也拿不走。这就是我们许多同志遇到矛盾的时候想主意的思路：只求方便自己，不问老百姓方便不方便。现在改过来了，书虽然有点损失，但是书店赚的钱更多。过去为什么会造成这种局面？因为我们的供给不足，又是官办的垄断机构，服务得不好，人家也要来求我们，即使没有人上门，对我们自己的利益好像也没有损害，还乐得清闲一点。真要把一切方便让给人家，就必定会给我们自己增加许多麻烦。但是，只有这样，我们的各种机构、各个企业，才有存在的价值。问题是，并不是所有同志都认识到了这一点。我们现在还没有造成这种格局，谁不努力为人民服务，就让它混不下去。但我们共产党人已经下了决心，在经济体制改革当中，一定要形成这种格局。我们希望有更多的同志早一点认识到这个前途，主动地适应这个变化。

我们的许多领导机关也应当转变成服务型的，不能只是卡下面、管下面、吃下面。我们过去的许多公司都是下边工厂的上级，工厂对他们抱怨甚多，说是花钱买个婆婆。现在强调横向联合，联合之后也会出现许多新的公司，但这些新的公司从根本上讲，和以前的行政性公司不同。它们应当是那些参加的工厂的"下级"，是它们联合生的儿子。这些公司应当听所属工厂的指挥，工厂需要你干什么，你就干什么，不需要你干什么，你就不能干什么。联合公司的编制、人员、待遇都由下面的工厂来决定。以后各个企业要搞联合、搞集团，希望都能按这个方法来搞。现在敲竹杠的、刁难人家的、专别人政的部门相当多。希望在这些部门工作的共产党人，能够真正认识到自己的前途，再这样下去，就一定要被人家抛弃。

第四，就是要有集体主义观念

我们在发展社会主义商品经济的时候，必须坚持公有制和共同富裕的道路。这是社会主义商品经济的特征，也是我们所提倡的集体主义观念的内在根据。

我们要发展商品经济，就不可避免地要同各种不同的人物打交道。在打这些交道的过程中，要有足够的思想准备和警惕性，才能坚持公有制、坚持共同富裕的道路。不能只听人家说两句为人民服务，为祖国服务的话，我们就信以为真。"防人之心不可无"，要明白自己是在和哪些人打交道。资本家是要赚钱的，我们也应该在平等互利的原则下，让他们有利可图，但是不能让他们骗我们、坑我们。至于那些江湖骗子，我们就应当有识破他们、抓住他们的本领。

对于我们内部的个人利益，我们要坚持物质利益的原则。但是，这种个人利益只有在为公有制经济增加利益时，才能得到。我们的物质利益原则，是为了鼓励人们对社会、对国家、对集体作出更大的贡献，而不是不问有没有贡献，都可以增加个人得到的利益。我们允许一部分人先富起来，也是为了鼓励和带动整个社会成员共同致富。我们要让大家看到这样一种方向、这样一种道路，就是国家、集体、个人三者的利益是一致的。今天特别需要强调抓住集体利益这个环节，要使劳动者认识到，现代社会的商品生产，除了少数个体劳动者外，只有通过企业才能进行。劳动者要集合在企业中，才能和劳动资料相结合，离开了企业，孤零零的一个人，绝大部分的商品生产都不可能进行。我们只能成为集体的商品生产者和经营者。因此，就要把自己的企业当作自己的命根子。企业搞好了，大家都有利；企业垮台，大家都没有饭吃。抓住集体主义这个环节，使劳动者看到自己的利益是和本工厂、本企业的利益完全一致的，我们才有可能进一步调动劳动者的积极性。

第五，就是要加强民主和法制的观念

加强民主和法制观念，不是一个主观的要求，而是随着商品经济的发展，必然要提出来的客观要求。我们共产党人要领导社会前进，就必须锻炼我们的民主观念和法制

观念。因为企业既然要成为相对独立、自主经营的经济实体，那么职工就比较能看到自己的利益和企业利益的关系。现在职工还不容易看清楚，因为工资、福利等等涉及职工利益的事，都是上级规定的。既然厂长都做不了主，工人对厂里的事应该怎样办也就没有多大兴趣了。以后这种上级的规定会越来越少，企业里的工资、奖金、发展战略等，都由厂长决定，厂长就成了矛盾的中心。同时，职工的民主要求就一定会越来越高。因为他们看得很清楚，类似的工厂由于经营决策不一样，效益不一样，工资、福利也有很大的差别。在这种情况下，职工就必然要求参与、过问厂里的生产、经营、管理、生活等各方面的决策。这个要求是任何人都阻挡不住的。另外，通过横向联合成立的各种企业集团，它们的机构，也只能通过民主程序，由参加这个集团的各个企业共同来进行管理。

企业在对外关系方面，也不是像过去那样完全只听直属上级机关的指挥了。每一个企业都可能发生千丝万缕的横向联系。互相间的关系只能靠合同来固定。要保证这种合同关系的顺利履行，就需要一个重要的条件：健全的法制。因为这些复杂的关系只靠上级部门用权力来裁决已经行不通了，如果法制不健全，人们对自己的行为可能产生什么后果就没有把握，不能预见，不能负责任，商品经济就很难正常地运行。我们共产党人在进行推翻旧社会的革命的时候，是不能讲守法的。但成为执政党之后，我们就要和群众一道来建设我们自己的法律制度，依靠法律来保障社会主义的利益、人民的利益。特别是在商品经济发展的情况下，就更要把法制观念看成我们党性不可分割的重要组成部分。这样一个变化，可能还要通过好几年的学习和实践才能使大家都逐渐习惯起来。

　　现在许多事情如果都要依法办事，实际上还有困难。因为还没有那么多律师，还没有那么多法官，都拿到法院去，实际上判不过来。观念上的困难可能更大一些，许多人可能会觉得依法办事相当麻烦，但只有有了这些麻烦，才能减少更大的麻烦，整个社会才能前进得快一些。刑法规定了渎职罪，实际上判的十分少。人们往往认为官僚主义怎么能判罪呢，又没有把钱拿到自己腰包里去。真正要按法律、法规的要求来判断我们行为的是非，这就可能和一些人原来的看法不一致。比如说交通事故，社会上通行的观念是同情弱者。所以，自行车撞了走路的人，总认为是自行车不对；汽车撞了自行车，总认为汽车不对。这种通行的观念是保护落后的。真正依法办事就要以交通规则为标准，惩办违反交通规则的人。这条线是人行横道线，汽车经过不减速，撞了我，司机应该赔偿我的损失。那个地方不许行人通过，我违反规定闯过去，撞在汽车上，就是我的责任，汽车司机并没有违反交通规则，就不能处分他。但现在这样做很可能在一部分群众中通不过。从共产党人的党性出发，我们应该持什么主张呢？应该支持和宣传依法办事的观念。比如有人骑车撞了人，小的损失一般是个人赔。大家觉得是应该的，因为他撞了人嘛。但是，大的损失，例如出了人命却往往要让单位来赔偿对方的损失。这是我们现在实际上通行的做法。这是一点道理也没有的。一个人违反交通规则撞死了人，凭什么要让单位赔钱呢？据说理由就是个人出不起钱。解决出不起钱的办法可以有很多。第一，可以和对方协商按自己的能力来赔偿。第二，可以分期付款。第三，人家一定要求一次付清，也可以向单位借款，然后分年分月还清。这样做，肇事者的生活水平当然要有些下降。闯了这么大的祸，生活水平下降一点，难道还不应该吗？有人工资原来就很低，再下降，日子可能过不去，也可以给予生活补助，实在有必要，每月补助一些也可以。但是，这和单位负责赔偿还是不一样。第一，个人要负起责任来。第二，他要背一个长期吃补助的名。真正要依法办事，和通行的观念会发生许多矛盾，我们共产党人的党性强不强就要在这些矛盾中受到考验。

强调依法办事，也包括对诬告者要绳之以法的问题。诬告有罪，这是上了刑法的。现在是 8 分钱、4 分钱邮票一贴，叫你忙半年。这些诬告信往往是匿名的，成了一大社会公害，使一些改革者经常处于被审查的状态中，迈不开步伐。对于匿名信，除了提出确凿证据的，一般的可以不查。我们提倡检举信要署名，要负责任。同时，又一定要保护署名的检举者，不要把信层层转下去，特别是不要让当事人有机会进行打击报复。但是，对于诬告，一定要依法实行反坐、要比照他诬告别人的罪名应该判的刑来判刑。不够判刑的，也要比照反坐的方法给以纪律处分。我希望纪委要抓几个这样的案例公布，不然法制健全不起来。

第六，就是要有严格的纪律观念

我们党历来讲要有铁的纪律。我们讲的精神文明：有理想、有道德、有文化、有纪律，也包括纪律在内。"步调一致才能得胜利"，没有铁的纪律，无产阶级的政党就没有力量。在新的历史时期，我们需要开拓、需要创造、需要前进，思想上要有高度的活跃，但行动上必须有高度统一的纪律。因为没有严格的纪律，就没有现代化的生产，就没有现代化的生产力。

现代社会的生产，主要是在企业中进行的。现代企业是按严格的纪律组织起来的。我们看到，在现代化的企业中，对于每一分钟，每个劳动者在什么位置，做什么事情，达到什么标准，都有严格的规定。不让你有一分钟浪费，也不让你有一个动作违反生产的要求，这样劳动生产率自然就高，产品的质量自然就好。我们现在有许多事情不如人家，其中一个重要原因就是纪律不严。我们印刷质量差，许多印刷品要拿到香港去印。什么原因？开始说机器不如人家，把外国的机器买来了；又说纸张、油墨不如人家，进口了纸张、油墨，印出来的产品还是不如香港印得好。一个重要原因，就是我们不能做到绝对严格地按照操作规程的要求劳动。最近，北京日报记者在公安局的配合下，到一些工厂检查了一下夜班值班的情况。发现大多数单位的夜班值班形同虚设，人家翻墙进去不知道，随便走动不知道，拿东西也不知道。这些单位的值班人员，都是拿了夜班工资和补助的。但是这些补助都是白给了。而且，有些人值班睡大觉还自以为有理。有一个人当场对记者说，我明天要参加电大考试，不睡吃不消。这叫什么理由？你要睡觉，为什么事先不请事假？为什么还要拿夜班工资补助？我们的厂长很少有人敢说，夜班值班必须睁着眼睛，谁睡觉了就要罚、就要处分。虽然有的单位也有许多规定，但是实际上总是能照顾就照顾，领导想当老好人，怕得罪人，那就谈不上纪律了。北京日报还登过一个材料，一家理发店提前3小时轰赶顾客。记者问经理有没有实行责任制，经理说实行了；又问有没有奖励和处罚的规定，经理说有，把规定拿了出来。再问他，这些规定实行不实行？他说：我们以教育为主，职工也挺不容易的啊。这话是什么意思？不干活还不容易吗？他的意思是职工拿的钱不多，过日子不容易，因此我就不好意思执行处罚的规定，扣他们的钱。

我们说，这样的老好人是不能当领导的。一定要把老好人从岗位上撤掉。为什么呢？老好人没有能力把企业搞好，这是第一。第二，老好人缺德。缺什么德？缺社会主义道德。社会主义道德要讲按劳分配，多劳多得，少劳少得，老好人就是缺这个德。老好人当领导，对那些懒散的职工，也是不利的。看上去他保护了那些表现懒散的职工的眼前利益，无论他们劳动好坏，都使他们那六七十元的工资不受损失。可这能维持多少天？企业亏损了，工资发不出去了怎么办？破产了怎么办？即使能维持住，也就这个水平，工人能满意吗？我们希望所有的劳动者都有更高的收入，这就必须要有严格的纪律，不能再白吃大锅饭。有人说社会主义不让饿死人，你们这个办法不符合社会主义。我说符合。社会主义不让饿死人，但没有保证每个不好好劳动的人都有多高的生活水平，不干活，给两个窝头，也可以不饿死。不能说一定要和别人拿一样多的工资。这是第一。第二，不饿死，不等于由这个企业发工资、发奖金，还有各种方法可以不让人饿死，领救济金也是一种办法。总之，老好人的观念和我们党性的要求是不相容的。

在新的历史时期中，我们共产党人所担负的责任就是领导人民创造新的更美好的生活，达到20世纪末翻两番，人均国民收入800美元的水平，到21世纪上半个世纪再翻两番，人均达到三四千美元。我们希望我们劳动者的人均工资能够拿到2000、3000甚至5000元。这当然要靠相当长期的奋斗。无论怎样，这些收入都要靠劳动者自己创造出来。这就要靠科学，靠技术，靠更新设备，靠改善经营管理，也要靠坚强的劳动纪律。现在发达国家中的企业，内部的组织都是十分严格的，而我们企业的毛病，恰恰是内部很松。许多单位的领导者，对企业内部，对本单位的职工，大都不敢严格要求。这样做，实际上是害了职工，使他们没有能力创造出更多的财富。从整体来讲，10亿人口的大国，4000多万党员的党，领导这么一个伟大的历史转变，如果号令不统一，有令不行、有禁不止，我们的改革就没有办法进行下去。所以，我们讲党性就要十分强调纪律性。

我们在进行全面的经济体制改革，以及与此相应的政治体制改革、教育体制改革、科技体制改革的过程中，必然要遇到许多新事物、新问题、新矛盾。这些都需要我们站在党性的立场上，用唯物主义的态度，从发展社会生产力的要求出发来对待。只有这样做，我们才能既代表群众当前的利益，又代表群众未来的利益。这是一个高标准的要求。要做到这样，是有许多困难的，许多同志甚至会感到很苦恼，但这又是很光荣的。为了把中国建设成伟大的社会主义强国，我们的前人已经付出了他们的努力。他们的成功和挫折都是对我们的贡献。他们的经验教训证明，非走这样一条具有中国特色的社会主义道路不可。我们这一代中国共产党人的责任就是要把这条路走通，为后来的同志开拓更好的前进的基础。要开拓这样一条新的道路，就要求我们在这个过程中不断地充实自己，提高自己的素质。当然，我们也会在这个过程中出现各种各样的失误，受到人们的指责、批评和检查。在这种情况下，我们不要有什么委屈。我们党在这些问题上是有界限的。我们反对的是利用改革的机会来谋取个人或小集团的私利，至于改革探索中的失误，着重的是总结教训、取得经验、继续前进。随着社会主义现代化建设的前进，我们的党性也就可以锻炼得更加坚强。

我们共产党人是无产阶级的先进部队。在过去每一个重要的历史时期，我们共产党人都用我们坚强的党性证明了我们是中华民族最优秀的儿女，是有资格领导中国人民前进，领导中国人民战胜敌人，开拓社会主义光明道路的人。今天我们又面临着领导整个民族向社会主义现代化迈进，面临社会各个方面的深刻变动，面临这样伟大的历史使命，我们也要像我们的前辈一样，加强我们的党性锻炼，来实现我们的历史责任，用我们的行动，证明我们这一代共产党人同样无愧于共产主义的光辉旗帜。

使劳动者更好地成为
社会主义的主人[*]

关于劳动制度的改革，已经有了若干措施。对于这些措施，各方面的反映，总的是好的。大家都认为，推广这些办法，包括实行劳动合同制，废止内部招工、子女顶替，实行面向社会招工，择优录用；辞退违纪职工等，对于增加企业的活力，提高劳动效率，推进社会主义现代化建设，都是十分有利的。

人们的疑虑集中在：这些办法对工人是不是有利？实行这些办法会不会影响工人的主人翁地位？有的同志因而进一步怀疑这些办法的社会主义性质。

本来，具体的劳动制度和社会制度之间并没有必然的联系。资本主义企业也有实行终身雇佣制的。社会主义国家，绝大部分实行的都是劳动合同制度。问题是，新中国

---

[*] 本文发表于 1986 年 9 月，曾收入四川教育出版社 1996 年 6 月出版的《论社会主义思想教育》一书。

成立 30 多年来绝大部分国营企业实行的都是固定工制度，人们很自然地把这种固定工制度同国家的社会主义性质联系在一起，误以为这就是社会主义优越性的表现之一，以为只有这样做，工人才是主人。这是一些带有根本性质的认识问题，是很需要讨论清楚的。

问题的关键是，什么是社会主义的主人，以及怎样做主人。

就一些同志提出的疑问看，本身就包含着矛盾。这些同志无疑是以企业的主人、国家的主人自居的。那些对于企业、对于国家大有利的事情，作为主人本来应该是高兴的，但是，他们却感到若干不愉快。这种矛盾说明什么问题呢？至少不能说是主人翁的意识很强吧。

我当然没有指责这些同志觉悟不高的意思。所以会有这样一些观念上的问题，这是由于过去劳动制度上的弊病造成的。

还是让我们从"什么是社会主义的主人"讨论起。"主人"这个概念，原始社会中大概并不存在。那时候人人都是主人，也没有经历过不是主人的阶段，人们的社会实践没有提出区分谁是主人，谁不是主人的要求，当然也就产生不出这样的概念来。在几千年的阶级社会中，主人的概念是和奴隶的概念同时产生、存在和发展的。奴隶主当然是有奴隶的。封建社会中的农民实际上是地主的奴隶。资本主义社会中的工人是工资奴隶，实际上是资本家的奴隶。这就是几千年的社会存在。这种社会存在当然要反映到人的头脑中，即使是被压迫的劳动人民，要求翻身得解放，要求自己当家做主人，他们的思想也很难跳出这个框框。《水浒传》写李逵造反，动不动就说要杀进汴京，但是，他的要求也还是让"宋江哥哥"坐上金銮殿，另立一个统治别人的新皇帝。鲁迅的《阿Q正传》，写到阿Q梦中"革命"，当上了"主人"，未庄别的人都跪在他的脚下，由他指使发落。鲁迅对当时的社会观察得是很深刻的。当时的劳动人民大概很难想象人人都是没有奴役对象的主人这样一种局面。

旧社会也有独立的小生产者，他们的要求似乎是属于既不受别人奴役，也不奴役别人那一类。"鸡犬相闻，老死不相往来"，谁也管不着谁。但是，这种小生产者不可能绝对地离群索居，他们总要同社会发生某种交往，也总归要承认和接受某种社会权力对他们的统治和支配。在他们自己的领地里，他们又必然以绝对主人的姿态来君临一切。不但对于土地、财产、生产工具和一切器物有绝对的支配权，而且对于他的妻子儿子，他也要拥有绝对的支配权，使别人降为家内奴隶的地位。

社会主义的劳动者作为主人，和过去历史上一切形态的主人都是不相同的。我们推翻了旧社会，摆脱了地主、资产阶级和外国帝国主义的奴役和压迫。人民的解放是由人民的集体奋斗共同取得的成果。这种成果理所当然地应该归全体人民集体共享。这就是说，不是只有某一位劳动者摆脱了被奴役的命运，而是所有的劳动者都摆脱了这样的命运。因此所有劳动者都成了没有奴役对象的主人。国家是不能分割的，我们作为主人也是不能分割的，而是

10亿人共同做主人。这种共同的主人就是几千年文明史上所未有的新事物。

这种新型的主人有两个显著的特点。一是每个人都是祖国各种事业的主人，无论是海上的战舰、地下的矿井、太空的卫星、沙漠的红柳，我们都是它们的主人。也许有些地方我们一辈子不可能去，有的事物我们一辈子不可能接触，这都不妨碍我们是这些事物的主人。第二，我们这些主人对于祖国的这些事物，作为个人，都没有绝对的决定权、支配权。如果说，因为我们自己是某一事物的主人，我们就要绝对地去支配它，那别人怎么办，他们也是这个事物的主人，他们怎么行使他们的支配权呢？

作为主人的劳动者，应当享有从事劳动的权利。为了从事劳动，就要实现劳动者和劳动资料的结合。劳动制度就是为了解决这个问题的。在旧社会，劳动者不占有劳动资料，劳动资料掌握在剥削者手里。劳动者要进行劳动，要同劳动资料结合，就得接受剥削者的条件，取得他们的同意，并且由他们来支配自己的劳动和劳动果实。在社会主义条件下，劳动者成了全部劳动资料的主人，因此，劳动者和劳动资料结合中的障碍已经不存在了，需要解决的是如何结合的方式问题。

由于社会主义的劳动者是整个社会一切劳动资料的主人，因此，不应当硬性规定某一个劳动者只能永远同某一项劳动资料结合，而应当让每一个劳动者有根据自己的条件进行选择的权利。由于每一项劳动资料又都是同时属于其他10亿人的，因此，劳动者和劳动资料的结合，又必须考虑到尊重其他劳动者的权利和利益。

这就是说，不能认为过去实行的固定工制度就是完美的办法。这种办法基本上一次分配定终身。除了上级提出需要或者指令，劳动者极少有可能对自己的劳动岗位再进行选择。即使发现了某种岗位更有利于充分发挥他的体力和智力，使他的特长能更好地贡献于祖国的建设事业，即使他本人抱有强烈的愿望，但是，在绝大多数情况下，这种愿望都是很难实现的。尤其是在实行顶替或者"内招"办法的时候，使工作岗位实际上成了世袭的，出现了许多怪事：纺织女工的儿子只能做挡车工，矿工的女儿却被迫下矿井。

所以，劳动制度的改革，实际上是使劳动者进一步得到解放，使劳动者能够在更广阔的天地里行使作为主人的权利。当然，劳动者这些权利的行使，要同时考虑到其他劳动者的利益，要尽可能做到使每个劳动者都得到可能得到的最大利益。这样，作为劳动者的集体，也就需要选择最合适的劳动者，能够最有效地使用劳动资料来为集体创造最大效益的劳动者。这种权利当然应当是双向的。劳动者集体可以挑选劳动者，劳动者也有权挑选劳动者集体；劳动者集体可以在需要的时候停止某一个劳动者参加本集体的权利，给以开除或者解除雇用，劳动者也可以有权终止在某一劳动集体的工作。

由于现代化的生产是连续进行的，因此劳动者和劳动资料的结合，也就是就业的方式，还必须相对地稳定。合同就是保证这种相对稳定的合法形式。有了这种形式，社会上劳动力的流动才不至于紊乱，劳动者的利益和劳动集体的利益才可以都得到保障。

反对这种劳动制度的理由主要认为它不公平，有的人可以得到较好的工作岗位，较高的报酬，有的人则只能得到较差的工作岗位，较低的报酬。劳动岗位有差别，这是社会上的客观存在，和实行什么样的劳动制度并不相干。在实行劳动制度改革之前，这种差别也是存在的。不同的是，谁用什么方式取得什么岗位。如果说过去的办法主要是看人们的血缘关系，看一次性的分配，已经取得机会的人可以永远占有，改革之后则主要要看劳动的能力和劳动的态度。哪一种办法更公正一些呢？显然大家都可以看出是后者而不是前者。说到"平"，确实是有些不平的。这种不平，并不表现在人们面临机会上。机会是平等的。不平的主要是各人素质的不同，是各人的主观条件，即劳动能力和劳动态度不同。这种不同的主观条件，得到不同的客观结果，难道不是理所当然的吗？难道不是同社会主义的按劳分配制度和原则是一致的吗？

我们知道，人的主观条件是可以因主观的努力而改变的。在新的劳动制度下，改变了自己主观条件的劳动者，可以改变自己同劳动资料结合的方式。这也是新的劳动制度更显公正之处。而且这种做法，也更有利于鼓励人们永葆上进之心，对于整个社会的不断进步，对于创造更高的劳动生产率，创造更多的社会财富，从而为人民争取更幸福的生活，都是有利的。

我们知道，劳动本身并不是目的。人们从事劳动，目的是为自己、为社会提供更丰富的物质产品和精神产品。我们享用的一切，都要依赖人类的劳动去创造。因此，我们的利益，归根到底要取决于能不能使人们更好地劳动，更充分地发挥自己的体力和智力。大锅饭、"铁饭碗"，这些办法之所以要不得，就因为它们是鼓励懒汉的办法，是扼杀人们劳动积极性的办法。在这种办法底下，一些人可以比较容易地得到或者保持一个"劳动"岗位，虽然他们并不一定善于从事这样的劳动，甚至也并不热心，并不积极从事这样的劳动。他们满意的是毕竟有了一个"岗位"，这个"岗位"能保证他们一定的收入，这种收入是长期固定的，也就是所谓"旱涝保收"。但是，这种做法的结果是大家都看见的，就是劳动生产率的普遍低下，从而人民的生活水平也就很难得到提高。为了能够早日达到"小康"的水平，并且能够进而再向更高的目标前进，迫切地需要有一个能够激励人们奋进的机制。这样的机制，归根到底，对所有的劳动者都是有利的。

有些人担心，在新的劳动制度下，就业的门路会狭窄，会出现庞大的失业队伍，等等。这完全是一种过虑。一个正常经营的企业，决不可能无缘无故地频繁地把认真操作的熟练的劳动者辞退的，因为这样做，首先是企业本身要受到损失。在劳动者的劳动积极性被进一步激发出来之后，企业的经营状态也必然会随之更加改善，每一个诚实的劳动者的劳动条件也必然会随之更加改善。辞退和解雇的情况决不可能大量地发生。而且，经济事业的发展，也就会在整个社会创造出更多的就业机会。所以，随着新劳动制度的推行，在广大劳动者面前的前景只会是越来越光明。我们的社会主义劳动者，将会更加自觉地、在更加广泛的范围内，行使自己作为社会主义国家主人的劳动权，也将会成为更加富裕的主人。

旧制度有许多弊病，但是大家毕竟是习惯了。新制度有许多好处，但是人们毕竟没有经历过。在新旧制度交替的时候，有若干疑虑，感到没有把握，迈不开步子，或者迈不开大步，是可以理解的。若干年之后，再回过头来看自己在这一段时期内的思想状况，可能有些人会哑然失笑。我们相信，人们的观念迟早总是会改变的。但是，还是改得快一点好，于自己，于整个社会，都更有利一些。

论群众自己的利益[*]

1948 年 4 月 2 日，毛泽东同志在《对晋绥日报编辑人员的谈话》中指出："马克思列宁主义的基本原则，就是要使群众认识自己的利益，并且团结起来，为自己的利益而奋斗。"

这是一个马克思主义的论断。因为马克思主义本身就是无产阶级认识世界和改造世界的武器，而无产阶级的彻底解放只有在全人类的解放中才能实现。共产党，作为马克思列宁主义的政党，它的宗旨就是为人民服务，除了人民群众的利益之外，党并没有别的任何私利。

以中国共产党人来说，如果不是为了阶级的解放，民族的解放，如果不是为了国家的富强，何必走到一起来，组织这么一个共产党？在很长的时期中，参加共产党，面临的就是监狱和刑场。人们常说，那时候是"提着脑袋

---

* 本文作于 1989 年 1 月。曾收入中国华侨出版社 1991 年 12 月出版的《改革中的精神铸造》一书。

干革命"。事实也正是这样，曾经有多少同志为着革命事业，献出了自己的生命。而那些离开共产党的叛徒，得到的却是高官厚禄。如果只是为了个人的私利，中国共产党根本存在不下去。

在共产党取得执政地位以后，这一种地位在客观上可能成为某些成员用来侵害人民利益，为个人牟取私利的手段。尽管党不断地同这种现象作斗争，但这种现象仍然很难根除。这是放在执政党面前的一个难题。但是，无论如何，这种现象在党内总是非法的。人民群众满意这种现象，也总是说"这哪像共产党的样子"。就是说，在人们的心目中，共产党应该是为人民谋利益的。损害人民群众利益的行为和马克思列宁主义的原则是格格不入的。

马克思列宁主义又历来认为，历史是人民群众自己的历史。"从来就没有什么救世主，全靠自己救自己"。共产党人无论何时都只是群众中的极少数。他们不可能是为群众包打天下的英雄。只有群众自己的行动才能决定历史的命运。这就决定了共产党人必须密切地联系群众、紧紧地依靠群众。一旦脱离群众，就只能一事无成。

所以，毛泽东同志在《对晋绥日报编辑人员的谈话》中说："当着群众还不觉悟的时候，我们要进攻，那是冒险主义。群众不愿干的事，我们硬要领导他们去干，其结果必然失败。当群众要求前进的时候，我们不前进，那是右倾机会主义。"他还说，"我们的工作犯不犯错误，其界限也在这里。"

因此，我们的工作，就是"要使先锋队觉悟，下定决心，不怕牺牲，排除万难，去争取胜利。""但这还不够，还必须使全国广大人民群众觉悟，甘心情愿和我们一起奋斗，去争取胜利。"（《愚公移山》）群众为什么会甘心情愿和我们一起奋斗呢？这是因为他们认识到，这就是为他们自己的利益而奋斗，而且他们对这样奋斗的前途是有信心的。要达到这样的认识，就要靠我们艰苦细致耐心的工作。

但是，在相当的时期中，我们的思想工作确实常常离开了这样一条马克思列宁主义的基本原则。一种情况是党在那个时候制定的奋斗目标、方针、政策就错了，不符合人民群众的利益。这当然不可能把道理讲好。另一种情况是，虽然基本的目标和方针政策是正确的，符合人民群众利益的，道理讲不好，仍然不能充分有效地把最广大的群众动员起来。这里也有许多经验教训。重要的一条，就是没有和群众自己的利益结合起来。我们往往说什么事应该做、应该怎样做，什么事不应该做、不应该怎样做等等，这些都有一大套大道理，但就是不结合群众自己的利益，不能使群众看到怎样做才符合自己的利益。再有，当工作比较顺利的时候，群众比较容易看到这些工作为自己带来某些利益的时候，我们就不大注意思想政治工作。而当工作遇到困难的时候，不容易得到群众支持的时候，才对思想政治工作给以重视。这时候重视思想政治工作当然也是必要的、应该的。但同时就需要给思想政治工作以正确的、有力的指导。这种指导不够，群众就会感到我们的思想政治工作只是要求群众作出牺牲，作出贡献，就不容易那么甘心情愿地接受。这样的思想政治工作，确实是应该努力改进的。

问题还有另外一方面。这就是把群众"自己的利益"解释成某些人的个人眼前利益，认为这种利益是每个人自然而然自己就可以认识的，不需要外来的帮助。什么思想工作，什么对话，什么思想交流，都只能是承认这种狭隘的、自私的眼光，并且加以吹捧，把它说成是时代精神，新潮流。而一切宣传集体主义、爱国主义、无私奉献等等，只要不马上被这样的个人主义者所接受，就都是过时的、落后的说教，就都是不符合"马克思列宁主义的基本原则"。如果真是这样，那马克思列宁主义的任何原则都变成用不着的东西了，也不可能有中国革命和建设事业的任何胜利了。

看来，对于什么是群众自己的利益，群众能不能自发地对自己的利益都认识得清楚，需要不需要有马克思列宁主义的指导，实现自己的利益为什么需要团结奋斗，怎样才能团结奋斗，这样一些问题，是很有必要讨论清楚的。

什么是群众自己的利益？这个问题似乎很好回答。在有些人看来，利益就是钱，只要多拿钱，就什么利益都有了。可是，且不说世上自有许多金钱难买的东西，就说那些有价之物，价格也在变动之中。你的钱多了，物价涨得更快，能说你的利益增加了吗？可见，在群众自己的利益中，至少要加上物价相对稳定这一条。再有，物价虽然稳定，但是有价无货，你有钱也是枉然。要有充足的货源，就要靠发展生产。有了货，还有一个质量优劣的问题。这更涉及劳动纪律、检验标准、商业道德、市场管理等一系列问题。这样看来，道德和群众自己的利益也是密切相关的事情了。你有了钱，想要买东西，可是有的东西在万里之外，你怎么买得着？这就有一个交通运输问题。"一骑红尘妃子笑"，一千多年前，京城长安要吃广东的荔枝，不知要累死多少人多少马，只有唐明皇、杨贵妃之流才能享受。如今北京一个二级工也可以买两斤鲜荔枝尝尝。为什么？因为有了铁路，有了冷藏车。群众自己的利益又同科学技术挂上了钩。群众手里有了钱，还需要有不被掠夺的自由。如果社会上盗贼横行，无人管理，群众自己的利益就失去了保障。可见，法治、公安工作也应当属于群众自己利益的范畴。群众的健康，要求传染病尽可能减少，要求垃圾能及时清运，要求看病买药的方便。群众希望后代能受到尽可能好的教育，希望子女不要被坏人引诱走上邪路。如此等等，可以开一张很长很长的单子。

　　说这些都不是我自己的利益的人，恐怕不多。一些人所以只把个人"淘金"视作群众自己的利益，主要是把其他的东西看作现成的、理所当然的条件，因此不用自己再打算盘。也就是说，把相当大一部分自己的利益交给了别人去照管。这样打主意当然也可以，但是，别人凭什么要为你的利益而奋斗，而作出牺牲和贡献呢？你也可以说，为此我付了钱，付了税收，付了上缴利润。但是，付得够不够，还很难说。至少应当认真算算账。而算账的前提，就是你先得承认这也是你自己的利益。

　　世界上有许多事情不是一眼容易看得清的。如果以为人人对自己的利益都能无师自通，只凭自己的直觉，就作出正确的判断，那就不需要有任何科学了。当然也就更不需要有马克思列宁主义。就拿马克思列宁主义来说，中国人也是花了80年之久，才找到这样一个武器。在此之前，什么方案都试过，试的时候都曾经以为那是符合中国人民利益的东西，可是试的结果都失败了。只是在这个基础上，当时先进的中国人，才把目光转向马克思列宁主义。

　　这样，可能因为涉及大道理，可能有人会觉得不算数，没兴趣。那我们就来看一些小事。前一阵有些人提款抢购，其目的当然是为了保护自己的利益，防止货币贬值，然而其中相当多的人买的东西很难说可以达到保值的目的。易耗品的超量储备，带来的往往是虫蛀、霉烂、返潮、变质。许多耐用商品又很快更新换代，不断推陈出新，一晃就成了过时货。到时候，落后的款式，降价处理都难。至于那些抢回了残次积压商品者的吃亏就更不必说了。为了保值，得到的却是更大的损失。这是一时冲动或者说慌了神因而使自己看不清自己的利益。一段时间中，人们纷纷把定期存款提前取出，转买债券。因为他们看到债券的利率高于储蓄利率。尤其是经过市场转晴的前两年国库券，算起来年利率可以达到16%—17%，当然更为合算。应该说，算利率账比不算利率账，确实是一种进步。但是，真要会算账，还得把因为提前取出定期存款损失的利息算进去。实行了保值储蓄，首次公布的保值率为7%以上，加上原有的利率，可以达到17%，有些人又认为买国库券不上算了。其实，如果明后年物价上涨的程度大大低于今年，例如降到 10% 左右，储蓄的保值补贴就微乎其微了。到那时，有些人又后悔当时没有多买点国库券。这是由于对前途的预见不明而使自己看不清自己的利益。

赌徒确信赌下去自己准能翻本。窃贼确信自己永远不会被人发现。贪污、行贿、投机倒把者大抵不容易自动洗手不干。这些都是利令智昏最后丧失了自己的利益。

撇开这些做坏事的不谈。人们在日常行为中作出错误选择的也相当不少。"四人帮"横行时，鼓吹"知识愈多愈反动"，许多人认为读书真的无用了。少数人在那样的情况下仍然坚持刻苦自学。后来，高考制度恢复，究竟谁得到了自己的利益？实行顶替制度，又有许多人认为，"学会数理化，不如有个老爸爸"。我们说这样的制度早晚是要废除的。可是许多人不但不信，而且极为反感。最后究竟是谁吃亏？文凭热起来，许多人眼睛就盯着那个学历。我们说归根到底还要看真本事，也有许多人至今不信，事实也会告诉他们，不信这一条，到头来还是自己吃亏。大锅饭、铁饭碗不可能长期不变地搞下去，这样的道理说了好几年了。有些人就不信，继续混得很舒服，以为多出一点力就是损害自己的利益。结果，来了优化劳动组合，这才傻了眼。

同样一件事情，究竟是符合自己的利益，还是损害自己的利益，人们的看法往往并不一样。辞退或者开除违纪职工，似乎是损害了这些职工的利益。但是一些宾馆、商店的职工代表大会却通过决议支持这样做。因为广大职工认为少数违纪职工的行为得罪了顾客，损害了企业的信誉，就会带来企业经济效益的下降，从而影响全体职工的收入。所以，他们说"谁砸我们大家的饭碗，我们就先砸他的饭碗"。他们认为只有这样做才符合自己的利益。采购员收回扣，采购了质次价高的商品，好像是符合自己的利益，其实，既损害了消费者的利益，也损害了本企业的利益，企业发生亏损，最后本人的利益还是要受到损害。在马路上吐了一口痰，被罚了5角钱，似乎自己的利益受到了损害。但是，这样的措施又保证了包括自己在内的全体城市居民的健康。遵守交通规则，过马路要看红绿灯，走人行横道线，司机酒后不准开车等等，都有类似的道理。

毛泽东同志说本文开头引的那一段关于群众自己利益的话的时候，正是解放战争时期。这时，共产党领导解放区农民进行了土地斗争，这当然是为了群众自己的利益。同时也动员了千万农民参军支前，把解放战争推向全国胜利。在这个过程中，许多人为解放战争贡献了自己所有的一切，甚至自己的生命。共产党进行这样的动员工作，许多人用行动响应这样的动员，也都是为了群众自己的利益。如果认为群众当时的牺牲、奉献，都是为了损害自己的利益，那就没有办法解释这一段光辉的历史了。

可见，马克思列宁主义所说的群众自己的利益，决不等于个人主义狭隘的自私自利。群众对于自己利益的认识，也绝不可能完全是自发的，而是需要有一个教育、引导的过程。无论这个过程多么艰苦、可能经历认识上怎样的反复、曲折，总归是不可避免的。所以，毛泽东同志才说："马克思列宁主义的基本原则，就是使群众认识自己的利益。"共产党人的工作就是要在这个"使"字上做文章。

从认识自己的利益，到实现自己的利益，当中还有一个过程。认识了的东西，不等于现实的，马上就可以不费力气到手的东西。要使它变成现实，条件就是团结、奋斗。

这里有一个问题：既然是为了实现自己的利益，为什么要同别人团结起来共同奋斗，别人又为什么要同你团结起来共同奋斗。回答是：我们有共同的利益，这种共同的利益也就是我们自己的利益。而且，自己的利益，只靠自己一个人奋斗，往往不能实现，只有在集体的奋斗中才能共同实现。

现在许多人强调利益多元化，不大爱讲共同利益。其实，共同利益是客观存在的。在几千年的封建社会里，农民祖祖辈辈辛勤劳作，也很难有自己的土地。新民主主义革命胜利了，进行了土地改革，几亿农民就都有了自己的土地。在改革的浪潮中，无数有为的人物脱颖而出，创造了许多不平凡的业绩，这当然同他们自己的才能和努力分不开。实行改革以前，也不是没有有才能和刻苦努力的人，为什么他们的作用就发挥不出来，或者发挥得比较差。这就不能不归回到整个环节的变化。能不能把改革坚持下去，并且逐步深化，就成了广大群众的共同利益。社会主义生产资料公有制的建立，为亿万群众的共同利益，奠定了最坚实的物质基础。现代生产的规模和分工程度，更使得劳动者如果不是在企业中组织起来就无法进行生产劳动。人类实现自己利益的最基本的实践活动——劳动，已经主要不是个人或者一家一户的事情了。劳动者个人的利益客观上已经和企业紧密地联系在一起。所谓"铁饭碗"、"泥饭碗"，不管什么样的饭碗，主要的来源也在企业。企业兴旺发达，职工的日子就好过；企业没有经济效益，职工无论能力强弱、贡献大小，日子都不会好过。我们看到，资本主义国家都有许多工人有相当强烈的爱厂意识。他们爱的当然不是资本家的剥削机制，而是爱自己的饭碗，爱全厂职工共同的利益。一个地区、一个国家更不可能没有自己的共同利益。一个地区如果电力不足，经常停电，你有钱买彩电也不可能看得上，只能成为家中的一件摆设。电视台办不好，你家看不到好节目。现在许多人家里花 4000 元—5000 元买的录像机，使用率就相当低，因为没有足够的录像带供应。历史上有许多个人成为显赫一时的豪富，例如晋代的石崇、清代的和珅。《红楼梦》中的贾府等四大家族也是豪富的典型。但是，那些人都看不了电影，吹不上电扇，坐不了飞机，听不了收音机，用不了洗衣机、电冰箱、空调等等。因为当时并没有发明这些东西。国家贫弱，即使跑到国外做寓公的，也永远只能是受人欺凌的二等公民。今天中国人民的共同利益就是振兴中华，实现四化。这不是什么人主观臆想出来的口号，而是实实在在的 10 亿人自己利益的归结。认识到这一点，并且愿意团结起来为这个目标奋斗的人愈多，10 亿人自己的利益就愈有保证。为一己的私利，损害这个共同利益的人，就像那毁堤取土为自己盖房子的人一样，是在自己挖自己的墙脚，归根到底，既是损害大家的利益，也是损害自己的利益。

团结的基础是共同的利益，团结的实现又需要以局部利益的某些限制和调整为代价的。男女双方结成夫妻，都要求双方在作息时间的习惯、口味、爱好、生活方式的某些细节上互作让步。没有这些，就难以组成和睦的家庭。但是人们往往不认为、不感到自己在作出牺牲。因为这是自己心甘情愿作出的，因为家庭生活的甜蜜远超过那些具体的让步为自己带来的不便。在社会生活中的团结，同样也需要有各方利益的调整。要使这些调整顺利进行，除了需要形成尽可能明确的法律、制度、规章，更需要提高人们的认识能力，认识局部和全局之间的辩证关系，认识什么是自己的利益。

要做到这一点，离不开成功的思想教育工作。当然我们并不认为社会上有哪一部分人天生就是教育别人而不受别人教育的。事实上整个社会的成员每天都在用自己的语言和行动互相影响，也可以说是互相教育。要使这种教育真正走向正确的方向，真正符合群众自己的利益，有许多学问，不是本文所能细论的。多年来，在这方面，既有不成功的教训，更有许多成功的经验。我们愿意看到更多高明的论述。因为这是群众自己的利益所需要的。我们相信，人类的眼界总是一天天在扩大的，人类总是要向前进的，而不是相反。帮助人们扩大眼界，看到前途，看到直观以外的东西，看到个人主义狭隘眼界以外的东西，这是向前进，而不是落伍，更不能一概归之于陈腐的说教。当然，如果认为讲群众自己的利益，就应该承认个人主义，有这样的看法也可以慢慢讨论。但这同马克思列宁主义并不相干，马克思列宁主义的基本原则里并没有这样一条。

共产主义运动的历史使命[*]

自马克思、恩格斯发表《共产党宣言》以来，已经过去了 142 年。在这将近一个半世纪的历程中，共产主义运动几经曲折起伏。拥护它的人对它寄予满腔的热望，憎恨它的人则对它咬牙切齿的诅咒。无论如何，它不再是当年仅仅游荡于欧洲几个国家上空的幽灵了，它已经发展成影响遍及五大洲的强大运动。可以不夸张的说，人类历史上迄今为止还没有一个运动在对群众的动员和在对历史推动方面起了如此大的作用。

当前，共产主义运动又处于一个低潮时期。这种现象的出现，对于熟悉共产主义运动历史的人，并不是很陌生的。一个突出的例子就是上个世纪的末年。1871 年巴黎公社那一次战斗之后，资本主义逐渐进入相对和平发展时期。当时各个欧洲国家的工人阶级政党社会党（在其他

---

* 本文作于 1991 年。曾收入人民出版社 1991 年 9 月出版的《用科学的态度认识社会主义》一书。

地区当时还几乎没有这样的政党）逐渐修正自己的纲领。鼓吹资本主义可以"和平长入"社会主义的修正主义思潮愈来愈占上风，无产阶级的阶级斗争被许多人放弃了。直到本世纪初的那次世界大战爆发，几乎所有的社会党都实行了叛变工人阶级立场的政策，公开站到本国资产阶级一边，支持帝国主义强盗之间为瓜分世界而进行的战争。要说共产主义运动的低潮，那一次才真正是到了最低点。当时全世界资产阶级首领们都高兴地认为共产主义运动大概可以从此烟消云散了。

　　可是，就是这个时候，共产主义运动中出现了列宁这样杰出的人物。列宁是俄国人。俄国是当时欧洲资本主义国家中最落后的国家。列宁是俄国社会民主工党中一派的领袖。这一派叫作布尔什维克，意思是多数派，因为他们曾经在一次代表大会上占过多数。但是，后来在党内也已经不占多数了。列宁分析了当时资本主义已经发展到垄断阶段，也就是帝国主义阶段，分析了帝国主义的矛盾及其发展趋势，得出了社会主义革命可以首先在一国或几国爆发并取得胜利的结论。这就使马克思主义同当时的实际结合起来并且得到了新的发展。列宁的思想为当时许多国家社会党中的左派所接受，在这个基础上成立了人数虽然很少但很有战斗力的各国共产党。俄国的社会主义革命取得了胜利，人类历史上第一个社会主义国家诞生了。世界共产主义运动进入了新的高潮，而且是过去从来没有过的高潮。

　　中国共产党的历史也同样是波浪式发展的。1921年中国共产党成立的时候只有几十名党员，很快发展到5万多人。1927年大革命失败，共产党员的人数一下子降到1万人左右。第二次国内革命战争时期，党的事业重新恢复和发展，建立了大片的革命根据地，红军最多时达到30万人。由于"左"倾路线的错误，第五次反"围剿"失败，白区损失几乎100%，根据地党的力量也损失了90%。红一、红二、红四三个方面军经过长征到延安的只有2万多人。然而经过抗日战争，八路军、新四军发展壮大了，而且有了广阔的解放区，到1945年全国共产党员人数大约达到120多万人。很快夺取了全国胜利。当中国革命经历这两次低潮的时候，又有多少人能清醒地看到以后高潮的来临呢？

波浪式前进，本来是事物发展的一般规律。月有阴晴圆缺，人有悲欢离合。最高明的统帅也不可能总打长驱直入式的胜仗。宇宙间最快的速度莫过于光速，然而光的传递形式也还是波粒二重性。人类的社会形态，封建社会王朝的兴衰更替且不去说它，即使现在被许多人称道不已的资本主义社会，诞生以来的400多年，也是充满着起伏跌宕，多次的复辟，多次的危机。如果从14世纪初资本主义思潮产生开始算起，那么至少在200多年中，并没有一个真正的资本主义国家，可见新制度诞生之艰辛。并不是只有共产主义运动才特别具有坎坷的命运。

共产主义运动作为人类历史上一项最伟大的运动，它的历史使命就是要永远结束人剥削人的制度，从而使人类的物质文明和精神文明都进到一个更高的阶段，使人类无

论从自然或社会都获得更大的自由。这个运动要经过更加
艰巨的历程，这也是必然的。旧制度不可能不经过严重的
抵抗就自行崩溃。相反，在相当长的历史阶段中，旧制度
和新制度相比，在力量上必然占据着优势。这种优势不仅
表现在财力物力的掌握、军事力量和镇压机器方面，也表
现在文化的积累、意识形态的影响以及社会的习惯势力方
面。剥削阶级的统治经验和政治斗争经验也自然要比无产
阶级丰富得多。所以，共产主义运动的历程不可能不是一
次又一次的浪潮进攻，胜利或者失败，巩固阵地或者丧失
阵地，保存和积蓄力量准备进行新的斗争，再进攻，直到
一次次的浪潮把旧社会的根基彻底摧毁为止。每一个真正
的共产主义者都要对这样的命运有充分的思想准备。如果
只准备走笔直的路，或者只能从一个胜利走向新的胜利，
而没有想到困难、挫折、失败、牺牲，那就很难在共产主
义革命的道路上走到底。

在运动处于低潮时有一些人对前途看不清楚，发生动
摇，失去信心，是不奇怪的。毛泽东同志曾经说过部队中
的情况：接连打两次败仗，就会有一些士兵来向连长请
假："我肚子痛"、"我老婆要生孩子"、"我母亲病了"
等等。再打两次胜仗，这些请假的人又回来了，在一段时
间中好像既没有人肚子痛、老婆也都不在这个时候生孩
子、母亲也都不在这个时候生病。不需要责怪什么人。人
们只能通过自己所感知的现象来认识世界，而要看得远一
点，预见未来，人们的认识能力就往往显得不够。正是在
这一方面需要我们努力去做工作。

　　这种工作当然不是开空头支票，不是对未来的前景作廉价的许诺。虚幻的、不切实际的期望对我们的运动并没有什么帮助。期望值过高倒是可以导致在暂时挫折时或者只是成就同期望相比较有相当距离时的失望和失去信心。我们需要的是真正科学的分析。共产主义运动是直接作为资本主义的对立物而产生的。对于当代资本主义的任何一点发展我们都不应当忽视。由于科学技术的发展，由于资产阶级在社会主义存在以及工人斗争的双重压力下不得不改变自己的某些策略，若干发达的资本主义国家确实达到了相当的繁荣。但是，这种繁荣并不能普及于整个资本主义世界而只是局限于几亿人口的狭小范围之内。资本主义的固有矛盾一个也没有解决。少数发达国家的资产阶级同广大发展中国家人民的矛盾更加深刻了，发达国家之间的矛盾斗争不可避免地要趋向于尖锐，发达国家内部的矛盾也在积累和发展。现在使资产阶级中若干人得意的事是在某些社会主义国家中和平演变得手。但是，他们似乎高兴得太早。因为这些国家此后的发展，无论是演变为发达资本主义国家的附庸或是经过内部激烈的两极分化，结果都是广大劳动人民权益的丧失。这种状况下要想避免动乱达到长治久安，当然只能是一种奢望。人们在盼望得到某种不属于自己的东西时，往往不会想到因此会失去哪些已经属于自己的东西，因为实践还没有走到那一步。有了这样的实践，才能帮助人们对于这种得和失做出实事求是的比较。从这个意义上看，有一点曲折也不是没有好处的。中国共产党历史上的几次曲折都使得共产党人学得更聪明了，也使党的队伍锻炼得更坚强了。共产主义运动的发展，不但需要有正面的经验，也需要有反面的教训。过几百年再回过头来看今天这一段历史，对于当前的曲折在历史长河中的位置就可以看得更加恰如其分了。而共产主义者从这些曲折中吸取的经验教训都可以成为长期起作用的宝贝。

毛泽东曾经说过：

"捣乱，失败，再捣乱，再失败，直至灭亡——这就是帝国主义和世界上一切反动派对待人民事业的逻辑"。

"斗争，失败，再斗争，再失败，再斗争，直至胜利——这就是人民的逻辑"。

他说这是马克思主义的两条定律。这也就是共产主义运动的历史命运。

用科学的态度认识社会主义 *

　　社会主义的命运如何？全世界都有人在议论。有的有信心，有的悲观失望，有的已经给社会主义算了到哪一年必然灭亡的命运，有的为此兴高采烈，有的忧心忡忡。这都是正常现象。自科学社会主义理论诞生以来，这种议论就没有停止过；自社会主义从一种科学发展为地球上现实的社会制度以来，这种议论更没有停止过。中华人民共和国成立前后，有些西方的预言家就曾经断定我们维持不了两年，理由是解决不了这么多中国人的吃饭问题。这当然是个难题，过去帝国主义、封建主义、官僚资本主义在中国的统治就没有解决好这个问题。然而 40 年过去，中国的人口增加了一倍多，耕地还有所减少，中国人却吃得比过去饱，也吃得比过去好。不过想要否定社会主义的议论并不因为这个那个问题的解决而减少。随着形势的变化，起伏是有的。当资本主义经济危机风暴来临的时候，对社

---

　　* 本文作于 1991 年。

会主义攻击的调子相对要低一点；当资本主义进入暂时稳定和发展的阶段，对社会主义的攻击劲头更大一些。这都是意料之中的。我们作为社会主义的实践者，对社会主义的认识也是随着实践而逐步深化的。重要的是在实践的基础上能够形成科学的认识，才不至于随风摇晃。

社会主义在实践中，这就是说，社会主义已经是实实在在的现实的存在，作为社会制度它已经诞生70多年了。无论有些人怎么说它不该诞生，它总归是已经生出来了。无论怎样都不能闭着眼睛不看这个事实。一个社会制度在亿万人中存在那么长时间，总有它存在的根据，这不是轻易能够否定得了的。马克思主义说资本主义必然灭亡，但是从来没有说过这是个不该诞生的制度。相反，马克思主义正是从分析资本主义诞生的根据入手，来论证它自身发展的必然规律，论证它内部的矛盾运动及其必然趋势。

社会主义社会是工人阶级和被压迫被剥削的劳动者起来共同掌握政权和生产资料的社会。它以此与过去一切剥削制度的社会相区别。要研究社会主义社会在人类历史中的地位，不能不从这一点开始。

人类进入阶级社会以来，被压迫、被剥削阶级总是不甘心受奴役，总是想起来反抗，推翻骑在自己头上的剥削者。剥削阶级则利用"天命"等各种方法来证明自己是不可能被推翻的。这个问题早已被古代劳动人民多次起义斗争解决了。他们一次又一次地使那些暴君头上的王冠落地，打破了剥削阶级统治万古不变的神话。

但是，这些斗争解决不了劳动人民自己起来做主人的问题。当时生产力的水平决定了人类只能采用那样的生产关系。即使是最激进的革命，剥夺了大批剥夺者，结果还是产生新的皇帝，新的地主。

资产阶级革命的划时代贡献在于它在新的生产力的基础上产生出一种新的生产关系，使劳动者在形式上取得了同剥削者平等的地位。双方成了买卖关系。一个愿买，一个愿卖，公平交易，岂不平等！但是一个有钱，掌握了生产资料，他们就有权购买别人的劳动力来为自己创造剩余价值，另一方则没有钱，他要劳动，要同生产资料相结合，就只有一条路，出卖自己的劳动力，供给资本家剥削。当然卖不卖是他的自由，但是如果不卖就只有饿死的自由。所以对于劳动者来说，这种自由同强迫并没有本质的区别。

资本主义使生产的规模飞速地扩大了。生产的社会性使生产资料归全社会占有成为可能和必要。马克思和恩格斯的这个伟大发现在人类历史上是不可磨灭的。实现这种转变的物质力量就是当代无产阶级。社会主义社会的诞生证实了马克思恩格斯的科学预见。尽管新生的社会主义社会还是幼稚的，不完善的，还带有许多弊病，然而毕竟在几千年的人类历史上第一次出现了由不受剥削和压迫的人民自己做主人的国家，而且居然存在了 70 年之久。这个铁的事实证明了这样一种社会是可以出现的，可以存在的。这才真正是历史的新纪元。

但是这不等于问题的最后解决。或者说，离问题的最后解决仍旧有相当长的距离。劳动人民自己掌握政权并且可以保持一个相当长的时期，还不等于一定能够永远把人民自己的政权保持下去。人民已经做了主人也不等于就没有重新沦为奴隶的可能性。实践还没有提供这样的证据，还有待于我们努力。有两个方面的问题特别值得注意。一是社会主义是首先在资本主义的薄弱环节取得胜利的。这也是有道理的。因为这是受压迫最深的地方。带来的问题是：同资本主义发达国家相比，经济发展水平差距过大。旧中国几乎谈不上有什么真正的现代工业，有的只是"一穷二白"，只是"东亚病夫"的称号。仅有的一点财产，几乎都以赔款等形式被帝国主义勒索干净，成了人家的原始积累。社会主义国家当然不可能也采用对外掠夺的方式来解决自己的原始积累问题。靠别国的援助也不现实。只能靠自己勒紧裤带来搞社会主义建设。可是差距并不是短时间能够消除的。这当然不是社会主义制度本身的过错。在资本主义体系中，至少有几十个国家其发展远不如社会主义各国。但是由于一些发达的资本主义国家比社会主义国家更富裕，它们就有可能挟其财力来发挥其影响，社会主义国家中也必然会有一部分人产生羡慕、甚至追随资本主义的心情。特别是发达的资本主义国家由于国际不等价交换对发展中国家掠夺了大量的超额利润，使它们有可能在国内实行某种缓和阶级矛盾的政策，使国内的工人阶级分得若干好处，这就更增添了它的迷惑力，使一些人一时难以看清社会主义同资本主义的根本区别，转而接受改良主义或者机会主义的政策，导致劳动人民重新丧失主人的地位。

　　另一个问题则在于社会主义自身是一种崭新的制度，劳动人民如何共同来做主人，如何共同占有和使用生产资料来发展社会生产，这在理论上和实践上都有许多问题需要研究、探索，一些做法需要经过多次反复的试验才能逐步完善。在这个过程中矛盾是不可避免的，有些矛盾有时还可能发展得很尖锐。弄得不好就会被人作为可乘之机加以利用。

　　从历史的角度看，一个新制度的诞生，不可能没有激烈的斗争，不可能没有曲折和反复。资产阶级取代封建地主阶级的革命，就曾经经历过多次复辟，也犯过多次错误。但是历史的趋势终究是不可改变的。反复的较量，只能使新生的制度不断在斗争中吸取经验教训，使自己发展得更加完善，以至于最后站稳脚跟。

　　现在，实践中的社会主义提出了许多需要人们思索的问题。这正是我们进一步用科学的态度来加深对社会主义认识的好机会。许多同志为此作了有益的努力。我们希望有更多的同志来共同研究。只要我们的态度是科学的，我们的研究越是深入，我们也就可以越加坚定地在社会主义道路上前进。

宣传工作与
宣传艺术

XUANCHUAN GONGZUO YU

XUANCHUAN YISHU

让宣传工作充满现代化的气息[*]

一

我们的宣传工作要转到为四化、为翻番、为经济建设和体制改革服务的轨道上来。这件事，我们已经做了好几年了。许多从事宣传工作、思想政治工作的同志，从十一届三中全会以来，在党中央的领导下，在拨乱反正、清理"左"的影响等方面，在宣传中央的路线、方针、政策中，包括真理标准讨论、党性教育、整顿党风、整顿社会风气，动员群众完成党的任务，提高群众，特别是青年人的政治素质等方面，都做了大量的工作。这些工作有力地保证了改革的进展，促进了生产力的发展。在这些问题上，许多同志是有创造性的，许多同志是打先锋的。许多同志在工作当中贯彻了实事求是的原则。特别是许多在基

---

* 本文作于 1984 年。

层工作的同志，工作十分辛苦，兢兢业业地为贯彻十一届三中全会以来党的路线、方针、政策，为统一全党和广大群众的思想，做了大量的工作。所以有的同志说，"转轨"不是从今天开始的，说得也对。但是我们也要看到，我们这个转变并没有完成，所以今天还有必要把这个问题尖锐地、明确地提出来。要看到在我们的工作当中，"左"的影响，传统的观念，不适应党的十二大提出来的总任务、总目标的一些旧的框框旧的观念，旧的思维方式，旧的工作方法，对我们的影响绝不能够低估。这样说，不是说我们哪一个同志，或哪一部分同志头脑里就是"左"得特别厉害，特别严重，不是这个意思。中央领导同志讲：现在宣传部门的同志们，总的来讲都是好同志，绝大多数是好的，但千万不要忘记，不可低估"阶级斗争为纲"在自己这个部门，以及在政工部门、政法部门的影响。这个问题是我们在差不多30多年中逐渐造成的，在十一届三中全会以前，我们全部的工作，都是"以阶级斗争为纲"这样一个指导思想来做的，这就形成了我们一整套的思维的方法，一整套的工作的做法，一整套的习惯。三中全会以后，大家感到要变了，也实际为变做出许多努力，但是，那个旧的东西的影响并不是一下子就容易丢得干净的。而对这种影响，对于我们四化事业的妨碍，我们应该有充分的估计。有的同志觉得这样提好像不大好交待，这样提就好像意味着我们工作有缺点了，有错误了，要做自我批评了。我们要做一点自我批评是不是就降低我们的威信呀？我们不是说要让哪一个人，说他特别

"左"，特别不好，要做自我批评，而是就整个来讲，我们必须认识这个问题。做一点必要的自我批评也没有什么不好。我们党从十一届三中全会以后，就是做了很大的自我批评，说过去那一套"左"的东西，不符合实际，造成很大的危害，现在要变过来，等等。做了这样的自我批评，我们党的威信不是更加提高了吗？有一些问题我们过去没有认识到，有过去没有认识到的原因；我们今天认识到了，把它变过来，群众是会欢迎的。如果我们今天有可能认识的问题，有可能改变的问题，而且形势也迫切需要我们改变的问题，我们还把它保留下来，那我们的威信才会真正降低。这种旧的观念，旧的想问题的方法，除个别同志外，恐怕在相当大的范围内是难于避免的。我们天天讲从实际出发，常常遇到具体事情就不从实际出发，而是从旧的传统的观念出发了。旧框框在人的头脑里起作用，有的时候力量是相当之大的，相当之顽固的，不能说哪一个人好，他就不受这个影响。

例如，我们在马路上常常看见一个商店在门口贴一个纸条：此处禁止放自行车。这个话是对的，放自行车妨碍他做买卖。第二句：违者罚款。不对了。"违者罚款"是我们大家看了很习惯的。但是，你一个商店有什么权罚人家款呢？罚款的规定和执行都是政权机关的事情。但是我们大家，贴布告的不认为自己不对，看布告的也不认为他不对。为什么呢？因为我们多少年了，习惯了，认为任何单位都是政府的一个组成部分，一切都是公办的，因此就认为他也带有政权的性质。而且曾经长期灌输一个观念，叫做"无产阶级全面专政"要落实到每一个基层，是我们自己落实下去的，现在就很难变过来。我们提倡新华书店开架售书。开架有多少好处，大家都承认，包括可以多做买卖多赚钱。有没有坏处呢？有一条，开架了可能丢书丢得多一点，包括弄脏了，偷走了。那么能丢多少呢？多个1%吧。即使被人家偷走了1%，但可以多做买卖，多卖20%、30%。多赚的钱要比偷走书的钱多得多。但是不行。一开架，一些报纸包括我们的晚报就写文章，说开架以后丢书增加。为什么多做买卖没有兴趣，偷掉几本书就大做文章？因为那是所谓"原则"问题，是阶级斗争，放松了就是纵容坏人坏事。有的同志说，损耗率提高了，上级要通报。其实这些规矩都是我们自己立的，我们自己也可以破掉，不通报、不批评，甚至于不统计，不就行了吗？我们自己立下规矩，把自己捆住了。有位同志到德国去，看到公共汽车不设售票员，由司机兼管。他就问有没有漏票的，回答说有。又问为什么不设售票员，公共汽车的经理说漏票的钱即使全部堵住，也不够售票员的工资。人家的算盘就打得很精。不是我们的人不聪明，我们的人也会打算盘，可是有时候被有些所谓"原则"把自己的头脑捆住了，不让我们自己聪明起来。又例如，我们讲为人民服务讲了多少年，但实际上许多单位里在规定一些规章制度时，往往是从怎样有利于单位本身，而不是从有利于他的服务对象考虑的，甚至于是让服务对象增加麻烦，只要我工作方便就行。因为我们整个经济是供给型的，老百姓靠我们过日子，我们就是管着老百姓。定制度时关起门来讨论合理不合理，而不是和老百姓一块算哪一个制度合理不合理。我们许多医院，星期三、星期六下午就是不看病，后来改了，有的又收回。这是从哪来的办法呢？全世界的医院有这个办法吗？从哪来的，从我们自己方便来的。理由可以有很多，我要学习，政治学习、业务学习，我要开个大会没有时间。工厂开大会也可以停产吗？电车公司也向你医院学习，星期三、星期六下午，我不开车，不然我开大会没有时间。电灯公司，自来水公司也星期三、星期六不供电、水行不行？真正讲来源还是从我们机关来的，星期三、星期六下午停止办公，学习、开会。不是卫生部门发明的，所以不要追究卫生部门的责任。但还是要把思想转过来，要服从于我们服务对象的需要，而不能让我们的服务对象服从于我们的方便。

现在我们思想解放多了，前进多了。但是议论也还是很多的。哪个单位选厂长，非党员当副厂长也不行。选一个非党员当厂长，就引起轩然大波。为什么非得由党员当不可呢？选干部，那个同志喜欢打扮也选不上。还有许多事我们思想上觉得很习惯，其实并不通。例如大学里很长一段时间，把中共党史列为必修课，政治课应当是必修课，但为什么一个大学生不是党员，也不是团员一定要学共产党的历史呢？不可以学现代史？不可以学当代史？还有一些地方，接待外宾的商店、饭馆之类，就是不准中国人进去，中国人想不通，外国人也想不通。这也是中国的特产。说是保卫工作的需要，保卫工作当然要做好。但是不能用这么简单的办法。难道凡中国人都是坏人？外国人就没有坏人？当然全部放开了工作会难做一点，这是事实。我们不是要为人民服务吗？我们是不是应当自己多辛苦一点，多麻烦一点，而不是限制老百姓？我不是说我们只剩下"左"的影响，没有右的东西，世界是很复杂的，"左"也有，右也有，遇到具体问题就得实事求是地分析。而且还有相当一部分东西，既不能戴"左"的帽子，也不能戴右的帽子，它就是不正确。有些问题很难说是什么倾向。我们有很大的小农经济的习惯势力的影响，还有好几千年的封建的影响，都是相当深的。所以我们不要随便说这个是"左"，是右，是资本主义，是封建主义，都不要随便这么说。前一段时间，有一些干部纷纷办公司，开企业，去当经理呀，当名誉董事长呀，我们不赞成，说这个办法不好。有人说这是不是资本主义倾向，我说不要笼统戴这个帽子，因为有的同志就是由于不懂，出于好心来办的；还因为在资本主义社会里并没有这个倾向，资本主义国家也是不允许这样做的。我们这里有许多东西是资本主义社会里没有的。

我们希望各级党委都能够根据党中央的指示，把改革时期的思想政治工作切实地抓起来。党委的主要任务就是要做思想政治工作，就是要搞五讲四美，用思想工作、政治工作和组织群众的工作来为经济建设服务。万里同志讲，党委书记你不抓五讲四美你干什么？过去你可以说，我事情多得很，忙得很，我要抓生产，以后这个话不好说了，党政分工清楚了。党委如果不重视思想工作，党委的作用就值得怀疑了。如果不通过思想工作，党的领导也就很难得到保证。当前思想工作面临十分繁重的任务。改革当中有大量的思想政治工作等待我们去做。十二届三中全会通过的《关于经济体制改革的决定》，是一个全面的改革的决定，但我们不要认为，改革到这十条就为止了，肯定还要再向前进的。这样深刻的变革，涉及的范围那样广泛，包括产业结构的变化，包括人的社会分工的变化，包括人和人之间关系的调整，在思想上不发生一点动荡是不可能的。因为这是涉及每个人的切身利益的事情。有几所大学就曾经有一点动荡，贴了大字报。为什么呢？他有一股气，他想改得快一点，觉得我们改得慢，他又觉得有时改革损害了他的利益。物价涨了，伙食不好，书价也涨了，他就不高兴。而且有些事情，就是他得到了利益，思想也会动荡的。有一个工厂原来办不下去了，弄得很糟糕，定货完不成，工资发不出来。只好改革，换了厂长，规定了严格的责任制，相当于计件发工资，整顿两个月就还了相当多的债，工资也发出来了，奖金也增加了。但到第三个月罢工了，带头的还是那个加钱多的。什么理由呢？你们"管卡压"，管得我们太紧了，太难受了。当然真正的动力还是那些劳动不好的，他不能挑头闹，他把那个劳动好拿钱多的捧出来当领袖。我们有些青年工人爱打抱不平，有一种所谓英雄性格，他就来当领袖。改革当中各种各样的思想，从各种角度出来，或者是不赞成的抵抗，或者歪曲改革的政策、规定，弄到歪路上去。我们说物价应该放开，应该改革物价体制，使得价格符合价值，有人就来乱涨价。我们说要发展商品生产，搞活流通，促进生产，就有人利用职权，利用种种社会关系，搞垄断，垄断之后搞投机倒把。现在投机倒把买卖汽车，买卖电冰箱、电视机的，如果他没有一点垄断关系，是搞不成的。这就不是真正的商品经济在发挥作用，而是把特权和做买卖结合起来造成的结果。机构改革，原则讨论大家都赞成，党政要分工，政企要分开，机构要精减，权力要下放，谁都赞成。一动具体的，动到谁的头上，几乎谁都不赞成。都说权力应该归我。思想观念上障碍也是很大的。中央说要把企业变成相对独立的商品生产者，许多人就提出一个问题：谁管他呀？总要给人家找个婆婆。提出的理由非常之多，物资怎么分配啊，新的产业怎么发展啊。企业除了交税之外，其他资金怎么使用，应由企业自己决定。可是我们有相当一些单位，总要向企业收各种各样的管理费，他是上级呀，或者提你的税后利润的百分之几十，集中使用。你问他为什么要集中使用？他说是抽肥补瘦。合理不合理呢？他说我不抽肥补瘦，1983 年那几个工厂就长不了工资。他下面二十几个厂赚钱，几个厂亏本，亏本的厂本来不能长工资，但是通通都长了。怎么长的？抽肥补瘦。所以那些经营不好的企业就希望继续保留这样的上级公司，他好继续吃大锅饭。还有的说，要不集中资金，开新的工厂拿什么开？为什么不可以改成集资呢？你提出一个方案，开这个新的厂能赚多少钱，由下面的企业来投资，按投资比例分利润，谁赚的钱分给谁。至于把上级公司改为服务型，不是收管理费，而是收服务费，你需要我的服务就交费，不需要就不交，服务好坏成为公司的生命线，有些同志想不通。有许许多多需要改变的观念，需要我们去做工作，而且我们思想工作的领域需要继续拓宽。按照过去"以阶级斗争为纲"的习惯，看起来许多事不归我们管，实际上我们应该管。比如说，厂长的经营思想，归不归思想工作范围？长期以来好像我们不管这个事。按照传统的经营观念，只能是有多少钱办多少事，买卖就做不大。按照现代商品经济，就需要有1元钱的本钱能做10元钱甚至于100元钱的买卖的观念。敢于去借钱，背利息，还可以赚，这叫本事。树立这样的观念，是不是思想工作的任务呢？我看也应当算。过去有一些错误的、不恰当的做法，现在改过来了，但是观念并没有改。比如说，很普遍的一个制度，叫做顶替制度。就是老工人退休了，他有个儿子就可以接他的班。这个制度怎么发明的呢？就是前几年有些同志有一种错误的估计，认为中国就业问题是了不得的严重问题，没有办法解决了，惊慌失措，想出这么一个主意来。结果呢，大家都看见了，一个叫做择劣顶替，我有两个儿子，一个聪明一点，文化高一点，一个差一点，文化低一点，身体差一点，叫谁去顶替呢？叫那个差的去顶替。再进一步，矿工有一个儿子，一个女儿，叫谁去顶替矿工呢？叫女儿去顶替。为什么呢？叫儿子去顶替，他得下井，叫女儿去顶替她不用下井。纺织厂的工人有一个儿子，一个女儿，叫谁去顶替呢？叫儿子去顶替。如果叫女儿去顶替，可能要三班倒，做夜班。叫儿子去顶替不挡车，做白班。学校里边初中文化、小学文化的去顶替老师。工厂里的劳动纪律弄得不好管理。谁一管，都是某某人的孩子啊。工厂也不是根据劳动需要来用人了。这种做法来源就是对形势的错误的估计。那个时候，对形势有两个错误的估计。一个就是说："三信危机"，就是"信仰危机"、"信任危机"和"信心危机"。有没有这么个东西呢？根本不存在。要说有危机，就是"文革"当中有。"文革"结束了，三中全会开过了，人心就向上了。"文革"结束了，却出来这么一种估计，这么一种判断，这就不符合实际。再一个，说中国的劳动力多得没有办法了。现在看看在北京城里，你拿3元钱找一个临时工，你找找看，好找不好找？我们大兴县，好多地方都是从河北省招了工人来种地的，从河北省招了农民到乡办企业。发展生产，发展经济，才有出路。不从这个方面打主意，而是另外想出一些主意来，结果是妨碍生产力的发展。这个办法现在开始改变了，要参加统一考试，考试不合格不能参加工作。但我们观念上解决没有呢？恐怕并没有。还有一些问题我们采取了一些新办法，但并没有相应树立新的观念。比如说这几年采取了一个制度，叫做合同工制度，新招工人不准招固定工了，只准招合同工。实行了没有？实行了。真实行没有？那就不见得。许多企业名义上招的合同工，实际上还是当固定工看，还是"铁饭碗"。为什么？观念上没有变过来。我们宣传部门的工作应该走在前面，就是思想观念的变化应该先行，现在往往我们在后面拖着，制度已经变了，观念还没有变，思想工作没有跟上去。我们的工作做得不恰当，也会影响社会生产力的发展，影响群众的生活。比如说自行车铺子给人打气，有的地方维持不下去，收人家1分钱。我们的报纸就批评，说收1分钱不应该。你一批评，他不收钱了，他惹不起，但是过两天这里那里的电气筒都坏了，问他为什么不修，他说不会修，请别人，人家没来，结果就到处找不到打气的地方，骑自行车的人就只好自己花5元钱买个打气筒。编辑是好意，站在维护群众利益的立场上，但你违反客观规律，结果是损害群众利益。

宣传工作要前进，领域非常宽，这样宽的领域，当然不是宣传部门几个同志能做得了的，只有全党来做，动员各个方面的干部、群众、作家、演员、教师，青年团、妇联、工会，各个群众团体，动员各个党派的人们跟我们一起做，才能把各个方面需要做的思想工作都做通。

对于做宣传工作的同志，对于各级党委的领导同志，还有一个极其重要的问题，就是要处理好理论和实际的关系问题，要认真掌握马克思主义的基本理论，并且和中国的实际结合起来。现在许多问题，不从基本理论上弄清楚，就解释不了。还是要认真学习基本理论，同时要认真调查研究，调查实际的状况，把理论和实际结合起来。我们过去思想上的混乱，有许多就是在基本理论上。对什么是社会主义，我们的理解，也是有一套框框。那一套框框并不符合马克思主义的基本理论。所以耀邦同志要我们读一点书，特别要读一点经济学的书。联系我们的实际，把基本理论弄通，不是照抄。想在马克思、列宁的书里面，找到几句话，就能完全解决我们现在的问题，那是不可能的。但是，有些基本理论，一定要牢牢地掌握住，比如说社会主义社会最根本的任务到底是什么，就是要发展生产力。这个大家都已经熟了。但是要贯彻、融会贯通是不容易的，拿这个理论来解释各种问题也不是那么容易。比如工资问题、物价问题、发展商品生产的问题，都跟这个根本任务联在一起。有些现象看上去相像，这么做我们不反对，那么做我们就反对了，什么原因？比如一批新疆人常住在北京，在北京的商店里买什么头巾呀，丝绸被面呀，买了以后拿块布一包，就到邮局寄包裹寄回去了。赚钱赚了不少，这个我们没说是投机倒把，没去抓他，禁止他，为什么呢？它有好处呀，我们的流通渠道没有畅通，他帮你畅通了，这就可以发展生产，满足群众的需要，这很好。这不是也在当中做一个倒手买卖吗？哪个卖电视机、电冰箱的，他在那里把900元加到1300元，我们就抓了，就罚款呀，登报呀，我们郊区有个公社的干部倒卖汽车。原来那个公社有辆旧的汽车要处理，原来要处理给公社里的一个群众，他就利用职权，说："这是我早定下来的，应该给我。"找他谈话，说处理的目的就是要发展我们本地区的运输生产，你可不能干别的。他说，我保证不干别的。把别人的挖下来，挖到自己手里，然后一个月，高价卖走了，卖到外地去了，赚了两万多块钱，被开除党籍。为什么这个合法，那个被开除党籍，界限在哪儿？根据就是社会主义社会的任务就是发展生产力，你是破坏生产力的发展，还是有利于生产力的发展，用这个来判断是非。这个问题，只有认真深入地学习基本理论才能解决。

二

　　希望我们的宣传工作充满现代化的气息，如果这样说讲得太满了的话，"充满"两个字可能要求有点太高，那么叫做"多一点"现代化的气息也可以。这个话也不是我发明的，《北京日报》征求读者的意见，征求各方面的意见，许多人提了不少意见，其中有一条说《北京日报》现代化的气息太少。我们觉得这个批评非常中肯，不单是对这家报纸的批评，而且我们整个宣传工作，都需要充满现代化的气息。什么叫充满现代化的气息呢？

　　第一点，宣传工作要为现代化事业服务。宣传工作、思想政治工作要转到为四个现代化服务的轨道上来，没有转的要转过来，开始转的要转得更好，完成这个转变。党委的宣传部应该是服务部。服务好听不好听？现在有些人听到服务就不大愿意。本来按照斯大林的说法，上层建筑就是为经济基础服务的。斯大林在《马克思主义语言学问题》中讲："经济基础创立上层建筑，就是要上层建筑为它服务，要上层建筑积极帮助它形成和巩固，要上层建筑为消灭已经过时的旧基础以及旧上层建筑而积极斗争。"斯大林还说："只要上层建筑拒绝履行这种服务作用，它就会丧失自己的本质，不再成为上层建筑。"世界上为什么有一批人要来做上层建筑的工作呢？就是经济基础有这个需要，需要有一批人来为经济基础的变化、发展、巩固服务，如果我们不做这个事情，那么我们存在的价值就发生怀疑了。我们过去干革命，推翻三座大山，从根本上来讲也是为经济基础服务，就是为了解放生产力。我们破坏那个上层建筑就是为了把生产力解放出来。今天，我们就要来直接为四化服务，因为只有实现四化这样一个任务，才有我们全中国人民的利益。如果这个任务完不成，其他的一切都谈不到。做这样的服务有什么不好呢？

还有一个问题就是不能拿原则做宣传工作的出发点，不能从这个原则推演到那个原则，得出应该宣传什么，反对什么，这样不成。我们要从生产力发展的需要，四化的需要的实际出发，什么时候提倡什么，什么时候反对什么，以及用什么方法提倡和反对。不是从抽象的原则出发，而是从客观的事实出发，从生产力发展的要求出发，这才是辩证唯物主义和历史唯物主义的根本观点的运用。思想解放，解放到一切从实际出发，这不是那么容易的。从十一届三中全会以来，已经讲了多年了，一切从实际出发。在我们日常的思想、工作当中，不能简单地说我这个道理对，你那个道理不对，因此就应该批判你，你那个错误思想就应该消灭，我看不能简单地这样办，而是应当审时度势，从实际的情况出发，从发展生产的需要出发，什么时候解决什么问题。有的时候你的道理也对，但是，不是今天可以解决的，而是过若干时候才能解决的，今天提出来就不对。也有的时候我们据以作为出发点的那个"原则"就不对。马克思写《哥达纲领批判》，讲到一个资产阶级法权，这个问题应当怎么看，还可以再研究，但至少马克思是说在社会主义这个历史阶段，这个东西是必然的。我们在相当一段时间内却从要消灭资产阶级法权这个"原则"出发，认为既然是资产阶级的法权，我们就要限制它，消灭它。这个出发点就不对，推出了一系列错误的结论来。还有一些道理抽象地讲好像是对的，例如怎样做更道德一点，等等，其实社会历史发展、社会历史前进的问题是不能用抽象的道德原则来对待的。我们只能从实际出发，而四个现代化建设就是当前最大的实际。

我们历来强调为人民服务，我们各方面的工作要做得好，就要重视为别的人、别的方面服务，服务得好，就得道多助，各方面就能和我们一起来完成共同的任务。如果把自己的部门放到至高无上的地位，好像别人应该来为我做什么什么的，那么大概都不容易做好。我看现在有的同志很聪明，搞体育的同志找到一个大工厂，说你办一个球队吧，你看外国的大企业家都办球队。你那个球队到外面去拿两个冠军，比你做多少钱的广告都有利。你不懂体育不要紧，我可以为你服务，帮你组织，帮你调人。这样事情就办成了。如果你去说，各个部门你们要重视体育，你们不重视体育就是党性不强，那就不一定能办成事。或者甚至人家找到我们门上来，我们还说不行，我这个体育是神圣的，岂能为你做广告服务？我这个部门所有制是不可侵犯的，把工资关系转到你的名下，还算不算是我的人才呀？这样一来，我们的事业就发展不起来。其实我们各行各业的工作都是为别人服务的，没有一个行业不是为别人服务的。如果你这个行业不是为别人服务的，存在就没有必要了。那么，谁能发展得好，谁能工作做得出色，就看你会不会服务，服务得好不好。所以我们工作当中的竞赛也好，竞争也好，实质就是为人民服务的竞赛，为人民服务的竞争。一个工厂企业推出新产品来，还不是为别人服务！你推出新产品来就要把维修、使用这一套一块推出去。谁把维修服务工作做得好，你的新产品就比别人更站得住。我们讲宣传工作要为四个现代化服务，会不会影响精神文明建设？是不是有片面性呀？为现代化事业服务，我们就是用思想工作来服务。我们就是要造成一个精神文明的环境，就是要造成一个社会风气很好、精神状态昂扬、有新观念这样一个社会环境，就用这个来服务。不是说我们宣传部门统统解散，都去办工厂，工作都不做了，那就不叫服务了。如果我们的思想工作做得好，就可以在思想上处于一个领先的地位，领导思想新潮流。能领导思想新潮流，就是把精神文明建设搞好了，就是为四个现代化事业服务。

第二点，宣传工作要充满现代化的内容，不是只讲老一套的话。要为现代化的事业服务，宣传工作就不能没有现代化的内容。什么是现代化的内容呢？我想首先是积极宣传新科学、新技术，这可能是我们宣传工作最薄弱的环节之一。我本人就不大懂新科学、新技术，也许有一些同志比较懂，可能不占多数。包括我们的报纸、广播、出版物，宣传新科学、新技术都不够。我们搞现代化，要使整个社会对新科学、新技术有很大的兴趣，要把这方面的信息广泛地传播，首先我们自己要有极大的热情，就像马克思那样。马克思对许多科学发明都高兴得不得了，都要研究它对社会会产生什么影响。现在新的科学技术的发明，内容极其丰富，我们社会上的许多人处于一种什么状况呢？第一叫做不了解。不知道世界上有什么新东西，不知道我们国家里有了什么新东西，所以我们有许多新的科学技术发明，别说新的，就是老的也没有用起来。应用到生产，应用到生活中的相当少。为什么相当少？工人也不知道，厂长也不知道，根本就不知道有这个东西。这是相当普遍的状况。第二个叫想不到。想不到在自己的生产、工作、生活当中这些现代化的技术可以用得上。许多可以在办公室、在工厂运用的新技术，可以提高劳动生产率，提高产品质量，带来极大的经济效益，可是人们往往想不到。第三个叫想到了不敢用。有的工厂和他商量你是不是换点新设备，他不要，不敢买，那个东西太贵，来了我反而要亏本，说那个东西不好掌握。有的工厂买了新设备，好几年也不安装使用。这是一种害怕新技术的情绪。第四个叫舍不得。弄来了新机器舍不得用，把它供起来，放在漂亮的房间里，用锁锁上，镇厂之宝，不到关键时刻不许用。前几天见到一位年轻的厂长，他就完全相反，机器订购了，还未来之前，房间已经完全准备好了，上下电线通路，都安装好了。机器一到就抢运，抢着安装，24 小时连轴转。装好后，就让它马上开，而且让它 24 小时开动。我问：不让机器休息休息，保养保养？他说：没有关系，一年用坏了也不怕。3 个月就把它赚回来了。一年用坏后再买新的、更好的机器，我这个工厂的水平永远是最先进的。我这机器如果用5年、10年，早就成了落后的。这个厂长就有有水快流的思想。所以我们宣传工作，要用很大的力量做科学技术信息的传播工作。传播得生动，传播得人家爱听，传播得人家开窍，造成一个全社会都向四个现代化奔的空气。

第二，还要宣传现代化大生产的经营和管理方法，大生产的经营管理方法和小生产的思想是不一样的，它需要有开拓的精神，需要有全局的、战略的观点，不仅是会做广告，而且还要有开拓组织一个新市场的观念。小生产者早上拿着一筐豆子卖，8点钟一个价，然后到下午5点钟，降了价卖完了好回家，2点钟他都不降价，不想用半天去做别的事情。大生产的经营者想问题的方法就不一样了。日本的报纸，礼拜天常常用一个整版面登满优待券、代价券。这一张剪下来，当天到我这个店来可以当600日元用，剪下那张纸呢，到另外一个店，买某种东西，打八五折，最便宜的还有买一送一。我看了很奇怪，商店到底是赚还是赔？找到日本人问，是不是先涨价再打折扣来欺骗顾客？他说如果那样做，不可能把顾客吸引来。我问到底亏本不亏本？他说：就这一种产品来说当然亏本。我又问是不是滞销品卖不掉的，买一送一。他说：滞销品也吸引不了顾客，用它来登广告，广告费就算白花了。我问：你的利益究竟在什么地方呢？他说：许多消费者礼拜天总要买东西，这是肯定的，他到什么地方去买，这是个未知数。我拿这一个畅销品买一送一，你为了便宜就到我这儿来了。但是，你既然到了我这儿，再到别的地方去又要多花一个小时，你就吃亏了。所以，你需要的别的东西还得在我这儿买。谁有本事礼拜天把顾客吸引去，谁就能赚钱。这就是大企业主的心理状态。他是一个大商店，货物很齐全，如果只按小柜台核算，这样做就要垮台。我们要向有计划的商品经济前进，利用有计划的商品经济形式发展我们的生产力，就必须要宣传介绍许多与之相适应的经济和管理的办法、思想和经验。

这许多方面的总和，构成现代化所需要的新观念。这些新观念实际上也是我们共产主义教育的重要组成部分。我们说，无产阶级是领导阶级，为什么是领导阶级呢？归根到底因为这个阶级是和新的生产力联系在一起的，是代表着生产力发展的方向的。如果我们对新的科学技术了解甚少，我们头脑里的观念是陈旧的，是落后于生产力发展水平的，我们就很难领导人们前进，很难担当这个领导任务，不能领导思想的新潮流，不能站在新潮流的前面。刚才讲到有水快流的问题就是一个新观念，我们过去常常讲细水长流好。这个细水长流的观念是从哪儿来的呢？难道水少就好吗？只是因为水源有限，需要维持的时间长，只好细水长流。这是无可奈何的办法。有水快流是个什么观念呢？这是把水当做可以再生产的，流得越快，再生产的水越多。这是对前途有信心、有把握的精神状态。社会总是要前进的。这就要求我们的本领能不断增长。我们的本事怎么样才能更快地增长呢？要靠生产力发展得快。所以有水快流不是说我们去挥霍、去浪费，而是要把它当做能够再生产的能源去开发。还有一些过去的观念就不要把它当做共产主义观念去宣传了。例如，共产党员收入多了，拿出钱来办些公益事业是好的。但是不是应该提倡拿出一部分钱来分给他那个穷邻居？我看不应该提倡。这和共产主义思想并不相干。共产主义不是施舍，靠施舍也走不到共产主义社会去。只能靠发展生产力。我们要团结群众，帮助群众，关心群众。干什么呢？要帮助群众发展生产。我们的中心还是要放在发展生产力上头。不要认为提倡共产主义就是把我的东西给别人。

第三，我们的工作要面对当代从事现代化事业的人。毛主席过去讲：到什么山唱什么歌。就是讲话要看对象，这是我们宣传工作唯物论的一条重要原则。有的同志喜欢说：现在的年轻人和我们那个时候可不一样了。不一样是事实，只有承认这个事实才好做工作，不能硬要求他们和我们当时一个样，否则是主观主义。当代的人们究竟是什么样呢？每一个人都有各自不同的特点，其中最重要的共同的特点就是从事现代化事业是他们最大的共同的实践。存在决定意识。搞四化就是最大的存在，这个存在决定人们的利益依靠于我们这个国家的现代化。现代化事业成功了，对大家都有利。要从这样一个情况出发来做工作。有人发牢骚说：工资太低了，还不如现代化国家，你看日本多阔气呀。我们怎样去做工作呢？和他一起忆苦思甜，说我跟你这么大的时候，才拿多少就够了。只是这样说，他听不进去，他想的是现代化的生产和生活问题。我最近到日本丰田汽车厂，那个厂工人平均月工资40万日元，这在日本是比较高的，一般企业是30万日元。它的最便宜的汽车才卖 80 万日元一辆。两个月的工资就能买一辆小汽车，这不是很高吗？但是他每个工人，平均每天要生产一辆多一点汽车，平均一个工人一个月要生产 30 多辆汽车，他两个月的工资才能买一辆，等于他的工资是他的产值的 1/60 都不到。我们全国每个工人平均一年的产值大约 1 万元，如果按日本人的比例，工资占 1/60，一年的工资就只有 160 元。吃饭都吃不饱了。过去听人家说，日本人说你们中国人工资太高了，那会儿听了不理解，现在理解了。就是他们认为生产一辆汽车，在日本花多少钱的工资，在中国花多少钱的工资，这样一比就觉得中国的工资高。我们当然不承认我们是高工资国家，我们还说我们的工资太低了。但要提高工资只有一个出路，这就是提高生产率。现在有些人不愿意竖比，只愿意横比，还说我们不敢横比。我们就给他来一个横比，比的结果，按劳动生产率算账，我们拿的工资比日本人还多，但是我们还希望拿得更多，用什么办法？只有提高我们的劳动生产率。

我们看到我们宣传的对象是从事现代化事业的人，就会产生出一种信心，我们宣传的内容一定会被他们接受。因为这与他们本人的利益是完全一致的。无论如何，我们不能把自己的宣传对象放到对立面去。如果老是在想他们是怎样对付我们，我们又怎样对付他们，那工作就做不好。不能因为今天这个学校贴了几张大字报，明天那个学校有人罢饭，就把大学生看作对立的力量，认为大学生就是会闹事。从本质上看，大学生是现代知识比较多的一群人，他们比较敏感，又是我国四化事业未来的骨干力量，他们没有理由不赞成改革。当然，他们当中有些人可能有些急躁，把事情想得太容易，但他们还是希望我们的国家进步得更快。我们要看到这些因素，从而向大学生提出更高的要求。希望他们走在改革的前面，希望他们成为改革的宣传者，希望他们成为改革的促进派。这样提要求，他们才能更好地理解我们的改革。如果我们把他们看得很落后，然后就去教训他们，那辩论起来就会没完。

再有，思想工作不仅仅是用各种不同的方法去说服人。思想工作的任务是造成思想的转变、提高，形成一种好的精神状态。怎样完成这个任务？不能光靠口说。归根到底，意识是由存在决定的，因此我们要注意人们的客观存在，研究怎样使人们更容易认识他真正的利益所在，从而更理解党的路线、方针和政策。比如，深圳大学的学生，他上学要交学费，住宿还要交住宿费，物价还比我们这儿贵得多，但是那些学生就不闹。第一，他是自愿来的，他有这个思想准备；第二，他看到他的前途决定于他自己学得好不好，而不是其他；第三，学校里组织学生勤工助学，把学校里各种管理工作都交给学生包下来，参加的学生每月可以得到几十元收入，使他们从改革中得到实惠。如果我们有一项政策虽然是正确的，但是有那么一群人，从这个政策一点好处也得不到，得到的只是损害，要他们拥护，就相当困难。整个来讲，我们的路线、政策，是和全体人民利益一致的，我们在具体工作中还要考虑用什么方法使这种利益一致体现出来。这不是说要国家给多少钱，给什么东西，而是要靠我们的宣传、组织工作，规定具体的政策，采取恰当的措施，等等。这样，情绪就顺了，事情就好办了。群众要是气不顺，他看什么都不顺眼，事情就不好办。这不是说讲道理一点用处也没有了。存在决定意识，并不是等于每一个人很容易正确地认识到自己存在的状况，一眼就能看到自己真正的利益是什么。如果真那么容易，思想工作确实不需要了。认识有许多中间环节，所以就需要我们来做工作。我们的工作又只能遵循这样一个原则，帮助人们正确地反映他的客观存在所决定的他的根本利益，并且引导人们去为实现他自己的利益而奋斗。违反了一条，那么任何道理都是没有用处的。

第四，宣传工作要尽可能利用现代化的手段和方法。这也是宣传工作中贯彻唯物论原则的一个问题。唯物论原则最根本的是存在决定意识，但是也不能忽视意识形态载体的变化对意识形态的传播所起的作用。我们做的是思想工作，但是思想不能飘在空中，它总要附着在一个物质上。思想在人脑中形成的时候就附着在脑细胞上；传播的时候，它附着在声波上，附在图像上，附在报纸纸张上，附在电波里面。任何思想总要附着在一个物质的载体上。这个物质的载体变了，传播的方式就会跟着变，这种变化所起的作用是非常之大的。如果我们的祖先没有发明纸张，没有发明印刷术，人们虽然会讲话，也会写字，但要用刀刻在木头上，或刻在乌龟壳上，那么今天整个社会的精神状态都不会像现在的样子。现在信息的传播和记录的手段又发生了极大的变化，印刷术已经跨到了向铅字告别的时刻。现在我们传播信息的手段之多，传播的速度之快，完全是我们原来想象不到的。过去一个新的衣服花样，上海流行了，第二年北京才流行；北京流行了，到穷乡僻壤过三年五载还进不去。现在，今天街上流行的样式，过几天在云南乡下就出现了。为什么？因为有了电视，而且是彩色的，一看就看见了。这样的传播速度在意识形态上，在生活方式上会起多大作用？如果我们的工作方法还跟过去一样，组织读报组，那就行不通了。人家可以自己订报，自己看，而且可以自己选择。所以在这个时候，我们必须站在前面，充分运用报纸、刊物、出版物，运用广播、电视、录音、录像，来做我们的思想工作。要考虑到当代青年的爱好，考虑他们的文化需求，来组织我们的工作。对某些事情，作为个人，我们自己可以没有兴趣，但是既然我们担任了党的宣传工作，对于群众喜爱的东西，我们就要研究一下，了解一下，关心一下。我们过去对这一点是认识不够的。在这一点上，我们的唯物论不彻底。过去对于一些新东西，我们往往很容易想到它会传播坏东西，而不是首先想到用它传播好东西。而如果我们想抵抗这种新的生产力的产品，那是绝对不可能办到的。如果再来一个闭关，录像机绝对不准进口，不准制造，不准个人占有，甚至不准许多单位买，是根本行不通的。即使用很霸道的办法，顶多只能拖延它若干年，让它速度慢一点，但是客观发展的趋势总是抵抗不了的。只有一个出路，就是站到前面来，我们来领导这个潮流，利用这个潮流来做好我们的宣传工作。会不会有副作用？也会有的，但是好的东西会占主流，占到百分之九十几。如果我们只是消极地限制，而不是主动地领导这个潮流，那么消极的、不好的东西还会更多。录音机流行的过程就有很好的经验教训。前几年，谁也没想到，忽然一下子，大街小巷、公园、旅游点，一个个小青年挎着录音机逛来逛去。我们只想到录音机是学外语的工具，但是他拿了录音机就要听音乐，我们没有准备，供应不了，也想不出要供应些什么。小青年就去找来一些不好的录音带。我们又来查禁，下命令上交，这就和一批小青年处于尖锐的对立状态。这说明我们的思想落后了。因为我们是马克思主义者，我们应该有点预见性，在这个问题上，我们却在形势的发展面前缺少思想的准备。吸取这个经验教训，现在我们就要为录像设备的流行做好准备。不是说我们已经阔气得很，不是说我们可以把一切先进的工具都拿到手里，但是，只要我们有可能，我们就要尽可能运用现代的工具。当然，同时各部门还要考虑会不会有副作用，怎样来防止它，采取有效的管理办法。总之，要采取主动领导的姿态。

　　我相信我们的宣传工作一定能够打开新局面的，做得生动活泼，很有成效。从这两年来看，我们整个社会的精神面貌一年比一年好，我们完全有信心，在这个改革的时代，使我们整个社会的精神面貌更加蓬勃向上，使我们的思想工作和现代化事业的要求更加适应。

社会心理的预测和
意识形态部门的工作[*]

　　作为开场白，我只想提一点问题，请大家共同思考。

　　什么问题呢？就是今后一两年、三五年在意识形态方面我们面临什么样的形势，或者叫做对于社会心理、社会思想作一点预测。这个问题只能采取大家谈、大家议论的方式来回答，因为这是一件过去没有做过的工作。过去我们没有想过明年、后年人们的思想可能产生什么新问题，而事实上是有这个需要的。我们意识形态部门工作的生产周期有的是快的，比如新闻，今天采访了，明天就可以见报，电视新闻白天拍了，晚上就可以播出。但拍个电视片《四世同堂》就得花两年多时间，出一本书从写作算起，周期就很长了。我们今天生产的东西，有许多是到明年、后年才能起作用。而且，有许多观念的产品起作用的时间往往比物质产品更长。物质产品也有耐用消费品，如一台

_____

　　* 本文系 1986 年 6 月 10 日在北京市意识形态部门领导干部座谈会上的讲话。

电冰箱用 10 年、15 年。意识形态的东西效用可以更长一些，我们现在还看《红楼梦》嘛！而且，人们看了这些意识形态的作品，其中一部分，就会成为读者、观众头脑里的观念，有的甚至会在他的终身起作用。检验意识形态部门的工作，不能只从眼前来检验，要从比较长远的社会效果来检验。因此，我们从事意识形态产品的生产，就应该有预见性。过去我们没有想到这个问题，也是有原因的。因为，我们这个国家封建社会的时间比较长，社会结构比较稳定，观念形态在长时期中也处于比较稳定的状态。有些基本观念，大家都不怀疑，一代一代就是这样灌输下来。说三年之后就流行什么新观念，没有这样的事。我们共产党起来搞革命，要摧毁旧社会制度，同时就要和旧观念决裂。新社会成立，在观念形态上确实是和社会制度一样，有许多天翻地覆的东西，根本颠倒过来了。例如，劳动人民要做主人，劳动光荣，劳动创造世界，等等。但是，在我们的头脑中，还是有个框框，以为新建立的观念也是很稳定的东西。实际上当然做不到，经常要发生意识形态不能适应需要的情况。于是就来纠正过去的做法，说是过去这一段提倡什么观念，提倡得不对，"左"了，纠正一下；或者是右了，又纠正一下。所谓"左"，或者右，都好像应该有一个不"左"不右的标准观念，"左"是离开了那个东西，右也是离开了那个东西。虽然我们对什么是这种"标准观念"的内涵的认识，经常在变化，但我们也总是认为是我们的认识问题。我们还是在追求一种长期不变的理应存在的社会观念。这样一种想法，也不可能符合事实。因为，按照马克思主义的基本观点，社会的意识形态是社会存在的反映，是属于上层建筑的部分，是随着经济基础的变动而变动的，它本身就是一个发展变动的东西。我们的任务本来是应该研究这个发展变动的规律，按照它的规律去做我们的工作，做促进的工作。在社会前进中，总是有一些观念的东西不适应了，逐步地被人们抛弃了；总是有一些新的观念的东西产生了，或者形式上要作某些变化，总是这样的过程。我们应该做的事情就是按照客观规律，促进那些应该消亡的观念消亡得更快一点，应该诞生的观念诞生得快一点，顺利一点。这样，我们就在历史发展的这一阶段中做了我们应该做的事情。不可能设想，我们现在就设计出人们几十年、几百年后要按照某种意识形态生活，这是不可能的事。正好像我们自己不是按照我们的爷爷的设计生活一样，我们也不可能把我们的孙子的生活、他们的观念都设计好。我们要做的是研究意识形态怎样反映客观实际，它的运动、发展的规律怎样。特别是现在这个时候，按照小平同志的说法，叫做第二次革命。就是要搞现代化的建设，要搞从经济体制到科学体制、教育体制、政治体制的改革，这是全面的改革。这个时候，思想肯定是非常活跃，矛盾肯定是非常之多。改革又不是一天完成，要经过相当长的时间。在这一段时间中两种体制并存，互相消长，必定出现空隙，出现漏洞，出现摩擦，这些不能不反映到意识形态上来。有些东西出来了，我们觉得不好，不好也必然要出来，不可能是按照我们设计的、理想的秩序出来。这就使得意识形态部门的任务显得非常之重。当然，也可想开一点，假如我们不做什么工作，社会也还是要前进，社会的精神文明也还是要发展，没有不前进的道理。但是，可能要曲折一点，曲折多一点，时间长一点，损失大一点。所以，我们还是要努力做好我们的工作。

我们意识形态部门要做的工作，概括起来说，可以叫做社会主义精神文明建设。这件事有许多困难，也有若干有利条件。我们搞现代化是后搞的，世界上许多国家先搞了，人家走了200年、300年了。他们走过的历程很值得我们考察。我们粗粗地看一下，就可以发现，各个走向现代化的国家，从总体来说，随着物质文明的发展，精神文明也是发展了的，这是一。第二，许多国家都存在着精神文明同物质文明不同步、不协调的矛盾。许多国家的政府、社会的知名人士为这个问题都相当苦恼。第三个事实，就是这些问题、这些矛盾，确有一部分是由于资本主义制度所造成的，这是不能回避的。有一部分矛盾恐怕跟制度不完全有关系，有一部分社会上的动乱不一定跟制度直接有关系。同样在这个制度下，有时候就不动乱，有时候就动乱，总有一些别的原因。有些事情是直接和生产力的状况、生产力的发展相联系的。从人家走过的200年、300年的历史中，这三点都是我们可以看得见的。细致地分析他们的历史，我们可以得到许多有益的借鉴。

我们总还有点长处，这就是我们有共产党领导，是个社会主义国家，是计划经济。对于什么是计划经济，还有许多种不同的理解，但不管哪一种理解，总之是一种计划经济。比如，"七五"期间就有个设想，有个规划。就是说，对于我们的经济基础的变化，对于生产力的变化，可以作大体上的预计。这就使我们有可能运用马克思主义的理论做指导，来预计在经济变化的基础上，观念形态方面可能有些什么变化，有些什么矛盾。

关于现代化建设过程中，社会有哪些基本变化，特别是把经济的变化和观念的变化联系起来考察，这方面的专著和材料还不多。我希望我们的社会科学院、社联、出版社和大学的同志，动员一些搞世界史的人，特别是搞世界近代史、现代史的人，把社会观念形态和生产力的发展、经济的变动联系起来作若干专题的研究，这对于我们的精神文明建设是会很有好处的。现在，我只能提出一点很粗浅的看法。我认为，在现代化的进程中，整个社会不可避免地要经历四个方面的大变化，这些变化对社会意识形态将发生深刻的影响。

第一个大变化，就是人们劳动方式的变化。从手工劳动的小生产变到现代化的大生产。全世界的现代化过程都要经历这个变化。关于这个变化，可以写若干本专著。现在在中国，看得很清楚，很明显的变化，是几亿农民中，20%、30%的劳动力，在北京是70%的劳动力，从农业劳动、从种地走出来，走到乡镇企业里去。这是一件了不起的事情。北京房山县倪振亮的那个村子种地的人只有原来的10%左右。这个变化在观念上会带来什么问题呢？办乡镇企业，应该说大家是愉快的，是愿意的，生活提高了嘛。但是，实际上不可避免要带来很多摩擦和痛苦。从分散的手工劳动的农民变成现代企业有严格纪律要求的工人，这个转变没有痛苦是不可能的。昨天，怀柔县委书记对我说，他们最近进行卫生检查，1/3 的食品厂停业整顿。我说如果用严格的标准检查，大概90%的都得关门。要农民每天洗澡，每天洗头，上班之前要剪指甲，他是很难受的，认为全是你多事。县长说，他去食品厂检查，许多工人手指甲缝是黑的。不管严不行，管严了，他就很不好受。

在劳动方式变化当中，大的变化有两个方面。一方面，从总趋势看，劳动生产率越来越高，就要求劳动装备更加现代化，也要求劳动力的素质不断提高，这个过程大家容易明白，不需要多说。另一方面就是产业结构的变化。随着现代化的发展，第三产业占的比重要越来越大。北京市第三产业的人数现在占百分之二十几。设想，到2000 年，在这 15 年当中，北京第三产业的人数不占到1/2以上，北京就很难发展，很难生存。北京是政治文化中心，就要吃交往饭，吃服务的饭。服务好了，万方云集，我们就有饭吃。海外来旅游的人，我们计划到 1990年，能接待 200 万人，如果每人在北京花 1000 美元（现在是 330 美元），就是 20 亿美元。现在北京市一年出口总值只有 6 亿多美元。我们要有饭吃，就要发展商业服务业，首先旅馆要发展，让人家来了有地方住。更重要的是要发展邮电、金融。信息时代，消息要灵通，才能及时反应，作出的决策还要很快就能发出去。金融搞好了，外国资本家的钱在这儿也能做到上午调出，下午又调回，这样，他的买卖才愿意在这儿结算，合同才愿意在这儿签订。我们收千分之一的手续费，就很可观了。但是，要发展第三产业，矛盾很大。中国长期的封建社会，说的是士、农、工、商，商是属于四民之末，轻商思想十分严重。北京人尤其看不起商业、服务业。我50年代到北京来就觉得很奇怪，走很长很长的路看不见一个商店，这在别的城市是很难想象的。北京的内城过去不准商人居住，商店要赶到前门外去。内城也有一些劳动人民聚居的胡同，那是给皇宫当供奉的。轻商思想，连农民都受影响。门头沟的龙门涧，这几年每年夏天都有很多人去游玩，但是在当地吃喝很困难。区委每年都跟当地的农民讲，来玩的人这么多，你们给人家提供点方便，同时也赚点钱，搞一点汽水卖，也能赚一点呀，或者烧点茶、煮几个鸡蛋也可以嘛！可就是发展不起来。农民是什么思想状况呢？他说，不好意思。不是赚不着钱，不是没有劳动力，就是不好意思做买卖。北京的农民这种意识之强同西山一带八旗驻兵留下很多后裔有关系。八旗的后代是再穷也不能做买卖。没有饭吃，可以向人家借，可以要，可以骗，但是不能做买卖。上海的里弄，三个小姑娘和一个老太太，就可以组成一个洗衣服组。在弄堂口，搭一块案板，你就可以交活。上班了，拿一捆衣服交给她，下班了，洗好了，拿走。解放初期手洗，现在洗衣机洗。小姑娘干这个活不难为情，她认为我这也是劳动啊。北京街道上的小姑娘，三年不就业也不肯干这个事，她觉得丢人。不要说到人家家里当保姆，就是组织个家务劳动的合作社，给人家干一件事情都不干。请大家估计一下，北京地区轻商观念的历史渊源和现实表现，研究一下怎样来解决这个问题。不解决这个问题，北京的服务态度问题也不可能从根本上解决。应该明确树立这样的观念，北京这个城市要发展，将来要有饭吃，非靠第三产业大发展不可。第三产业是最有前途的产业。

随着生产的进步，新技术的采用，新产品的出现，除了第一、第二、第三产业之间的结构发生变化，产业内部的结构也必然要发生变化。这种变化是社会的进步，但也常常会给社会带来很多痛苦甚至动乱。

第二次世界大战以后，大概60年代后期到70年代初期，世界上新技术大量、普遍地应用，引起欧洲许多现代国家结构性失业。一方面新企业风起云涌，另一方面老产品吃不开了，老企业没买卖做了，关门了。许多人被迫改行，从原来行业的熟练工人变成新行业的不熟练工人，心理上很难承受。这是那一段时间欧洲社会动荡的很重要原因，也是意识形态中一些新思潮，例如存在主义、荒诞派等在那个时期之所以能够较大发展的很重要原因。我国过去好像没有结构性失业，实际上"关、停、并、转"也是结构调整。技术发展越快，这个问题将会越明显。比如，北京电子管厂，一万多工人，为中国的工业化立了汗马功劳。我国第一颗卫星——东方红卫星上都装有这个厂的产品。现在这个厂连半年工资都发不出去，要靠借债发工资。现在还有多少地方需要用电子管呢？要把这样的工厂转变，变成生产别的产品，许多工人、工程技术人员都要改行。有的人在原来的技术领域是权威，但是离开了这个领域就跟见习工程师的水平差不多了。随着科学技术的进步，有些行业被淘汰了，不存在了，劳动者被迫转到别的行业去。一些在原来行业中很有地位的，到别的领域后就会失去他们原有的地位。即使社会给他们照顾，继续聘任为高级技术职务，就是违反按劳分配的原则，仍旧给他们高工资，他们也不会愉快。细想起来，劳动方式的变化是相当之多的。不但会出现许多新行业，而且会出现许多新工种。这几年，增加了多少推销员，就是一个例子。世界上发达国家的企业中白领工人的比重在逐渐上升，有的已经达到50%以上，蓝领工人的比重逐渐下降，这也是一个大变化。这个变化对整个社会的影响也是深刻的。

第二个变化是分配方式，或者叫做取得收入的方式的变化。在中国，这主要是跟商品经济的发展联系起来了。自给自足的或者实物分配的方式，10年之前在中国还是相当多的，种什么分什么，种玉米分玉米，种小麦分小麦。现在要靠买卖，拿工资，然后买粮食吃。工人原来只靠固定工资，现在拿奖金，浮动的部分、同经济效益挂钩的部分，比重越来越大，有的甚至逐渐超过固定的部分。现在各单位争来争去，争一个半月奖金、两个半月奖金、四个月奖金，就是争这个浮动部分的比重。在企业内部，个人之间收入的差距逐渐拉开，企业之间的差距也在逐渐拉开。人们收入的绝对值在不断地增长。

在社会上，有些事看来好像同分配没关系，实际上是有关系的，比如，物价的变动。我们长期一人一年18尺布，定量的粮、油、肉，这些实物分配虽然都得拿钱买，但实际上都包含着价格补贴，例如一部分副食品把暗补变成明补，5元钱进入工资成本，7元5角不进。这也是分配方式的变化，这个转变还没有完。还有一部分没有变，没有转。

现在人们意见最大的是房子问题，补贴最多的也是房租。这个问题，群众意见最强烈，有的结婚好几年，生了小孩，还没有房子住。有的几代同堂，实在是困难。但是，政府最头疼、最没有办法的问题也是房子问题。许多企业也为这个问题哇哇叫。这是个很奇怪的问题。全世界大部分工业化国家都把房屋建筑看作经济发展的支柱。建筑业是美国经济三大支柱之一。建筑业的兴旺程度，成为经济形势的重要标志。因为盖房子同生产电视机、电冰箱一样，是赚钱的买卖，盖的越多越赚钱，只怕没有人买。我们这里盖房子却成了包袱，谁盖房子谁倒霉，个人盖个人吃亏，企业盖企业吃亏，国家盖包袱越背越重。因为盖了房子得维护，收的房租连维护都维护不了，收回盖房的成本更谈不上。从我国社会发展前景来讲，只有一个前途，就是住宅商品化，卖房子或者按房子的商品价格收房租，把现在的暗补变成明补，加到工资里去。不可能有第二个前途，不可能不走这条路，这是必然的。现在为什么不走，就是走起来动荡一定很大。不是方案难设计，而是我们在哪一天有力量能承受这个动荡的问题。这就跟我们的工作有关系。如果我们能够把意识形态方面工作做得好，社会在这方面承受能力达到了，主动要求改革的愿望强烈了，就比较容易成功。从道理上讲，改得越晚包袱越重，困难就越大，走得越快越好。1949年北京解放的时候，如果不降低房租，就按那个标准定工资，房租占工资的1/4或者1/3，那个时候大家都能承受。如果30多年这样走过来，现在许多问题我们会主动得多。

　　社会稳定的一个必要条件是大多数社会成员的实际收入逐年有所提高，或者至少不要降低。但是，不能认为只有这一个条件就够了。有时候，人们的收入虽然在不断提高，意见还是一大堆，心情还是不舒畅。这里有一个对比的效应问题。还以房子为例，在5年之前，我们认为是困难户的标准为每人2.5平方米以下，现在认为是困难户的标准是每人4平方米以下，现在人均4平方米以下的人数同当时人均2.5平方米以下的人数差不多。应该说，这几年大部分人住房略有改善。但是，据工会在前后都是2万人当中的调查，心理效果怎样呢？现在在4平方米以下的这部分人对于房屋问题上的迫切要求程度和在这个问题上不满的程序，要远远超过5年前2.5平方米以下的那部分人。这是什么原因呢？因为那个时候多年没盖什么房子，现在到处都是高楼，住房困难者的不满情绪就更多了。你有钱盖宾馆，没钱盖宿舍？有钱盖大观园，有钱修长城，没钱盖宿舍？所以分配方式或者叫收入方式的变化对社会心理的影响，不仅包括收入水平的高低，还包括在社会内部以及同国外的对比形成的反差的强烈程度。

　　再有，是不是收入提高得越快越好？也不见得。新加坡现在经济停滞，甚至负增长，就同它的工资增长过快，在国际市场上的竞争力减弱有关。收入提高得太快引起的矛盾，我们现在也开始感觉到了。怀柔的书记和县长说，他们遇到的一个困难，就是农民收入提高得太快了。我们当然希望农民的收入提高得快，但是这要从提高劳动生产率着手。要调动劳动积极性，要提高劳动者的素质，要提高资金的有机构成。收入提高的速度如果超过劳动生产率提高的速度，就会提高产品的成本，在市场上失去竞争力，同时也无力去为继续提高劳动生产率增加投资。怀柔县现在人均年收入达到700元左右，这是个什么概念呢？就是很难同河北省竞争。郊区的大白梨到了北郊市场，按河北省的价钱卖，回去开不了工资；按自己的成本卖，就会卖不掉。所以穷有穷的问题，收入提高快有提高快的苦恼。大概我们的小说家还没有写过收入提高快的苦恼，但是县委书记、县长已经感觉到了这个苦恼。

　　第三个变化是交往方式的变化，或者说人际关系的变化。人们的眼界迅速地扩大了，外国有的人说："地球变小了"。现在郊区养的鱼是虹鳟鱼，是北美洲瀑布下的鱼种；种的是美国的西洋参。已经不是那个闭关自守的状况了。这种变化表现在哪些方面，可以分析一下。

　　首先是传播手段的发展。传播手段是人类交际的工具，互相了解的一种工具。现在传播手段的发展速度是相当快的，穷乡僻壤都可以看到电视，这个东西实在是了不得。彩电的发展对于生活方式、对于生产、对于观念的冲击强极了，因为它直观的效应强，传播的速度也快。我们现在一年出版的书4.6万种，当然不是每一种都能传到基层，传到群众手里的，但是数量之大是全世界数一数二的。人们的眼界开阔了，横比和竖比的问题就提出来了。人们自己可以得到各种信息，对思想政治工作的旧模式也是一种挑战。

中国几亿农民，许多人祖祖辈辈连县城都没有到过，除了本村的人很少看见外面的人。现在火车上来来往往的农民企业家、农民推销员有多少？这必然给每一个村子都带来变化。家庭内部的关系大概也得变，从我们这几年的情况以及世界趋势看，小家庭必然越来越多。现在我们北京城里平均每户人数只有三点几，传统的大家庭在分解。在交往很发达、社会变动很强烈的情况下，年轻人和老一代在价值观念上的冲突，可能要比那种交往不发达、社会变动小的社会的冲突要厉害些。于是有些人就提出了"代沟"问题。

还有一个极其重要的变化就是企业自主权的增加。反映到交往方式上，就是"横向联系的发展"会逐渐取代那种金字塔式的垂直联系。一个企业要和许许多多单位发生关系，而不是只受它的一个上级单位的管理。随着企业的独立性加强，必然有一个趋势：就是企业内部职工民主要求增加。原来职工认为自己收入多少，完全取决于国家的规定。有了规定，就能调工资，和本企业经营好坏关系不大。随着企业独立自主程度的加大，必定要出现企业决定自己工作报酬的格局，使工人的利益和企业的经营效果挂上钩。两个棉纺厂，一个经营得好，一个经营得差，都是挡车工，熟练程度都一样，工资收入却不一样。这样一个局面就要教育工人关心本企业的经营，关心本企业领导者的决定，就会使工人产生很强烈的要求，非扩大民主不可。同时，也就使企业的厂长、经理处在社会矛盾的焦点。所以，扩大企业自主权，对厂长、经理来说，扩大了权力，也就增加了责任，人们有什么不满意，首先就指向厂长。有权的厂长、经理并不是好当的。一要提高他们的素质，把这一条作为思想政治工作的重点。二要扩大企业内部的民主，没有这一条，企业也不好经营。

从企业外部的关系看，商品经济发展，必然要提出的要求，就是要加强法制。过去我们的法制相当不健全，有一个重要原因，就是我们把所有的单位都编成了纵向的系列，即每一个单位都有一个上级管着，一切行为都要听从上级的指令。企业中工人的任何问题都要"找组织"。两个单位发生纠纷，就由这两个单位的共同上级来进行调解、裁决。在这种状况下，不可能产生健全法制的迫切要求，因为用不着这一套。如果企业独立了，自己同各个方面发生横向的联系，一个一个企业订几百个合同，上万个合同，发生了纠纷怎么办呢？这就必须要有健全的、完备的法律。使每一个企业、每一个人事先都可以根据法律的规定，对于自己的行为可能产生的后果，应该承担的责任有明确的了解。这是发展商品经济必然要提出来的要求。我们过去讲法制只讲它是专政工具，看起来恐怕是不够的。至少在商品经济的社会里，调节相互关系需要有完备的法制。这里面有专政的部分：要镇压反革命，保护社会主义的公有制、集体所有制和个人合法的权益；也有人民内部个人之间、法人之间、个人和法人之间利益的调整的需要。

在人际关系中，随着现代化的发展，除了民主和法制的要求之外，还有一个共同的、不可避免的要求，就是要求纪律的加强。越是现代化的交通，越要有严格的交通规则。如果一个独立自主的现代企业，没有严格的劳动纪律来保障它，它的利益就不能够得到实现。其中包括给企业以解雇工人的权力。劳动者实行合同制，干部实行聘任制。但是要实行这一条，大概会与人们头脑中长期形成的观念发生很大的抵触："不能饿死人呀！"（当然我们对被解雇的工人会有一些保障办法，不会饿死人的。）"我是主人呀！主人怎么能够被开除呢？""要影响社会安定团结了"等等。

我看过去几年当中如果说我们的工作有失误的话，一个重要的失误就是把就业问题看得太严重了，因此实行了包括顶替在内的一系列的办法，不是靠发展生产力来扩大就业面，而是勉强地、人为地安排就业。在北京市就造成了就业率太高这样一个毛病。这是不利于发挥竞争观念，不利于生产进步的。所有的人不管能力强弱，不管生产发展对他是否需要，都有那么一个饭碗，三个的饭匀给五个人吃，而且是铁饭碗，这怎么能鼓励人们上进呢？

随着现代化的进展，人际间的交往发展了、扩大了、复杂化了，这是主要的趋势。但是同时是否还有交往减少的方面呢？至少家庭生活当中，随着家庭的小型化，居住条件从四合院改变为单元式的楼房，独生子女增加，这些都使邻里之间的交往减弱了，使得儿童之间的交往减少了。而且随着电视机的普及，使得相当一部分的业余生活"家内化"，过去上电影院、戏院、俱乐部，现在只坐在电视机旁（北京市平均每人每天1小时40分钟），这些都是使得人们社会交往减少的一方面。在研究我们思想工作的时候，我认为也不能不考虑到这一方面。

在人们互相关系当中，还有一个对于自己人生价值的相对估计问题。清朝末年，高小毕业生相当于秀才，那是有明文规定的，大概家里可以免一部分税。县城里高等小学堂的校长跟县长平起平坐，地位差不多。现在能有这个地位吗？在临解放时，大学招生最多的一年，全国2万人，现在是60万人（不包括业余、函授）。大学生在社会上的地位，相对来说，就可能不如那个时候。但是，现在如果谁自学或上电大拿到一张大学文凭，工厂里不调整他的工作，还让他当工人，他就可以告状，说你不落实知识分子政策，大概人们都会认为他告得有理。从长远的观点看，如果北京市有100万人上过大学，这100万人全部不当工人，那么受得了受不了？如果有200万人上过大学，这200万人都不当工人，受得了受不了？如果全国逐步达到了30%、50%的青年人能够进大学，这些人都脱离体力劳动的话，那么这个国家会不会亡国？它的生产能不能继续发展？我们是希望整个民族的教育、文化、科学水平提高的，但如果达到那个水平的人都要有个特殊的待遇的话，那么社会正常的劳动可能就要受到妨碍。现代化企业需要白领工人，他虽然是白领，仍然是工人。但是作为一个工人，他去奔文凭的时候，却并不是为了仍然是工人。只是业余当个作家，或是把工人当得更好，而是为了进入另外一个阶层。当只有一个人或者少数人这样想时，他的愿望是可能实现的；成千上万人都这样想、这样做，结果就不一样了。必然会有一部分人，虽然也付出了辛苦，取得了学历，却不能取得自己认为理想的地位。他们会怎样想问题呢？新中国成立初期，有的大学教授的待遇和副部长差不多。那时全国这样水平的高级知识分子一共有多少？现在达到这个水平的教授、研究员、高级医生、高级工程师，新闻出版界的高级记者、编审，统统加起来，又有多少？历史前进了，人才多了，但是人的脑子往往还停留在过去人才少的时期。这样看问题，就要发生矛盾。20 世纪初，有的人到国外转两年回来就可以在大学里当教授，不到 30 岁就当教授，现在哪个学校行得通？总之，关于人们在社会关系中所处的地位，期望值和现实的可能往往有很大的差别。根本的原因就是历史前进了。但是人的头脑里还有一本老黄历，对于自己有利的那一部分往往记得很牢。这也会造成社会心理的不平衡。

第四个变化，是生活方式的变化。这种变化当然首先是由生活水平决定的。北京市城区现在人均生活费 700 多元钱，实际上可能还多一点，到 2000 年可能还要翻一番以上。我们的目标当然还要更高一点，到 21 世纪，再经过几十年的努力，向人均年消费 3000 美元以上的目标再前进。

生活水平提高，并不是原来消费的品种在数量上简单的增加，而是必然要带来许多新问题。首先是消费结构要变化。新的消费部分向哪里投？用到什么地方去？这就是一个大问题。现在许多地方已经发现农民有了钱不会花的情况。农民有些钱花得比城里人合理，他有了钱先盖房子，这一点与城里人不同，这是合理的部分。但他也有不会花的部分，这就是铺张。盖房子也要盖成地方式的，不是讲究实用的。还有迷信活动、赌博。城里也有个如何引导花钱的问题。我们从老"三大件"、"四大件"，过渡到新"三大件"、"四大件"，现在北京的饱和程度也是全国之冠。下一步的消费投向什么地方？现在人们似乎还没有下定决心。如果可能早一点把消费基金引向住宅，社会会更安定一些。今年北京居民储蓄上升之快是不可思议的。前几年是每天上升 200 万，今年是每天上升 560 万，150天增长 8.5 亿。北京市从 1949 年办中国人民银行开始，一直储到 1976 年，总共积累的储蓄大约 17 亿。今年从 1月 1 日开始，150 天增加的储蓄等于过去二十几年储蓄额的一半。有钱不知往哪儿花好，当然社会也没有提供给他足够的花钱的机会，1、2 月份的社会商品零售额还有点微微下降。这个问题不解决，就会反回来影响人们的劳动积极性。

从长远趋势看，旅游的开支，将会在生活费中占越来越大的比重。我估计，在不远的将来，我国总要实行休假制度，过渡到 5 天半工作周。那时，人们的闲暇时间怎么打发？北京算是旅游点多的地方，但是很少有能够让人在那里自由自在地消磨一天，住一个晚上或两个晚上，过一过与城市生活不相同的生活的地方。听说百花山放了几个帐篷在那里，住一个晚上一个帐篷多少钱，生意很好。这大概还是处于原始阶段的东西。

农村反映强烈的问题是，物质生活富裕之后，更显得文化生活贫乏。实行家庭承包，农民可以自由支配的时间多了，可以用来作为文化生活开支的钱也有了，但是我们文化生活的供应，供应的方式，供应的内容，还不能适应这种变化。过去电影队下去，是由大队包场；现在乡政府没有钱，农民有钱，电影要下乡就要找新的办法，用我们老一套的办法下不去。图书靠供销社卖，但供销社的选择性很强，因为它不可能用大量资金放在这上面，只能卖少数几本畅销书。报纸靠乡邮员根本不可能送到户里去。要解决这些问题，矛盾是不少的。

另外，农民生活提高了之后，对城市生活反过来的影响也有很多东西是我们原来想不到的。北京市的蔬菜，我们的计划总是按照市居民每人每天不低于7两菜的水平来考虑的。原来说大路菜保证供应，细菜不保证；但是现在的群众对大路菜不感兴趣，他要求的是细菜。即使细菜保证供应7两，是否老百姓就能吃到7两？不见得。平常看不出来，一到淡季就看出来了。淡季可能人均供应到6两、5两，但老百姓说没有这么多。有人说统计数字和菜篮子发生了矛盾，统计数字说有那么多菜，菜篮子里没有，这些菜到哪里去了？因为我们没有统计郊区这300万人。按照我们的概念，这300多万人是自己种自己吃，可是农民有钱之后，门口菜地虽然也种，但是种的是大路菜，不能满足他的需要，他还要求吃细菜，淡季的细菜他就种不了，他也要到城里来买细菜。4月份就发现这样一个情况：大大小小的拖拉机，到城市周围的集市上装上菜往农村跑。无论是平谷，还是延庆，菜价都比城里贵。那正是城里菜价贵的时候。农民家里包饺子的馅是细菜做的，柜子上放的是巴拿马香蕉。农民从来是吃家里树上结的果子，种什么吃什么，现在外国水果他也吃。而且，那些菜不光是往北京郊区拉，还运到河北省附近几个县的农村。这是北京市有蔬菜统计以来没有出现过的事情。这种现象今年会不会更严重呢？我看肯定要比现在更严重。

社会生活中还出现了一大批退休、离休的老年人，他们的生活能不能幸福，也是整个社会安定、团结、兴旺、繁荣的一个重要标志。现在有人起了个名字叫"退休综合征"，退休了，按理说是"颐养天年"，他说不对，没退时身体还好，一退之后半年之内什么毛病都出来了。重要的原因就是生活方式转换了，心理上不能适应。这个问题一定要下功夫安排好，不但要老有所养，而且要创造条件，使老年人也可以根据他们的体力状况发挥自己的作用，才更有利于颐养天年。除了方式转变以外，社会上还有一个对退休费如何负担的问题。现在许多集体企业、许多小企业，纷纷在那里叫喊说负担不了，有的是两个职工负担一个人，甚至有的达到一个职工负担两个退休人员，这也要从体制上来找出路。老年问题也是个世界性的问题。

文化生活也有许多新问题。有同志讲，作家出书困难。现在一年出四百几十部长篇小说，都要畅销，当然不可能。不发生困难才是奇怪的事情。文学刊物全国有 600 多种，都要畅销，也是不可能的。文学刊物的总发行量加起来可能并没有下降很多，但是被 600 多种刊物一分散，许多刊物就很难过日子了。从读者的角度看，在出 600 多种刊物时，他读到的作品水平可能比在只出 200 多种刊物时还要下降一些。编者有意见，读者也有意见。在走向现代化的过程中，文化生活中有些现象的出现是不是带有某种必然性，也是值得研究的。例如通俗小说的流行，似乎世界上都有这个趋势，当然人家不一定是看武打小说。生产现代化，必然要求普及教育。社会上大部分人都有一定的文化，比如小学、初中的程度，但是他们的文化又不太高。和这样一个广大阶层的文化程度、社会地位、精神境界相适应，就会产生对某种形式精神产品的特殊需求。至于这些精神产品的思想内容，那是我们可以加以影响的。随着现代化的进展，社会生活的节奏必然是越来越加快。现在我们的生活节奏很慢，但是发达国家的生活节奏就要比我们快得多。"时间就是金钱，效率就是生命。"所以，劳动就很紧张，一分钟也不能闲。在这种紧张的节奏下，他们下班后会有什么要求？如果社会再有点动荡，或者其他的方面的困难多一点，矛盾尖锐一点，社会就会产生一个有若干苦闷的人群。这些人，可能希望找到一些刺激性强的东西，来使自己的精神得到解脱。某些所谓"现代派"的音乐、绘画，很可能比较适合于这些人的心理需要。我不是说对这些东西统统可以提倡，在资本主义社会也不是对这些东西采取笼统的提倡的方针的。但我们要看到某些东西出现的必然，然后我们才能设想怎样做好我们的工作，把群众的情绪、爱好引导到对社会更有利的方向去。

以上这四个方面的变化，大概在现代化的过程中都是不可避免的。有这些变化，就必然要引起意识形态的变化。原来的伦理观念、价值观念许多不能适应了，旧观念受到很大的冲击，许多新观念必然产生出来。这些新的观念也不会一下子就完备，更不会一下子被整个社会所接受，有许多还只能是昙花一现。这样就会有许多矛盾，许多冲突，使得许多人不同程度地感到心理上的不平衡，有苦恼、有情绪，或者叫作有无名火。这里有两个方面的问题，一个方面是认知方面的问题，就是能不能理解现在的变化，或者将要发生的变化，能不能看到变化的前途，能不能把握自己的命运。这是需要有理论指导的。现在至少在一部分人当中，一种是知识比较高的，对社会的责任感自己认为是比较明确的这一部分人。特别是我们企业中相当一部分厂长、企业的领导人，他们已经感到理论上的饥渴，希望能够得到更加明确的指导。这种理论饥渴是我们能够在新的时期进一步来普及马克思主义的客观基础。但是他们也不需要那种教条的东西，不需要那种脱离实际的东西。有个单位在政工干部中作调查，在我最需要的是什么这一栏时，有百分之七八十的人填：提高马克思主义的理论水平。但是在最想看的是什么书这一栏时，又几乎没有人开一本理论著作的书名。这两个回答都是真心诚意的，他们感觉到需要马克思主义理论，但又感觉不到现在的出版物有哪一本能满足他这个需要的。其实这种学习理论的需要，社会上各阶层的人都有。例如物价问题，我们公布的物价指数上一年全国上升了9％，北京市高一点，上升百分之十几。老百姓认为自己的感觉和物价指数不一样。有人说至少涨了有一半。为什么会感觉不一样？差距是从哪里来的？如果我们的报纸、刊物，或是出版物能够回答这个问题，群众是需要的。至于企业的厂长、经理们，他们就需要了解改革的下一步趋势如何。他心里没有底，没有主心骨，就会觉得政策多变。确实有一部分优秀的厂长对局势驾驭得很好，具体政策的某些变化，对他的影响不大，怎么做都能保持职工的积极性，使生产不断得到发展，他们也不搞什么歪门邪道，检查问题他也不怕。为什么他们能做到这样呢？就是他们对改革的实质，对改革的前景，比别人看得清楚一点。比如，现在我们一谈到某个问题需要解决，小商品供应不足，我们容易想到的方案是什么？这就是请国家保证调拨一批计划供应的原材料，来专项用于小商品生产，使得它供应充分。这样的方案，就是要借助于旧体制，它和历史前进方向是不符合的。即使国家为了照顾眼前的困难同意了，将来也是要变的。因为我们的前途是计划供应的物资越来越少。如果有人看到这样的前途，在解决小商品供应不足的困难时，从价格放开着手，或者利用微利以至微亏的小商品来支持其他商品的买卖，从而获取更多的利润，他就不会怕政策多变了。但是我们一碰到矛盾却往往容易从旧体制那里去找办法，这就不能不带来许多矛盾。

除了认知方面的问题之外，还有一个感情问题。有许多事情并不是是非弄不清，而是感情上受不了，扭不过来。有个大学生埋怨学校食堂伙食贵。我问他原来吃饭一个月花多少钱。他说花 15 元钱；又问他现在花多少钱，他说 30 多元。我说，如果还按原来那个水平吃要花多少钱，他说，那也要花 28 元、29 元、30 元。我说，从你进大学以后，政府给你增加了一次每月 5 元钱的副食补助，然后北京的大学生又每人每月增加了 9 元钱副食补助（居民 7.5 元），两项合计 14 元，14 元加 15 元不是等于 29 元吗？现在如果按那个水平吃饭，你花 29 元不是很合理吗？不是一点没吃亏吗？这位大学生跟我怎么说呢？他说，算账你是对的，问题不是算账。跟您说老实话，是感情问题。我一进食堂，看那个豆腐标价是 4 角，心里就来气！我们社会生活中这类不属于是非问题而属于感情问题的，相当不少。因此思想工作就不能完全讲针锋相对。说人家讲的道理怎么不对，然后我们针锋相对地把那个道理驳倒。解决社会思想问题光靠这样的办法不行。还需要有许多不像是做思想工作的办法，但是使得人们感情上比较愉快，心情比较舒畅，他这时候看问题就比较顺气了。他心里不高兴，什么都看不顺眼。这时候，你怎么针锋相对地驳他，都解决不了问题。

一个认知，一个感情，这两个方面的调整，都是逐步发展的过程。这个过程是怎样逐步发展的，很值得我们做若干历史和现实的研究。欧洲工业革命开始的时候，有一个宗教革命伴随着。这个过程就很值得研究。原来的天主教不能适应当时历史发展的需要。但是宗教革命是两个结果，不是一个结果：在一部分国家里，新教——耶稣教占据了优势地位，在另一部分国家天主教也保存下来了。当然是经过了若干改革，它才能存在下来。我们看到，许多资本主义国家，虽然科学相当发达，信教的人依然很多。其中有相信上帝的，也有并不真心相信上帝存在的。许多对子女教育的一个很重要的方法，就是孩子一生下来，就叫他受洗礼。问他为什么这样做，他说得有个笼头管着孩子。因为他们没有别的精神支柱。在美国这样的社会里，有大量的心理医生和心理顾问。我们每个企业里都有一个党支部，都有政工干部，资本家的企业没有这个部门，但是他也要解决人们思想的问题，除了靠牧师、神甫，就得靠心理医生，心理顾问，所以美国心理学成为一个很大的学科。日本人用的方法，更多的是把过去从中国接受的儒家思想（也已经日本化了）包括报恩思想、家族观念，移用到企业中来，和西方的竞争观念结合起来，这样来求得他这个社会的稳定。这些都是很值得我们研究的。

我们要注意，一个新的观念要为社会上大多数人接受，是一个很长的、渐进的过程。看历史的时候，看到某一位思想家提出了一个什么观点，不要以为这就等于当时那个社会的思潮。在西方资本主义兴起的时候，一些先进的思想家，提出了"博爱"、"平等"、"自由"这样一些代表资本主义发展要求的、新的观念。是不是这些东西一提出来，整个社会，所有的普通老百姓都用这种观念来指导自己的生活呢？不是的。实际上在社会上起作用的观念并不完全是那么一回事。这里有许多不同的层次，有许多矛盾。如果那些口号一提出来，整个社会的人际关系就按那些原则调整了，那么后来巴尔扎克、左拉小说中描写的许多人物都不可能存在了。所以我们观察我们今天社会精神文明的建设以及观念上的各种矛盾，也要把它当做一个逐渐发展的过程。

　　需要引起我们注意的是，作为意识形态部门工作的同志，应当努力站在时代新潮的前面，千万不要站在一个固定不变的立场上，更不能站在过去历史的角度，比如说，站在50年代来看80年代的各种问题。有的同志说50年代的情况作为标准，要求回到50年代去，那是不可能做到的。我们曾经拿这样的问题找商业职工座谈过，原来以为青年职工可能有不赞成的，老职工一定很高兴。想不到首先出来表示不赞成的竟是50年代的老职工。他们说：同志，你别忘记50年代一天接待不了几个顾客；现在情况就不一样，整天是顾客盈门，川流不息。所以今天只能在新的基础上向新的目标前进，而不可能回到历史上的旧情况去。

　　我们还要有这样的思想准备，就是尽管我们在不断前进，尽管我们的工作做得尽可能的好，社会在改革过程中还是不可能没有一定的动荡。我们在这种动荡面前要保持自己精神上的主动，把这种动荡看作是自己预料当中的事情，在思想上要准备某些预告很可能表现为激化的形态。大的"地震"不可能发生，因为不存在这样的社会基础。

我们的路线和政策是正确的，人民得到了实惠。但是局部的、小的动荡还是不可避免。有些人会攻击我们复辟资本主义，有些人会说加强纪律就是专制。有一件事给了我很深刻的印象。北新桥有个服装厂，原来办得不好，外贸订货交不出，欠账，几个月发不出工资。后来有人愿意承包，实行计件工资，整顿劳动纪律，完成了出口产品任务，一个月就把局面扭过来，两个月欠的工资也发了，三个月大多数人的工资都增加了，但三个月以后这个工厂的工人罢工了。带头的人还不是懒汉，而是拿钱最多的年轻人。有些人劳动不好，收入减低了，但他们如果跑出来反对，没有号召力，只能挑动那个干活多、挣钱多的青年人出头当英雄好汉。打出来的口号是反对"管、卡、压"，反对不把工人当人看。所以即使生产发展了，大多数人得到了，也不见得就一定很安定。

在各种矛盾面前我们要坚信一条，就是只有改革才有出路。我们意识形态工作的任务，就是要为改革的前进准备思想的承受能力，要为改革的前进减少阻力，增加助力，增加推动力，要为改革的前进创造比较好的环境和气氛。我们是造大气候的部门。基层的同志说，小气候顶不过大气候，说的就是顶不过我们这些部门造的舆论。当然每一个单位做的工作也只能是一小部分，但我们这些单位综合起来，对基层的影响是非常之大的。我们在意识形态部门工作的同志，如果掌握得不好，对形势、前途看得不清楚，即使有很好的愿望，很可能不但不能起帮助改革前进的作用，有时候反而会帮倒忙，起制造困难的作用。例如《北京晚报》提出过一个批评：自行车打气本来不收钱，为什么现在收钱了，"一切向钱看"。报纸这样做，好像是代表了群众利益。市政府也从谏如流，下一个通知——打气不要收钱。执行的结果，三个月半年一过，打气筒纷纷不见了，坏了也没钱修。于是老百姓打气更不方便了，到处找打气筒找不到。个体户崇力说，他已经买了10个气筒，坏了修，修不好了，再买新的。他说不能再买第11个了，买不起了！报社的同志完全是好心，是为人民争利益，可是同价值规律对着干，就得不到利益。如果不注意，用50年代的观点来看80年代的事情，也是经常有的。《北京日报》登了一件读者来信，说他家里那台12寸的黑白电视机，显像管坏了，到处配不着。报社的同志群众观点很强，到处帮他打听，一直到显像管厂。厂里的同志觉悟也很高，就来了个答复，说12寸黑白电视机现在已经是淘汰产品，这种显像管已经好久不生产了。现在既然报纸提出来，群众也需要，我们就专门做一批吧，几月几日就可能供应。这些同志都是好心，但完全违反价值规律。专门做一批，成本要多少钱，工厂会不会亏本？即使不要利润，按成本卖，顾客可能就不买了，他有了钱还不如去买一台新的14寸彩电呢。我自己从50年代到60年代，常常认为日本人浪费，电视机坏了都不修，往垃圾桶里扔。其实这骂得没有道理。生产力发展到一定程度，在流水线上生产一台电视机凝聚的劳动量，远远要比用手工修理一台电视机的劳动量少得多。这时候再要提倡修理就是浪费社会劳动。问题是我们自己的观念没有前进。

还有一个"一切向钱看"的问题，现在这顶帽子用得有点乱。报纸上批评北京宣武艺园。这个公园花了150万元，进行整修之后收1角钱门票，就批评它这是一切向钱看。如果说收钱就是一切向钱看，那么谁有本事1分钱不要办一个公园？不收门票钱无非就是向政府要钱。为什么向到公园玩的人要1角门票钱，就是一切向钱看，而向政府要150万元就没人说这是一切向钱看呢？向政府要钱不也是向钱看吗？问题不是要钱不要钱，而是向谁要，由谁来负担。我们现在迫切需要解决的问题，首先就是树立商品经济观念。商品经济观念，包含内容是十分丰富的。包括对第三产业前途的认识，第三产业在北京市的地位和作用问题，包括等价交换的观念，包括权责利一致的观念问题，包括竞争观念的问题，包括商品竞争当中风险观念的问题，包括准备接受买方市场的事实，接受这样的挑战的问题，包括要对市场做比较远景的预计预测。我觉得张洁世在这些问题上，都是很明确的观念和明确的做法的。我们对张洁世的宣传应该讲还很不够。

"一切向钱看"这顶帽子，我希望不要随便乱用。"一切向钱看"当然不对，因为世界上不是一切都可以用钱来计算的，如道德、良心、爱情等，都不能完全用金钱来衡量。曹雪芹写《红楼梦》，1分钱稿费都没有，但他还是要写。所以我们不赞成金钱拜物教、拜金主义，不赞成说金钱至上。但是在现实生活当中，把这样一顶帽子，套在哪一个人头上，就很难套得合适。从逻辑上讲，这是一个全称判断，但实际上很难做到考察被批评对象的"一切"。比如你要批评某人"一切向钱看"，那么某人就可以问你一句话，我今年活了 50 多岁了，你考察过我 50 多年的一切吗？你怎么能断定我一切都是向钱看的呢？就算不考察 50 多年，只说某某厂今年的经营是"一切向钱看"，也不见得符合事实。这个厂在今年的经营当中总会有几件事情不是以向钱看作标准的。所以，这种批评至少是外延不周全。我们往往还有这样的说法，某个毛病，某种不正之风的产生，根源就是"一切向钱看"的观念。这样说可能更不准确。我们作为唯物主义者不能把某种现象的根源归结于观念。说观念的东西是根源，这总是说不通的。而且用这样一个提法去批评人也可能会使人不知道到底该怎么才好。"一切向钱看"不好，"一切不向钱看"是不是就好呢？一个人有 20 件事向钱看了，可能其中有 5 件不应该向钱看，另外那 15 件还是应该向钱看的。我们只能批评他哪一件事情不应该向钱看，但是他向钱看了，看得不对，或者说这件事情不应该这样向钱看，还是他向钱看了，看得不对，或者说这件事情不应该这样向钱看，还是要具体分析。不要因为一件事情就套一顶"一切"的帽子。这样做的结果会使人们不敢用钱这个一般等价物作为一种工具来推动社会向前发展。我觉得我们现在宣传工作上的毛病，还是金钱的观念太少。比如广告，除了书刊广告之外，基本上是不登价格的。只说价格优惠，"价格低廉"、"价格公道"、"价廉物美"，都是这一类抽象的名词，不拿出一个具体的价格来，让人家一看就知道是便宜还是不便宜。我看还是把价格登出来好，帮助老百姓算经济账，这也是一种训练。再有，我们报道经济建设成就，哪里修了立交桥，修了变电站，修了铁路、公路，基本上不说投资多少钱。给高级知识分子盖房子，花了多少钱呢？也不说。人们就会认为这些事很容易做，总嫌你做得还不多。有的老百姓也知道有些事是要花钱的，但钱是从哪里来的我们也不宣传，所以北京宣武区修个大观园，人家就要说，你们有钱盖大观园，弄假古董，不如拿这个钱来保护文物。其实，不盖大观园也不可能给保护文物增加一分钱，因为没有用一分钱的文物经费，甚至于没有用市政府的经费。修大观园的钱是从哪里来的呢？电视剧《红楼梦》要搞布景，当然还要租地。宣武区的同志就建议，把租地费加上去，搞得稍微坚固点儿，长期留下来让大家玩玩。这有什么不好？当然这点钱还不够，还有港商投资。港商要在北京开一个宾馆，要有吸引力，附近就要有玩的地方，他就投资搞一个太虚幻境。我们要把钱是从哪里来的讲清楚，既不是用文物保护费，也没有给老百姓盖房子的钱。大观园不准造，也不可能因此多造一幢居民住宅。造了大观园，区财政还能增加一点收入，用来改善人民的生活条件。总之我们的经济账还算得太少，不是算得太多的问题。

毛泽东同志说过价值规律是一个伟大的学校。可是我们多年来对价值规律讲得太少。我们完全可以把价值规律的宣传同共产主义教育统一起来。不要以为讲价值规律就会把人训练成资本家。马克思可以从价值规律出发，发现和论证共产主义，我们这些共产党员利用价值规律来进行共产主义教育，难道还做不到吗？价值规律所要求的，是等量劳动相交换，只承认劳动的价值。这和我们要加强劳动观念的教育，反对剥削，反对不劳而获，是完全一致的。价值规律讲的等量劳动相交换，指的是社会必要劳动。因此，谁如果能够用少于社会必要劳动的劳动量，来创造更多的产品，那么这样的人就能得到更多的利益。这是鼓励什么呢？是鼓励人们追求科学技术的进步，鼓励人们上进。在现代社会，除了少数个体生产者和个体小贩之外，商品的生产和经营基本上是要通过企业来进行的，就是劳动力只有集合在企业中，才能和劳动对象相结合，才能够创造出商品来。同一个企业的劳动者，在客观上就有着共同的利益，存在着互相依存的关系。我们完全可以通过这样的事实，利用价值规律，来对劳动成员进行集体观念的教育，集体主义的教育，纪律观念的教育。日本人在资本主义制度下，尚且可以使得工人认识到企业的利益就是他的利益，我们的职工作为企业的主人，作为集体的商品生产者和集体的商品经营者，当然更可以利用价值规律作为杠杆，提高企业的向心力和凝聚力，提高人们的集体主义觉悟。在这样的基础上，我们还可以使得人们进一步认识到，我们整个国家，大家的利益的一致性，从而提高爱国主义的觉悟，从而增强对我们社会主义事业的信心。我们的道德教育，要不成为从概念出发的空洞说教，就要和今天的社会现实联系起来，和人们的利益联系起来。这也需要借助于价值规律，才能帮助人们看到什么是符合于我们整个社会成员、包括每个人在内的利益，从而接受正确的行为规范的指导。

在现在这样一个走向现代化的历史时期，人们的交往扩大了，但是实际上人们互相之间的了解还是很少的。过去互相不发生关系，现在非发生关系不可了。过去互不了解关系不大，现在这种互不了解就要构成许多矛盾，许多冲突。这个时候就需要我们的意识形态工具，传播媒介，充分发挥作用。扩大我们这些工具提供的信息量，能够回答人们提出的各种疑问，使得人们了解他所交往的、所联系的各个方面的事情的现象和本质。比如随着对外交往的扩大，人们喜欢横比，我们不应当简单地批评他们，而是应当更详尽地提供国外的资料，使得人们真正了解国外的情况究竟是怎么一回事。国外的一些新观念对一部分人也很有吸引力。我们就需要帮助人们了解，这些新观念是怎样产生的，它的价值，它的作用。当然，我们国内，每天需要打交道的许多人，他们是怎么工作，怎么生活，大家就更需要了解了。

我们还需要采用各种方式来提高一些有贡献的人的知名度，树立起社会主义的、各行各业的新的权威。现在我们讲到著名的教育家，在北京除了周谷城、叶圣陶，好像就不知道有谁了。其实在教育学理论和实践上，有知识、有贡献的大有人在。问题是没有名气，或者名气不够大。恐怕各界都有这样的情况。一个社会，没有各种权威人士，对这个社会的发展、安定，都是很不利的。我们不应当怕树碑立传。修一个什么东西，就应该树块碑，说明什么人决定修的，什么人给了帮助、出了力。我们那个修长城的活动，热闹了一阵子，现在不那么热闹了，我希望再热闹起来。原来说凡是捐500元以上的给刻个名字，现在还没有刻。为什么不可以先刻一批名字，举行仪式，上电视。人们看到兑现了，就会受到鼓励，继续有人来捐款。省得有些人到处写"到此一游"。谁想留名，就花500元钱。我主张，每个古迹，每一个小学校，每一个文化馆，都可以用这个办法。小学校进门的墙上，镶一块石头，谁给这学校捐款100元以上，就给刻个名字。北京的各种古迹，过去刻的碑有多少？妙峰山上就有几十块碑。举行一次香会、庙会，也要立一块碑，今年的庙会，谁是香首，谁是主持，谁出多少钱，都刻上，现在就是文物。过去修桥铺路，谁出1000个铜钱，还把名字刻在碑上。我们这个社会需要有一批知名度高的权威人士，也需要让各种人都有表现自己的可能性。各种英雄好汉都能够公开合法地在这个社会显示自己，表现自己，都能够实现他的价值，社会前进就可能比较顺利一点。

　　当然，人们也必须会有一些不可能实现的要求。对于这一点，我们也要看得很清楚。但是不能用简单的办法去对待，说那个不能实现，就完了。而是要帮助人们开辟别的道路。在各种不同层次上，使得人们能够把自己的聪明才智贡献给自己的民族，贡献给社会主义现代化这个极其伟大的事业，要为人们创造能够把自己溶化到集体事业中去的各种渠道。这样，我们既在心理上准备好能够承受某些激化、某些动荡，更在整体上努力造成比较宽松的局面。我们就有可能比较容易地渡过"七五"这样一个要把整个经济体制的新框架建成的时期，为"八五"、"九五"能实现翻两番的任务做好准备，并且为我们这介民族能够在 21 世纪以持续的、比较高的速度发展，做好心理上的准备。

宣传工作要面向实际*

关于宣传工作的地位和任务，有许多不同的认识。有些地方、有些单位，宣传工作、思想政治工作的重要意义还没有被大家像应该有的那样充分重视。说完全不重视大概也不是事实，但有一些单位是碰到了群众有思想问题了，就想到宣传干部了，自己觉得工作比较顺利，自我感觉比较好的时候，对宣传工作就不大注意了。在改革开放之后，有一些同志好像觉得光讲道理没什么用了，觉得现在要调动积极性只有一个办法，就是靠钱。所以对这个问题需要我们在全党认真地讨论，统一认识。

我们共产党的各级组织，历来有两个基本的部门，一个部门叫组织部，一个部门叫宣传部。党委的部门有的时候多设一点，有的时候少设一点。其他的部门无论怎么变动，这两个基本的部门从我们建党开始到现在是不变的。这和我们党的性质与任务是分不开的。共产党是作为无产

---

* 本文系 1986 年在北京市宣传部长会议上的讲话。

阶级的先锋部队而成立的，是用马克思列宁主义、毛泽东思想作为我们的理论基础。我们有这个理论的武装，就能够比较清醒地认识社会的性质，认识社会的矛盾，认识社会发展的前途，也就既能代表群众的眼前利益，又能代表群众的长远利益。这样一种认识在一开始的时候不可能马上被多数人全部掌握。如果是那样的话，这个先锋队就没有什么用处了。但先锋队要完成自己的任务又必须要联系群众，要依靠群众的共同努力、共同奋斗。因此，党就需要把自己的主张向群众作宣传，使这些主张、这些认识变成群众自己的认识，同时把群众组织起来，去为群众自己的利益而奋斗。所以毛主席过去说过，马克思主义的基本原则就是要使得群众认识自己的利益，并且团结起来，为实现自己的利益而奋斗。我们党的思想工作、宣传工作和组织工作就是做的这样一件事情。我们就是靠我们的思想工作和组织工作来完成了我们在革命时期的任务，建立了人民自己的政权。现在到了社会主义建设时期，到了进行改革的时期，思想工作应该讲是更为重要了。最近耀邦同志说，我们在抗日战争、解放战争时期都很重视舆论工作，现在在开创新局面的时期，同样要天天注意舆论工作，注意思想政治工作，宣传工作要研究实际问题。这就讲了问题的两个方面了，一个方面就是我们这样一个时期同样要天天注意思想工作，另外一个方面，我们做宣传工作一定要研究实际问题。

　　为什么说现在这个时期特别需要我们来做思想工作呢？因为我们的目标是要建设一个现代化的社会主义强

国，要达到这个目标，我们就必须进行经济体制和各方面的改革。这个改革涉及的问题是极其广泛的。它要影响到人们的工作方式、思想方式、生活方式，影响到人们的精神生活，影响到各种不同的人群的利益的调整，因此它必然是充满着矛盾的。我们现在所处的这个时期正是旧体制向新体制过渡的一个时期。从1978年年底十一届三中全会算起到现在大概是7年零几个月时间，在这7年多的时间当中，前面一段时间的改革主要是在农村进行的。城市的改革全面铺开从1984年年底才开始。要把这个新的体制的框架基本上形成，至少要经过"七五"计划的整个时期，甚至还要更长一点。所以现在我们可以说是走在这条路的半途当中。这有什么问题呢？旧体制向新体制过渡，本身就有许多矛盾，这是一个问题。而我们的改革又不是事先把全套的方案完全周密的设计好了，在一天里面全部变过来。不是那样做的，因为不可能那样做。在这么大的一个中国，要真正符合中国实际来进行社会主义的经济体制改革，没有先例，不可能事先把它全部设想周到，设想周到了也不能一天一下子全变过来，我们只能采取逐步前进的方针。采取逐步前进的方针，就带来第二个问题，就是新旧两种经济体制并存，同时发挥作用。在前一段农村经济体制改革的时候，城市基本上没有动，还是旧的体制占统治地位。现在城市的改革迈了一个大步之后，就形成了这么一个局面，哪一种体制都不能说占了绝对统治的地位，相互之间相对处于平衡的状态。两种体制并存就必然要产生许多矛盾，许多漏洞，许多冲突。现在有一些不正之风就是钻了这个空子。人家钻了空子，我们又还不可能完全用新体制来约束那种违法的行为。不加以控制是不行的，要加以控制，又不能不借助于旧体制的若干旧手段，就是在有一些问题上还得用旧办法来加以控制。这就同时起了加强旧体制的影响的作用，长远下去对改革的发展又不利。所以说，这样一种过渡的形式必然要产生许多矛盾，这种矛盾也一定会反映在人的思想上。在这样一个时期，议论纷纷，觉得这个不行，那个不行，一会儿说改得不够了，一会儿说改得过头了，一会儿说还是旧办法好，一会儿又说怎么又把旧办法拿回来了，等等。这样一些各种各样不同程度的议论在社会上存在是一种必然的现象。在这样一个时候，我们宣传工作的任务就是要帮助我们的干部和群众认识这个形势，看清楚改革的前途，能够正确地掌握我们所进行的改革的基本理论、基本观点。现在有许多思想问题、认识问题、实践问题，许多都是从对改革的理解不那么清楚来的。

中央关于经济体制改革的决定一共有 10 条，贯穿在10 条里边的基本精神到底是什么呢？就是说我们中国的经济体制应当适应于发展社会主义的商品经济的要求，贯穿的就是这一句话。既然是社会主义的商品经济，那就必然是公有制应该成为主体，应该实行按劳分配的原则，达到共同富裕的目的。既然是商品经济，就一定要按照商品经济的规律办事，就是要按照价值规律办事，要按照商品经济得以存在的基本要求办事。商品经济得以存在的基本要求就是商品生产者、商品经营者是平等的，互相之间只能够是实行等价交换的。这个 10 条还讲了一个观点，就是说有许许多多应该做的事情，但是什么是中心环节呢？中心环节是把企业搞活，这是中心环节。这句话，不但是我们做宣传工作的同志都看过，而且绝大多数同志也都看过。但看的时候就要想一想：企业搞活是中心环节是什么意思？意思就是说，北京市搞活，不是中心环节；北京市经委搞活，不是中心环节；化工局搞活，不是中心环节；工厂里某个车间搞活，也不是中心环节；个人搞活，也不是中心环节。不承认这些都不是中心环节，你就等于没有承认企业搞活是中心环节。我们有相当多的同志，看文件的时候是同意说把企业搞活作为中心环节的，但是到了做工作的时候，办事情的时候却变成了把我自己这一层搞活当做了中心环节，这就不符合经济体制改革的决定。就是说无论哪一级，当然都需要搞活，都需要改革。改得对不对呢？就是看采取的措施对企业搞活是有利还是不利。这是个标准。对你这一级有利，对企业搞活不利，就是改错了，就是妨碍改革，或者叫自以为是改革，实际上妨碍改革。

为什么企业搞活才是中心环节呢？理由就是前面讲的贯穿《决定》的一句话，就是我们的经济体制要适应社会主义商品经济的要求。谁是商品生产者和商品经营者呢？一个单个的工人，他能直接生产商品吗？不能。一个市也不能直接生产商品。这个商品生产者就是企业，是它生产商品，出卖商品。商品是为了交换而生产的。工人生产是为了完成任务，不是为了出卖，上级公司、上级的局，它是组织者，真正在那里生产产品作交换的是企业。明确这一点就是当前思想工作极其重要的任务。

　　搞社会主义的商品生产，对于我们绝大多数的干部，绝大多数的群众，思想准备都是不够的。现在强调学习马克思主义的基本理论，我们最缺少的基本理论就是社会主义经济建设的基本理论。在进行民主革命战争和民族解放战争的时期，毛主席有一个很著名的号召，就是全党都要学习战争、学习军事。因为当时的中心任务就是要打仗，全党都要懂这个，不懂这个，什么工作都做不好。现在到了以经济建设为中心的历史时期，就需要全党都来学习经济建设。学打仗这个观念比较容易被人接受，因为老百姓的日常生活和打仗距离很大，可以说完全是两码事，觉得非学不可。对于经济，人们就容易自以为很明白。我天天在这里生产，我是个老工人出身；我居家过日子，每天也得花钱，怎么不懂啊。对学习的迫切性不那么容易感受。事实上需要我们认真学习的东西是非常之多的。

　　比如说物价。物价是一个什么东西呀？物价怎么会涨？物价怎么会跌？许多老百姓是不明白的。他认为物价涨，是政府让它涨的，只要政府作了规定，物价就不涨了。究竟物价的涨落有没有客观规律？到底有哪些因素迫使某些物价非涨不可？你说有这样的规律，人家又要问为什么过去二三十年物价能够稳定？它怎么稳定得下来的？那个时候能稳定，为什么现在稳定不了？要求物价稳定的人有一大堆思想疑问，要想乱涨价的人也有他们一大堆所谓"道理"。他作为消费者认为物价稳定对他有利，但是他作为商品生产者和经营者就可能认为涨价对他有利。他想多发点奖金，又不愿意多花力气，他就可能想把同样的产品提一点价，你不让涨，他就变相涨，同样的产品，换一个名称就涨价了。或者价格虽然不动，但是把产品质量降低一点，实际上也是涨价。他们认为这样做对他们是有利的。这样做到底是不是符合他们的利益呢？我来举一个例子：外地人到北京，许多人都要带一点北京的产品回去，其中畅销的一样叫做北京果脯。他们一买就是10斤20斤，买了也不尝一尝就带回去送人。于是，我们有些人就欺负外地人，弄虚作假，果脯中本来绿的是青梅，红的是山楂条，现在呢？这些都没有了，弄点萝卜条染上颜色，看上绿的也有，白的也有，黄的也有，红的也有，一尝都是一样的味，咬都咬不动。但是买的人不知道，照样10斤20斤的买，生产单位岂不是多赚钱了吗？不是很有利吗？但是用一个商品经营者、商品生产者的眼光看，这样做是有利还是不利呢？如果不是投机奸商，而是想做长远的大买卖的商人，他怎么打这个算盘？我想他一定不做这个事情。为什么呢？今天这一点钱虽然很容易赚，明天人家回去一送礼，吃的人觉得不好吃，就丢了那个送礼人的脸。这样的事一多，必然要影响以后到北京来的人。你上次带来的果脯我尝了不好，明天我去北京出差，我还带果脯吗？我不带了，我不丢这个脸了。两三年这个果脯的买卖还能做下去吗？这不是自己砸自己的饭碗吗？

　　商品生产和经营者需要的是什么？需要的是主顾，需要的是买主。百货大楼、东风市场，必然要卖一点不赚钱的东西。为什么，就是让顾客心里想着，那个东西别处买不着到东风市场就会有。于是顾客为了配几个扣子就跑到东风市场来了。他既然来了，买别的东西就用不着再跑到西单去。因为他再跑到西单去，还得再花一个小时，这不是吃亏吗？所以，他买别的东西也得在我这里，我就有了利润了。前几年，北京日报登了一条消息，说的是房山县石楼供销社卖年画非常积极，进货几百种。那时的年画是1角钱一张，给他的批零差价只有1分钱。但是他要把画从山下拉到山上，还要挂起电灯来给人看，这就一点利润也没有了，还要赔一点。问这个供销社主任，卖年画不赚钱你为什么这么有劲。他说，二三十里路的人都到我这来看年画，他们顺便买点东西就赚了。他还到农村去推销科学技术小册子，怎么养鸡，怎么种树，那更是赚不了钱的。问他为什么那么积极？他说这样做能帮助农民赚钱，农民赚了3000元，至少有1000元要回到我这里来。他赚了钱不就要买东西吗？让农民有钱，我的买卖才能兴旺。他就是这样打算盘的。这个供销社主任就是能够用商品经济观点想问题的人。

还有一个广告观念。我佩服张洁世。长城牌风雨衣出了名以后，他的产品可以全部出口，有多少可以出多少，而且出口给他的条件是很优惠的，有外汇分成，这个厂也需要一些外汇来进口一些设备提高产品质量。就在这种情况下，张洁世下决心，每年拿15%产品投入国内市场。这不是明明吃亏吗？这还不算，国内市场对长城牌风雨衣也是抢着要的，谁都愿意给他优厚的条件，他却要集中投放到百货大楼。这又吃了一次亏。投放到百货大楼还要展销，还要拿几万块钱登广告。他用不着登广告也卖得掉，拿几万块钱去登广告不是又吃亏吗？问他为什么要这样做。他说不这样做，5年之后，中国老百姓都不知道有长城牌风雨衣了。他现在拿这点钱，就是为了5年之后的顾客。张洁世是个共产主义者，同时又是个懂得商品经济的共产主义者。

我们的国家要兴旺发达，就要求全党都懂得社会主义的商品经济。但是要学会这一套，并不是容易的事。这里有一系列问题。例如，工资是哪里来的？你去问工人，问厂长，他们会回答说：国家发的。这就是一个错误的观念。工人的工资只能是工人自己劳动创造出来的。还有，为什么要收税，税种为什么有那么多？许多人就不明白，这么多税种各有什么用处。房租是高一点好还是低一点好？从住房者看，很容易认为房租低一点好。但是有人经过算账指出，按照我们现在的房租水平，按照我们现在城市房屋的面积，暗补的房租实际上要影响到物价每年上涨百分之几。物价的总水平，是由可供的物资总量和流通的货币总量之间的关系决定的。盖房子要花钱，这一部分钱收不回来，就要影响其他的物价上涨。还有工厂的管理、协作等一系列的问题，都需要我们有新的正确的观念。

现在大家在宣传工作中觉得比较难讲的问题就是不正之风。难在哪里？就是有些人说不正之风是改革带来的。其实贪污、受贿这些现象，50年代也有，60年代也有。50年代杀了刘青山、张子善，那时候没有搞改革吧？60

年代搞"四清",扩大化了,但是贪污分子也确实不少。那时候也没有搞改革。当然不同的年代,不正之风的形态不同。像现在这样倒卖汽车的过去确实没有。因为那时候买不到汽车。我们要抓纠正不正之风,又出来一种舆论,认为改革要收了。有些人害怕了,说"风紧",本来想办的好事也不敢办了,说是先慢一点,要再看一看。机关办的第三产业,也有的害怕了。本来他那个浴室就要对外开放,听说党政机关不准办企业,也不敢开放了。总之,是认为改革带来不正之风,纠正不正之风就要限制改革。从观念上看,就是对于我们究竟反对的是什么不正之风,没有弄清楚。当前的不正之风,最大的特征就是以权谋私。我买不到钢材,你买得到,你有一个什么叔叔,或者舅舅能批条子,你就买到了。为什么我要送你礼?因为你可以给我批一个什么东西。反对不正之风就是反对这个以权谋私。而改革要搞的是商品经济。以权谋私正是妨碍商品经济发展的。商品经济需要的前提条件就是平等,等价交换。以权谋私恰恰是使得商品生产者、经营者互相处于不平等的境地,没法自由竞争,优胜劣汰。这个厂长本事很大,很会办工厂,但是他没有后门,他就竞争不过另外一个有后门的窝囊废。因为材料被那个窝囊废从后门垄断了。谁竞争得过他呀。这样真正先进的企业就发展不起来。所以,我们说反对不正之风是为了保证改革和促进改革。就是因为不正之风的存在就会阻碍商品经济的发展。把这一点看清楚了,界限就好划清了。

机关安排待业青年,搞劳动服务,这同以权谋私,经商办企业，完全是两回事。因为他没有以权谋私。有时候看起来好像界限不容易划清。只要从本质上看就是很清楚的。如果打了劳动服务公司的旗号，去投机倒卖，那是要被制止的。只是开一个小饭馆，安排几个待业青年，为人民服务，这些人也得到收入，这有什么以权谋私呢？怎么会算成不正之风呢？还有科学家业余搞咨询、技术服务，收点费是应当的，不是非法收入。这里不存在以权谋私的问题。对生产力的发展是有利的，对商品经济发展是有利的。有些问题的是非好像具体界限很难划，其实，首先要抓住经济体制要适合于社会主义的商品经济这一条，再把什么叫社会主义，什么叫商品经济弄清楚，把中心环节是企业搞活弄清楚，就好办了。

现在生产一上不去，上面马上来天天催进度，有的比改革以前管得还要紧。这是商品经济的要求吗？商品只能是为卖掉而生产。有没有销路还不知道，因为上面要产值，就赶快生产，这样多生产是有好处还是有坏处呢？现在中央提倡横向联合，同时又说反对勉强捏合。不能一听上面说要组织公司，就赶快梳辫子、装口袋，不管企业愿意不愿意，都归到某个公司来。为什么说这样做不对呢？因为企业要成为相对独立的商品生产者，他就应该有自主权，应该是他想联合就联合，他不愿意联合就不联合。他想跟外地一个厂联合，你阻止他，就叫侵犯他的自主权；他不愿意联合，你命令他，你就错了，这叫违反商品经济的原则。这样做，我们判断是非就有标准了。

有人可能会说，这样搞的结果就会是"一切向钱看"，这就是不正之风的根源。"一切向钱看"是一种错误的倾向，因为世界上并不是只有钱这一样东西能够决定人民的利益。还有许多不能用金钱来计算的东西。但是如果把各种不好的东西都归因于"一切向钱看"，恐怕不符合事实，也不见得就能解决问题。例如许多商店，有了紧俏商品，总有几个店员或者是领导干部，自己先买一点。这样一个流行的毛病，能说它的原因就是"一切向钱看"吗？"一切向钱看"的观念，在资本主义社会不是比我们这里更流行吗？但是那里有很多商店就是做了严格的规定，不准店员买自己店里的紧俏商品。比如日本的大旅馆，新大谷饭店，上到总经理，下到任何一个营业员，都要遵守两条规定。第一条，除非代表饭店，个人不准在本饭店请客、吃饭，你有钱也不行。第二条，本店的任何工作人员不准在这个饭店的商店买任何一件商品。紧俏的不准买，积压的也不准买。他们那里"一切向钱看"的倾向不是很严重吗？为什么就能做这样的规定呢？所以，光是用"一切向钱看"这一条来解释不正之风，还不够用。有许多不正之风，就是靠权力，是以权谋私。我们进行马克思主义的思想教育，反对不正之风，并不是要人们放弃自己的利益，而是要帮助群众认识自己真正的利益，以及怎样实现这个利益的途径。对一个工人来说，是不是只有某个月奖金多分点才是他的利益？工厂垮台了怎么办？在过去的体制下工厂是垮不了台的。厂长弄得不好也不要紧，换个地方还可以当厂长。工人更不要紧，反正是铁饭碗。所以对他来说，今天有钱就分，才最有利。搞改革就是要逐步做到真正的自负盈亏。这样就不但要考虑今天的吃饭问题，还要考虑明天、后天的吃饭问题。你不搞技术改造、产品更新，别的厂子搞了，明天你的产品卖不掉，你就没有饭吃。把这些道理讲清楚，工人才能把自己的命运和整个工厂联系在一起。否则，他就会认为工厂搞技术改造和他没有关系，不是他的利益。这样看问题，工人就会不拥护张洁世，甚至罢免张洁世这样的改革者。张洁世有钱先要搞设备，这个办法可以给工人带来长远的、持续的、稳定增长的利益。讲这些道理，也要算经济账，也要讲钱，但不是引导工人损人利己、损公肥私，更不是搞违法活动，而是追求生产进步，提高劳动生产率。所以，在社会主义商品经济条件下，我们应该有可能更好地帮助群众认识到自己的利益和集体的利益是一致的。首先是认识和本企业利益的一致。这个钩比较好挂。从这一点出发，就可以进一步引导人们认识整个社会的利益。一个企业要发展，就必然要在社会上进行各种横向的联系。白兰道路就使许多乡镇企业的利益和洗衣机厂挂上钩了。如果白兰牌砸了，这些厂子都得垮台。随着社会主义商品经济的发展，各种横向经济联系也会不断扩展，各个企业互相约束，就可以促使企业的行为得到改善。在这样的过程当中，每一个企业的工人的利益又和别的企业联系起来了。这就使我们有可能逐步地、实实在在地使得工人群众认识到自己的利益和整个社会的利益怎么联系到一起的。这不是讲空道理，是实实在在可以算得出账来的。对我们做思想工作来说，这样的形势是有利于提高工人的社会主义觉悟的。但这样一种觉悟逐步提高的过程不能是自发的。当然人们的觉悟也可以自然地提高，但那是很痛苦的过程，要跌过很多跟头，发生很多矛盾，才逐渐认识到真理。我们共产党的思想工作，就是要缩短这个过程。从这个意义上讲做思想工作就是为群众服务，就是帮助人们认识真理，而且帮助他减少认识过程中的痛苦，使他们能更好地争取实现自己的利益。我们这样来认识思想工作的任务，就可以看到，现在这个时候是做好工作的有利时机，是我们思想工作者、宣传工作者显身手的大好时机。

现在，大气候非常有利。这一点大家都已经看到了。党中央一再强调全党要重视思想工作。党中央的这种认识正在逐渐被各级领导干部所接受。经过去年这一年的工作，人心是稳定的，人心是向着改革的。不管什么人，什么地方，说要把改革的办法全部收掉，多数人是不会同意的。倒退回去，群众是不干的。就包括像物价改革这样的事情，经过近一年的实践，群众承受的能力也提高了。今年又着重要做好经济体制改革消化、补充、充实、完善的工作，造成经济上相对来说比较宽松一点的局面。这样的局面对我们进行思想工作也是非常有利的。我们就要抓住这一个时期，很好地帮助群众从思想上消化前一段改革的成果，做好了这样一件工作，才能做好思想上的准备，准备明年、后年改革再迈出更大的步子，迈出决定性的步子。

明年、后年改革的步子，估计是会比较大的。因为两种体制均衡交织的状态，时间长了是不利的，有必要在经过充分准备的基础上，以比较大的步子前进。这也不等于旧体制就马上全部不起作用了，而是比较快地做到新的体制的格局基本形成，成为主导地位。这样就需要，第一，价格上进一步作调整。因为现在的价格有许多是非常不合理的。价格不合理就会造成企业之间严重的苦乐不均。有些企业不用努力，利润就很高；有些企业，怎么努力也不行，甚至会越努力越赔得多。不解决这个问题，就不可能使企业成为基本上是平等的商品生产者和经营者，做不到优胜劣汰。社会主义商品经济的发展，需要价格基本合理作为基本前提。现在需要解决的价格问题，主要是原材料和能源的价格，这一步要迈出去。和去年的副食品价格调整有不同的地方，因为它并不是直接涉及千家万户。但是要影响到各个企业。第一要影响到企业利益的调整。第二，有一些东西还可能影响到消费品的价格。这就需要精心算账。既然影响到企业利益的调整，就需要有两个改革和价格改革配套进行。一个是税收的改革。现在我们占用土地不收税，占用厂房不收税，占用资金也不收税。所以大家都争着要，占的土地越多，资金越多，对企业越有利，占得少的就吃亏。要改变这种状况，谁占土地谁交钱，占王府井的土地还得多交钱。因为在王府井开店利润自然就大，这些利润并不完全是商店经营得好赚来的，这是从级差收入来的利润，就不能归商店所有，而应当归整个社会所有。这样才能使在朝阳区和在王府井的商店基本上处于平等的竞争地位。税收是一个调节的杠杆，财政也要作为一个调节的杠杆，这两方面的改革和价格改革同时进行，才能使只进行某一项改革所造成的影响减少一点。

要完成这三方面的改革，有两个关键问题。一个关键就是市场物价能控制得住，就是老百姓他买东西的价钱涨得不太多，有承受能力。要做到这一点，第一要靠我们做思想工作；第二要靠有关的工厂、企业、地方政府各个部门，该吃亏的地方要认一认。这样才会使市场受影响少一点，不然，人民承受不了，改革失败，大家就什么好处都没有了，所以该吃亏的地方还得吃。第二个关键就是基本建设规模能够得到控制。北京市大概一年能够建 600 万到 700 万平方米，但是大家要求建的，大概不下于六七千万平方米。这样做的结果就是绝大多数的建设项目都是旷日持久，有的要 10 年以上才能完成。在建设过程中钱要不断地投出去，房子一下子起不来，经济效益收不到。但这些没有经济效益的钱是要到市场上去买东西的，是要影响到市场物价的。所以，要使经济体制改革能够前进，一个必要的条件，就是不管有什么理由，不管这些理由多么正当，基本建设的规模非压下来不可。如果压不下来，经济体制改革就不能顺利进行。

讲这一些情况，就是要预见一下从现在起到今后的两三年可能遇到哪些问题。我们今年的思想工作就要利用前一段改革的成果，把它消化，来提高人们思想承受的能力，来为明年、后年改革迈出大步做好思想准备，这就是我们的任务。这个任务不能回避，回避不了的。考验我们今年的思想工作做得好不好，在明后年的改革中看。

我们的宣传工作还一定要和当前的生产、当前的工作紧密结合起来进行。当前的任务一件大事是反对不正之风。首先要从抓大案要案入手，还要抓纠正行业不正之风的问题。我们的宣传工作就是要使得各个行业的干部和群众认识到纠正本行业的不正之风是对本行业群众有利的事情。不能认为纠正行业不正之风只是对别人有利，对自己不利，只是因为不符合道德只好不干。解决了这个认识问题才能真正把行业的不正之风刹住。再一个很重要的问题，就是今年的生产任务，也包括市场销售等。1月份、2月份，北京市的工业生产比去年同期略有下降，商品零售额也略有下降。许多人反映生产困难，流动资金缺乏，电不够，原材料不够，等等。怎么看这个问题？有人说是纠正不正之风弄得大家不敢干了。我看不能这样说，原因是很复杂的。对每一个单位、每一个具体问题都需要用实事求是的态度去具体分析，有什么问题解决什么问题。从宏观上看，有几个重要的问题需要统一认识。一个是去年一二月份生产上升速度相当之高，大概在20%左右，今年和去年拉到一起，两年提高20%，也是一个相当高的速度，不能认为有多么严重的问题。第二，有一些需求下降是好事。比如说，集团购买力受到控制。去年以工作服为名滥发服装的情况刹住了，这当然是好事。现在包出租汽车的少了，出租汽车比较松动了，出租汽车司机的收入也就趋向于合理了。包酒席的大大减少了，这也是好事。在加强宏观控制的情况下，一部分盲目的订货减少了，这也是好事。在局部问题上出现了少量买方市场的苗头。就是有一部分产品不是一出来就被人家抢走，而是要想办法去打开销路。应该说，这个苗头还太小。我们天天讲，只有经济宽松一点，真正造成买方市场，才能迫使工业、商业企业的行为合理。因为生产的东西不管好不好，都有人抢着要，企业就没有改进工作的愿望，没有改进工作的动力。只有不那么好卖，才能造成市场的竞争。谁不搞新产品，不提高质量，不降低成本，就没有销路。这样才能迫使企业改进生产、改进工作。现在刚刚出现这么一点苗头，有些同志就哇哇叫。我们应该怎样做思想工作呢？我们应该说，这种现象好极了！只有我们大家都觉得日子不那么好过，才能逼我们学会价值规律，才能逼我们学会按照商品生产、商品经营来改进我们的工作。所以这是促进我们的生产和经营改进的一个大好时机。我们要注意，千万不要在这个时候走老路，一看生产下降，赶快天天打电话逼产值。产值是可以逼上去的，卖不掉的东西也生产，就有了产值，制成品积压也就增加了。现在有的商店不积极进货，比如百货大楼连北京牌墨水都买不到。难道我们原材料紧张到北京牌墨水都不能生产吗？原来百货大楼有别的牌子的墨水在那积压着呢。他不卖北京牌墨水，是不是就能迫使顾客买他的积压商品呢？我看做不到，因为顾客可以到别的商店去买。受损失的还是百货大楼自己，顾客到你这里来白跑了一次，你的威信下降了，以后买东西不来找你了，这不就吃亏了吗？商品是为出卖的，对商品生产者和经营者来说，最重要的就是要有顾客，吸引新主顾，保持老主顾。谁有办法把顾客吸引到他那里去，谁的利润就多。所以现在这个时候是考验我们、是促进我们学会商品生产者、商品经营者怎么打算盘的时候。而且这种算盘不仅是企业领导人要会打，而且要使所有的职工都会打。否则，这个企业领导人日子就会很难过。

还有个问题是去年年底企业工资调整之后，有若干企业出现了职工生产积极性不高的情况。这些企业，原来年奖金水平相当于4个月以上的工资，实行承包责任制，奖勤罚懒，差距可以拉开；现在拿掉一个半月到两个月去调整工资，剩下的钱就少了，差距拉不开了，原来承包责任制的办法行不通了。干活积极的人就不高兴，干活不积极的人也长了工资，干活积极的人奖金水平却下来了，他当然要不高兴。对于这样的问题，我们应当怎样做思想工作呢？我认为应该承认这些工人情绪不高有道理。这种情绪不高里边有一个本质的东西，就是反对平均主义，赞成改革。对于群众意见中的这个合理因素应该肯定。有道理的就是有道理，不能说人家所有的思想问题都是错误的。否则，思想工作就做不通。然后可以同群众共同研究几条。第一，这一次企业工资调整，虽然没有向着更加取消平均主义前进，因此不能叫做工资改革。但也是一种没有办法的办法。首先是大家有要求，其次是也有一点好处，就是使很复杂的工资制度趋于简单一点，这就为今后进一步改革工资制度准备了一些条件。第二，一部分奖金转化为工资，奖金的数量减少，劳动好坏的差距也缩小了，这是不利的。为了减少这个影响，中央已经决定把调工资的费用，每个月有7.5元进入成本，等于每年90元。如果一个企业人均调整费用是120元，90元进成本了，对奖金部分的影响就只剩下 30 元。这就比较好想办法了。第三，一定要坚持实行责任制，把奖金的幅度拉开。许多单位已经想了许多好办法，有的还把工资的 20% 拿出来和奖金一起浮动。总之，是减少固定的部分，增加浮动的部分。第四，可以和工人一起算一算今年的生产账。如果本企业生产进一步发展，利润进一步提高，国家对大中企业利润留成办法又有了新的照顾，今年的奖金可能达到什么水平。把工人的利益和他的劳动联系起来，工人就会很容易认识磨洋工只能给自己带来损失。有的工人认为机关干部工资长得比工人多。那就要明确地讲清楚这个观点是错误的。因为复杂劳动的工资本来应该更高一些，但是实际上到现在为止，机关干部工资总的水平还比工人低，而不是高。应该指出，有这种攀比思想的人，主要是企业的干部，如果干部想通了，绝大部分问题就好解决了。

我们思想工作的对象，不仅仅是群众，更重要的还是干部。我们在新的一年中一定要想出切实可行的办法来，把干部，首先是领导干部学习马克思主义基本理论，特别是学习社会主义建设的基本理论的工作做出成绩来。我们的干部把这些基本观点学好了，今后几年的改革，以及其他各种工作，包括思想工作，都会做得更好。这也要研究办法，使大家学得有兴趣，学得有成效。

和共青团宣传干部谈修养*

大家都知道，青年是我们的未来。青年的状况如何，将要决定我们国家、民族的命运。我们的共产主义事业，从 1848 年马克思、恩格斯起草《共产党宣言》时算起，已经有 130 多年了，从 1921 年中国共产党成立时算起，也有了 60 年以上的历史。这不是一代人的事业，要实现我们的最后理想，需要一代又一代共产主义者持续不断的努力。而帝国主义者又总是把希望寄托在我们的第二代、第三代会变质，会发生所谓"和平演变"的上面。因此，我们党极其关心青年一代的成长，希望他们在德育、智育、体育等方面都得到发展。其中，青年一代的精神状态，觉悟程度又是特别重要的问题。

早在 1845 年，恩格斯在谈到德国未来的革命时，就指出："实现这一变革的将是德国的青年"。1853 年，恩

---

* 本文作于 1991 年。曾收入中国华侨出版社 1991 年 12 月出版的《改革中的精神铸造》一书。

格斯在给马克思的信中，又讨论过吸收新人的问题。他说："至于吸收新人，我认为，当我们回到德国，我们会在那里找到相当多的有才能的年轻人，他们在这期间已不无成效地尝到了禁果的滋味。如果我们在这两三年里能像1848年以前所作的那样，用各种书籍进行扎实的科学宣传，我们的事业会要好得多。"

恩格斯在这里谈的是用科学共产主义的理论来教育和武装青年的问题。我们共青团的工作，从根本上讲，做的正是这样一件团结和教育整个青年一代的工作，是把青年吸引到党的周围来的工作，是在青年中造就年轻的共产主义者，培养无产阶级革命事业的接班人的工作。共青团的宣传工作者应当因此感到自豪，同时也应当看到自己肩上的担子是很重的。为了完成我们的任务，迫切需要我们加强自身的修养。

我们要用共产主义的思想和道德来教育青年，而共产主义思想体系是人类全部知识的结晶。我们自己没有足够的修养，当然就很难完成这个任务。团的任务是要带领青年前进。这就向团干部提出了更高的要求，要求共青团的干部在各方面都成为青年的模范。而团干部一般又比较年轻，和青年同样具有文化知识、社会经验、政治经验都不足的弱点。加强团干部本身的学习和修养，历来都是团的工作中的一个重要环节。

特别是我们现在进入了一个新的历史时期，而且是在经过了林彪、"四人帮"所造成的大动乱之后来进入这样一个新的历史时期的。一系列新情况、新问题摆到我们面前，要求我们研究、回答。许多青年的心灵受到创伤，极端个人主义、无政府主义流毒的清除需要有一个过程。在经济上实行对外开放政策的同时，青年们不可避免地要接触一些国外资产阶级腐朽思想和生活方式，因而可能受到它们的影响。国内实行搞活经济政策，也必然会有一些人乘机钻空子，进行各种经济犯罪活动，也有一些青年会由于错误的理解，产生"一切向钱看"的错误思想。什么"看破红尘"、"实惠主义"、"性解放"等错误观念在一部分青年中不同程度地泛滥，升学、就业、婚姻、住房等实际问题的存在，都要求我们的思想工作能够有效地作出新的回答。这些，都对团的宣传干部提出了新的更高的要求。

团的宣传干部修养是很广泛的。刘少奇同志在《论共产党员的修养》中提出了 8 个方面的内容，对团的宣传干部来说，都是必要的。在这里，只能择要地说几个问题。

第一，要有唯物主义的修养

我们是共产主义的宣传工作者，不是宗教的传教士，更不是推销劣货的广告商，我们不是靠所谓说话的技巧来夸夸其谈，吹牛皮，用虚假的幻想来欺骗别人。有人认为宣传工作就是把没有理的事也说出理来。这种说法完全是对共产主义的宣传工作的误解。当然，这种误解的产生也是有原因的。林彪、"四人帮"就是靠讲假话，靠骗人过日子的。但是，欺骗总是不能持久的。可能会有少数人长久受蒙蔽，也可能有多数人暂时受蒙蔽，但要长远地欺骗多数人，却是不可能做到的。你讲假话，人家就不信你，即使暂时没有办法公开拆穿你，也可以想办法来对付你。林彪、"四人帮"把貌似革命的口号喊得震天响，并且强迫人人表态。于是人们也就把"革命"的词句挂在嘴上，在会议上慷慨激昂一番，会议一散便烟消云散。

我们的宣传，是要把共产主义的真理交给人民，交给青年，这同林彪、"四人帮"的欺骗根本是不同的。但是，应当承认，假、大、空的恶劣影响，在我们的宣传工作中并没有完全肃清。原因是复杂的。有的是无意的，有的是作风粗枝大叶，轻信道听途说，有的是由于思想上有某种框框，也有的是由于某种个人动机。无论如何，宣传如果和实际有矛盾，就不可能赢得群众的心。党的十一届三中全会以后，农民的生活有了很大的改善，这是事实。我们对"万元户"进行了宣传。开始有些同志不理解，甚至抱怀疑态度。但我们的宣传是有根据的，符合农村发展的趋势，代表了农民的整体利益。后来，我们的宣传工作取得了成绩，群众也欢迎这样的报道了。

宣传要讲道理，讲道理也离不开事实。例如，宣传自学成才，提倡勤奋学习，这是很对的。最近，一个青年写信来，却认为过去在这方面的宣传是"欺骗青年"。他说，照你们的说法，只要勤奋学习，就可以成为这个家、那个家。我们自问学习的艰苦劲不亚于苏秦，却实在看不到成"家"的希望。他说我们欺骗青年，似乎过于偏激。但他的话并不是没有道理的。这就是，我们前一段的宣传有一点片面性。偏重于宣传勤奋可以成为专家、学者。这虽然也是事实，却只是一部分事实，并不是全部的事实。事实上是多数人不可能都成为专家、学者。用部分的事实，宣传一个普遍性的结论，是逻辑的错误，也是违背真实性的。青年们可以被感动一时，时间一长，发现那个目标达不到，就又会泄气。如果我们的宣传更全面一点，也就是使宣传的真实性更完全一点，除了指出学者、专家这样的一种前途，还指出每人都可以成为自己所从事工作的专门人才，都可以通过学习，提高本领，做出更多的成绩，收到的效果就会更好一些。

除了假话，还有大话和空话也是不符合实际的，使群众讨厌的。俗话说，"虱多不痒，债多不愁"。你提出一个根本做不到的要求，人们也就根本不打算去做；你提出一种没有具休内容的空洞口号，人们也就不去考虑如何落实的具体措施，连思想斗争都激不起来。而如果你提的要求是具体的、实际的，尽管开始执行的时候不太顺利，可能碰到些矛盾，但这些可以进一步完善，可保证以后工作的顺利进行。例如，一般地向医务工作者提倡救死扶伤，实行革命人道主义，大概不会有什么人反对。而如果提出：不能穿着白大褂上厕所，手术室里不能随便讲与手术无关的话，那就会引起许多争论。因为这不是空话，是把革命人道主义具体化、实际化了，化为要做的可以检验的实际行动了。把思想工作和人们的实际行动结合起来，才能真正收到思想工作的效果，也才能检验思想工作本身是不是做得对。

毛主席说，"彻底的唯物主义者是无所畏惧的"。讲真话是需要有勇气的。宣传工作需要有纪律，我们讲的勇气，不是鼓励人去违反纪律。遵守宣传纪律，也并不是要求我们讲假话，更不要求我们把错误的东西说成是正确的。问题是说真话有时难免要得罪人，或者是得罪上级，或者是和一部分群众的眼前利益有矛盾，这些都可能对自己带来某种不利的影响。作为一个唯物主义者，无论在什么情况下，都只能尊重客观的真理，客观存在的事实，并且要帮助群众认识真理和事实。1971 年我们被下放在河南农村的一个生产大队里。当时的省委决定社员的自留地全部交给集体耕种，然后按人头发自留地粮。群众对这个做法很有意见。问题提到面前来，这时服从纪律和坚持真理似乎有了矛盾。我们的办法是说明几点：1. 省委的这个决定是错误的，是违反中央方针的；2. 说明这种错误的危害；3. 按照组织纪律，我们无权改变这个决定，应当先继续执行；4. 总有一天，这个错误决定是要纠正的。现在也有一些具体问题，例如许多地方实行的顶替政策，就是不符合党中央的路线的规定，在实行的过程中害处很大，因为关系到一部分人的利益又很难轻易改变。对于这样的政策，能不能因为涉及一部分人的利益，就可以闭着眼睛把它说成好得很呢？我想是不可以的。我们还是要尊重事实，有多少不好的后果就应当承认是多少。同时，我们又应当说明，在政策没有改变之前，它还是有效的，还要照它办事。如果谁认为不合适的就可以不照办，岂不成了无政府主义？可是，我们也不应该把这种政策宣传成永远不会变化的东西。事实上也没有永远不变的东西。否则，明天果然有人变化，人家又要说我们说话不算数。

把讲真话作为宣传工作者必须遵循的第一个原则，是不是会降低宣传工作者的作用呢？不会的。许多事实是客观存在的，不等于群众自己就会自然地认识它们。明明是地球绕太阳转，多少年中人们却都以为是太阳绕地球转。科学研究可以使人发现真理。要使多数人接受这个真理，就要经过宣传，经过教育。而我们愈是坚持讲真话，我们的宣传效果就会愈好。毛泽东同志 1926 年谈到打破反革命宣传的方法，就提出了"请看事实"。事实是最雄辩的，也是最有说服力的。我们宣传的真理，又都是有事实做根据的。我国的乒乓球队囊括 7 项冠军之后，有一位同志在作报告时分析胜利的原因，他说，首先应当归功于党的领导。想不到下面竟然哄堂大笑。他们为什么笑？原来，他们觉得这位同志讲的是套话。80 年代了，还来讲这种套话，岂不可笑！然而不，这位同志讲的不是套话，而是事实。中国的乒乓球在世界乒坛占据领先地位，不是一年两年，而是持续 20 年之久，这种世界体育史上少有的现象，是偶然的吗？当然不是。在这次世界锦标赛之前，在上海举行了一次国际邀请赛，许多世界名手参加了这次比赛，当时他们有人就说自己不行。这是什么原因？难道只是因为他们输了几场球？运动员的心理特点就是不服输，这次输给你，我承认，可我下次还可以扳回来。如果没有这样一股劲，还算什么世界著名运动员，那么，他们在中国看见了什么呢？他们看见了和自己打法一模一样的人。他跟中国运动员交手，次数有限，经验也有限。中国运动员则可以天天和"他"交手,把"他"的长处和短处摸透。有了这一条,他就没法不认输。我们的乒乓球,执行的是百花齐放的方针,什么打法都兼收并蓄。不但如此,我们还有一些运动员专门模仿世界各个名将的打法。一般的运动员做这样的事当然不行,达不到那个水平。做这样事情的人,本来也要是名将,有的是国内亚军,有的在世界乒乓球比赛中得过前几名,他们也是有希望争夺世界冠军的,要放弃这个希望,放弃自己原来熟悉的打法,改学一种别人的打法,打得尽可能地像别人,这是多么费力不讨好啊!在练球的时候,许多运动员都要以他为对手,找他练,别人练1次,他要练3次、5次,汗比别人出得多,得冠军却是别人的事,这需要多么高的觉悟。这就是共产主义的觉悟,这种觉悟只有在共产党领导下,经过共产主义思想的教育,才能培养起来。这些都是事实。把这些事实讲清楚,台下的人就不笑了,就为共产党的领导拍巴掌了。

做一个讲真话、讲真理的人,这是团的宣传干部修养的第一条。

第二,要有共产主义的修养

宣传工作除了摆事实,就要讲道理,要在摆事实的基础上来讲道理。讲什么道理?共产主义的道理。我们是共产主义青年团嘛,不讲共产主义,难道讲资本主义、封建主义的道理?但是,要把共产主义的道理讲好,首先就要求我们做宣传工作的人自己成为真正的共产主义者。孟子说,不能"以其昏昏,使人昭昭"。你自己都不相信,或者信仰不坚定，却想使别人相信，或者想使别人坚定，那当然是不可能的。

我们心目中的共产主义信仰，包括信仰共产主义的理想，用共产主义的思想体系来观察和处理问题，用共产主义道德来规范自己的行为，这样三个互相联系的部分。这个信仰是建立在科学世界观的基础上的。人类全部知识的总和，对人类全部历史发展的分析，现实社会的种种矛盾，无产阶级和人民的利益，中国人民一百多年革命斗争的实践都教我们信仰共产主义这个真理。这个信仰是引导我们走向新的胜利，是使我们的心灵更加纯洁、更加崇高，是使我们的智慧和力量能够使用到正确方向的根本保证。

有没有人认为现在不应当讲共产主义的道理呢？有的。有些同志说，现在，共产主义的道理，提倡共产主义思想和道德，就是超越阶段。他们就没有想一想，现在这个社会主义社会本身就是共产主义运动发展的一个结果，就是在共产主义的道理指导下建立起来的。共产主义的一整套思想，并不是到共产主义社会才产生的。我们的老祖宗马克思、恩格斯是在100多年前的资本主义条件下创立了这个科学的思想体系的。中国共产党就是在这个思想体系指导下建立的。中国的新民主主义革命就是在这个思想体系指导下取得胜利的。为了寻找救国救民的真理，先进的中国人，用尽了各种办法，可是都不灵，一旦有了共产主义的思想体系作指导，中国革命就打开了新局面，就开始了走向胜利的道路。社会主义社会本身就是共产主义的初级阶段，它包含了若干共产主义的因素。如果说，到了这样的时候，反而不应当讲共产主义的道理了，能说得通吗？

当然，我们今天实行的许多政策，和共产主义的高级阶段相比，是有很大差别的。但是这些政策也是在共产主义的思想指导下制定的，正确地执行这些政策，也同样需要共产主义思想的指导。我们实行各种形式的经济责任制，实行各尽所能、按劳分配的政策，关心人们的物质利益，无非是根据当前生产力和人们思想觉悟的水平，找到一种恰当的方法，来鼓励人们为社会主义劳动的积极性。如果把这样的政策，当做提倡"一切向钱看"，当做提倡个人利己主义，提倡"斤斤计较"，那还叫什么社会主义的政策，那和资本主义还有什么区别？

还有些同志觉得现在有些事情讲共产主义的道理讲不清。哪有真讲不清的道理呢？除非共产主义真的不灵了。暂时还没有弄清楚，因此一时说不清楚的有的。这就要求我们经过研究，恰当的回答。不能认为一时讲不清，就等于永远讲不清，轻易放弃我们的信仰。我们遇到讲不清楚的问题，可以回去找组织，找同志，找马克思，找毛泽东，找实际的材料，最后总可以讲清楚的。我们自己也就在这样的过程当中提高起来。

现在一个普遍的问题是：既然是共产党，为什么又有不正之风？对这样的问题，就很需要认真分析一下。

说共产党有不正之风，这个说法并不准确。因为，并不是我们整个党在那里搞不正之风，而只是某些干部、某些党员在那里搞这种脏东西。这就是说，不正之风并不是我们党的本性，并不是共产主义思想带来的。它从哪里来呢？它是两千多年的封建社会的旧思想、旧道德遗留下来的，是资产阶级思想侵蚀和影响的表现。这些，不可能不对我们党发生影响。那么，不是应当做到"出污泥而不染"吗？是的，我们应当努力做到这一点。但是，事实上不可能有完全的"不染"。荷花从污泥中长出来，好像洁白无瑕。可是，只要仔细一化验，污泥中的许多物质，包括某些微量元素，还是可以在荷花中发现。经过十年动乱，我们在吸收党员和党员教育这两个方面都存在着严重的缺点，这就使问题更加突出了。所以，我们只能说党的肌体受了伤，而不能说种种毛病都是我们党的共产主义性质带来的。

相反，正是党的共产主义性质，使我们有信心逐步地清除侵入党的肌体的这些脏东西。这几年领导我们向各种不正之风作斗争的，难道不正之风是共产党吗？究竟我们的党是制造、容忍、助长这些不正之风呢？还是明确宣布这些不正之风违反我们的党性、党风和党纪，坚决、严肃地向它进行不懈的斗争呢？这才是问题的本质所在。

对于这样的斗争，有些人没有信心，有些人信心不足。可是，事实正在逐渐转变着这些人们的认识。今年觉得党风有希望的人又比去年多了一些。明年还会更多的。当然不能把事情看得太容易。"冰冻三尺，非一日之寒"，要化冻也不可能是一日之功。事情既然成了"风"，要扭转，就需要有相当的代价和时间。但是，那些脏东西的地盘正在一步步地缩小，却是事实。这就告诉我们，需要的不是唉声叹气，也不是指手画脚，而是韧性的战斗。斗一天，就会有一天的收获；斗一次，就会有一次的胜利，一步一步地前进，看起来慢，实际上却是很快的。

现在的问题是，有些同志的精神不够振作，在不正之风面前，似乎自己矮了一截。他们把不正之风的力量看得太大，把党和人民的力量看得太小，失去了坚持共产主义思想，和不正之风斗争的勇气。北京有一家新建的饭庄，将要开门营业，他们首先想到的是请客，把各路诸侯都请到，办事情就方便了。于是，他们摆了几十桌酒饭。却没有想到，有人拒不赴宴，有人到场一看，扭头走了，其中就包括电业局来的几位电工。凑巧，到饭庄正式开张营业的那一天，煤气也不旺，饭也烧不熟，最后还断了电。他们想，一定是"菩萨"没有拜遍之故。心里很生气。旁边也有人为他们打抱不平，写信向上级揭发。上级立即派人调查。结果却证明，无论是电业部门或煤气部门，都没有条件单独给这一饭庄断电、停气。而那一天周围其他单位也确实没有和这家饭庄同样的遭遇。到底是怎么一回事呢？原来，这家饭庄光顾着用不正之风来讨好有关单位，却忘记了首先要做好自己的工作。他们的电路安装得不合理，又没请电业部门的同志来检查；煤气管道里面相当脏，没有清理一下就装上去了。用气少的时候还勉强凑合，一到正式开业，气就不足了。这可以算是一个典型的事例。这样的事情正在逐渐增多。例如，有个外地的同志到上海办事，带了若干斤牛肉干作为打通关节之用，结果到处拒收，事情办完，牛肉干还是原封不动，只好托人处理掉。这些事情告诉我们，在我们这个社会里，总归还是正气占上风。不正之风并不像人们想象的那样了不起。它总归是见不得人的东西，你只要敢和它斗到底，它就猖狂不起来。

　　抓不正之风的时候，还常常遇到这样一种歪道理：被抓的人往往不服气，他们说，为什么抓我的问题，还有比我更严重的问题，你们为什么不抓？还有比我大的干部，你们为什么不抓？对领导干部中的问题，对更严重的问题，当然应该重视。可是，决不能说要事先把不正之风都弄清楚，排上一个先后次序的队，才算抓得"公平合理"。有人说，"上梁不正下梁歪"，好像只要把"上梁"搞正了就行了，对下面的问题根本不需要、也不应该抓。事实上，我们党中央的领导干部的作风就相当好，这算是最大的"上梁"了吧？为什么那些搞不正之风的人，没有自动地来学习呢？可见"上梁"不正之后，"下梁"并不会自然地"正"过来，还是要抓，"扫帚不到，灰尘照例不会自行跑掉。"就是要把扫帚伸到所有有灰尘的地方去扫一扫。对于那些借口别人也有问题的人，我们可以对他们说，你们知道什么人有问题，都欢迎你们揭发，这也是你们作为一个共产主义者的义务。知情不报，本身就是一条罪过。但是，共产党里没有这样一条规矩：只要别人犯错误，我也可以犯错误。共产主义者只能互相在工作、学习、思想觉悟上开展竞赛，却不能开展犯错误的竞赛。在战争时期，有人把共产党的军队和国民党的军队作了一个比较：国民党的兵，一个军长叛变可以带走一个军；一个师长叛变可以带走一个师。共产党的兵，无论什么官叛变，都只能是孤家寡人。张国焘那样高的职位，叛变的时候连警卫员都不跟他走。为什么会这样？就是因为共产党的战士是自觉的战士，是来干革命的。他们不会有你叛变我也可以叛变的思想。同样的道理，我们也不能因为别人犯错误，就认为自己也有理由可以犯错误。如果那样想，就只能证明自己并不是真正的共产主义者。

许多事情并不是共产主义的道理讲不清，而是只有讲共产主义，才能把道理讲清。栾弗在十年内乱中受尽折磨，更得不到重用。有人对他说，如果到美国，一定能大大发挥他的知识专长，这似乎讲的也是事实。对于这样的事实，栾弗的回答是：到外国，干得再好，也是给外国资本家干的；在国内，虽然干得少一点，也是为中国人民服务。他当然不是为国内一些人的错误思想和错误做法辩护。他所以能说出这样光彩照人的话，完全是他用共产主义者的立场、观点、方法来观察和处理问题的结果。

第三，作为共青团的宣传干部，还需要有尽可能广泛的知识修养

列宁在《青年团的任务》中，一再强调："只有用人类创造的全部知识财富来丰富自己的头脑，才能成为共产主义者。"他说，如果认为"不掌握人类积累起来的知识就能成为共产主义者，那你们就犯了极大的错误。"他说："如果你们要问，为什么马克思的学说能够掌握最革命阶级的千百万人的心灵，那你们只能得到一个回答：这是因为马克思依靠了人类在资本主义制度下所获得的那些知识的坚固基础";"凡是人类社会所创造的一切,他都用批判的态度加以审查,任何一点也没有忽略过去。凡是人类思想所建树的一切,他都重新探讨过,批判过,在工人运动中检验过"。我们要学习共产主义,也不能"只学共产主义的结论,只背共产主义的口号"。"如果有一个人说自己是共产主义者,同时又认为自己根本不需要知道其他任何事物,那他就根本不能成为共产主义者。"实际上,如果没有丰富的知识,对于共产主义经典著作中的许多论断就很难真正看得懂。即使把它们都背下来,也无法在情况有了发展变化的今天运用。

我们的工作对象是青年,青年时期是长知识的时期,学习是青年特别突出的任务,求知欲强是青年突出的特点和优点。青年不会满足于知道现成的结论,他们不但要求知道"是什么",而且要求知道"为什么"。他们入世未久,世界上的一切,他们几乎都有兴趣,又几乎都有疑问。我们思想工作只有适应这样的特点,才能受到青年的欢迎。而且,也只有以扎实的知识为基础,青年们受到的教育才会比较巩固。青年们对物价上涨感到不可理解,为了帮助他们,就需要有政治经济学的知识,有的青年自称已经看破红尘。我们就要告诉他们究竟什么是"红尘",又怎样才能把这"红尘"看得透一些。有的青年爱"横比",比来比去,竟得出社会主义不如资本主义的错误结论,这就不但需要用中国近代史的知识,还需要用美国、日本等国的历史知识,用国际政治、经济、文化、社会等方面的知识，来武装青年。一个女青年盲目地在胸前挂上了十字架，别人的嘲笑和指责，全不能改变她的主意。一位教师向她谈了基督教的历史，谈了什么是美的知识，却使她感到了羞愧。一位教师在讲堂上讲爱国主义，讲社会主义祖国的伟大成就的时候，一个学生却说，隔壁阿姨带回来的糖也比我们的好吃呢！怎样对待这样的孩子呢？批评他不爱国？当然不行。否认他说的事实，当然更不行。而如果我们能够告诉孩子们，甘蔗的种植和糖的生产历史；让他们知道，我们勤劳聪明的祖先，在这榨糖的生产领域中，怎样长期在世界上保持领先地位；使他们知道，我国各地、各民族的劳动人民曾经创造了多少种美味的糖果；同时也使他们知道，是从什么时候，因为什么原因，我们的糖的生产，在哪些方面落后了，而我们又在采取什么措施来赶上和超过人家。如果让我们的少年和青年知道这一切，难道不会激发起他们的爱国主义热忱，鼓舞他们在自己的手中为祖国创造新的光荣？而要讲清楚这些，又怎么能少得了知识！

我们的时代，被有人称为"知识爆炸"的时代。各门科学的知识，都在日新月异地发展着。在这样一个时代生活和劳动，如果想站在时代的前列，而不是被时代抛到后面去，是不能离开勤奋地攀登知识高峰的道路的。

就青年工作来说，教育青年成为共产主义事业的接班人，本身就是一门科学。有人说要建立"团学"，有人说要建立"青年学"。无论怎样说，都离不开广泛的知识，例如哲学、教育学、生理学、心理学、伦理学、美学、体育科学、社会学，等等。

应当承认，在这些学科的领域中，有一些我们过去研究得很不够；有一些过去受到极左思想的影响，损害了它们的科学体系；总之，都有不能适应当前需要的情况。党的三中全会提出的解放思想的方针，使我们有可能真正在马克思主义的指导下，使这些学科得到蓬勃地发展。随着对外开放政策的实行，使我们对国外社会科学研究的状况比过去了解得清楚了，许多有用的资料和思想，对我们有宝贵的启发和参考作用。值得警惕的是，一些同志把许多资产阶级思想体系的东西，唯心主义的东西，包括早已被马克思主义驳倒了的陈腐货色，当做新东西来接受、欣赏和搬用，尤其是缺少经验和缺乏马克思主义基本理论素养的青年人，更容易上当。他们当中大多数人的出发点是好的，是为了探求真理，可是却不幸走上了邪路。这些情况告诉我们，在学习各种社会科学知识的时候，决不能忘记以马克思主义为指导。离开了这一条，就会背离无产阶级和人民的利益，也就会在根本上背离科学。

第四，还需要强调一下群众路线的修养

青年团的工作，做的是青年群众的工作。做青年团工作的干部，都应当是青年群众的好朋友，是为青年群众服务的服务员，既不能以教育者自居，摆出一副"好为人师"的架子，更不能当"青年官"，忘记青年的切身利益。

不要以为青年团的干部大多数本身都是青年，自然和青年有密切联系，了解青年的特点和愿望，不存在讲究群

众路线的问题。许多同志确实有上述那些优点。这为我们联系青年群众提供了有利条件。但是，有了这些条件并不等于我们一定能够自觉地贯彻党的群众路线。

群众路线是我们党的根本路线。它是由我们的辩证唯物主义和历史唯物主义的世界观决定的。它包含着很丰富很深刻的内容，例如：人民群众是历史的主人，是历史的创造者的观点；相信人民群众自己解放自己的观点；为人民群众服务，向人民群众负责的观点；从群众中来，到群众中去的观点，等等。这些，都是需要经过长期的学习和锻炼，才能真正掌握和运用自如的。

例如，我们的思想教育工作，在许多人看来，总觉得这和为群众的利益服务是两回事。好像思想教育就是要求人们放弃自己的利益。他们有了这样的认识，难怪他们所进行的教育，青年人往往觉得格格不入。这些同志自己往往也很苦恼。他们或者埋怨青年太落后，或者埋怨别人不支持，或者埋怨自己办法少，却没有想到首先是一个根本态度和观点的问题。

我们党的政策和各种决定，不是别的，只是群众利益的集中表现。除了人民的利益之外，我们党并没有任何其他特殊的利益。我们的思想工作也不是别的东西，而只是帮助人民群众认识自己的利益，并且团结起来，为实现自己的利益而奋斗。这样的思想工作，正是青年人自己所需要的东西。也许有的人还没有认识到自己有这种需要。他们一听见别人讲道理，就认为是讲空话，就不爱听，甚至有反感。但是，他们客观上还是存在着这种需要的。他们需要了解这个世界，这个社会，需要了解社会发展的规律，从而知道它的前途，需要了解这个社会的道德规范。这样，他们才好确立生活的目标；才好调整自己的行为；才好使自己的体力和智力得到充分的发挥，用到最有用的地方去；才好使他们自己的努力，能够为包括他们自己在内的广大群众增进物质上和精神上的利益。正因为我们的思想工作从根本上代表了群众的利益，青年的利益，所以或迟或早他们终归是要接受我们的教育的。问题在于我们要善于发现这个一致点，更有效地启发人们的觉悟。

我们相信青年能接受我们的教育，我们又知道，这种接受不可能是像林彪所说的那样"灵魂深处爆发革命"、"一通百通"。那样，就把思想工作看得太简单、太容易了。实际上，人的觉悟的提高总是逐步的。我们每一个人回顾一下自己的进步过程就可以明白，这是一个漫长的，曲折的，包括了若干反复的道路。虽然其中会有高潮，但是高潮也是要有大量的细小的变化做基础的。我们思想工作的原则只能是从青年群众的实际状况出发，引导他们提高一步。不从青年的实际出发，你从哪里出发？从自己空想的出发点出发，人家就会觉得和他没有关系，不想干，无动于衷。了解青年的实际，又是为了提高他们，而不是跟在他们后面做尾巴，如果只知道迎合青年群众的落后心理，那还何必要一个共青团？但是，这种提高又不能是一步登天。只能是提高一点。提高了一步就很了不起，有了这一步，就可以有下一步，路总是一步一步走的，万里长征也是一步一步加起来的。坚持这样做，就可以永远和群众在一起，又不断地把群众引导到新的境界。

这样，我们就需要有一种本领，能够看见青年群众的进步，鼓励这种进步，又不满足于每一个具体的进步，有的同志对公共汽车上的青年不给老弱妇孺让座很不满意，说他们总是把头望着窗外，假装没看见。我说，应当看到这些青年还是有进步。要是前些年，他根本不假装看窗外，他就直瞪瞪地看着你这个抱娃娃的妇女，毫不在乎。现在他把头转过去，装作没看见你，说明他在道理上承认如果看见了是应该给你让座的，不让是不光荣的。这就是一种进步。但是他还没有克服他那个自私的心理，因此就还需要进一步促进他转变。

有些同志由于自己的宣传工作没有取得立竿见影的功效，就怀疑这样的宣传有没有用。他们不知道，水滴石穿，一滴下去，你说有什么用，石头变化的影子也看不见。然而，功到自然成，最后石头还是可以被滴穿的。例如，宣传大公无私的共产主义思想，有些同志就认为没有用。他说，你宣传了半天，还不是有那么多自私的人。他说的也确实是事实。可是，他就没有注意到人们观念上的细微变化。有些人原来的观点是：自私是人的本性，世界上没有不自私的人，因此他自私也可以心安理得。经过我们的宣传，他开始变了。他说，大公无私的人是极个别的，是傻瓜。他虽然仍旧不赞成大公无私，可是不能不承认世界上确实有这样的人，这对他的"人的本性"说，就是一个冲击。再进一步，我们还可以帮助他看到，大公无私的人虽然还不是多数，但也不是个别的，而且这些人都相当聪明，并不傻。这时候，他虽然仍旧不愿意放弃自私，但就不那么理直气壮了，有的就改口说什么"合理的个人主义"了。再进一步，我们还可以帮助他看到许多普通人思想上都有不自私的一面，甚至包括他自己也有为别人着想的时候。这样，他的观点又可以进一步改变。也许，他还不能成为一个大公无私的人。但至少他会感到再公开地为自私辩护是难为情的事。

应该看到，青年人身上多少总有一些积极的、向上的因素。只要我们不嫌弃别人落后，而是亲近他们，体谅他们，鼓励他们，关心他们，合情合理地要求他们，启发他们，真心诚意地帮助他们，我们就一定能和青年群众打成一片，一定能够把青年团结到党的周围来，我们的思想教育工作一定会收到成效。

共青团的工作是有年龄限制的，团的干部到了一定的年龄就要"毕业"。现在，各条战线上都有许多过去的青年团干部活跃地工作着。他们把青春献给了青年和青年团的工作。团的工作也锻炼了他们，使他们茁壮成长起来。团的工作是一种比较全面的工作，它是党的助手，又是党联系青年的纽带。在团的工作岗位上，我们可以比较好地领会党的指导思想、党的性质和党的作风，又可以比较好地熟悉群众的思想脉搏，学会做群众工作的本领。加强团干部的修养，这不但是团干部本身的需要，也是青年的需要，党的事业的需要。祝同志们努力成为青年需要的、共产主义事业需要的思想工作者。

掌握说理的艺术 *

　　《说理的诀窍》这本书的出版，估计会受到许多人的欢迎。首先是广大从事思想政治工作的干部。他们是有许多苦恼的。许多自己觉得很有理的事，就是说服不了人，人们甚至公开表示不爱听。或者甚至收到相反的效果。有人说这是"逆反心理"在作怪。那么，是不是索性不做思想工作效果就会好？似乎也不见得。大家盼望找到更好的出路，许多同志在积极地摸索，也已经积累了若干经验，但又还没有完全解决问题。在这样的时刻，这本书的出版，把古今中外说理成功的事例，收集在一起，便于人们借鉴，应当说是一件有益的事。

　　其实，需要掌握说理的艺术的，又何止是专门的思想政治工作者。教师要向学生传道、授业、解惑；研究生要使自己的论文获得通过；企业家要论证自己的投资方案以取得贷款；推销员要赢得新的主顾；父母要引导子女走上

---

　　* 本文系 1986 年 12 月出版的《说理的诀窍》一书新序言。

正确的道路；子女要取得父母对自己某项抉择的支持；新婚夫妇互相讨论最佳的旅行结婚方案，如此等等。可以说每一个人都有向别人说理的需要。人在社会中生活，又各有不同的见解、主张、利益、愿望，需要得到别人的支持、谅解、赞同和协助，需要沟通人际的关系，如果能多掌握一点说理的诀窍，就等于多一点润滑剂，对人际关系的协调是有利的。

我们现在正在进行改革，新事物层出不穷，迫切需要适应社会主义现代化的新观念，尽可能迅速地改变那些与时代要求不相适应的旧观念。这是改革能够顺利进行的必要前提。怎样使这种观念的更新减少阻力，减少痛苦，就是新时期的一门大学问。

讲道理，说服人，本来是共产党人的拿手杰作。自马克思主义诞生以来，100多年间，共产主义运动从欧洲传到全世界，动员了亿万人民，前仆后继，打击旧世界，创立新社会，这是划时代的功绩。共产党人为什么有这么大的本领？因为我们手里有真理，因为我们代表了人民的利益，所以人们就甘心情愿和我们一起战斗。在这个漫长的过程中，我们积累了丰富的经验，有许多生动的故事。我们曾经在手无寸铁、无权无钱的情况下，在被压迫、被"取缔"的情况下，在极其艰苦危险的条件下，说服了亿万人民，其中包括从统治阶级阵营分化出来的上层人士和他们的子女，包括俘虏的士兵和军官，甚至还包括看守共产党"犯人"的狱吏。现在我们已经取得了民族的解放，共产党在整个国家的领导地位已经载入宪法，马克思主义的书籍不但可以公开合法地出版、传播，而且已经明文规定为我们国家的指导思想。条件比之过去是有利得多了。可是，在许多地方却发生了说服群众的困难。造成这种情况当然有多种因素。因此需要我们下功夫来研究新时期思想政治工作的规律。其中至少有一个重要问题值得提醒我们的同志注意。这就是，执政党的地位，共产党的崇高威信，往往使我们容易忘记思想工作只能遵循说理的原则。人的思想本来是最自由的，最不可能强迫的。有权势的人，可以禁止别人做某种事，强制别人去做某种事，甚至用拘禁的方法限制人身的自由；但是任何人都不可能做到用行政命令取消人们头脑中的某种观念，或者用行政命令在人们的头脑中树立起某种信仰、信念，就好像你不可能命令人某天晚上做一个什么样的梦一样。可是，我们有些同志，在掌握了或大或小的权力之后，便往往只看到靠命令办事的方便、迅速、有效，而不去注意实际上存在的思想不通的问题，甚而对一切冒出来的不同意见都用种种方法把它们压制下去。这样，在他们权力所及的范围之内，就造成了一种"舆论一律"、鸦雀无声的假象。实际上思想问题既然没有得到解决，就还是存在在那里，而且要沉淀、积累、滋长出更多的问题，共产党的威信随之逐渐降低。而我们的同志则失去了进行艰苦的说服工作的实践和锻炼，从而也就必然要逐渐丧失有效地进行说理工作的能力。所以，问题的解决，还要从认识说理的原则是思想政治工作必须遵循的原则，摒弃一切压服的不正确做法入手。

　　我们讲说理的诀窍，有一个不言自明的前提，就是，说的必须是理，是真理，而不是谎言。事实上，谎言也常常被人误认为是真理而接受，这种接受过程也是有规律的，因而也是有诀窍可言的。对于这种"诀窍"需要的是揭露。而揭露或者识破谎言也是可以有"诀窍"的。也许将来会有人有兴趣编这样一本书，读者是会高兴的。人们会看到，推销谎言的诀窍，同说理的诀窍，在本质上是完全不同的两回事。谎言也可能有很长的腿，但是归根到底最后总要被人拆穿。因为，人们对世界的认识，归根到底是以实践为依据的。而谎言之所以成为谎言，就因为它们和实践不一致。这是我们对自己所进行的说理充满信心的根本依据。

　　说理是需要有充分信心的。自己不坚定的人很难帮助别人坚定。自己对某种道理还有若干怀疑，却要说服别人相信它，说出来的话也必然是勉强的、无力的。我们的信心建立在什么基础上呢？第一，相信我们说的理是真理，是经过实践检验的，是代表人民利益的；第二，相信我们说理的对象，既然他们具备正常的认识和思维能力，就一定终归能够接受我们所说的和他们自身利益相吻合的真理。我们的信心就是建立在这两点的基础之上的。

　　我们这样说，并不是把事情看得过于简单。上面说的只是归根到底的趋势。在实际生活中，由于客观事物的本质不是一眼可以看穿的，而是隐藏在纷纭复杂的现象后面；由于客观事物的发展极其迅速，人们的认识往往要落在后面；由于人的认识能力在一定的阶段总要受到某些局限；由于认识过程中的每一段曲线都可能向直线发展而离开对事物本质的反映；由于传统和习惯的巨大力量；谬误是经常发生的，人们常常要做一些违背自己利益的蠢事，并且长期地固守某种偏见。这就使说理成为人类整个历史进程中贯穿生活各个领域的一项极其重要的工作，也是十分艰巨的工作。

具体说来，每一次说理所需要完成的任务是极不相同的。大体说来，有三种基本的情况：一种是对方对我们所说的理一无所知，要解决的是从无到有的问题，这就是说，要从零做起。一种是对方对我们所说的理已经有若干初步的认识，需要解决的是在此基础上进一步提高，也就是由少到多的问题。第三种是对方完全站在反对的立场上，这时需要解决就不是认识上的量变，而是一种质变，也就是由负到正的问题。在实际生活中，这三种状态往往以各种不同的程度互相交错在一起，呈现出千变万化的姿态，也从而使说理的工作呈现出万紫千红的绚丽色彩。

说理所面临的这些不同的任务，使我们认识到说理的一个基本规律，就是要从对方的实际状况出发。说理的具体形式尽管可以千变万化，但都可以归纳为最基本的形式，即说的方面和听的方面。从说理的过程看，说的方面是采取主动的，总要先有某种"理"，为说的方面所掌握，才可能有说理的行为。从这方面看，说者的"理"就是说理过程的出发点。但是，说理的目的，则是要使被说者承认、接受这个"理"，而不是说者自说自话，"尽其在我"，说完算数。从听者的认识过程看，接受这个

"理"又成了最后的结果，出发点只能是他们在听"说"之前的认识状况。这样，在我们面前就有了两个出发点，我们究竟应当选取哪一个呢？无疑，后者才是正确的方针。比如，我们要送别人一份礼品，究竟是根据自己的爱好，还是根据对方的爱好来选呢？在说理过程中，有时对方虽然看来好像很不通，但是实际上他的认识和真理之间只隔了一层窗户纸，只要把这层窗户纸轻轻点破，就可以收豁然开朗之效。如果花费很多时间去向他们讲述一大堆他们早已明白的道理，只能是白费唇舌，甚或引起反感。在另一种情况下，如果双方认识差距过大，就需要有一个先提供充分的资料和过渡性观点的过程。硬要越过这个过程，急于进入最终的结论，很可能是"对牛弹琴"，欲速则不达。在这里，引用"对牛弹琴"这个成语，讽刺的当然只能是弹琴者。

说理者和他的对象之间相互关系的状况也是千变万化的：有促膝谈心的好友，有千里之外的鱼雁往返，有讲坛或者电视屏幕上的演说，有台下对台上的质询，有会议桌旁的交流，有在书刊报纸上的文字论证。但是，无论哪一种状况，目中有人，心中有人，从对方的实际状况出发这一点是不能变的。变了，就离开了说理成功之道。

彻底地从对方的实际状况出发，还包含着对对方的尊重。我们虽然在向对方做说理工作，但是，对于这样一个"理"究竟是否接受，接受到什么程度，要经过什么样的过程，到什么时候来接受，毕竟是对方的事。对方的认识过程，只能由对方自己来完成，别人虽然可以给予帮助，但是决不能越俎代庖。这种帮助要取得效果，就不能不考虑对方原来已经从实践中形成的认识，不能不考虑对方长期形成的思维方式。充分利用这些思想资料，帮助对方沿着他可以理解和接受的方式逐步前进，阻力才会比较小一点。对于说理效果的期望值不可过高。在大多数情况下，能够在原来的基础上提高一步，就是了不起的成就。巩固这个成果，自然可以造成继续前进的良好基地。企图一步登天，"恨铁不成钢"，弦绷得太紧，反而会把事情弄僵。总之，弯子只能自己转，抉择只能自己做，决心只能自己下。认识可能有反复，进两步，退一步，都不要紧。回旋余地留得大一点，主动权就会更多一点。

说理，说的是是非之理，利害之理。但是，人的行为不仅受理性支配，感情的因素往往起很重要的作用。这是说理者不可不知的。不能以为只要自己把道理说透了，或者把对方驳得哑口无言了，就可以得胜回朝了。或者因为还没有收到效果，就埋怨对方是"榆木疙瘩"、"死脑筋"、"不可理喻"。本来世界上就存在着"理喻"之外的事。感情上对立的时候，心情不愉快，什么道理也听不进去，这样的事是常有的。许多成功的说理经验，不但充分地考虑到人们认识过程中的感情因素，对这种因素采取充分尊重的态度，而且还能成功地运用感情的因素，即所谓"动之以情"，进行激励和鼓舞。这些经验也是值得充分重视的。

我们在前面说过，说理成功的前提条件是说理者要对自己所说之理充满信心。需要说明的是，这个条件也只能在相对的意义上去把握。因为事实上不可能有绝对正确的人，人们对真理的认识和把握也只能是一个过程，这个过程永远在延续之中。说理的过程，对于说理者来说，也是一个继续实践的过程，继续了解客观世界的过程，继续学习的过程。所以，实际上的说理，应当是双向的，而不是简单的"我打你通"。说理者在说理过程中，既坚持又不断地发展自己所把握的真理，修正那些被证明不符合或不完全符合实际的部分，从对方吸收必要的营养来充实自己，和对方真正处于平等的地位，相互切磋、商讨、辩论，才能把说理的艺术发挥到高级的境地。

任何诀窍都是要靠人去掌握和运用的。掌握了诀窍，可以做到举重若轻，四两拨千斤。但是，如果连四两的力气也没有，只有一堆诀窍，还是什么事也做不成。运用说理的诀窍，归根到底还有赖于说理者的素质。我们自身的品德如何，能不能身体力行自己所说的道理；我们的知识结构如何，对历史和现实的状况了解是否准确、透彻，有没有广博的见闻，敏捷的反应能力，这些"诀窍"以外的东西，才是决定说理水平和成功率的根本。在推荐这本书的时候，我相信读者是不会忽视这些根本的东西的。

求异、求同和求真*

随着改革的进展，人们的观念和思维方式的某些不适应的部分必须更新，这是毫无疑义的。问题在于，什么是科学的新观念、新思维方式，如何做到观念和思维方式更新的科学化。

现在，在一部分人当中有一个很流行的观点，那就是：思维方式要更新，就要从求同思维转向求异思维，他们说，求同思维是中国传统的思维方式，是保守的。中国人几千年来的思维方式都是"求同"的，这是中国长期不进步的原因。外国（主要是指欧美）人的思维方式则是"求异"，所以他们进步快。现在，中国要搞现代化了，思维方式应该转变，要从求同思维转向求异思维，求异思维才是科学的、革命的和进步的。大家都来"求异"，中国就进步了。

"求异思维"的概念，据说是美国当代一位研究教育

---

* 本文作于 1987 年 4 月。

心理的学者吉尔福特提出的。他认为，人的思维有和别人认同的一方面，也有求异的一方面，两个方面都有用。他还说，创造发明就是要去发现过去别人没有发现的东西，因此必须注意培养人的求异思维的倾向。这样讲，本来是没有问题的，并没有用"求异"来否定"求同"。在教学改革中，有些教师在强调促进求同思维的同时，培养学生的求异思维，启发他们的创造能力，这无疑是正确的。可是我们有些同志却鼓吹要么求同，要么求异；求同是保守，求异是革新；只要求异，不该求同。一些青年学生对此观点也十分欣赏。提倡这种观点也好，欣赏这种观点也好，都属各人的"自由"。问题在于，如果说这是一种思维方式的更新，那么，这种更新是否科学，是不是真理呢？

首先，把"求同"和"求异"概括为中国人和欧美人思维方式的区别就不符合历史事实。中国人的求异思维并不少，否则就难以解释从诗经到楚辞、汉赋、六朝小品、唐诗、宋词、元曲、明清小说这一系列的变化，难以解释中国古代灿烂的发明，难以解释近代中国的革命。欧美人呢？他们共同的宗教信仰，共同的政治制度等，不都是"求同"的证明吗？所以，没有任何根据可以简单地说哪个民族的思维就天然地倾向于"求同"或者"求异"。

其次，"同"和"异"的关系是很古老的哲学命题。求同和求异也是从古以来就同时存在的思维方式。古代朴素的唯物论就是以探讨"一"与"多"的关系问题来回答哲学基本问题的，也就是从多样性、可变性中寻求某种统一的、不变的原初的物质，以形成对整个世界的总的看法。在古代朴素唯物论那里，求同和求异就是不可分的。即使是唯心主义哲学家们也不是把求异和求同割裂开来的。黑格尔就说过：假如一个人能见出当下显而易见之异或两个近似东西之异，都不能说他有了不起的聪明或有很高的比较能力，"我们所要求的，是要能看出异中之同，同中之异。"马克思主义哲学从来都是辩证地看待求同和求异的关系的。马克思主义哲学的根本出发点，就是坚持世界的物质统一性，认为各个相异、千差万别的世界统一于物质。马克思主义哲学把对立统一规律作为事物发展的基本规律。对立统一，就包含同中有异、异中有同的意思。马克思主义哲学认为，任何个别事物都与同类事物具有共同本质，即共同性；同时又包含着自身的特殊性，即相异性。普遍性寓于特殊性之中，共性只有在个别中存在，而科学研究的任务却是要从个性中寻找事物的共同本质和一般规律。人类认识运动的秩序，首先从特殊到一般，然后又从一般到特殊，总是先认识了许多不同事物的特殊本质，然后才有可能更进一步作出概括，认识诸种事物的共同本质，并以对事物共同本质的认识，作为行动的向导。这也可以说是求异——求同——求异的无限循环的过程。因此，求异也好，求同也好，都是有机完整的认识过程中不可分割的阶段。这些道理都是马克思主义哲学的ABC，稍有这方面知识的人，都不会把求同和求异绝对地对立起来，或夸大一个，或否定一个。从教育工作的角度看，当然要鼓励教育对象的创造性思维，但是，如果根本否定人的思维中的求同倾向，教育也就不可能存在，人类文化的传统就要中断，人类文明的积累就无法继承，也就谈不到在这个基础上的创造，人类的历史就不可能前进，而只能后退。

　　那么，一些人为什么要夸大"求异"而否定"求同"呢？其中有的人是从政治上着眼的。例如，他们说，统一思想（求同）是做不到的，统一思想就没有思想。这完全是对我们所讲的统一思想的曲解。我们讲统一思想，并不是不允许人们有自己的独特的思想，而是说在一些基本原则、基本观点上力求统一。大家都要实事求是，坚持真理，在这一点上难道不应该统一吗？这样的"同"难道不该求吗？我们都是中国人，都要爱国，我们都是中华人民共和国公民，都要遵守宪法，都要坚持四项基本原则，这样的"同"能不求吗？说思想统一了，就没有思想，这更是站不住脚的。如果思想不要一致，不要求同，人们又何必费心费力对各种事物进行研究、论证并且采用各种方式表述自己的观点和主张呢？事物的本质和规律都是事物的共性，即共同的东西、一致的东西，如果思维不为了求得对本质、规律的认识，即不为了求同，又何必思维呢？其实，那些片面提倡求异思维的同志，并不能把自己的观点贯彻到底。你写文章不就是要别人同意你的观点吗？不就是要别人和你求同吗？如果你认为求同要不得，你何必要写文章宣传自己的观点呢？人类生存已经有二三百万年，现在全世界有几十亿人。这么长的历史，这么多的人，有那么多的创造发明，有那么多的智慧的结晶，难道没有一点是你可以认同的吗？只要求异，不要求同，一切的一切都要从头来创造，岂不是荒谬！应当指出，极个别人之所以热衷于片面地鼓吹求异思维，说穿了，就是要蛊惑青年人不要和共产党的领导认同，不要和马克思主义的道理认同；他们对某些外国通讯社的造谣，对资产阶级自由化的谬论，却认同得很快，一点也不"求异"，一点界限也没有。对于他们的这种明确的倾向，我们应当如实地向青年学生指出来，帮助他们在复杂的斗争中提高防身的本领。

　　当我们指出片面夸大求异思维错误的时候，自然不能走向另一极端，又去夸大求同思维的作用。我们要的是求真。在这里，求真有两方面的意思：一是，一种思维方式是否科学，要看它是否有助于人们获得真理。求同也好，求异也好，都是达到真理的必经的阶段，因而都是人们认识客观事物所需要的，厚此薄彼是错误的；二是，只要是真理，我们就拥护。如实地肯定求异思维的作用是真理，我们拥护；如实地肯定求同思维的作用，也是真理，我们也拥护。推而广之，别人发现的是真理，我们就拥护；不是真理，我们也不怕发表不同意见，不怕驳斥这种假道理。无论如何，我们不能以和别人"同"或是"异"作为判断是非的标准。通俗地说，我们总不能跟着别人瞎嚷嚷。朱元璋的军师刘伯温讲过一则寓言：一只老虎来了，喜鹊对着老虎使劲地叫。八哥听见喜鹊的叫唤，也跟着叫起来。寒鸦问喜鹊："老虎在地上走，和你什么相干，你叫唤什么？"喜鹊说："听人家说，老虎一来有风，怕风把我筑在树上的巢吹下来，所以我叫，想把老虎赶走。"
寒鸦又问八哥："你住在树洞里，跟着嚷嚷干什么呢?"
这则寓言说明瞎嚷嚷的有两种人，一种人是出于误会，明
明和自己无关的事，误以为和自己有关；还有一种人，根
本不知道人家嚷嚷的是什么，反正人家嚷嚷也就跟着嚷
嚷。这种人是很可怜的。追求独立思考的青年决不能做这
样的人。学校教育和共青团组织应该把帮助青年学生克服
这种毛病、在实践中建立科学化的思维方式作为思想政治
教育的一项内容来抓。我们的教育工作，就是要帮助青年
学生既能保持坚定正确的政治方向，能够认真地学习掌握
人类已有的科学文化成果，又能生动活泼地富有创造性地
发展，在他们的一生中，能够循着正确的方向，为祖国，
为人类作出新的贡献。

　　最后，让我们回到文章的开头，观念和思维方式的更
新要讲究科学，求同也好，求异也好，都要求真。把脱离
实际的片面的观念、思维方式当做新观念、新思维方式，
不是科学的态度，只能对人们的实践，对改革的大业起消
极作用。

加强全心全意为人民服务的
宗 旨 教 育*

　　目前，人们都很关心反腐败问题。我认为，如果把全心全意为人民服务这个问题解决好了，党政领导干部中的腐败现象就会大大减少。当然，这一点很不容易做到，特别是现在，似乎不那么行得通。虽然许多文件上说要为人民服务，但是许多人心里想的不是这么回事，有人口头上也讲为人民服务，实际行动上不这么做。一些年轻人甚至赤裸裸地说："什么为人民服务，就是为人民币服务。"在党的建设中，在党的思想教育当中，对这个问题需要有一个认真的考虑。

　　全心全意为人民服务，是党的唯一宗旨。我们并不要求全社会所有成员都能做到全心全意为人民服务。但是，社会的先进分子、共产党员必须做到。全心全意为人民服务这个宗旨的提法是有中国特色的，是和中国的传统文化

---

*　本文曾收入河南人民出版社 2003 年出版的《传统道德的现代价值》一书。

相联系的。这种提法和中国传统道德当中"老吾老以及人之老"、"先天下之忧而忧"等许多先进的思想成分是有联系的。但是从根本上讲，这个宗旨是无产阶级政党根据马克思主义辩证唯物主义和历史唯物主义的世界观而提出来的。人民群众，只有人民群众，才是创造历史的动力。我们党作为中国工人阶级的代表，认为只有解放全人类，才能解放自己。工人阶级的政党在自己的活动中，必须为整个民族的利益、为全人类的利益奋斗，没有自己狭隘的私利。全心全意为人民服务的宗旨，就是从这个基础上得出来的。

马克思主义的这个基本观点，在过去的革命斗争中被广大被压迫人民及当时许多先进分子所接受。许多革命前辈是怎样走到革命道路上来的？是在中国经过百年图强的奋斗中，经过各种各样的试验，大家才看清楚，不把旧社会推翻，不把帝国主义赶走，不结束中国的封建统治，那么个人的一切美好理想都不可能实现。这是从100多年一次又一次历史事件经验教训中得出的结论。

然而这不等于说某些个人不能离开革命队伍来谋取个人的利益。历史上也有若干人从革命队伍中走出来，跑到汉奸队伍中，跑到国民党政府里去做大官，或留洋做大资本家的。但是，这条路不是对每一个人都行得通的，只能适合少数人。有两个情况，一是只能是个别人的成功，不可能是多数人的成功，如果多数人能成功，就没有革命的必要。二是在当时，成为资本家，或成为反动政府的高官，争取自己生活地位改善的这些人，他们是必须离开党的队伍的。

历史和现实中的每一次斗争，都一再教育全体党员，一刻也离不开人民群众，革命要靠人民群众，战争要靠人民群众。比如有一部电影叫《归心似箭》，讲东北革命战争中的故事，一个战士受了伤，被一位老乡救了。伤好了，这个战士无论如何要回部队去，救他的那位妇女说："难道部队就缺你一个吗？"那个战士回答："就缺我一个，大家都在自己的岗位上。"他的观点很明确，要到为人民服务的岗位上去。

在和平建设时期，在改革开放、发展社会主义市场经济的条件下，我们面临的形势和任务发生了深刻的变化，由此也使人们的思想行为发生了一些变化。第一个变化是，有些人可能利用党员身份谋取个人利益，党员身份不再意味着牺牲、意味着危险，而是可以用来谋求个人利益的招牌。在他看来，并不是只有争取整个民族的进步自己才能得到利益，而是即使整个民族不进步，我也照样可以捞到好处。得到这种好处不需要离开党的队伍，不仅不需要，反而只有在党的队伍里才能捞到好处。与过去要离开党的队伍才能捞到好处相反，现在是要利用党员身份。第二个变化是，社会上出现了许多可能谋取利益的手段，这些手段我们还不能完全否定。这里不是指那些违法犯罪的手段，而是许多合法的手段。这些手段，使人们感觉到自己的利益是自己争取的，而不是要在国家和民族的解放中才能得到的。例如一个人上了大学，他不觉得是国家发展了，他才有机会上大学。他是这样一种感觉：觉得是自己有本事，在竞争中取得了胜利。我们与大学生讨论时说，你爷爷怎么就没本事？你爷爷那时就没有什么大学，那时全国只招1万名大学生，现在我们一年招100多万大学生。如果现在只招1万名大学生，你也进不了大学。你实际上是依靠整个民族的发展、国家的繁荣富强才得到利益。但是这些道理只从表面现象是看不见的。

我们党执政之后，在对一些部门进行考核的时候，都是用各种指标来考核部门的工作。但是，有些考核的指标，有的时候妨碍了我们为人民服务。列宁在晚年时曾经说过这样一句话，就是说中央的政府，建立各级各个部门，目的都是为了人民利益去建立的。但是在考核它的时候，只能按照指标去考核。既然按指标去考核，就会出现一种现象：规定指标本身是为了人民利益定的。但是为了完成指标有时就会损害人民利益。所以，列宁得出这样一个结论，在这种条件下，官僚主义是不可避免的。

在现实社会中，存在许多不正常的现象，本来应该为人民办事，但是他不办还觉得非常有理，办了反而觉得没有理。比如，图书馆本来是供人看书的地方，看书最好的时间是星期六、星期天，可图书馆偏偏星期六、星期天不开门，问他为什么不开门，他还能说出很多道理。再如，很多医院星期六、星期天不给人看病。过去星期三、星期六下午是学习时间，雷打不动，不给人看病。现在是双休日，还有春节放7天假，医院就可以7天除了急诊不开门诊。可人生病是不论放不放假的，细菌更不会放假。现在北京有几家医院改了，改成"全年候"医院，但大多数医院不改，而且有不改的借口，借口是我就这么点人，我的负担重。这些借口都是说不通的。

还有一个方面，就是我们这个社会在转型中有许多不规范的地方。做得好的，大家不一定认为你好，做得不好，大家不一定说你不好。不好的还可能反而得利，做得好的反而吃亏。许多人觉得，为人民服务现在行不通了，还这样要求别人就更不合适了。这种观点在社会上逐渐为许多人接受。实际上，今天的社会有两点没有改变，人民群众是历史的主人，有中国特色的社会主义依然要靠全体人民的努力才能最后实现，这一点没有改变。我们每一个中国人的利益，实际上依赖整个国力的提高，这一点也没有改变。老百姓的直接感受是，工资涨了 10 元钱，或少了 5 元钱，但如果东南亚金融危机我们没有挺过去，出现通货膨胀，你涨了 10 元钱顶什么用，少的又何止 5 元钱？必须依靠整个国民经济的发展才能改善个人的经济状况，这是客观的存在。也就是说，我们今天提倡全心全意为人民服务是有客观依据的。

从整体上讲，从党的纲领上讲，从党的领导上讲，我们肩负着全心全意为人民服务的重任。党的全国代表大会的决定，党中央的决定，都是为了人民的利益，我们党的各种指示，都是要求党的干部和党员为人民谋利益。多年来的改革开放使得绝大多数中国人得到了实际利益。我们坚持党的领导，是因为只有坚持中国共产党的领导，才能够正确地引导人民走上幸福道路，而并不是为了我们共产党人的私利。如果有谁要动摇这个领导，就是使中国走向黑暗，就是中国的灾难。这一切，都是围绕人民的利益的。就整个党来讲，坚持全心全意为人民服务的宗旨，是无可怀疑的。

我们的党员能不能接受这个观念呢？我认为我们的党员是可以接受的。比如，每一次遇到大的自然灾害，或某个居民区失火这样的事故，那些平常看上去表现并不突出的党员，在这种情况下基本上都能表现得非常好，把安全让给别人，把危险和困难留给自己。绝大多数党员在突发事件中，在没有谁去做思想教育工作，在没有做动员的情况下，都是能挺身而出的。这时党员的觉悟就体现出来了。这说明这些党员的素质是好的，是可以做到为人民服务的。平时之所以在行动上没有表现出来，那有另外的原因。这个另外的原因，第一是因为他没有看见，没有感受到人民群众有需要，当他感受到的时候，就表现出来了。第二是因为他还没有意识到，他的利益是融合于群众利益之中的。第三是做的过程中还存在许多困难，有许多规定、许多制度使得他只能这样做，不能那样做。所以，我们不能放弃为人民服务的教育，而是要把这种教育做得切实有效。

这样要求，并不是要党员在任何时候随便地放弃自己的利益，并不是叫党员去做傻瓜，而是叫党员做更聪明的人，做更有远见的人。如果我们不能抓住时机发展自己，那些力量远大于我们的对手，一定会用种种方法妨碍我们的发展，这是必然的。如果我们国内的贫困问题不解决，几千万人长期贫困，整个国家就不可能安宁，那么每一个人得到的利益也不可能得到保证。解决这些问题要靠中央的正确领导，也要靠全体党员特别是党员领导干部的共同努力。要用这样的精神教育党员，让党员看到，只要我们全心全意为人民服务，就可以收到良好的成效。1989年的政治风波，北京大学有一个研究生党支部，一个学生都没参加。这个党支部书记从研究生入学开始，就像老大哥一样关心每一个同学。你将来想做什么职业，他帮你去跑，谁有个什么恋爱问题，他也帮你出主意，他是同宿舍几个人最贴心的老大哥。社会上出现风波时，他跟同室的几个同学说，不要参加，这几个同学认为，老大哥说不要参加就不参加。如果这个支部书记平时不为同学服务，这时出来说话就没有人听他的。在农村我们还看到，计划生育做得好的妇女干部，她关心群众深入细致，关心到怎样刷锅、洗碗、叠被子等，每一件细小的事情都关心。她跟人家讲计划生育的道理，人家就愿意接受。她如果只讲计划生育，别人生活中的各种问题她都不关心，她就不能说服人。在生活中，要树立这些榜样，同时要解决另一个问题，即帮助党员提高为人民服务的本领。如果没有本领的提高，只有一个良好的愿望，不能使人民因为我们的服务得到实实在在的好处，那么党员还是没有威信的。

在党的建设中，我们要以邓小平党建理论为指导来建设我们的党，我们不要忘记邓小平同志讲过这样的话，他说："我是中国人民的儿子。"他告诉我们，办一切事情要看人民高兴不高兴，人民赞成不赞成，人民满意不满意。这是邓小平同志考虑问题的出发点和归宿。如果我们的党员干部时时想到人民群众的需要，想到人民群众的冷暖，把这些放在心里，都能做他人需要的人，国家需要的人，社会需要的人，那么每一个党员、每一个干部都一定会感受到极大的愉快。为人民服务的教育，是使人感受到快乐的教育。这样的教育不是形式主义的，不是喊口号，而是十分生动的。

思想政治工作与
方法创新

SIXIANG ZHENGZHI GONGZUO YU

FANGFA CHUANGXIN

论中学的思想政治教育工作[*]

邓小平同志提出"教育要面向现代化，面向世界，面向未来"。中学的思想政治工作，要为我们国家90年代以后的发展着想。以邓小平同志为代表的中央领导同志考虑的很多问题，都是90年代以后我们国家怎样才能持续前进的问题。十二大提出翻两番的战略目标时，就提出了分两步走。第一步，到1990年，工农业生产总值提高70%，而不是翻一番。不是说前10年翻一番没有可能，而是要为后10年翻番做很多准备工作。从现在国民经济计划执行的情况看，前10年的国民经济发展速度相当有把握，可以提前两年完成第六个五年计划的主要指标。90年代以后，还能不能持续地保持这个势头？现在就要做很多方面的准备工作，包括交通、能源、重大基本建设项目都要提早准备，还有干部、人才的准备。许多单位起用了一批年轻同志，不是说比他们年龄大的人现在完全不能工

---

* 本文系 1984 年在北京市中学生思想政治教育工作会议上的讲话。

作，或都没有这些年轻同志强。如果完全从眼前考虑，一些年龄大的同志，有可能做得更好一点。但为 90 年代以后考虑，就应该让 40 多岁的同志，现在就进入比较高的领导岗位，使他们得到锻炼，七八年、十几年之后，他们就会成为很成熟的领导者。宁可今天慢一点，吃一点亏，也要想到未来。

我们领会中央的精神，要从长远考虑问题，考虑我们民族的前途。我们要学习这种精神。不仅要考虑今天，也要考虑到 90 年代以后。一个非常重要的环节，就是中学的思想政治工作。将来无论是社会的领导骨干、企业经理、厂长，或是广大劳动者，各种各样的人，都要经过中学这个环节，这是一个"瓶子口"。中学时代是他们世界观形成的时候，这个时候把思想工作做好，以后的事情就好办。这不仅是政治教师、班主任的事，而且是整个党的事情。各个有关部门，学校、教育局、共青团、工会，社会各方面都要有这样的眼光，重视这个事情。讨论中，一位团县委书记讲，过去我们注意抓农村青年，不注意抓学校，现在看来，学校也要抓好。农村青年都是从学校出来的，真正进行系统的思想政治教育，主要在中学。工厂也如此。现在的青工政治轮训，实际是政治补课，补中学阶段应受到而没能受到的政治教育。不能总是政治补课，到 90 年代还搞政治补课，那怎么行？这就是我们为什么要开这个会，为什么一定要把这个工作做好的一个原因。

一、怎样认识当代的中学生

在研究中学生思想情况的时候，一个主要的指导思想，就是要坚持唯物论的观点——存在决定意识。学生的思想很容易波动，表现有多种多样。我们要抓住本质的东西，对他们有个基本的看法，决不能只看表面现象。有一种议论，"现在的学生不如50年代、30年代的青年"。讲这种话的同志，也不是没有任何根据；但不应从表面的、暂时的、局部的现象去看问题，也不应该用一个时代一部分先进的人，和另一个时代一部分落后的人去比。30年代有一大批进步青年，参加共产党、八路军，但也有很落后的青年，甚至当汉奸。50年代初期，也有一部分青年崇美、恐美思想相当严重。那时有的知识青年，还不愿当工人，瞧不起工人。我们应该承认，每个时代都有先进、中间、落后的青年。50年代的青年和现在的青年，除去青年的特点相同以外，他们共同的特点是共同生活在社会主义社会之中。50年代的青年是从旧社会过来的，他们身上带着旧社会的伤痕，他们经历了新旧两个社会，经历了社会的大变动。今天的青年，生在动乱时期，长在拨乱反正时期、开创新局面的时期，他们也经历了新旧更替，这个更替可能不如两种制度变革那样深刻。从路线的变化到社会生产结构、职业结构以及生活结构等许多方面的变化，这些属于结构性的变化。在社会变革中，结构性变化仅次于社会制度的变化，也是相当深刻的。当代青年有弱点，也有长处。长处就是他们有两条路线对比的亲身经历，青年人是十一届三中全会以来的路线、方针、政策的受益者。他们的哥哥、姐姐念不成书，插队劳动，长期待业。他们今天能够上学、升学，大学的门开到这样的程度，是新中国成立以来所未有的。还有各种专修班、电视大学、自学考试制度。就业面也是新中国成立以来所未有的，每个就业者抚养人口只有 0.6 人，在全世界我们的就业比例也是最高的。人民生活在改善，而且改善的速度相当快，这一点，每个人都承认。他们是这条路线的受益者，当然要拥护这条路线，这就是存在决定意识。而且，这条路线继续实行，为青年人展示了非常美好的前景。每个中学生都相信，到了 21 世纪他比现在会生活得更好，这是没有人怀疑的。20 年要翻两番，年岁大的人受不了多少益，受益的是青年。我们都有积极性，难道他们反而没有积极性？更重要的是，现在这条路线，为青年提供了充分施展才能的"舞台"。实行这条路线，必须要搞改革，技术革新，各方面都要革新。列宁说过："我们是革新者的党，首先跟革新者走的是青年"。事实正是这样。农村"两户"很多是知识青年，他们有文化科学知识，接受信息快，在党的政策下很快发挥了他们的优势。各行各业的改革者，相当多的是青年。在这条路线下，卖大碗茶的可以当经理。青年人能充分发挥自己的才能，这点很重要。从这些基本点看，今天的中学生从整体上讲注定了要跟共产党走，拥护党、拥护党的路线、拥护社会主义制度。我们要从这里建立搞好思想工作的信心，从这里找到思想工作最佳的突破点。

我们讲的许多道理要让人家接受，就要与他的利益相吻合，要有一个交汇点。这样讲，不是说思想工作可以不做了，也不是说思想工作很容易做了；而是要把握住思想工作的一个基本原则，就是毛泽东同志所说的："马克思主义者的原则，就是要帮助群众认识自己的利益，并且团结起来为实现自己的利益而奋斗。"我们的思想工作就是做这件事情。对中学生也如此，要让他们认识自己的利益，为自己的利益去奋斗，还要帮助他们奋斗成功，这就是我们的思想工作。党的路线和青年人的利益一致，这是客观存在，而这个一致，不是自然而然地、很快地反映到青年的意识里面去。他可能暂时不认识，可能认为另外的事情是他的利益，就走到歪路上去了。我们的思想工作，不是要他放弃自己的利益，而是告诉他，跟共产党走才是你的利益。这样讲，不是没有思想矛盾。有人说，过去讲共产党好，社会主义好，青年相信，现在有的青年不容易相信。这是事实，这就是比过去困难的地方。因为现在青年人看见过我们党的失误，50年代的人没看见我们犯错误，不等于我们没犯错误。那时，没看见我们犯错误，相信我们，跟我们走，后来，看见我们犯错误，还坚定不坚定？有一批人还是要动摇的。那时的人，是在后面看见，现在的青年是在前面看见的。看见了就会出现思想矛盾，这正是我们做思想工作的机会。在这样的基础上，认识到党会犯错误，又能改正错误，党的原则对不对，还能不能领导，对这些问题认识清楚了，就更加坚定了。党在历史上也犯过错误，如大革命的失败，王明路线造成的损失，有人跑掉了，有人坚持下来了，有人动摇了，又坚定下来，成为坚定的马克思主义者。这样的特点，不是培养马克思主义者的障碍，恰恰是培养真正马克思主义者的条件。看见我们党有失误，还相信党，这才是真正的坚定。

中学生的思想特点，和一般青年还有所不同。中学生思想上的矛盾，同样是客观存在的矛盾的反映，这是和一般青年一样的。和工农青年的不同在什么地方？工农青年的客观存在，是他直接经历的。如搞改革，赞成的、不赞成的都算了账，自己受损失就不愿接受某个办法，即使承认道理上对，心里还是不容易想通。这是很现实的。而中学生的思想矛盾，则是间接的现实反映，不是当前的现实，是未来的现实，是间接的利害关系。正是这样一个特殊点，使得中学生具有他们的特点，如同志们讲的中学生可塑性强，很容易变化。由于没有直接利害关系，所以他们比较容易服理，愿意听，讲道理。也是由于没有直接的利害做基础，接受的道理又不容易巩固。对中学生思想工作，比较好的方法是鼓励思辨，他们容易接受，也比较爱好。但要巩固他们的认识，还必须使他们多了解现实，多参加实践。对中学生的思想倾向，应该非常注意他们的变化，同时又不能过于认真看待他们的主张。有的同学今天遇见一个小事，他会讲社会主义不如资本主义，我们不要轻易说他发表反动言论，可能过一夜，他又发表另外的主张，原来的看法又变了。对这种思想动向要注意，不注意不对，太认真也不行。有些事情弄僵了，就是因为有些同志对青年的错误观点、言论，看得太重了。看得太重，反而转变不过来。看得不太重，用恰当的方法去转变，还是不难的。

二、从"三个面向"看中学思想工作 面临的新任务

教育要做到"三个面向"，这不是任意提出的，而是必然的要求。这一代中学生是一定要在 21 世纪生活的，这是不能改变的事情。我们对他们教育得好，他们要进入 21 世纪；教育得不好，他们也要进入 21 世纪。决不会退回到 50 年代去生活。所以不能用 50 年代的标准要求他们。今天的中学生，绝大多数要成为 2000 年翻两番的"主力军"。因此，教育要面向现代化、面向世界、面向未来，是客观的要求。

请同志们注意一个历史现象：自从 19 世纪末，中国有了新式学校以来，这些新学校不论是在共产党成立之前，还是在共产党成立之后，不论有共产党的影响，还是没有共产党的影响，在当时的社会条件下，很多是不见容于当地"士绅"的，处境很困难，教师像"走马灯"一样地转，流动性很大。但是，这些学校差不多都是当时社会最先进思潮、最先进潮流的代表。培养出来的学生，不论在政治界、文化界、教育界，还是开矿、办银行，差不多也都是那个时代的先进人物，"领导世界新潮流"。在将近一个世纪的时间里，这不是个别现象。其基本原因是

知识分子比较敏感，容易接受新的信息。在社会主义社会，在共产党领导下，这样一个传统，是不是应该继承，是不是应该发扬？我们的教育，从内容到方法是否有利于这样的学生出现？这些都是"面向现代化"非解决不可的问题。适应这一形势进行教育改革，最大的顾虑就是家长不同情、社会不同情。请大家注意，凡是走在时代前面的人和事，总会有一部分人不能认识、不能理解，否则的话，就不叫走在前面了。市服装三厂的厂长是民主选举产生的，选举时，他得到的是100%的选票。可是，当他想出了一个实行浮动工资的主意时，有30%的人要罢免他。如果他怕那30%的人反对，就没法进行改革。改革的先行者，几乎没有一个不挨骂的。顶不住骂声，就没有改革，就站不到时代潮流的前面。

我们的学校在培养新人方面，做了很多努力，希望做出更多的努力。要了解"三个面向"的需要，造就中国走向现代化过程中所需要的具有更高政治素质的年青一代。"三个面向"的需要是什么？我们不仅要看到实行对外开放政策，祖国统一后两种不同制度几十年共存，需要培养青年具有辨别、抵制精神污染的能力；还要看到我们这个国家、这个社会，在今后20年、30年乃至50年当中，从生产力到生产关系、上层建筑，要经历一些什么样的变化，有哪些矛盾。如不想清这些问题，讲"三个面向"就会是抽象的。

科学技术的发展，与思想教育有哪些关系？科学技术的发展，为辩证唯物主义世界观提供了坚实的基础，同时，也提出了许多新课题让我们思考。现在流行的"三论"——控制论、系统论、信息论，跟辩证唯物主义，是排斥的还是一致的，或是有相当多的一致点？比如说运用系统工程的理论，如果能用辩证唯物主义的观点看问题，可能比不懂辩证唯物主义的人运用得更好。

科学技术发展的速度相当快，这样的速度，对我们培养学生的素质提出了新的要求。如果只能死记硬背，他的学习成绩再好，将来也可能不适应。我们培养的学生应该有很高的学习兴趣和学习的自觉性，能够随时汲取新知识，这样，他的学习成绩虽然不是门门 100 分，但他有这样的学习习惯，将来的成就可能是相当大的。

现代科学技术的发展，有一个特点，就是要在许多学科的交叉点上发展。这个特点，对我们培养学生的品质，又提出了什么要求呢？这就是说，我们的学生不应是目光狭窄的人，而应该是目光四射、联想能力很强的人。

随着生产力向前发展，生活水平的提高，艰苦奋斗的精神，还是永远需要提倡的。生活水平提高以后，艰苦奋斗的精神表现在什么地方呢？是不是用上了电子计算机就非常省力、非常轻松了？完全不是那么回事，那是相当不轻松的。要设计各种软件，还要把软件和硬件结合起来，要设计各种接口，原来搞一个课题要 3 年，现在计算很快，3 个月就完了。你的脑子闲不了，需要不断处于积极思维状态。上天，宇宙飞行员要具备上天的体魄，没有艰苦奋斗精神行吗？进山，20 年后不向祖国西部山区进军，中华民族要建成世界最先进国家是不可能的，这同样少不了艰苦奋斗。总之，无论上天、入地、下海、进山，都不能没有艰苦奋斗的精神。

在坚持社会主义所有制的前提下，对生产关系许多不适合的部分的改革，今后的步子也会相当大。中学的思想政治工作，也要充分注意这一变化带来的影响。随着按劳分配更加完全的贯彻，打破"大锅饭"、"铁饭碗"，对不劳而获更彻底的否定，这方面的好处大家都看到了，现在有可能在各行各业更普遍地实行了。同时，有些同志也提出了一个重要的问题：这样做是否太注意个人利益了，会不会离开社会主义？和进行共产主义思想教育有无矛盾？以前，一个农民他虽然也是生产队的主人，但他对生产队的事一点也做不了主，不用操心，也操不了心，甚至生产队长也操不了心，都是听上级指挥。现在实行责任制，生产队有一部分事要这个农民对集体负责，他就要操心了。现在他对集体关心的程度，显然是比过去多了。当然，他关心的是和他个人家庭的利益联系在一起的那一部分。他要关心自己的利益，就需要看周围的世界，种西瓜、种蔬菜，哪一个合算？本来他不考虑这些的，种什么东西，是不是卖得掉，卖的钱多、钱少，都和他无关。现在他就必须考虑。农村家庭也会出现一些新的矛盾，老头按老习惯让女儿纳鞋底，女儿一算账认为不合算，干什么都比纳鞋底挣得多。这是两种不同的眼光。后一种眼光要看外边，要看市场，看北京市场，看全国市场。他就要订报纸，听广播，再闭关下去就过不了日子。这样眼界也就宽了。眼界一宽，就认识到还是搞专业化更上算。这就要把产品变成商品，为整个社会生产。于是又有两个问题，一个是生产前要有人为他服务，一个是产品有人需要。如一个专业户养 6000 只鸡，就要有人为他提供小鸡、饲料、除粪、防疫、送蛋等。他一个人不可能把这些事都解决，必须要依靠协作，这种联合是群众的创造，和过去不一样，它是自愿的，拿棍子打，也打不走的。从表面看好像农民只关心个人利益，实际上他对集体利益比过去更关心了。在新的基础上，向联合劳动前进，这才是中国农民走的通向共同富裕的必由之路。这样的道路，对社会主义思想灌输到底有利还是不利？搞政治教育要抓住事物的本质、规律，然后再考虑它的细节和内容，不然无法解释问题。

石景山区黄庄中学办了一个缝纫班，每个学生轮流当管理员、当班长，学生毕业以后不仅可以当工人，也可以当个很不错的管理干部。这个学校领导考虑到了他培养的学生既能当工人，也要会管理，比别人进了一步。不知道他是否也注意到还应培养学生具有销售的观点。这也是"三个面向"的需要。现在的工业不是单纯搞生产，而应该是生产经营型的工厂。企业的厂长、经理的第一位的注意力，不是在生产、管理、科技上，而是在销售上。先要注意销售，弄清什么东西适销对路，然后才是设计、生产、管理，因为他是为市场而生产的。适应今天的需要，我们培养的学生，应该有市场的观点、经营的观点和销售的观点。工厂需要推销员，能不能组织学生去参加一点初级的推销的劳动？有人说，这算什么劳动？这样的劳动正是培养未来的企业经理的必经之路。我们的思想有很多方面和需要不适应，所以才看不见劳动的路子。我们培养新时期的人，思想必须适应时代的变化。

加强对学生的思想政治工作，同时应该看到这是学生本身的需要。有些同志常认为学文化是学生的需要，学政治是上级的需要，其实，学政治也是学生自己的需要。他作为一个中国人，在社会主义中国生活，他又在青年时期，总要了解未来、前途，怎么看问题，如何立身处世。过去"读书无用"盛行，他们就不读书；后来搞顶替，有的人学习积极性又下降。这些人后来又后悔。为什么老吃后悔药？因为他缺少正确的政治观点，没有辩证唯物主义和历史唯物主义观点，不了解社会如何发展，对必然性掌握不住，没有预见性。他跟随大流走，但时代是按规律发展的，他后来吃亏了，就会埋怨我们做政治工作的，没有帮助他认识自己的利益，认识社会发展规律。一个学生在学校学到的知识不够用，是我们的责任；我们如果不能帮助他们正确看待社会，帮助他们对立身处世作出正确抉择，这也是我们的失败。从根本上看青年是需要学政治的。这种需要受到许多干扰，大家讲"高考指挥棒"就是个干扰。"高考指挥棒"一定会逐渐失灵的，因为上大学是唯一的前途，这只是一个时期一些人的看法，这种看法一定会发生变化的。现在已经在发生变化。

对搞四化来说，最主要的思想障碍，还是思想僵化。小平同志分析思想僵化的四种原因，前三种讲历史和客观上的原因，最后讲思想根源，指出：这"是因为小生产的习惯势力还在影响着人们。这种习惯势力的一个显著特点，就是因循守旧，安于现状，不求发展，不求进步，不愿接受新事物。"不要以为青年人不受这种影响，只是比较少一点而已。比如有些人只想留在北京，生活水平有点提高就够了。这样的精神状态，和翻两番的要求就不适应。怎么使青年人打开思路，不断要求进步？必须帮助他们开阔眼界，看到各种信息，才能激发他们上进。事实上，今天社会各方面信息相当多，青年人接触的相当广。对于这种广泛的信息，我们不要害怕，而应该欢迎。我们不能用"筑坝"的方法去抵制社会的信息，只能因势利导。如北京四十一中要学生自己讨论他们所关心的问题，效果很好。有的学校不让学生看《不应该发生的故事》。这个电影不就是反映有几个党员，群众不拥护吗？应该对学生讲共产党内还有比这个阴暗的东西，但共产党还是伟大的。中学生进入社会后，普遍反映社会现象和老师讲的不一样。我们在政治教育中要承认事实，讲真话，要回答现实问题，通过对现实问题的回答教给学生基本的看问题的立场、观点、方法，才能满足学生政治进步的需要。学生需要政治，这是客观事实。朱伯儒同志到一个大学去讲课，学生提了很多问题，有的说"人是自私的"，朱伯儒同志和他们辩论，甚至发火了，最后学生被说服了，高兴地把他抬了起来。别看学生提出这样那样的反面问题，其实，他心里并不愿意那个反面问题站住脚，他们希望你把他驳倒。你能驳倒他，他是高兴的。因为他也不愿意人都自私。这个问题没有想通，他也很苦恼。学生是要求政治进步的，不过是不喜欢说教，不喜欢没完没了的报告。不能因此就说学生不要政治。

三、我们的工作方法

建设时期的思想工作，必须要有思想工作的建设，和发挥思想工作对象的主动精神。过去，长期以阶级斗争为纲，搞政治运动。今天，党和国家的工作转到以经济建设为中心，同时进行精神文明建设（这当中包括思想建设和文化建设），二者是互相渗透、互相结合的。思想建设是以共产主义思想为核心的，也有思想斗争，但主调不是搞斗争，是搞建设。这就要求我们在相对稳定的条件下，对学生按照思想发展规律来考虑思想工作的格局。

思想工作要有一套格局。一个社会、一个阶级要有效地维持它在思想上的统治，都要在思想上形成一定的格局。封建社会在很长的历史当中，有时出现杰出的思想家，有时它的领导人比较平庸，但整个阶级的思想统治是比较稳定的。有变化，但离不开这个大的格局。好像下围棋，先下的几个子，就构成一种态势，以后棋局的发展，总要受这个态势的影响。我们封建社会，不管哪个人，要认字，就得从"人之初，性本善"开始，这就是思想教育。封建社会的婚礼，三媒六证，坐花轿，拜天地，许多繁文缛节，目的就是显示孝是不可侵犯的，家族统治神圣不可侵犯。从这里巩固它的社会细胞——家庭，并在这个基础上发展出一整套封建伦理观念。资本主义社会也如此，无论有没有杰出思想家，整个社会的思想，都是在一个格局当中。

我们的政治工作也要注意"投入少"而"产出多"。不能等所有的教师水平都提高了，再去加强思想工作。要考虑在现有的条件下，使思想工作做得更有效，并且每年经过有意识的工作，积累一点东西，让它长期起作用。比如说，每个学校写一首校歌，发动群众创作，生动地进行教育，以后就长期起作用。制作富有特点的校徽，学生愿意戴，也能增强学校的向心力。校服，根据经济条件，作些规定。校训，有特色的一句话，许多作用和它联系，便不会忘记。建设班集体，以英雄名字命名，再为他设一个座位，学生的感情就不一样了。校庆，欢迎校友返校，让学生知道本校出过多少英雄模范，哪怕一个也好。当然不要搞铺张浪费。学校没有光荣，学生就没有上进心。搞一个毕业纪念册，初中、高中毕业班的同学、老师，每人想一句最好的话互相题词留念，会有很大的教育作用。提倡一年两年，以后形成"保留节目"，学生自动就进行了。升旗活动就很好，要坚持。时事学习、读书活动都要开展。读报活动，有的学校还不够重视。党要影响群众，党的主张要深入到群众中去，就要靠党的机关报，报纸发到每户，党的政策就真正家喻户晓了。校长、党支部、班主任都要做发行工作。这是最省力气、最有效的思想工作。要求每一个政治教师都能回答群众思想上的问题，这做不到。但集中五六个人、七八个人，对每一个问题都找出一个答案，这一点是可以做到的，为此，我们办了个《宣传手册》。我们主张每个学校都能为政治教师订一份《宣传手册》，这就等于买了一个回答问题权。要坚持组织学生收听时事广播，目的是养成注意时事，收听广播的习惯，这样就可以逐步形成一个思想工作的新态势。现在，学校的读书活动不如职工热烈，实际上中学生的读书要求比职工还强烈。应该搞好各种活动，每学期有意识地建设一两样，让它保留下来，长期起作用。有了这套格局，另外一手可以放开来让学生自己活动，自己追求真理。马克思主义的灌输要和青年自己探索真理相结合。在这个过程中，有点反复也不要紧，这样取得的成果，是相当牢靠的。希望大家研究怎样更放手一点。50 年代的团队活动主动权比现在大得多，现在干预太多。希望初二年级每个班都建立团支部，不要嫌他们水平低，可以发展进来再提高。人总是在改造客观世界过程中去改造主观世界的。他入了团，分担了一定的社会工作，承担了团结同学的任务，他对自己的要求就高了。希望高三年级就有若干学生党员，大学一年级就有一批党员。

用什么办法让学生自己活动？现在办的许多"夏令营"太舒服了，住旅馆，没味道。要使每个中学生有一次是住他自己动手搭的帐篷，有一次晚上两个小时在站岗放哨、不能睡觉的"夏令营"。这对他品质的形成会有很大影响，对应付突然事变会有很大用处。有的学校让学生自己动手办小报，这也可以提倡。还有的组织"电影研究会"一类的社团，方式、方法大家可以创造。总之，不要怕学生犯错误，让他们自己去探索。团支部活动不必都要学校批准。总之，要放开些，学生自己活动起来，处于积极思维的状态，他们的政治素质才能真正提高，更容易接受党的教育，才能锻炼出人才来，才能使他们适应新时期的需要。

改革的形势和大学生的思想工作[*]

　　我们的高等学校是为中国的社会主义现代化建设培养人才的地方。现在每年全国高校招生人数大概在 60 万左右。从人口统计看，我们现在的青年人，每个年龄段大约在 2400 万左右，也就是说，现在的同龄人当中，大约只有 2.5% 能进入高等学校。没有这样一批人，我们的四化就不可能成功，但是如果这些人没有正确的政治思想，我们也很难完成社会主义现代化建设事业。所以大学生的思想政治工作是关系到民族命运的重要工作。

　　为什么必须对大学生做思想政治工作呢？因为现在的大学生将要担负起完成我们的经济体制、科技体制、教育体制、政治体制改革的历史使命；还要担负起运用改革的成果来把我国的社会主义现代化建设事业推向前进的任务。我们的目标是 2000 年要完成工农业总产值翻两番的任务，2000年以后，我们还要用半个世纪的努力，接近

---

　　*　本文系 1986 年在高校政工干部培训班上的讲话。

发达国家的水平。就是首先达到人均国民生产总值 800 美元—1000 美元，然后再创造人均 3000 美元—5000 美元的水平。现在的情况怎样呢？大家都承认经过 7 年的努力，现在是我国经济形势最好的时期，人民生活水平已经达到历史最高水平。归根到底，一切财富都要靠人民自己创造出来。创造了财富，才能分配，财富多了，吃饱了肚子，才能有余力拿出来改善生产条件。不能只讲需要，从需要讲做得不够的事还有很多，但是从可能性来讲，这些事都要马上解决，就超越了我们的能力，反映在经济上就是基本建设投资过多。每一项决定都要花钱，但是劳动生产率并没有提高到这个程度，并没有创造出这么多东西，又要花钱，只有发票子，票子多了，就要发毛，物价就很难控制。所以要前进是很不容易的事情，当代大学生毕业之后要挑的就是这样一副历史重任。这就不能不要求当代的大学生具备能够完成这个历史使命的素质。

有的人认为我们加强思想政治工作，大概就是两个原因。一个是共产党怕学生闹事。说共产党太脆弱了。你不是怕吗？那我就非闹一闹不可，"大闹大解决"啊。和这个相联系的另一个看法是，认为加强思想政治工作就是要把学生管住。我认为这两种看法都不符合我们的实际。

闹事，我看没有什么可怕的。首先，我们要对大学生有一个基本的估计。中国当代的大学生会不会造社会主义的反？我看不会，我说的不是个别人，个别人是什么样的都有的。就总体来讲，当代中国的大学生不会造社会主义的反。为什么？因为大学生的利益和我们党的路线政策完全一致，这个完全一致并不是讲在每一个细节上都完全一致，而是讲在基本的方向上完全一致。每一个人都可以感觉到，在我们现在这条路线的指引下，人民的生活比过去哪一年都好，而且还可以有把握越来越好。如果要改变这条路线，对任何人包括大学生都没有好处。而且，我们党的这条路线尤其为年轻人开辟了最广阔的前途，包括我们在各个方面所进行的改革，包括我们所实行的开放政策，也包括干部制度的改革等，都使得有才能、有知识而又愿意把自己的知识文化贡献给祖国事业的年轻人，有了表现自己的最广阔的天地。这不是说，每一个人都没有苦恼了。大概许多人还是有各种苦恼的。但是无论如何，总比过去好得多。如果要退回到十年前的政策，那时正直的青年人面前的机会就比现在少得多。为什么前几年杂志上讨论问题，出来一个潘晓，提出"人生的道路为什么越走越窄"，现在就没有人对这个问题感兴趣了？因为现实的路比以前更宽了，不是窄了。所以客观的条件，决定了当代大学生从整体上讲必然是拥护改革的，是拥护党的现行路线和方针政策的。在拥护中也有议论纷纷，有对许多具体问题的挑剔，有牢骚。但是从整体上说，大家并不希望从根本上改变我们的路线。这是对大学生的基本估计。

其次，我们对中国的形势也要有一个基本的估计，就是在中国有两件事已经发生了，而且是不可逆转的。一件是中国已经走上了社会主义道路。如果把它改过来，说这条路不走了，咱们成立资本主义共和国，可能不可能呢？这是没有可能的。第二个事实是中国已经进行改革了，能不能把改革半路停下来，倒退回去不走？也不可能。在农村中实行了责任制，农民的劳动力解放出来，开辟了多种经营，使农民的生活在五六年当中提高了几乎一倍，有许多地方提高得更多。现在如果谁想用一个什么力量，使农民回过头来不承包了，等着打钟上工，等着队长派活，等着算工分，那是绝对做不到的，农民不会答应。这反映了对平均主义的抵抗，它证明了在中国已经改了的东西再要倒回去，行不通了。这不是说我们的改革已经很好了，很完善了，不是这样的。前面还有许多事情要做，还有许多不完善的问题需要解决。然而已经走上了这条道路，再要逆转是不可能的。那么，走到资本主义去，是不是可能呢？我今天不讲社会主义比资本主义优越的问题。这个问题在某些大学生中有争论，可以另外专门讨论。我们先来看看事实。中国老百姓已经走上了这条社会主义道路，这是一个事实。走上了这条道路，再叫他回过头去走资本主义道路，行得通吗？我看是不行的。尽管我们对于社会主义道路的理解过去有许多错误的观点，比如说把共同富裕理解成同步富裕，把按劳分配理解为平均分配，还有不敢讲商品经济等，这些都应当而且已经在改变，但是真要搞资本主义，提倡剥削加压迫，搞贫富两极分化，老百姓还是不能容忍的。

我在这里举一个例子，1985年大家有一个感受就是坐公共汽车难，刘心武还写了《公共汽车咏叹调》。"难"是从哪来的？除了许多客观原因，重要的原因之一是汽车司机和售票员有情绪。为什么有情绪？和出租小汽车的司机比，他们的收入太低。这个差别是从哪里来的？是不是政府的政策规定错误？其实政府并没有规定出租汽车司机拿多少钱。那又是怎么回事呢？北京的旅游事业发展了，大家反映叫不着出租车，于是政府把政策放开，让大家都来办出租汽车公司，一年之中就增加了 1 万辆出租汽车，这是个成绩，但是也带来了矛盾。1 万辆汽车可以花钱买来，但出租汽车司机不可能进口，就要在北京招。这一年当中办了许多汽车司机培训班，用了很大力气，只解决了 8000 名司机，按道理，一辆出租车应有两个司机，一天可以运行 14 个小时，再加上星期天，歇人不歇车，这辆车才能充分发挥它的效益。为什么一个出租汽车司机一个月能够拿到 300 元呢？是因为他一个人干两个人的活。这也是合理的，他付出了超额劳动嘛。有没有不合理的地方呢？也有，比如有的司机对外地客人敲竹杠，从火车站到前门明明就那么点儿路，可是他偏绕一个圈子，多收钱。有的司机逼乘客用外汇券付车费，不给外汇券就不开车，收了外汇券，又不上缴，高价倒卖。对于这些不合理的现象，在一定的时期内，许多出租汽车公司的领导是不敢管的。因为只要稍微批评一下，那个司机就可以不干，还有别的单位在等着他呢。1986 年的情况就稍微好一点了，因为 1986 年又培养出一批汽车司机来了。出租小汽车的司机再要拿那么多钱就不容易了。所以这是一个可以解决的问题。差距过大，也只是一个暂时的现象，而且这一点差距也还没有到两极分化的程度。但是，在社会上就引起了那么大的动荡。从这个例子，可以想象，如果真要搞资本主义制度，那就一定会造成极大的动乱，就谈不到现代化建设了。这是中国人民绝对不会容忍的。可以说，连外国人也害怕会有这样的结果。前几年，我看到那些外国高级政治家常常提出一个问题，他们常常表示担心中国这样搞会不会搞资本主义。我觉得不好理解，他们是资产阶级的代表，怎么会担心中国搞资本主义呢？是不是怕我们发展太快，会同他们争夺国际市场？也不像。因为中国真要能有在国际市场上同那些发达国家竞争的能力，至少是三五十年后的事，作为资产阶级的政治代表不会不懂这一点。那么他们担心什么呢？后来有一天我看电影看到一个镜头，集市上一群人打起架来了，那些小贩纷纷收摊逃避。这给了我很大的启发，混乱的集市上做不了买卖。外国资本家到中国来是要做买卖的。如果中国是一个不安定的、动乱的国家，他们来投资就会不放心。所以代表资产阶级的政治领袖也担心在中国搞资本主义会发生内乱。

有了对中国形势两个不可逆转的基本估计，又有了对大学生情况的基本估计，我们为什么还会害怕闹事呢？不可能闹出什么大地震来。实事求是地看，在改革的过程中议论纷纷是不可避免的。总会有一部分人一时对这些问题那些问题想不通、不习惯，甚至反感，出一点小的动荡也是不可避免的。想不通了，矛盾尖锐了，小一点儿的自杀，大一点儿，无非就是罢课、罢工、游行、示威。那也没有什么可怕，我们也不会因为有这一点事就迁就。如果我们连这一点承受力都没有，没有思想准备，那改革就很难进行。邓小平同志说改革是第二次革命。既然是革命，这点风险还能不敢承受！当然，我们要尽量避免矛盾激化，尽可能地做到安定团结，减少动乱，因为处理这些事终归要分散精力，要影响我们前进的速度。我们要讲效率，就要尽量减少内耗。所以我们对闹事的问题还是要重视。特别是对少数想浑水摸鱼的人，一定要敢抓、敢管。有的人根本不是大学生，混到大学里搞反革命煽动。对这样的人，不及时抓，就会影响学生，对学生的成长和前途不利。如果说在这些问题上我们有些忧虑的话，主要就是考虑接班人的素质问题，也就是怎样帮助、引导当代的大学生，使这些人当中产生更多的优秀分子，能够担负起祖国未来的重担。这就是我们加强思想政治工作的出发点。

我们做思想政治工作的方针，应当是稳定的。因为我们有对于实际情况的基本估计。有了这一条，就可以不受一些暂时发生的，好像很热闹的事件的干扰。比如说，现在在一部分大学生当中有一种出国热。一些人对自己前途的打算，是大学毕业考研究生，并且要考出国研究生，其中相当一些人实际上打算出去以后就不回来。他们也有"理论"，什么"科学无国界"，什么"在外国争得了名声，对中国一样有好处"等。那么，我们对这样的问题要不要看得太重呢？我看不必，因为他们的想法不现实，毕竟是行不通的。这并不是我们让不让他们出去的问题，而是美国能不能要那么多人。我国现在一年招收60万大学生，自学的、上"电大"的还不算。如果毕业以后都要出国，哪个国家能一年要60万人？前几年出国留学的人数多一点，加起来也不过几千人、万把人，而且这是在多年没有人出国留学的情况下走的。即使出去了，要想留在美国，还要办"绿卡"，人家能给吗？这种可能性是微乎其微的。美国如果听任第三世界的人去抢他的饭碗，他的工资水平就要下降。所以多数大学毕业生还是得在中国生活和工作，还是得留在或者回到这960万平方公里土地上来。大家的命运同中国10亿人口的命运拴在一块，这是不依个人意志为转移的。我们这10亿人能过得着好日子，每一个正常劳动的人大概也过得着，我们这10亿人过不着好日子，谁想过得太好也有困难。现实是一个伟大的力量，它终究是要教育人的。无论什么"热"，同现实发展的方向不一致，最后总要冷下来。

还有一个问题，就是怎样对待西方的各种思潮的影响。前两年是存在主义，最近几个月是弗洛伊德的"爱情心理学"。这些我看也没有什么了不起。西方资产阶级学者研究的东西，其中有相当一部分内容是有用的。对于这些有用的东西我们要有本事拿过来，用来建设我们的社会主义，这是好事。也有相当多的东西是没有用的。有的东西在资本主义社会也没用，有的我们认为时髦的东西，在西方早已过时，拿到我们这里来更没用。即使传进来了，也长命不了。许多流行的东西在我们这里的命运大概只能是"各领风骚没几年"。热闹那么三五年，即使不去批判它，青年人也就不相信了，没兴趣了。对存在主义我们做过什么认真的批判？它现在对青年人还有那么大的吸引力吗？没有了，今不如昔了。为什么？就因为它和我们的实际不合拍。没有用，解决不了青年人遇到的问题。没有用的东西想长期存在是很困难的。我不是说对错误的观点不要批评。而是说不必大惊小怪，过分紧张，要有信心，对马克思主义的真理有信心，对我们的群众有信心。

青年人的一个特点就是敏感，能够很快吸收新鲜的东西。但是他又不稳定，今天相信了，明天可以不相信，后天又相信另一个东西。所以我们在做思想工作当中对青年知识分子，不能只看他哪一天口头上把某一个观点说得好极了，就认为他崇拜这个东西，说不定他睡一觉明天又转移到另外一个观点去了。他情绪激动的时候，什么话都敢说，但未必见的都是深思熟虑的。我们就不能把这些话看得太认真。那些鼓吹各种流行的错误观点的青年，有两种人。一种人是说胡话，其实他并没有认真了解那些观点是什么意思，有的连第二手材料都没有认真看过就胡说。我们对于这样的青年，第一，不要过于认真对待。列宁说，上帝都允许青年说胡话。第二，要看到这种思维方法对青年人的成长很不利。因为社会科学也是科学，光凭感想，凭灵机一动，就下结论，就来一套体系，养成这样一种习惯，就很难在科学的领域里有所成就。另外有一些年轻人是认真地说错话的。话虽然说错了，但他有一个认真的态度，就可以引导他们继续认真地去研究客观存在的事实，以及各种事实之间的关系。相信他们有这样一种认真的态度，尽管暂时找错了门，终究是会找到真理的。

在我们的思想政治工作中，真正值得重视的就是大学生能不能适应发展社会主义商品经济的要求，能不能适应改革的形势，能不能经得起改革的考验。这是一个很严肃的问题。在这个问题上，我们的看法可能和有些大学生对自己的估计不大一致。有些大学生自以为自己是走在时代前列的，认为自己是天生的改革派。你说他别的问题他都可以承认，但如果说他对改革的态度是落后的，有抵触，他非跳起来不可。愿意以改革者自居，这当然是好事。但是改革不仅是口说的，更要看实践。今天中国的每一个人都要经受改革实践的检验。对自己估计太高了，并没有好处。现在有些人无论做什么事，总爱说这是第二次"五四运动"。举行一次游行，是第二次"五四运动"；开了一个讨论会又是第二次"五四运动"。这也是"五四运动"，那也是"五四运动"，不知道究竟发生了多少次"五四运动"。为什么老说这个话呢？原因就在于，把自己估计得太高了，总以为只有自己才站在时代的前列。我们应该明确地说，今天不是五四时代。五四时代整个国家在帝国主义和封建主义压迫底下，死气沉沉，新鲜的东西进不来，除一部分知识分子比较敏感，很少有人接触外国的东西。那时引进来一个德先生，一个赛先生。对中国的封建传统进行了强烈的冲击。今天，不是一小部分知识分子，给这个国家放一点新鲜空气的局面了。今天我们整个国家已经实行了开放政策，大量的外来信息是国家用各种手段主动地向人民展示出来的，从来没有哪一天像现在这样把国外的大量的信息引进来。从来没有哪一天有现在这么多的中国人出去，以各种各样的方式进行学习考察，各行各业，各省、各市、各县几乎都派人出去跑。什么时候发生过这样的事？现在是我们整个党领导着全国人民在研究新时期的新问题，其中就包括集中许多知识分子的意见在内。研究各种新问题的机构之多也是从来没有过的。是我们党提出来，要在新的时期推进和发展马克思主义。是我们党提出要扬弃那些过时的，不适用的结论。今天不是少数人在那里呼唤改革，而是整个社会都处在变革之中。实践已经往前跑了，很可能在许多问题上，一些不了解实际的同志，反而要落后一点。

从去年秋天少数大学生的表现看，他们对于开放、改革就是相当不理解的。大概他们在主观上也并不想反对改革，但是他们的行动却和改革的方向是相反的。今年的情况似乎好得多，大学生中，说改革好话的多了，这首先反映了人们思想认识有了提高，同时和今年物价比较稳定也有关系。如果明年物价有新的变动，大家会怎么样？拥护不拥护，理解不理解？会不会又有新的思想波动？恐怕还要看一看。中国的经济体制改革就是要使经济体制适应发展社会主义商品经济的需要。要发展商品经济就要按价值规律办事，把背离价值的价格调顺。价格要反映价值，要反映市场供求关系，这样经济才能正常发展。都靠补贴过日子，旧的体制就改不过来。现在主要是原材料的价格太低。但是，如果把煤、钢之类的价格调上去，或者放开，对于加工工业不可能不发生一点影响。不过这一关，经济体制改革不可能前进。究竟是不是赞成改革，还要到那时再看。

需要调整的还有房租。建筑业在全世界都是经济发展的支柱，盖房子越多，经济越繁荣。盖房子要用钢材水泥，炼钢厂、水泥厂都跟着繁荣了。唯有中国盖房子越多包袱越重。因为房租低，不但盖房子的投资根本收不回来，而且连起码的维修费都不够。由于这个原因，谁多分到房子，就等于得到更多的补贴，没有分到房子的就得不到这个补贴。因此，现在不正之风相当集中在房子上，人们的不满也集中在房子上。解决这个问题的出路只有一个，就是商品化，按照盖房子的成本加上维修房子的费用来收房租或者由住房者自己买房子。对这个问题抱什么态度，也是对人们的一个考验。

还有一个劳动制度改革，现在进了工厂门，就是拿到了铁饭碗，这个饭碗是终身制的，工人都拴在那个工厂里想离开也走不了。打破这个铁饭碗，就要使工人成为合同制的工人，干部也要变成聘任的。大家都说赞成企业有独立自主权。企业当然应当有权辞退它所不需要的工人，真要这样做了，会有些什么议论？如果两个钳工，同样都是六级工，在不同的工厂工作，这个厂月工资 200 元，那个厂月工资只有 150 元，会有些什么议论？可能有人会骂我们的改革不配套，有人会说改革是系统工程，你们没有全面考虑；有人会说改革没有理论基础；甚至说这就是资本主义复辟，买卖劳动力等。

大学生有许多优点，但是有一个弱点，就是观念和实践脱节。这也不能怪大学生，因为他从小到大都没有实践的机会。这就使他很容易把观念的东西看得太重，放在第一位，以为只要观念变了，事情就办成了，而且以为观念是可以凭坐在那里讲道理变化的。观念的改革是否重要呢？是很重要的，没有新观念，就没有改革的计划、纲领、措施、方针，改革就会遇到阻力。所以，我们要用很大的力量来树立适应改革的新观念。但是新观念又只能在改革的实践中形成和普及。要使整个社会所有的人接受新观念，不能靠上课的办法。那样，全国几亿人需要办多少个训练班？又由谁来办？即使办了那么多的训练班，人家也不一定接受。实际上，新的观念只能在改革的实践当中被人们接受；而且新观念本身，也只有在改革的实践中才能充实和完善。坐在那里想出来的许多观念往往抓不住要害。弄得不好，还可能把应该破除的某种观念当做好东西，去迎合赞扬人们观念上的弱点。比如说，电视剧《新星》受到许多人的欢迎。它当然有优点，这部电视剧是宣扬改革的；它对不正之风有满腔的愤怒，这都是和人心吻合的。但要是按照这个电视剧里的李向南的方式去做事情，效果未必最好。它是文艺作品，不是改革教科书，不能要求它写的东西都在实践中行得通。但是，它是把这种根本行不通的东西当做能够行得通的东西来赞扬的，这就是毛病了。观众当中也有相当多的人希望能够按照这部电视剧的模式来推进我们的改革，希望自己周围也出个"新星"。这是许多人观念中的一个大的毛病。就是不按照实际情况，不按科学办事，而是凭主观的愿望，幻想一种不费力气的、坐享其成的或者至少是很便宜的改变现状的方法，简单一点说，叫做急于求成。旧中国长期是一个农业社会。绝大部分人都是局限在一小块土地上耕种，生产力很低、很穷，大家很希望快一点改变自己的地位，但是眼界又比较狭窄，没有科学的认识，不懂得只有掌握科学的规律才能够有力量，才能改变现实。这样在长期中就形成了一种思维定式，即往往寄希望于一种很容易改变现状的方法，不管它符合不符合客观规律，现实不现实。印度的佛教传到中国来，很快就变成了中国的样子。流行最广的一个派别叫禅宗，它是讲"顿悟"的。甚至可以不要读经，不要持戒律，就可以一通百通。至于普通老百姓信佛教更是把全部佛教经律变成六个字：南无阿弥陀佛。只要念这六个字，就可以登西天，这是最廉价的天堂入场券。1958 年"大跃进"也是用便宜的方法，不讲规律，急于求成的一个例子。那时我二十几岁，真是发了疯似的拼命苦干。在全国有许多人当时和我这种思想状态差不多。我们当时觉得苦干 3 年就能超英赶美实现共产主义，那真是太好了。"文化大革命"所以能在一个时期动员起群众来，也同群众中有急于找一个便宜的方法来改变现状的思想有关。比如说住房不是紧张吗？用什么方法来解决？要有合理的住房政策，要提高劳动生产率，要增加生产，要有钱，有物资来多盖房子。这样做，当然是相当慢的，最简单的方法就是把当权派、教授、资产阶级权威打倒，把他们住的五间房大家分着住。但是，这样一来，谁也不想当权威了，也没有上进心了，社会就不用前进了。从整体上讲，解决住房问题更困难了。我小的时候住在日本统治的沦陷了的旧上海，恨透了日本人、汪精卫。我就幻想有一个侠客收我做徒弟，我学会了武功，就把汪精卫刺杀了，中国就过太平日子了。这样的幻想在小孩当中并不奇怪，但许多成年人也往往有类似的思想方法。总希望出个包公，什么不公平的事都可以解决了。当然完全像戏里那样的包公，在旧社会是不可能出现的。但是人们还是幻想出现这样的奇迹。看现在的戏，就希望出一个"新星"。总而言之，就是希望有一个救世主把世界上做不到的事情，都能做到。人们看了这样的戏，觉得很痛快。在痛快的同时，也加强了那种不问客观规律，想不费力气，急于求成的观念。我希望我们能有更多的优秀文艺作品来帮助人们克服这种旧观念。

中国的建设和改革，都只能是中国人民自己奋斗的成果。不能指望等待任何救世主。我们不能要求任何人有救世主的能耐，我们自己更不能以救世主自居。还是要讲科学，讲按照客观规律办事，这样才能抓住问题的根本。

当代中国的根本问题就是要由穷变富，建设现代化的社会主义强国。这就要发展生产力，提高劳动生产率，要走发展社会主义商品经济的道路。我们今天研究大学生的思想政治工作，就要着重研究在发展社会主义商品经济的道路上，大学生思想会有什么矛盾，以及如何帮助他们解决这些矛盾，帮助他们奠定走出大学之后能够适应社会主义商品经济的格局，并且能够在这样的条件下有为祖国建设建功立业的思想基础。

在现在这个新旧体制交替的时期，必然会形成许多矛盾甚至冲突。对于许多事情，是站在支持发挥新体制作用的一面呢，还是站在加强旧体制的一面呢？这样提问题，可能很容易回答：当然是站在新体制一面。但是在实践当中，就未必都能做到。比如：按照价值规律的要求，物价应当随着供求的变化而浮动，但是西红柿贵了，人们就会不高兴。又比如，政治体制改革，大家都很赞成。但是这个改革必然有一个直接的后果，就是精简政府机构。这几年有些大学生认为一个很好的前途是直接进入中央机关工作，今后可能有一段时间这种机会要比过去少。前几年是急剧膨胀，例如，文化事业，出版社由100多家增加到400多家，文学刊物由几十种发展到600多种，报纸几年当中增加到1700多种，这就大量需要人才。青年知识分子求过于供，到处都在拉人。这个局面能长期维持吗？能继续以这个速度膨胀吗？我看不可能。科学研究机构也是如此，"十年动乱"没有进人，一旦开放就大量吸收新人，包括吸收许多没有经验的年轻人到高级研究机构工作。发展到相对稳定的时期，再进人就要有选择了，要求就要更严格了。到那时会不会有的学生又感到前途渺茫了？其实，真正认清社会发展的客观规律，顺应新体制的要求，前途当然不会渺茫。一个是将有更多的青年知识分子到实践中去，到第一线去，到基层去。这对于真正有才干的人成长是极其有利的。在全世界都是这个规律，不仅是社会主义国家，即使是资本主义国家，人才也要在实践中锻炼出来。再一个就是到第三产业去。拿北京来说，最有前途的就是第三产业，包括商业、服务业、旅游业、邮电业、金融业、律师、会计师等。各种高级技术人才，例如计算机专家，如果能和第三产业相结合，一定会有光明的前途。

再有，工资制度，总归要变成不以文凭作为评定工资的根据。真正的按劳分配，还是要看实际的工作能力和实际的贡献。这样，就可能有的大学毕业生、研究生的工资不如中专生。这时会不会有人说不落实知识分子政策呢？现在大学生中还有一些混文凭的人，有一些靠考试作弊过关的，有些学生的实验报告里有许多伪造的数据。当然，你现在可以用这个数据对付老师，但你将来不能用这个数据对付生活吧。

还有一个，助学金制度的改革。现在上小学，上中学，都要交学杂费，上大学不但不交学费，不交住宿费，还要拿助学金。恐怕不能认为这是合理的制度。有的学校已经有一些改变了，助学金改成奖学金。有的学校开始收或多或少的学费。有的帮助学生找接收单位，资助或贷款上学，学生承担毕业后为这个单位服务若干年的义务，等等。总之，大学生也不能再吃大锅饭了。全国的大锅饭都打掉了，唯有大学生的不打掉，能行吗？但是，大学生的生活也要改善。问题是用什么办法来改善。按照旧体制的办法，就只能向国家伸手，等待增加经费，这个老办法的结果只能是限制教育事业的发展。从新体制考虑，路子就宽得很。勤工俭学就是一个很好的办法。学生既可以改善生活，又增加了社会实践的机会，对学生素质的提高，会有很好的作用。但是，这种做法也不会没有人反对。

再一个重要的问题，是增强民主和法制观念的问题。随着经济体制改革的进展，整个社会的民主和法制一定会越来越加强，越来越健全。首先是企业内部工人的民主要求必然会十分强烈。这是不可阻挡的。但是民主绝不是无政府主义。无政府主义既不是无产阶级的要求，也不是资产阶级的要求，它是一种小生产者的落后的幻想，是比资产阶级民主、资产阶级专政更反动的东西。民主的本意就是按照多数人的意志统治。大学生大概大多数人都是民主的拥护者。可是真正扩大社会主义民主，未必人人都能习惯。因为这和他想象中的民主不是一回事。在大学生生活中自己管理自己的民主实践是很弱的。法制的健全也是人们的希望，但真要求各种事情都依法办理，又可能有许多人不习惯，不适应。比如，大家看足球，世界杯比赛，明明有个球进了，裁判看错了，说没进，你也只好服从。事后当然可以不让这个裁判继续当裁判，但当时就必须服从。法律的条文有时也可能考虑得不周到，有的情况应该重判，但法律没有规定，只规定了轻判条款。当然法律也可以修改，但在修改之前，还只能按法律的条文判。大家都认为不合情、不合理也不行。发生了矛盾、纠纷，依靠法律来解决，可能在相当时间内人们还不容易习惯。

　　这些都是改革时期大学生必须有的思想准备，也是大学生思想工作的重要内容。做好这样的思想工作，是有充分有利条件的。首先，我们这条路线是正确的，是给人民带来利益的。其次，今天的大学生绝大多数都是愿意支持改革的。而且大学生有一个很大的优点就是比较敏感，知识比较多，因此也比较能够接受新事物。这样我们就能够做好学生的思想政治工作。但是我们的思想政治工作方法一定要改革，要适应新的形势，找到新的方法，这样才能把思想政治工作的新局面打开，才能为祖国培养一批批适应新时期需要的栋梁之才，为祖国的繁荣富强，作出我们的贡献。

社会实践是大学生成长的主要途径[*]

　　很感谢同学们讲了那么多很生动，很有内容，有真情实感的材料和感受。我相信在座的许多同志听了都是很高兴的。因为同学们走上了一条中国青年知识分子健康成长的道路。这对于同学们的前途，甚至一生都会有很大的影响。从同学们走上这条道路的事实，我们也看到了我们这个民族未来的光辉前途。

　　中国的知识分子历来有忧国忧民的传统。从鸦片战争以来，许多先进的知识分子，认真总结我国历史发展几千年的经验教训，吸取外国富强的经验教训，考虑中国如何走上富强的道路。但是，到五四运动之前，他们都没有起到真正把我们这个民族从悲惨的境遇中扭转过来的作用。这些知识分子当中有许多人都是杰出的人才。但是，他们没有找到一条正确的道路。五四运动以后，这个情况变了，中华民族一步步走向解放了。根本的原因是找到了马

---

* 本文系 1987 年 9 月 22 日在首都大学生暑期社会实践汇报会上的讲话。

克思主义，并把它和中国实际结合起来。这个结合是通过中国先进的知识分子来实现的。这批知识分子不仅从中华民族的经验教训，从世界历史发展中，从比较中找到了马克思主义这个真理，而且走了一条正确的道路，即投身于实践中去，投身于人民大众中去，实现把马克思主义普遍真理同中国实际相结合的道路。这几十年，正是中国知识分子在历史舞台上最起作用的几十年，也是结束了中国受屈辱历史的几十年。许多同学讲实现自我价值，这些知识分子才真正实现了自我价值，走的路是很艰苦的。当然，这不像在客厅中坐着喝点咖啡那么自在。但是，自在的环境是实现不了自己的价值的。很多事情不去亲自干一下是体会不到的。

　　这个月初，我去走了一趟红军长征过草地的路。长征的故事，我不知道听过看过多少遍，但从来没到过草地。我是上午从成都出发，下午到了海拔4200米的鹧鸪山口就透不过气了，全身冒冷汗。晚上到了红原县，这是为纪念红军长征路过草原命名的县。海拔3500米，水烧不开，饭做不熟。8月底9月初，还得穿羽绒服。第二天在草地上坐吉普车走了5个小时，才离开草原。坐着吉普车，沿着草地边缘的山坡上的公路上走，穿羽绒服，吃得饱饱的还透不过气来。人家告诉我，在这地方，动作不能大，累了不能在草地上坐下来，坐下来可能就起不来了。这时我才体会了红军当年连凉水也喝不上，饿着肚子，有人穿单衣，在沼泽地里步行是什么滋味。刚才，永乐店乡的党委副书记讲办事情是：瞧着容易，做起来难。这是有实践经验的人说出来的真理。没有这个难，就出不了人才。

有位外国科学家说，一磅铁不值多少钱，但把铁锤炼成钟表的发条，它的价值超过这磅铁的几百倍。他的意思是：锤炼才能产生价值。人也是需要经过锤炼的。我是做新闻工作的，在日本访问的时候，发现他们报社做领导工作的，个个都精明强干。我就产生了一个问题，他们的人才是怎么培养和选拔出来的，我反复问过几次。他们说，我们的秘密是：1. 报社公开招考，条件至少是个大学生。一般是几百个人中录取一个。2. 录取后，让他们卖一年报纸，他们的理论根据是：不了解读者的人，不可能办好报。不只让你去街上卖，而是让你挨家挨户去拉订户。拉订户就是要去了解读者，看每家每户需要什么。这样干一年，才算试用期满了。3. 而后，统统分到农村去。他们是资本主义国家，也采取这个下放农村的政策，而且下去没有期限，表现好的一年就调回报社了，有的在农村七年还没调回来。调回来以后就是第四步了，分配到某一个采访部。干得好了，胜任了，就换一个部门。越勤奋，越有才能的人，换得越快；表现差的，调动机会就少。第五步从在编辑部都转过的人中选特派记者，驻外务省，驻东京都，这些人都是全才，无论什么新闻，他一个人全包。第六步，特派记者中表现好的，挑选出国做驻外记者。在一个国家两年，又换一个国家，至少驻两个国家以上。回国后，才做部门负责人。他们的部门负责人也要在各部门之间轮换，而且规定一条，每人都必须到经理部去工作一段，否则不能提拔做社级领导。这样出来的社领导 50 岁左右，精明强干，既懂业务，又懂经济，不会吃亏上当。这是资本家培养人才的措施。看来，天下人才成长是有共同规律性的。不到实践中去扎扎实实地干，以为只靠读书就能治理国家，那是把事情看得太容易了。

现在，我们民族面临的任务和以前不一样了。过去的任务是革命、斗争、求解放，革命成功后任务就转到建设上来了。但是人的头脑有时往往容易出一个毛病：落后于实际。就如我到红原县，就感到不适应。红原县委书记说，这是因为你从成都突然来到这里，一天之间从海拔500米变为4200米，变化太大，身体没有准备。如果在理县（2000米）住一晚，第二天到红原就会比较好一点。这说明适应是需要过程的。人的头脑也有这种情况，人从山上走下来了，脑子还在想山上的事。到了建设时期了，我们的脑子还在按搞阶级斗争的方式思维，这就要犯错误。十一届三中全会就是为了改正这个错误。

我们的大学中绝大多数同学都希望把国家搞好。但是为什么有的人想用游行示威贴大字报这一类办法呢？他们可能自以为是走在时代的前面，实际上至少在这个问题上脑子还没跟上时代。许多人动不动就爱说他的行动是第二次"五四"，第二次"一二·九"，其实现在早已不是"五四"时代，也不是"一二·九"时代了。这个国家现在需要的不是政治运动。现在的问题是太穷，这个问题只有靠建设，靠发展社会生产力才能解决。我们有许多不能令人满意的地方，你们不满意，我也不满意，跟人家没法比。有人就会想，堂堂中华人民共和国就是这样！现实就是如此。我们培养大学生平均一年用 3000 元,美国平均 1.6 万美元,相当于 6 万人民币,是我们的 20 倍,我们只有它的 1/20,所以许多条件都和人家不能比。能不能多花呢?中国的老百姓太穷,人均国民收入只有 700 元,要 4.5 个老百姓干了活,不吃不喝,才能养一个大学生。我们人均国民生产总值 300 美元,美国是 1.5 万美元,是我们的 50 倍。如果按美国的比例,一个大学生只花相当于一个人均国民生产总值略多一点的钱,我们用在大学生身上的钱还要减少,大约只能花 1200 元左右。那就更难办了。我们实际花的是 3000 元,已经超过了我们的国力水平。我们应当尽最大的努力,问题是我们太穷。北京市政府最伤脑筋的问题是需要办的事情太多,就是没有钱。北京市一年仅各种补助就用 24 亿元,例如:房租、粮食、油、蔬菜、肉、交通等,甚至游动物园都要补助。按 600 万城市人口,平均每人每年 400 元。北京市财政收入 60 亿元,分成一半只剩 30 亿元。除掉补助,加上开工资,还能做什么事,不分成,60 亿元全部留给北京行不行?不行。因为有比我们更落后的地方,青海、西藏等。其实补助 24 亿元,并不算多,每人才 400 元。如果我们每人能创造 1 万元,这 400 元就算不了什么,再多补助点也可以,补 800 元都可以。如果北京市的财政收入达到 600 亿元,补助再加一倍,每年达到 50 亿元也没问题。所以办什么事都要看能力。游行治不了穷。"文化大革命"时期的口号最革命,停课停产,弄得快要没有饭吃。这一点大家都有体会。经济效益的每一步提高都是扎扎实实做出来的，都要解决一个个实实在在的问题。我们现在人均300美元，希望到下世纪中叶能搞到4000美元，提高十几倍。4000美元的水平在世界上并不算高，但是要把劳动生产率提高十几倍可不是容易的。要使每个劳动力多干出十几倍的效益，怎么干？看天花板，坐在屋子里议论，都不解决问题。一定要扎扎实实地工作，要解决许多具体的困难。这就需要大量的人才，而且是适应建设需要的人才。同学们下去有一条收获：更加认识到学习的重要了。还有另外一条，可能这样发展下去，使得我们的大学生更受群众的欢迎，更受实际部门的欢迎。你们下去，人家都说欢迎你们，但是不知道你们是否注意到，人家的说法是："这样的大学生我们欢迎。"这个话里是有话的。就是说并不是所有拿一张大学文凭的人都会受到那样热烈的欢迎，还要看这样的人对实际工作是不是有帮助。这一点很多同学还没有思想准备。前两年大学生一毕业就被各单位抢着要。这使一些人产生了错觉，以为自己真是那么了不起。其实这种现象的出现是因为"文化大革命"十年中断了对高级人才的培养，像海绵干了一样，吸水的能力特别强。还有个原因，是直到目前为止，大学毕业生是国家统一分配的体制，分配是带指标、带工资额度的，只要争取到一个指标，来一个人就有一份钱，对企业有利，谁都愿意白白要人。随着改革进一步深入就发生问题了。企业实行承包、租赁，所有权和经营权分离，工资总额和效益挂钩。效益上去了，工资可以增，效益上不去，工资不能增。多来人不增加工资总额，减少人也不减少工资总额。

厂长就不愿意也不可能随便增加人了。只有厂里多赚钱才能增人。厂长就考虑：来的人能否帮助企业赚钱。能够提高企业经济效益的，这样的大学生，他们就欢迎。否则就不欢迎。无论你是硕士、博士，人家也不说你学得不好，人家会说，你本事确实很大，但我们的庙太小，你另请高就吧！这不是社会不需要知识，不需要人才了，而是更需要知识，更需要人才，是需要扎扎实实的能解决问题的人才。这样一种社会机制随着改革的深入会越来越明显地被大家感受到。这样一个变化当然会促使我们的教育体制发生相应的变化。

中央关于教育体制改革的决定，关于根本方针讲了两句话。一句是教育要为社会主义建设服务，一句是社会主义建设要依靠教育。并不是说，不管办什么样的教育，都能为社会主义建设服务，不是随便说有什么系，开什么课，都能满足建设的需要。这个服务也不容易。因为教育同其他系统一样，正如刚才有的同学讲的，过去也是一个相当封闭的系统。但改革深入了，这个封闭就会被打破，变成开放系统了，是和外界有千丝万缕联系的系统了，教育就有活力了。这样有的系要收缩，有的系要扩大。有的课要增加，有的课要减少，教育、学习的方法都会有很多变化。对这个问题，谁认识得早，早采取措施，谁就主动。今天在座的许多同学，至少是刚才发言的几位同学，认识是比较早的，比较好的，实践也是比较早的。希望你们在这样一条道路上坚持走下去，通过参加社会实践，使自己成为更能满足实践需要的人。国外的企业招收人才，除了要看一张毕业文凭以外，还要问你有什么实际经验。在哪里当过导游，在哪里当过业余会计等，这方面的证件都是大公司录用人员的重要参考材料。当然中国现在还没到这一步，但我相信，随着改革深入，人们对人才的评价会越来越实际。

我觉得今年大学生的社会实践搞得很好，但还仅仅是开始，需要深入和发展。从大学生成才的角度考虑需要深入和发展。从提高民族素质的角度考虑也需要深入和发展。你先去参观，人多了，时间长了，川流不息，地方和企业就受不了。现在，日本、西德就给我们提抗议，中国人怎么老来参观呢？一批又一批，看同样的东西，人家接待不起。以后，大学生下去，可能要找一种双向互利的办法。搞出这样的机制，就可以长期坚持。可以探索各种各样的办法，包括勤工俭学，学生也得一点儿收入。寒暑假和课余时间都可以搞，整块时间与零打碎敲的时间如何利用都要研究。人才是不拘一格的，锻炼成长的办法也可以是多样的。不管哪种办法都需要各部门的支持。实际部门得到了智力上的支持，也对人才培养作出了贡献。大学生和工厂、农村沟通了感情，他们就会源源不断地得到更多人才。团市委搞了"百乡挂职、智力支农"，能否搞"百厂挂职"，可以研究。

最后，对同学们取得的收获表示祝贺。

和青年政治课教师聊聊天*

有些同志看到一些社会主义国家的形势发生了剧烈的变化，而又看不到发达资本主义国家有爆发无产阶级革命的现实可能，发达资本主义国家生活水平也比大部分社会主义国家高，这种情况下很自然地提出了对社会主义的信心问题：应当怎样坚定我们的信心，保持乐观主义？

乐观主义不是勉强的，而只能建立在对世界的科学认识的基础上，是以科学世界观为依据的。有了科学的认识，就可以做到"虽千万人吾往矣"，无论别人怎么嚷嚷，也不会动摇。像布鲁诺说的，你把我烧死了，地球还在转。人类历史发展的过程充满了许多临时发生的事变，有时向东，有时向西。这些事变对历史发展当然有作用，但毕竟不能决定历史发展的方向。历史发展的方向是由许多基本的事实决定的。机会主义的认识根源就在于被眼前

---

　　* 本文作于 1991 年。曾收入人民出版社 1991 年 9 月出版的《用科学的态度认识社会主义》一书。

事变所迷惑，忽而盲目乐观，忽而灰心丧气。从整个社会主义革命进程来说，即使有的国家发生了资本主义复辟，也没有什么了不起。甚至可以说，不经历几次复辟反复辟的斗争，社会主义要真正巩固和发展，恐怕也有困难。资本主义也有几次复辟。但最后，历史发展的大趋势终究是不可改变的。

自从人类进入阶级对立的社会，几千年来被剥削被压迫的劳动人民就总是要反抗，但是这种反抗又总是以失败告终。虽然这种斗争能够迫使剥削阶级做若干让步，能够推动历史前进，但是劳动者又总是摆脱不了被剥削、被压迫的命运。因为生产力只有那个水平，打倒了这一批剥削者，另一批人还得继续剥削，即使是劳动人民出身的人掌了权，也只能成为新地主，还得按那一套方式进行统治。资产阶级革命，说是要争自由。劳动人民得到的却是出卖劳动力的"自由"，也就是受剥削的"自由"。马克思主义的功劳在于分析了当代的社会化大生产，从中发现了这样一种生产必然要求由社会来占有生产资料的前途，并且发现了实现这种转变的物质力量就是当代无产阶级。当然发现了这个规律不等于新社会就会自动实现，工人要当家做主就必须经过自己的斗争，而且是艰苦卓绝的斗争。1917年俄国工人阶级的斗争，后来中国工人阶级团结全国人民共同进行的斗争，在人类历史上真正开辟了一个新纪元，真正由劳动人民自己来统治的纪元。而且劳动人民自己的政权持续了几十年，创造了伟大的功绩，这些真正是史无前例的。但是，我们不能忘记，无产阶级的这个伟大实践，毕竟只是在资本主义的薄弱环节实现的。资本主义世界的核心部分，一些最发达的资本主义国家还没有被触动。它们在生产力发展水平上，同时也就在富裕程度上比中国苏联这样的社会主义国家领先几百年，巨大的贫富差别对社会主义国家始终是很强的精神压力。从世界范围看，社会主义和资本主义谁胜谁负的斗争并没有解决。在这个过程中，总会有人对社会主义发生动摇。尤其是在资本主义相对和平发展时期，动摇的人更多一些，这都是不足为怪的。

　　问题是在这样的时候，怎样来认识资本主义的本质。譬如美国，它现在搞霸权主义的气焰嚣张得很。出兵侵犯巴拿马，推翻那里的政府，抓人家的政府首脑，残杀和平居民。有人说，美国真了不起，想怎么干就怎么干。其实美国的凶残同时就是它的虚弱的表现。美国号称世界上最富的国家，可是它每年的财政赤字都是天文数字。到1989 年底，赤字就达到 3 万亿美元。这样的国家不是应当很虚弱吗？为什么又能保持那样的繁荣呢？原因之一就在美元已经成为一种世界货币，成为国际上的流通手段，甚至成了许多人的储存手段。这笔钱至少有几千亿美元。这几乎等于美国的银行发了很大一笔票子，在很长时间中用不着兑现。这样美国的日子才好过。也正因为这样，美国就一定要搞霸权主义。它如果失去了这个霸主的架势，别人对美国失去信心，就可能不存美元，改存马克、日元、欧洲货币，这几千亿美元拿到美国市场上去向美国要东西，美国的日子就难过了。当然美国最后也还有一个杀手铜，就是宣布美元贬值，你们世界各国手里存的美元不值钱了。这一点，日本和欧洲各国政府是很害怕的。所以，一遇到美元贬值的风波，这些国家的银行都赶快出来维持美元的汇价。表面上看，"皇帝不急急太监"，是很奇怪的。其实背后都是利害的冲突。这样的矛盾，要长期维持，难做到，总有一天要爆发的。

再来看我们的社会主义。我们在经济发展水平上还不如发达的资本主义国家，而且差距很大，这是事实。但这不是社会主义的罪过。解放以前这种差距更大。现在双方差距不是扩大而是缩小了。这也是事实。有些人对这一点就是不相信，你举出多少统计数字来，他也不相信。那我们也可以不讲数字，只讲看得见的事实。1949 年以前，中国人在世界上有什么地位？今天我们在世界上影响力是那个时候能比的吗？旧中国的时代，哪个外国的军队都可以随便开到中国来，今天占一块，明天占一块。现在谁敢派兵到中国来打仗！我们究竟是强了还是弱了，同发达资本主义国家的差距是小了还是大了？不是很清楚吗？

有人说，社会主义有腐败现象，并且拿这个来作为搞和平演变的理由。我们说，真正坚持反对腐败，还得靠社会主义的原则。中国这些腐败现象的恶性泛滥，恰恰听任资本主义那一套"一切向钱看"、"拜金主义"等腐朽观念流传而没有认真地抵制、批判的结果。即使如此，我们这里的腐败现象同资本主义国家相比也仍然是"小巫见大巫"。只不过在资本主义国家把我们这里认为是腐败的现象当做正常的、合法的事来看待。一些青年学生不懂得事情的真相，从反腐败的愿望出发，走到羡慕资本主义的道路上去，真可以说是"南辕北辙"，把方向完全搞错了。但也正因为他们的出发点并没有完全错，所以我们相信他们在弄清楚事实后还是会回过头来拥护社会主义的。

有的同志问，封建残余对社会主义国家是否很有影响。我觉得，应当说封建主义残余在中国的影响还是很强的，特别是农村。可是，在中国的农村，靠什么力量去同封建残余斗争呢？靠资本主义吗？那些偏僻的山区里哪有这个东西？只有共产党支部能够跟农村的封建势力作斗争，虽然党支部成员本身也难免在不同程度上受封建思想影响。因为共产党是一个全国的组织，是工人阶级的先锋队，有马克思主义的思想体系。在实际生活中也看得很清楚，如果哪个地方的共产党被削弱了，这个地方的政治权力、社会权力、经济权力都必然落到封建宗族或者宗派势力手里。

有一位青年政治教师有些苦闷，他说他感觉越讲爱国，学生越不爱国，越说美国好，亲朋好友也劝他改行。他想问问讲政治课有什么绝活。我说，政治课的任务就是帮助青年们认识自己的利益，并且团结起来为实现自己的利益去奋斗。中国人民的利益就在于国家的强大、集体的富裕，没有这个前提，就没有大多数人的利益，极少数搞得好一些、富一些的人也不稳定。拿中国和印度比，人均耕地面积中国比印度少，气候也不如印度，但我们人均占有粮食却超过印度。印度粮食少却可以出口，为什么？在那个制度下穷人只能吃不饱或者饿死。新中国成立前也是这样。提倡在中国恢复私有制的人不一定都想要把多少万人饿死，但结果只能是这样。自己的利益还要别人帮助去认识，这好像有点悲哀，事实上由于各种局限每个人自己不一定都能认识到自己的利益所在。往往跟着感觉走，这是不行的，这样找不到自己的利益。搞社会科学与自然科学不同，中国有句老话：一失足成千古恨，如果弄不清问题，只跟着感觉走，再回头可能就是几十年、上百年的历史、毛泽东发动"文化大革命"时，没有想到有那么大的灾难，后悔也来不及。中国如果发生内乱、打起内战来，就不是死300人了，死300万人都可能的。只有联系到大多数人的利益才能把问题讲清楚。

讲政治课，是帮助青年认识基本的社会科学知识。青年人的弱点就是知识不足。这本来不可怕，可以通过学习和实践来逐渐积累。但是，有的青年人正因为知识不足就很容易把世界上的事情看得太简单，以为只要照他的想法去做，就什么问题都解决了。他想的主意又往往不切实际，不容易被别人接受。他碰了钉子就要苦恼，就要埋怨，或者认为是怀才不遇，或者是认为制度不民主（不听他的话），或者是认为其他社会成员太愚昧，因此要改造整个民族的所谓"劣根性"。但是这样一来，他的主张就更同整个社会格格不入，更行不通。他们当然不容易想到首先需要改造主观世界的正是自己。这也是人之常情。陈毅同志说过：如果入党的时候告诉我加入共产党要改造思想，我当时很可能就不参加了。他讲的是真话。一个人无缘无故凭什么就想到要改造自己的主观世界呢？但是陈毅同志又说，入党以后，一做革命工作，就感到自己不能不改造了。我脾气不好，团结不了别人，仗就打不好，不改造行吗？可见，改造主观世界是由改造客观世界的要求提出来的，也只有改造客观世界的实践中才能实现主观世界的改造。今天的青年也是这样。要促进祖国的繁荣富强这样的愿望，大多数人都是有的。那就要看我们的行业对实现这个愿望究竟是不是有利。在这个问题上一些脱离实际的青年知识分子同在生产第一线创造财富的工人农民看法往往不一样。有一个立场转变的问题，要转变到占人中绝大多数的工人、农民的立场上来想问题。能够真正帮助中国的工人农民得到利益的主意才是好主意，其他的东西无论说得多么好听都没有用。

政治课讲的都是这个观念、那个观念，讲这个观念时，那个观念不对。我希望同志们注意，在资产阶级那里，他们拿出这个观念那个观念来，实际上是骗人的，他们自己也并不真相信这些东西，实际上决定问题的是他们的利益，这也是屁股指挥脑袋，甚至直接指挥嘴巴。例如，人权问题是国际资产阶级嚷嚷得很凶的，拿来打我们的一根棍子。我们要指出，实际上社会主义比资本主义更讲人权。美国入侵巴拿马，他们自己承认杀死的巴拿马人就有700多，甚至把刚出生的婴儿也抓到战俘营去，这有什么人权！可是整个资本主义世界没有一个大国来制裁美国。非洲大陆每天饿死5万人，这就是帝国主义剥削的结果，这有什么人权！我们的社会主义制度，解决了这个每天有大批人饿死的问题，难道不是保障了人的生存权吗？他们却要鼓动推翻我们的制度。问题还不在这里，如果他们真主张他们的那个人权，为什么 1976 年"天安门事件"时，他们什么抗议、谴责的声音都没有呢？"四人帮"可真是不讲道理地杀人啊！是那个时候美国还没有发明"人权"这根棍子吗？不是。它在那个时候也用这根棍子，但主要是打苏联。当时，美苏斗争中，美国人想打中国牌，所以对中国主要是拉，什么"人权"的话都不说。现在，美国的统治者认为苏联已经变了，需要来压一下中国了，所以就来对中国嚷所谓"人权"问题。美国人搞和平演变，我们也不要因此认为它就爱好和平，其实正是因为武装进不来，如果它有本事打进来，早就搞"武装演变"了，对巴拿马不就是把军队开进去了吗？中国的事还得靠我们自己有力量。把这些情况弄清楚，大家警惕性就高了。

政治课讲的概念要尽可能结合实际，要把实际是怎样运作的讲清楚。一些人对美国那个代议制民主崇拜得不得了。我们就要讲清楚他们那个选举是怎样保证有钱人和有钱人的代表当选的。另外还可以算一笔账，美国不是每个公民都有选举权的，通过选民资格的审查，就去掉了一大批黑人、穷人、文化低的人。过去选民远远不到成年人的一半。这些年稍微放宽一点，也还是有很多限制。这且不说，最近一次议员选举，选民的投票率就只有 51%。所有当选议员的票加起来，也不到投票票数的 40%。这样，即使议会的议员百分之百投票一致通过的议案，假定这些议员投票时又是绝对忠于投票选举他的选民，那也只能代表美国 20% 的人的意志。何况，他们在选举时许的诺言当选之后往往可以不算数，在议会投票之前也不用征求选民意见，议会开会时有的议员缺席，所谓多数有时甚至不到全体议员的一半。这样，这种代议制民主究竟能反映多少美国人的意志就大值得怀疑。我们的民主制度虽然也讲投票表决，但是更强调反复地协商以求尽可能地取得一致，目的就是要使我们的决定尽可能地反映最大多数人民的利益和愿望。有时经过反复协商的结果，大家取得了一致的意见，或者是有不同意见人被说服了，或者是吸收了他们意见中的合理成分，表决的时候达到一致同意。周谷城老先生说这比资本主义国家议会中的 51：49 更民主。有的青年人嘲笑他说糊涂话。其实周谷城先生经历那么多朝代，又是世界史专家，对资本主义民主的了解比许多年轻人都更透彻。嘲笑他的人只能显示自己的无知。总之，民主之类的问题也要联系到人民的利益来研究。不能抽象地说任何事情都交给大家讨论，讨论得越多就越好。我曾经同一些技术人员谈话，问到厂里一些经营上的问题，他们说不清楚。我说厂长是不是没有把你们当主人，有些事没让你们了解。这些技术人员说，如果每一件事都找我们讨论，我的技术工作也就没有时间做了。我一想，他们说的道理也是对的。我们做政治工作的干部也害怕开会多，耽误业务工作。如果一个社会，少数人不断提出这样那样的问题，强迫多数人去同他们辨是非，实际上不是民主，而是对多数人民主权利的侵犯。我要集中力量从事正常的劳动，你凭什么要干扰我，让我分出精力来对付你？当然关系到一个国家、一个企业的大政方针，同广大群众切身利益有关的事，一下要经过广泛的讨论，集中多数人的意见来作决定。决定之后，就是办的问题，无休止的争论，也不是民主的表现。

当然，在社会发生大变化的阶段，让社会大多数群众都很坚定，不大可能。第一次国内革命战争时期，到处唱"打倒列强"、"劳工万岁"。很多人都卷到革命大潮中来，接着，蒋介石叛变，第一次国内革命战争失败，许多人就纷纷脱离革命队伍了。那时候报纸上天天登启事，某某人，年幼无知误入歧途，幡然改悔，脱离共党。有假的也有许多是真的。这些人却在那种情况下加入共产党，徐特立是一个，这才让人佩服。反"围剿"失败后，红区损失90％，白区损失几乎100％。这是有谁能想到以后爆发了"一二·九"运动，再过一年发生西安事变，抗日战争新局面出来了。可是在新局面出来前能看清前途的只能是少数人，因为那时许多矛盾并没有完全暴露清楚，有的刚刚暴露，有的正在酝酿之中。世界形势也有类似的情况。1871年巴黎公社失败以后，资本主义进入相对和平发展时期，阶级矛盾缓和，资产阶级答应了工人的一些要求，包括8小时工作制，增加工人福利等，一些社会党人被选进议会，这些本来都是工人斗争的成果。但是党内一些人以为这就是一切，资本主义可以和平长入社会主义，不必强调革命斗争了。接下来，帝国主义争夺世界的第一次世界大战爆发，几乎所有社会党都站到了本国资本家一边，支持本国资本家政府同别国的战争。当时看好像马克思主义的力量等于零。正在这个时候，以列宁为首的革命者经过艰苦斗争，取得俄国十月革命的胜利，并且在本世纪中叶取得卫国战争的胜利。这些胜利在本世纪初谁能想得到。今天世界资本主义又进入一个相对和平发展的时期，一是靠科技进步完成了一轮产业结构的调整，二是靠对第三世界的剥削。在这样的时期一些人对社会主义丧失信心，发生动摇，也是必然的，能认识历史发展方向并且很坚定的，可能只占少数。但历史的规律毕竟不能改变。有些人跑到外国去，他们的地位也还得靠祖国的强大。

　　讲有信心，还有一点重要的原因，就是现在可以让我们放手讲马克思主义、毛泽东思想的真理了。现在正是马克思主义者显身手的时候。现在不是没有材料可讲，而是要看我们讲的本事怎么样，怎样来利用这些材料。北京搞《同心曲》，让群众知道大白菜、挤汽车都是怎么回事，这是做了一件好事。宣传教育不要骗人，要说实话。但要把事实的意义讲出来。中国去年产6000万吨钢，这个消息在报上简单一登，什么效果也没有。在普通老百姓看来，6000万吨同6000吨似乎没有什么区别。要宣传，就要讲为什么新中国成立前人家打我们，我们要挨打？因为人家有钢，坚甲利兵，我们没有。有6000万吨钢就意味着我们有宿舍、有机器、有水闸，能生产化肥、农药、薄膜，这都需要钢铁。没有钢铁农民富裕办不到。煤，新中国成立初我们只有3400万吨，现在10亿吨，总产量与美国并驾齐驱，40年增长30倍的国家有几个？有了这一条，社会主义在中国就是打不倒的。当然我们还要努力做工作，搞思想教育，搞改革，不断提高我们的生产水平。

为提高思想政治工作的水平而努力[*]

《人民日报》和《思想政治工作研究》杂志联合举办的"思想政治工作新探"征文吸引了近万份来稿。这是一个好消息，说明思想政治工作的重要性正在被越来越多的人所认识，也说明大家感到在新的历史时期对于思想政治工作确实有许多新问题需要进行认真的探讨。

重视在群众中进行思想政治工作，是我们党的优良传统。近代中国的历史，是中国人受人欺凌的历史。为了改变这种局面，我们的先人曾经前仆后继地进行了英勇的斗争。这些斗争一个一个失败了。其原因除了力量对比悬殊之外，主要在于没有找到正确的道路。中国共产党的成立，标志着先进的中国人终于找到了马克思列宁主义这个救国救民的真理。但是，真理只有掌握群众，才能变成物质力量。亿万群众的力量，是真正决定历史命运的伟力。

---

* 本文系 1991 年为《人民日报》和《思想政治工作研究》杂志举办的"思想政治工作新探"征文而作。

这种伟大的力量需要有一个共同的奋斗目标、共同的意志凝聚起来，组织起来。中国人过去缺少的正是这一点。人们嘲笑我们是一盘散沙，从而任意地欺侮我们。所以孙中山在"致力国民革命四十年"之后，总结他的经验，"深知欲达到此目的，必须唤起民众"。中国共产党做成了这件事，把进步的政治思想灌输到民众之中，"唤起工农千百万，同心干"，造成了足以推翻帝国主义、封建主义、官僚资本主义在中国统治的巨大力量，就取得了中国革命的胜利。

这个道理，我们的敌人也是很明白的。他们害怕人民的觉悟和团结，因此采取种种方法欺骗群众，在群众中制造愚昧，制造分裂，这样才便于维持他们的统治和剥削。古往今来，剥削阶级由于他们掌握了物质生产的生产资料、掌握了意识形态的统治地位，由于当时广大劳动者所处的地位，限制了他们的眼界，使许多人很难摆脱剥削阶级的影响。因此，我们的思想政治工作不能不经过艰苦的过程。而当人民群众真正觉悟了，认清自己的力量，这种思想的解放就会形成巨大的物质力量，在整个革命时期，人们把思想政治工作看做一切工作的生命线，是一点也不过分的。

现在到了新的历史时期，中国人民已经成了自己国家的主人，中心任务已经从阶级斗争转变为经济建设，在这样的时期，思想政治工作是不是还像过去那样重要，是不是可以放松一点了？由于过去有一段时期在思想政治工作中发生过"左"的偏差，在纠正这种失误的时候，有一些同志走到另一个极端，他们不是改进而是在"改造"的名义下，削弱思想政治工作，甚至取消思想政治工作，把思想政治工作尽量"淡化"、"软化"。有的人对思想政治工作进行了种种恶意的攻击，败坏思想政治工作的名声。对资产阶级自由化思想的泛滥，对资产阶级以及封建阶级腐朽思想的泛滥，则大开绿灯，支持纵容，造成了极其严重的恶果。1989 年的政治风波以及国际上的风云变幻，使得许多人惊醒起来，觉得必须认真对待，再不能听之任之了。党的十三届四中全会以来，在以江泽民同志为核心的党中央的正确领导下，我国的思想政治战线出现了转机，思想政治工作得到了加强，取得了很好的效果。正反两方面的经验，使我们对新时期思想政治工作的地位、任务、内容、原则、方法等一系列问题有了更深刻的认识。

任何事情都是在一定的时间、地点、条件下进行的。中国的社会主义现代化建设也有自己的国内外条件。从国内情况看，中国是一个大国，人口多，底子薄，人均占有的资源严重不足，文化教育又比较落后，这个矛盾也十分尖锐。中国的发展极其不平衡，现代化的大生产与原始落后的手工操作长期并存，这也不能不带来许多复杂的矛盾。在这种情况下，要顺利地进行社会主义现代化建设，不能离开坚强有力的思想政治工作，否则就不可能协调社会矛盾，凝聚全国人心，形成合力，循着正确的方向，增强国力，富裕人民，使物质文明和精神文明建设都收到应有的成效。

从国际条件看，中国的现代化建设起步比较晚，已经有一批发达国家走在前面，中国同它们相比，在发展程度上有相当大的差距。中国作为一个后起的国家，可以借鉴发达国家的经验教训，学习它们的科学技术，迎头赶上；同时也有相当大的压力，容易产生在生活上盲目攀比发达国家水平的情绪，影响资金的积累和建设的速度；同时在建设中又容易因急于求成而产生失误，违反客观规律。而由于客观存在的差距不可能在短期内消除，必然会使一部分人感到自卑，甚至盲目崇洋。那些发达国家许多是在资本主义条件下发展起来的，它们除了对内剥削，主要是靠掠夺殖民地发的财。其中也就包含了对中国的长期掠夺。这是中国所以穷的重要原因。它们不允许中国走上独立自主繁荣富强的道路。是中国共产党领导的人民革命推翻了它们在中国的统治，才使中国人民赢得了通过社会主义道路进行现代化建设的自由。但是，帝国主义者是绝不甘心的。在它们看来，中国这样一个大国实现现代化本身就是对它们的严重威胁。所以，尽管它们明知中国要求的只是平等、友谊，决不想威胁任何人，它们还是不能容忍，它们要妨碍、阻滞中国的现代化进程的决心是下定了的。为了这个目的，它们就一定要破坏我们的社会主义制度，一定要在我们这里搞"和平演变"。这个方针也是不会改变的。因为在它们看来，只有使中国永远成为贫弱的、分裂的中国，才符合它们的利益。为了保护我们民族的独立，为了实现祖国的现代化，我们必须认真地加强思想政治工作，弘扬爱国主义情操，帮助我们的人民认识国情，认识世情，认识资本主义，认识社会主义，能够在复杂的世事变幻中掌握自己的命运，既能坚持改革开放的方针，广交朋友，争取和平的国际环境，又能坚持四项基本原则，抵制"和平演变"。中国人民的利益要求我们必须这样做，我们没有任何理由懈怠。

我们党在长期的奋斗过程中积累了思想政治工作的丰富经验，这是一笔宝贵的财富，也是我们对新时期思想政治工作进行新的探索的基础。正如这次征文中许多同志谈到的：思想政治工作必须以马克思列宁主义为指导，必须坚持实事求是，循序渐进的原则，必须着重启发群众的自觉，依靠群众自己教育自己，思想政治工作要结合党的中心工作去进行，要依靠全党动手去做，要渗透到工作、学习和生活的各个领域中去，注意表扬和批评相结合，注意运用典型，精神鼓励和物质鼓励相结合，干部和党员首先要以身作则，等。这些都是经过历史检验证明是行之有效的，完全应当在新的历史时期结合新的情况，加以发展和运用。这些经验之所以有用，是因为它们符合人的思想发展规律。不应当借口新的情况否定这些根本的东西。现在的问题是对于党的思想政治工作的优良传统经验总结得很不够，还没有使它们为广大年轻干部所熟悉和掌握。这是一件值得花气力、用工夫去做好的大事。

当然，世间没有一成不变的事物。思想政治工作也必须随着时代的发展而不断地发展和改进。越是能够适应新的时代特点，思想政治工作也就越是能够得到真正的加强。这应当是"新探"的重点，在新的形势下，许多地区和单位的同志坚持"两手抓"的方针，克服各种困难，作出了许多有益的探索和创造。大量的来稿提供了丰富的新鲜经验。例如：思想政治工作如何围绕经济建设这个中心来进行，思想政治工作与改革开放的互相促进作用，思想政治工作必须旗帜鲜明，思想政治工作与建设企业文化、校园文化、社区文化的关系，组织系统的政治学习与时事政策宣传的关系，运用社会力量组织"红白事理事会"、"妇女禁赌协会"等，净化和繁荣文化市场，运用心理咨询等科学知识，运用录音、录像等现代手段，采用群众喜闻乐见的新形式，开展健康有益的文化活动，造成和谐、民主、团结奋进的小气候，结合业务工作进行思想教育，从娃娃抓起，开办家长学校，把学校教育、社会教育和家庭教育结合起来，组织各种共建活动，等等，都是行之有效的。我们相信，今后必然会有更多的创造涌现出来。认真总结和推广这些新鲜的经验，并且上升到理论，得到规律性的认识，对提高思想政治工作的水平，从而提高我们民族的思想道德素质，促进社会主义现代化建设事业的进程，是有重要意义的。

毛泽东同志指出："马克思列宁主义的基本原则，就是要使群众认识自己的利益，并且团结起来，为自己的利益而奋斗。"共产党的宗旨就是为人民服务，除了全体人民的利益，工人阶级的利益，共产党并没有任何其他的私利。我们的思想政治工作所以一定能够成功，根本的原因也就在这里。我们进行爱国主义教育、集体主义教育、社会主义教育，是因为客观上存在着整个民族的共同利益，存在着集体的共同利益，是因为唯有走社会主义道路才能使中国走向富强。我们进行艰苦奋斗、自力更生的教育，是因为不如此中国的经济就不能得到发展。我们反对资产阶级自由化，因为这对于中国是一条祸国殃民的道路。由于我们没有私利，所以我们决不需要隐瞒或歪曲事物的真相，我们需要的只是把真理告诉人民。但这绝不是说思想政治工作是一件简单容易的事。如果说人类对自然界的认识还远远没有完成，只是处在一个不断探索前进的过程之中，那么，对人与人之间的社会关系的认识就更不是一件容易的事。由于人们眼界的限制，由于剥削阶级经常不断地制造种种谎言来欺骗群众，由于旧观念对人们的束缚，使人们对人自身社会的认识比之于对自然的认识困难更多。所以，我们的思想政治工作必须努力用心去做。

马克思主义认为，群众是历史的主人。在认识世界、认识自己的利益的过程中，群众自己是认识的主体。而正确的认识只能从群众自己的社会实践中来。我们的思想政治工作的一条重要原则就是要努力吸引群众参与各种社会实践，让群众在改造世界的过程中加深对世界的认识，同时也就提高自己的认识能力。经验证明，从亲身参加的实践中获得的认识同单纯从书本中得来的观念是不可比拟的。在反复的实践中形成的认识和行为方式甚至可以像习惯一样牢固，成为一种巨大的力量。列宁指出，只有在为公共事业贡献自己的工作和能力的过程中，才能培养真正的共产主义者。过去的共产主义者是这样培养出来的，新的一代共产主义者也要这样来培养。但是，这不是说人们的觉悟提高是一个自发的过程。我们要对各种社会实践活动进行精心的设计，尽可能地吸引群众自愿参加，要帮助群众从实践中获得正确的体会，并且能够从感性的认识上升到理性的认识，使自己的正确认识得到巩固和提高。这次亚运会的举办所以取得巨大的成功，一条重要的经验就在于全国人民通过各种形式广泛的参与。如何在各种不同领域中，在各个不同层次上，吸引群众参与祖国社会主义现代化建设的实践，并且在实践中得到尽可能多的思想收获，这是思想政治工作研究中的一项重要课题。

　　思想政治工作的任务是要帮助人们判断是非，但又不仅限于此。还有一个重要的领域，就是人们的情绪。好的思想政治工作不但要说之以理，还要动之以情。爱国主义就是一种伟大的感情。感情需要培育，只解决"应该不应该"的问题是远远不够的。感情的培育有自己特殊的规律，许多事情需要经过长期艰苦的努力才能奏效。首先需要思想政治工作者本身能够倾注充沛诚挚的真情。其他如爱厂，爱校，处理人际关系，解决各种矛盾，也都有个感情问题。情绪顺的时候，看什么都顺眼，相互关系上存在一点矛盾也容易理解。情绪不顺的时候，看什么都不顺眼，正确的道理也会听不进去。优秀的思想政治工作者都十分注意群众情绪，认为这是第一信号，把引导群众情绪当做思想政治工作中的大事来抓。不要以为思想政治工作只等于讲道理，我的道理对，大家就一定会听。有时候，道理虽然对，情绪转不过来，心里感到别扭，人家也还是不接受。社会主义社会的建立为广大劳动者发挥自己的聪明才智提供了广阔的舞台，为人与人之间建立平等、互助、和谐、友好的关系创造了前提。社会的迅速发展，人们的分工越来越细，又使人们互相的了解发生某些困难，并且可能使某些人在社会的变化中产生失落感，在人们的相互关系中产生某些不协调的因素和不应有的矛盾。做好沟通的工作，增进人们的相互理解，造成同心同德，团结奋进的局面，是充分发挥社会主义制度优越性的必要条件。为达到这样的目标，还需要我们作很多的努力。

思想政治工作涉及的领域极其广泛，因此常常难免有顾此失彼之虞。时代在前进，新的问题层出不穷，解决了一个矛盾，又会有新的矛盾在前头，"按下葫芦起来瓢"，这都是生活中的正常现象，但又是需要解决的问题。真正要稳步前进，就需要逐步在整个社会形成一种机制，造成一种环境，以有利于健康的思想、道德成长，及时抵制各种腐朽思想的侵蚀。我们平常说的占领思想文化阵地，建设思想防线，建设文明单位、文明城市等，做的都是这方面的工作。这当然不是一朝一夕可以毕其功的。但是只要认真调查研究，进行通盘规划，因势利导，又总是可以逐步有所成就的。现在是认真做这种思想道德方面的建设工作的时候了。这种建设也包括若干硬件。思想观念需要有物质的载体才能体现和传播。更重要的还是运用、操作和管理的机制。要使我们的思想政治工作有效地覆盖整个社会的人群，覆盖社会生活的各个领域，就需要密切地注意社会人群的变动情况，了解他们接受信息的渠道和不同的思想特征，才能找到正确的对策。例如，社会主义商品经济的发展带来了大量的流动人口，他们常年远离本地区、本单位，较少受到传统的思想政治工作渠道的影响，但又有比较关注新的信息的特点，如何针对他们的情况，设计和推广适当的思想工作方法，就是当前迫切需要解决的问题。对于各种不同人群的情况，都要一部分一部分地分别研究，对于人们生活的各个领域，也要逐个分别研究。找到适当的可以操作的方法之后，还要用极大的气力来狠抓落实。任何好的方法，只有落实了才能见到成效，也只有落实了才能在实践中得到充实和改进，最后成为长远起作用的机制。

许多同志都说，现在真正是思想政治工作的春天。春天是创造的季节，是生机勃勃的季节，我们面临的战斗任务要求我们在马克思列宁主义的指导下，不断进行新的探索，使我们的思想政治工作更加灿烂多彩，更加深入人心。为了中华民族的利益，广大思想政治工作者正在作这样的努力。这种努力一定会结出丰硕的果实，这是毫无疑问的。

职工思想政治工作要建立在
唯物论的基础上[*]

  辩证唯物主义和历史唯物主义是我们党的理论基础。三中全会以来，我们在各条战线上拨乱反正，取得了重大的成就，归根到底，是由于我们党恢复了唯物主义的思想路线。我们对职工的思想政治工作，要取得成效，也一定要建立在唯物论的基础上。

  我们向职工做思想工作，最基本的内容，就是用马克思列宁主义、毛泽东思想教育工人，向他们灌输科学社会主义思想，从而提高工人阶级认识世界和改造世界的能力。从这一个方面，可以说是通过我们的思想政治工作来改变工人阶级的存在状况。但是，从根本上说，我们思想政治工作的内容，又是由工人阶级的存在所决定的。不是人们的意识决定人们的存在，而是人们的社会存在决定人

---

  * 本文作于 1984 年。曾收入中国华侨出版社 1991 年出版的《改革中的精神铸造》一书。

们的社会意识。这正是马克思主义最基本的原理。

马克思主义本身，就是工人阶级的世界观。有了工人阶级的存在、工人阶级的阶级斗争，才产生了马克思主义。马克思主义和一切空想社会主义流派的区别，不但在于它发现了人类历史发展的规律，特别是资本主义社会发展的规律，科学地论证了社会主义胜利的必然，而且在于它发现了实现这个伟大历史变革的物质力量——工人阶级。我们的思想工作，无非是帮助工人认识自己的阶级地位，认识自己的利益，认识自己的历史使命，这就是我们的"灌输"一定能被工人接受的客观依据。

用这样的唯物论观点来看我们的思想工作，那我们就只能用工人阶级自己的世界观去教育工人，而不能把幻想寄托在封建阶级、资产阶级的各种思想体系。工人阶级当然要吸取人类一切有用的思想成果，马克思主义正是这样产生的。但是，作为思想体系，它和一切剥削阶级或者小资产阶级思想的界限，是十分分明的。我们拒绝那些东西，是因为靠那些东西绝不可能引导工人阶级获得解放，归根到底只能损害工人阶级的利益。而我们的思想工作，则完全是为了工人阶级以及全体人民的利益。这是我们思想工作的出发点，也是它的归宿。忘记了这一点，以为思想工作和工人阶级的利益不相干，甚至以为思想工作就是要让群众放弃自己的利益，那就大错特错了。那样的思想工作，无论你讲得多么天花乱坠，娓娓动听，群众也是不会愿意接受的。

群众的利益、意志、愿望、使命，集中起来，又经过我们的思想工作，回到群众当中去，这可以说是工人群众本身的需要。群众自己的利益，群众不一定就能自然地认识清楚。世界上的事情，如果一眼都能看穿，那科学就没有用了。少干活，多拿工资、奖金，表面上看起来似乎对群众有利，其实却是最不利的。因为如果劳动生产率不提高，社会总产品不增加，那么，整个社会可以消费的总量也就不会有变化。多发了工资、奖金，只能造成通货膨胀，促成物价上涨。这样的客观规律是任何人都无法抗拒的。所以，真正对工人有利的，只有早日实现四个现代化这样一条出路。为此，就要进行一系列的改革，就要整顿企业，就要两个文明一起抓，就要加强法制建设，加强组织性纪律性等。这些问题，都不能靠工人群众自发地认识。实际上，在解决这些问题的过程中，还会经常遇到一些思想阻力。这些阻力有的来源于剥削阶级和小资产阶级陈腐观念的影响，有的来源于人们目光的近视和思想的局限。但是只要经过艰苦的工作，我们一定能够 帮助人们普遍认识自己的根本利益，这也是确定无疑的。

我们说，要把思想政治工作建立在唯物论的基础上，还意味着思想工作必须符合人们认识发展的客观规律。

人的认识来源于实践。人们在一定阶段的觉悟程度，他们对各种事物的态度，一般都可以从他们所处的地位、环境，他们的经历和遭遇，他们的文化知识水平等方面找到解释。不考虑这些因素，对不同的人千篇一律地提出同样的要求，用同样的方式去进行教育，叫做不切实际。但是，也不能认为同样的实践就只能有同样的觉悟，思想工作没有什么作用。我们看见，同样在十年动乱中长大的青年，有的染上了严重的恶习，有的就表现非常优秀。这里有个怎样理解、认识和消化从实践中得来的感性认识的问题。这就是我们思想工作的用武之地。我们越是清楚地了解人们各种现实思想问题产生的来龙去脉，不是回避它们，而是紧密地结合人们的实践体会，来进行我们的思想政治工作，我们的工作就越会有成效。

　　我们不但要注意人们过去的实践，更要有意识地引导人们投身到新的革命实践中去。人们只能在变革客观世界的过程中变革自己的主观世界。不是完全改造好了，十全十美了，才投身到革命实践中来，而是先干起来，由于实践向自己提出了各种各样的要求，得到了各种经验教训，自己也就在革命实践的熔炉中得到了锻炼和改造。这是许多革命者实际上走过的道路。当前，建设有中国特色的社会主义，实现四化，就是一项伟大的实践。工人阶级就是这个伟大实践的领导者和主力军。在这样的实践中，又包含着许多具体生动的活动，例如劳动竞赛、技术革新、经济改革、五讲四美等。首先把工人群众组织到这个伟大实践的各项活动中来，把我们的思想政治工作和这些活动密切结合起来，应该成为思想政治工作的基本方法。例如，北京市在1984年的"五讲四美三热爱"活动中，普遍推行了"门前三包"的做法，由每个单位的群众把自己门前的卫生、绿化和秩序都包下来。这就不但使活动的经常化有了保证，而且使广大群众分别承担整个城市建设的一小部分任务。自己参加了活动，就会珍惜这种活动的成果，这种感情扩大开去，对其他绿化场地、公共场所的卫生和秩序，也会比较珍重而不会随意破坏了。这样，就可以逐渐养成人人爱护自己的城市的习惯，这也是爱国主义思想的组成部分。

历史唯物主义认为，历史是人民群众自己创造的。社会主义在中国的胜利，使中国工人和全体人民一起成了国家的主人。他们要行使主人的职权，就需要了解国家政治、经济、文化生活各方面的情况，了解社会向前发展的规律。这是工人阶级本身的迫切需要。我们的思想政治工作就是要为满足工人群众的这种需要服务，向工人群众提供我们国家各个方面的情况，包括历史和现状的资料，并且尽可能把这些材料搞得通俗易懂，生动引人。人们对各种情况，包括我们的进步、失误、困难、克服困难的方针、措施以及前景，了解得愈清楚，就愈能提高主人翁的觉悟，正确决定自己的行动。

群众的需要，在不同的情况下会有许多不同的具体表现。有的需要了解法律知识，有的需要了解怎样教育自己的子女，有的需要了解怎样正确处理师徒关系，有的在恋爱中有了苦恼希望得到知心者的指导。针对人们的需要，用马克思列宁主义的要言妙道，结合实际，真心诚意地帮助他们解决问题，是思想政治工作的一个好传统。最近出现的各种咨询活动大受群众欢迎就是一个证明。只要我们善于组织好各种满足工人精神生活需要的活动，注意充实这种活动的思想内容，我们就一定能把思想政治工作搞得生动活泼，丰富多彩。

　　我们的国家进入了新的历史时期，思想政治工作也需要开拓新的局面。一大批新问题放在我们面前，等待我们去探索，任务是十分艰巨的。但是，只要我们能够坚持唯物主义的思想路线，从实际出发，不断总结实践中涌现出来的新鲜经验，我们的思想政治工作就一定能越来越深入到广大职工的心坎中去。

关于新形势下企业
思想政治工作的几个问题[*]

今天在中国，企业的思想政治工作应该提到一个新的水平。我们正在建设有中国特色的社会主义，这是前无古人的事业，是一种创造性的事业。搞社会主义又要利用市场经济体制，又要在一个大的落后的穷国里搞，没有现成的经验。在这个过程中，各种思想矛盾必然很多，人的认识必然要经历相当大的变化，人际关系也必然呈现出许多新的形态。这样一个伟大的事业，需要亿万人齐心协力，因而也就需要强大的精神动力和思想保证。所以，在这样一个历史时期，思想政治工作的任务是相当艰巨的，是十分伟大的，必然要产生许多生动活泼的、有效的形式和新鲜的经验。在这样的历史过程中，思想政治工作的好坏对我们事业的成败和事业的发展速度起着相当大的作用，迫切需要我们提高思想政治工作的水平。这是一个新的问

　＊　本文发表于 1995 年 12 月《政工师指南》。

题，不是一下子就能解决的。有些成功的经验，搬到其他地方用未必能成功，这是正常现象，因为中国情况很复杂，它的一个很大的特点就是极大的不平衡。当年毛泽东同志在研究中国革命问题的时候就指出了这个问题。我们要从实际出发，承认这个不平衡，然后按照实际情况确定我们的工作方针。

　　现在，全国的思想政治工作形势是好的，但做思想政治工作又是相当难的。全世界的社会主义运动处于低潮，第一个社会主义国家苏联变了，整个东欧国家变了，能够打社会主义旗帜的大国只有中国。苏联一变，世界上好心的、坏心的，善意的、恶意的人都提出这样一个问题：中国的社会主义旗帜能够打多久？会不会和苏联一样很快变过去？然而，这几年来我们的日子越过越好。以美国为首的西方势力害怕中国的快速发展，他们遏制中国发展的办法有两条：一是搞分裂，支持李登辉在台湾捣乱，抓住达赖做西藏的文章，抓住新疆叛逃的人做"东土耳其斯坦"的文章，划地图把"满洲"划出去称为"满洲国"，甚至鼓吹南方独立，把中国分为十几个国家；二是利用他们的意识形态腐蚀我们，打的旗号就是"人权"、"民主"，其用心就是遏制中国的发展。

　　在国内我们要搞社会主义市场经济，加速经济发展。但是世界上有一些国家比我们富得多，这就给我们整个民族增加了心理压力。这个心理压力也有好处，会成为一种动力，激励我们发愤图强；但也有坏处，就是强迫我们加快发展速度，弄得很紧张。当年在欧洲，资本主义代替封建主义的时候，马克思和恩格斯曾经说过，"资本主义仿佛在一夜之间唤起了地下的巨大的生产力"，就是在很短的时间里创造出几百年、几千年从来没有看到过的生产力的巨大发展，因而使整个世人为之惊叹。当时他们的发展速度有多快呢？整个西欧国内生产总值在100年内大约每年就递增2%—4%。但由于这之前是长时期的停滞，人们就为这个速度惊叹。如果今天中国还用当年欧洲资本主义兴起时的发展速度发展，中国在世界上就没有地位，老百姓也不会答应。现在一个现实问题是有一个强大的资本主义世界站在旁边，这对我们压力很大。一些人会认为：人家发展得快，人家生活水平高，就是因为人家是资本主义，人家是私有制。这就对我们思想政治工作提出了挑战。其实，如果我们搞资本主义，搞私有制，发展反而会更慢。所以对这个压力心中要清楚。

　　另一个问题就是我们还不大会运用市场经济。中国的市场经济体制刚建立，还很不规范。不建立市场经济体制，经济就发展不起来。市场的交换是以钱为媒介的，为出卖、为交换而生产，这样才能专业化，才能用新技术，才能提高劳动生产率，才能提高生活水平。钱是一般等价物，它不是从天上掉下来的，而是人发明的。人类在最初的二三百万年都没有货币，有货币的时间不过五六千年。由于货币作用大，人就崇拜它，成为货币拜物教，许多人认为货币了不得，是神，为了追求它就不惜一切，于是"钱能通神"，"有钱能使鬼推磨"，这是人类的悲剧。人有足够的聪明创造它，却还没有足够的聪明驾驭它，也许我们的孙子、孙子的孙子可以驾驭它，我们这一代还不行，这就很麻烦。市场经济越发达，钱这个东西作为交换的工具就越显得有用。而我们现在是市场经济发展的初期，机制不完善，规则不规范，漏洞很多，很容易用不正当的、非法的手段获得金钱。我们讲反对贪污，其实人类有了政权以来就反对贪污，想了好多种办法，归纳起来无非是四种办法：（1）通过修养达到最高境界，不想贪污，这只有少数人能做到；（2）严格管理，健全制度，堵塞漏洞，想贪污也贪不成；（3）贪污被抓的概率越大，越不敢贪污，因为贪污后损失太大，能贪污也不敢贪污；（4）高薪养廉，使一部分人不愿犯法失去既得利益。这四种方法，有的有效，有的没效，有的效果不明显，差异在于管理制度的严密程度和执行制度的严格程度。所以，我们在今后若干年内就是要健全制度，规范法则，学会在市场经济中运作。

社会在前进的过程中面临着人群的大变动。中国80％是农民，要逐步实现现代化，要有亿万农民转变成现代工人。没有这个转变，农业生产率就不能提高，工业劳动力也得不到补充。现在全国已有1亿多农民离开或者半离开土地，流入城镇从事工业性劳动，这很需要有序，减少盲目性。而实际上不可能完全有序。从农民转变成工人，离开了家人，离开了稳定的生活环境，会遇到相当多的新问题，安身立命、寻求自我保护，同乡之间的组合，各种利益的组合，忽结忽散，并不稳定。要搞市场经济，就会面临很多矛盾，问题就看我们能不能对付，能不能用自己的工作使全国人民团结，使整个社会稳定，并向着健康的方向很快发展，这也是我们思想政治工作的任务。

当前，全国思想政治工作的局面总体是好的。我们有了一个指导思想——邓小平同志建设有中国特色社会主义理论，这是当代中国的马克思主义。12亿人，如果每人头脑里有一个思想、一个主义，这个国家一定完蛋。孙中山先生总结为什么人家总是欺侮我们，中国老是打不赢，原因是中国人一盘散沙。现在我们有了邓小平同志建设有中国特色社会主义理论，大家公认这个理论能够引导中国走向富强，应该接受这个理论的指导。有了"《邓小平文选》三卷"，有了《纲要》（即《邓小平建设有中国特色社会主义理论纲要》），这个理论是什么，体系是什么，都说清楚了，这是我们思想政治工作形势好的最重要的体现。在这个理论指引下，全国的舆论导向，从总体上看是平稳的、是正确的。如果今天这么说，明天那么说，老百姓不知道哪个是对的，怎么说都有理，老百姓就什么也不相信了。现代人接受的信息，70%—80%是从大众传播媒介得来的。我们在中央和省市工作的同志，责任就是要把大气候管好，使在基层工作的同志能利用大气候提供的条件来做好本单位的工作。我们抓抗日战争胜利50周年纪念活动，下面搞参观，歌咏比赛，知识测验，各用各的办法效果很好。出版界1994年搞了一次"扫黄打非"，很成功，对非法出版物，反动淫秽书刊，满街挂的三点式女郎的挂历打扫了一遍，现在市场上这一类东西比往年就减少了85%。海外进来的对儿童宣扬色情、暴力的卡通读物，虽然市场上还有，但已减少了90%。能搞到这样，大气候就好多了。

爱国主义、集体主义、社会主义教育，这几年逐步深入，也是有成效的。办法是一件事情一件事情去做，重在建设，贵在参与。例如天安门广场的升降旗仪式，凡是来北京的人都要去观看，平均每天3万多人，一年参观的人就有近1000万人。现在有的工厂、单位也升国旗。北京的部长们几乎没有一个办公桌上不挂国旗。对国旗观念的增强，是一个进步。当然靠这个来解决全部问题不可能，事情必须一件一件去做。我们搞抗日战争胜利50周年纪念活动，开始也有人认为不如外国人搞得热闹。其实我们从年初抓起，一直抓到9月3日，深入到每个基层，使几亿人受到了教育，效果相当好。这样看来，我们思想政治工作总的态势是好的，但社会上和企业内部思想矛盾还很多。社会主义企业能不能办好？国有制企业能不能坚持？一部分人对此的怀疑并没有消除。有的人对我们国家能不能很快发展，能不能避免物价大幅度上涨，有效地控制通货膨胀还深为忧虑。对于社会风气能不能逐步好转，这个社会还要不要道德，有一部分人怀疑，有一部分人没信心。在企业内部，有的职工的积极性还没有充分调动与发挥。这都说明思想政治工作面临的问题还相当多，需要很好地研究和解决。

要研究解决问题，首先要定位，就是明确思想政治工作起什么作用。思想政治工作的作用，就是为社会主义现代化建设提供精神动力和思想保证。这两点都是紧紧围绕经济建设这个中心，为经济建设服务。朱镕基同志在讲党的建设时说，要围绕经济建设这个中心进行党的建设。过去打仗时讲党的建设，是围绕党的奋斗目标进行的。抗日战争时期思想政治工作做得好，很成功，就是动员全党全国人民打日本。现在要动员全国人民进行现代化建设、进行改革开放的事业，思想政治工作就要围绕经济建设进行。我们的改革开放已经将近17年了，回过头来看一看我们已经走过的路，取得了什么成绩，在这个基础上如何迎接第九个五年计划，是我们必须深入思考的问题。我们原来定的目标是在2000年国民生产总值在1980年的基础上实现翻两番，大概1995年可以提前实现。在"九五"期间，在下个世纪前10年，到2010年我们的目标是什么？首先要在21世纪解决全国7000万人口的贫困问题。17年前，改革开放前，全国贫困人口是2.5亿人。经过十几年的努力，减少了1.8亿人。可这7000万比那个1.8亿难解决，因为这些贫困人口穷得厉害，条件更差。许多地方是山区，山里的石头不值钱，石头上没有土，山上不长树，没有水，上山也没有路。7000万人在欧洲是个大国，可见要解决这7000万人的贫困有多难！到了20世纪末，全国人民基本上达到小康生活水平，21世纪中叶要使中国达到一个中等发达国家的水平。从总体上讲，思想政治工作就是要围绕这个目标去做。所以，我建议1995年下半年的工作，特别是第四季度的工作，应该动员所有企业讨论"九五"奋斗目标，研究实现这个目标需要什么样的精神动力，希望提供什么样的思想保证，我们要做哪些工作才能解决精神动力和思想保证问题。

　　现在中国经济正在发生大转变，"以阶级斗争为纲"转到经济建设为中心的战略重心转变已经实现了。下一步要完成从计划经济体制向市场经济体制的转变，必须实现由粗放经营向集约经营的转变，"九五"期间就是要实现这两个根本性的转变。这两个转变必然产生许多新的矛盾、新的不适应，要求提出解决矛盾的新办法。原来燕山石化总公司年产30万吨乙烯，世界上年产30万吨属于保本生产，30万吨以上才能盈利。燕山石化总公司要走集约经营的路，就决定改30万吨为45万吨，增加15万吨。一般来说，建一个年产15万吨乙烯的工厂，国家要投资50亿元—60亿元，工期需要5年，而燕山石化总公司仅让国家投资28亿元，用了28个月就实现了。国家为什么愿意在这个地方投资呢？因为可以省一半的钱，省一半的时间。然而要实现这个目标困难非常大，于是燕山石化的思想政治工作就起了至关重要的作用。燕化人通过付出极大的牺牲，艰苦奋斗，创造了中国石化建设史上的一个奇迹，28亿元还省下6000万元。要知道在中国这几年建设预算投资，结算不超过预算的几乎没有，因为一项工程要四五年，物价一涨，原来预算100个亿，建成后就要用150个亿、160个亿，而燕山石化总公司创了奇迹，靠什么？靠的是艰苦奋斗，靠的是燕化人一股为国争光的志气！1995年燕山石化总公司年产乙烯已经达到了46万吨，规模效益的优势明显体现出来了。前面提到了思想政治工作要定位，定位就定在用集约经营方式去投入市场，定在服务经济、保证经济工作的运行上。随着改革的深入发展，企业肯定要重新分类，重新组合，有的要被兼并，有的要扩大生产规模，有的要缩小生产规模，态势是不一样的。但是都要围绕企业在市场上的位置和竞争的前途确定思想政治工作的服务内容。有的企业要转产，如果是一个煤矿，煤挖光了，你做思想政治工作，还要求多挖煤，挖煤还要搞机械化，这就不行了，要做转产准备，思想政治工作要为转产服务。有的企业要倒闭，在这种情况下，倒闭也是解放生产力，因为生产这种产品市场不需要，多生产就是多浪费。人是生产力，而这些人在这里不能生产，或不能有效地生产；机器是生产力，如果不能做别的用途，变成一堆铁也比生产还有利；厂房是生产力，电是生产力。在一个应当倒闭的企业里，这些生产力要素只有企业倒闭才能解放，才能通过重新就业和拍卖等变成活的生产要素，这就是解放生产力。这样的思想政治工作才是有效的。应该转移的，就帮助他愉快地、更积极地转移，以便在新的岗位上干得更好。比如，锦江集团效益是比较好的，职工人均年收入在 1 万元以上。可是锦江集团党委仍号召职工准备第二技能，为将来劳动力重新安置做准备，因为饭店服务员不可能都干到 50 岁以上。你今天收入高，明天怎么办？这就需要提前准备。锦江集团搞多种经营，在 9 个行业中投了资，为职工将来劳动力重新组合提前做了物质准备，这是很有远见的。而职工也要为自己做掌握新技能的准备，创造再就业的新条件，这就与企业领导的远见合拍了。

　　总之，我们的思想政治工作要有效，就必须围绕着企业在市场所处的地位和企业合乎规律的发展前途来确定奋斗目标，为这个目标提供精神动力和思想保证。这就是我讲的第一个问题。

　　第二个问题，思想引导工作，要进行思想道德观念的教育。有人认为，现在是市场经济，讲这一套没有用。但是多数人认为有用，他们对社会风气不好不高兴、不满意。这些人也认为，我们进行的道德观念教育与现实生活有矛盾，不容易为人们所接受。做思想政治工作的同志苦恼也在这里。好像社会越前进，道德越滑坡。从人类历史的发展看，不可能是这样。道德是人际关系的一种行为规范，不是哪些人主观制定出来的，是人和人发生关系的客观需要才产生出来的。所以，道德教育也不应该是用自古以来形成的多少种道德条文来把人束缚起来，而应该从今天的社会实际出发，从今天人和人之间关系的行为需要有什么样的规范才能对整个人群更有利出发。这种规范是不断发展的，向前的。比如打排球，就需要规则。几个人上场？原来是9个人，现在是6个人，规则发生了变化。球场也要规范，什么地方是边界，网该多高，在什么地方发球等，这些规则是不断变化的，这种发展变化是为了发展排球运动的需要。

　　现在我们要研究社会主义市场经济体制下，最需要提倡的道德是什么。我认为，是信用，是说话算数！市场经济和自然经济不同之处在于，不是为自己的需要而生产，种粮食不是为了自己吃，做茶杯不是为了自己去喝茶，做电视机不是为了自己看，是为了卖给别人，为了交换。拿30斤大米换1头羊，都是真的，一眼就看清楚了。当中经过货币这个媒介一参与，30斤大米卖了45元，然后用45元去买那头羊。那么为什么我自己不去养羊呢？因为，每样东西都要我自己做，成本太高，得利太少，我只做一样东西，效率就高。但交换所以能存在，必须是我换给你的东西是真的，你换给我的东西也是真的。我自己做了一张床，虽然不好看，花了5天、10天做出来，睡在上面很放心，不会翻个身就塌下来。我买你的床可能只花我两天劳动挣来的钱，但我心里不踏实，说不定睡在上面会塌下来，所以我宁可花5天自己去做，也不去买，结果交换就不存在了。交换的一个前提是相互交换的东西是靠得住的。所以信用是市场经济存在的前提。约定哪一天交货，就要哪一天交货。出口就存在这个问题，外国人订了我们一批核桃仁和蜡烛，为过圣诞节用，结果是12月28日才运到，这个生意人家当然就不做了，你迟交货就等于没交货，这就叫不讲信用，这种生意明年就更做不成了。信用这两个字衍化起来，对个人讲叫"诚实劳动"，对企业来讲叫"正当经营"。实际上，每个工人都不能说哪个产品是他做的，只能说哪道工序是他做的。他出卖的不是某个产品，而是他的劳动。他的劳动是讲信用的，是货真价实的，他是靠诚实的劳动得到报酬。以此衍化出来，要有劳动纪律，要有工艺纪律，要有劳动合同，还要有职业道德，也包括企业的职业秘密。合同期满了，你人走可以，但不能把职业秘密带走，不能把客户带走。这就叫信用。

从企业来讲，正当经营内涵也很广泛，发展到比较高的程度就是创名牌。同仁堂药店，300年老店，宁可赔钱也不卖假药、不卖次药。因此不管在什么时候，它的生意都好，这就是牌子值钱。如果你花1000万美元把这个牌子买走，但不认真经营，卖假药，卖次药，一年以后牌子就不值钱了，因为值钱的基础是信用。我认为，如果我们能够抓住这个问题进行道德教育，在企业里是可以比较容易被厂长、工人接受的，在社会上也容易被人接受。只要这个道德生根了，其他的道德教育也就容易深入下去了。

市场经济的道德是讲企业法人的道德，市场经济中竞争主体是企业而不是个人。同仁堂的经理可以换，工人可以换，但是牌子还是同仁堂。现代生产不是在家庭中进行的，现代产品也不知是哪个工人做的。现代生产力的诸要素——劳动力、劳动工具、劳动对象，是在企业里相互结合起来的。现代劳动者有权从这个企业"跳槽"到那个企业去，但他参与市场竞争，基本上是以企业一员的身份参与。那么，有没有个人信用问题？有。比如，刚才说的劳动者和企业订的劳动合同，个人就要遵守。但是更重要的是企业信用，有了企业信用，市场才能正常运转。如果在道德领域里突出把信用问题抓住，再进一步解决一个问题，所有职工要为企业的信用而奋斗，这就是我们讲的集体主义了。不断有人讲，市场经济需要的就是个人主义。说集体主义的基础是社会主义公有制，现在是市场经济，集体主义也站不住脚了。我们说这不对，集体主义是工人阶级的意识形态。工人阶级的这种意识形态是在资本主义社会形成的，是现代大生产的产物。现代生产是任何个人都不能完成的，必须是劳动者结合成为一个整体才能完成。集体主义就是在这个基础上产生的。这一点和所有制无关。我们是坚持公有制，但是我们在研究道德起源的时候要清楚，集体主义这个道德是起源于现代化大生产的。只要现代化大生产存在，工人的共同利益就存在，因为不结合为一个整体就无法进行现代化大生产，任何社会利益都会不存在。我去日本参观，日本人对这一点认识得非常清楚。他们说，我们的小学生从进小学一年级开始，到中学毕业12年，要参加各种各样的比赛。在校内、校外，下围棋、踢毽子、书法、美术、音乐，12年当中没有一次是让他们以个人名义参加比赛的，每次都是代表班级去参加，班级是他们的后援。我说，如果有人很有才能，不是班级推荐的，是外面发现的，指名要他去参加怎么办？他们说，这很简单，比如外面有人说，三年级一班学生张某围棋下得好，这次围棋比赛请他参加。班级马上组织一个后援会，全班同学都参加，叫做"张某参加围棋比赛后援会"。这个后援会成立起来后，一定要开一次会，很简单，半个钟头到一个钟头就开完了。一个说张君去参加比赛，是我们全班的光荣。这次比赛强手如林，你一定要有信心，不要害怕。一个说，比赛前一定要吃饱饭，不然的话，比赛中饿了，营养跟不上，会影响比赛。一个说，你参加比赛，遇到强手，一定不要发慌，要稳住、稳住、再稳住。如果是胜利了，要谨慎、谨慎、再谨慎，一定要记住我的话。每个人讲几句话后，大家拍个手，喊一声

"胜利"，就散会了。这样的事任何学校都能做，任何小孩子都能做。这件事厉害之处就在于12年中出去参加比赛都是代表集体。即便12年都没出去参加过比赛的人，作为集体的一员也支持别人参加过几十次、上百次比赛。他们说，这样的学生只要进企业，从第一天起就会自然而然地认为：我是这个企业的一员。因为他已经训练出来了，思维方法已成定式了。

我们到丰田公司去参观，我知道丰田的合理化建议搞得好，每个工人平均一年20条。我过去一直认为，丰田的合理化建议是用钱买的，奖金高。结果到了丰田一问，合理化建议奖金很低，而且大部分合理化建议不给奖。我问一个和我很熟的日本博士：你今年提了多少合理化建议？他说25条。我问给了多少奖金？他说，24条没得奖，只有一条得了奖，2000日元。2000日元相当于人民币200元，在日本吃一碗好面条都不够。这个人的月工资是40万日元，一年提了25条建议，只有一条得奖。我问他，你还提那么多干什么？他说：我是丰田的职工。我说不提行不行？他说：不提怎么好意思！他的观念就是，我是这个企业的职工，不为这个企业出主意就不好意思。这就是道德起作用了。道德不是靠强制，一靠良心，自己愿意做某种事或不愿意做某种事；二靠舆论，周围的人认为这样做好或这样做不好。一个人老不提合理化建议，人家就瞧不起你，大家都会觉得奇怪。正如在我们这里，如果有一个人上街不穿衣服，大家都会觉得奇怪，你不好意思，就不能不穿衣服。思想政治工作要造成一种环境，使得每个人处在这样的环境中，做了不正确的事就不好意思。企业里要造成有凝聚力的环境。如果有人出去比赛，为本厂得了荣誉，企业也给你一份奖金，班组也给你开一个庆祝会，哪怕 5 分钟、10 分钟也好。如果坚持它 3 年、5 年，人们的心态就会变，就会树立一种观念，每个人都是企业的代表，而且都以代表企业为荣誉。要创造多种机会，让每个人都能为企业作贡献，把提高企业在市场上的竞争能力变成所有职工的行为。就连清洁工也明白，我把地搞得干净一点，外面的客商来了有个好印象，也会使企业的生意更好，增加企业在市场上的竞争能力。

第三个问题，思想政治工作的内容应该更丰富，深入到人的思想中去。今天的时代，各种事物都在发生变化，人们发生困惑的方面也会比较多。社会变动比较快，人们觉得不容易把握自己的命运。过去进工厂，尽管生产发展不快，但是很明白。今天这样干，明天还是这样干，可以干到 50 岁、60 岁。现在收入在上升，但明天还可能不可能上升？不知道。这就是迷信活动增加的一个原因。人对自己命运有把握的时候，没有人去求冥冥之中的保佑；而没把握的时候，包括有什么灾难，买了股票能不能发财，对神灵的信任度就增加了。这就需要思想政治工作来帮助人们认识事物发展的客观规律，提高预见的能力。现在一年是 104 个双休日，再加上 7 天假日，共 111 天，在厂里劳动 250 多天，每天 8 小时，实际是 250 多天的 2/3 时间职工都要生活在家庭和社会里。在企业外发生的思想问题，好像企业思想政治工作可以不管。实际上一个人的情绪，无论原因是什么，一定会或多或少反映到生产上来。有些实际问题我们不好解决，但至少听人家诉诉苦，宣泄一下情绪，给一点安慰，这些事总是可以做的。当然，许多事做起来可以比单纯安慰的作用更大些。比如，现在的婚姻不稳定，能不能选一个日子，例如农历七月初七，搞个庆祝银婚、金婚、钻石婚的活动呢？凡是本单位职工结婚满30周年、40周年、50周年的，送个蛋糕或纪念品，热烈庆祝一番，搞它一个多钟头的联欢，明年继续搞一次，在单位里形成夫妻和睦就受人尊敬的气氛。这样做的结果就是在婚姻稳定这个方面加了一块砝码，人们肯定是欢迎的。

思想政治工作要扩大覆盖面，临时工在建筑行业占大多数。纺织行业里这些人也相当多，约占一半以上。这些人许多都不参加工会，不参加共青团，也不在这些人中发展党员。许多企业的思想政治工作只研究厂里的固定职工，不研究这些临时工，结果缺了这一块，企业兴旺不起来，社会也不稳定。我们要帮助这部分农民向工人阶级过渡，比较快地形成工人阶级的品质，通过他们巩固和发展我们的工农联盟。这是我们整个社会的一个重大的问题。许多企业还没有把这批人作为思想政治工作的对象很好地加以研究，我希望这个问题在"九五"期间有个大的改变。

思想政治工作要适应新形势
迎接新挑战开拓新领域[*]

　　党的十五大是一次极其重要的会议。会议高举邓小平理论的伟大旗帜，规划了我们党跨世纪的宏伟蓝图，也为中国的社会主义企业如何发展指出了前进的方向。我们做思想政治工作的同志要抓住这样一个好机遇，进一步解放思想，改进我们的思想政治工作，使思想政治工作能适应历史发展的要求，适应人们思想进步的需要。

　　现在，做思想政治工作有许多有利的条件：我国经济发展持续稳定，绝大多数中国人都感到自己的生活一天一天改善了。1997 年银行利率下调三次，但是银行没有出现一次取款高潮，这就说明老百姓相信政府，人心是稳定的。我国 1997 年除了十五大之外，又办了一件大事——香港回归，百年国耻一朝洗雪，全国人民高兴，海外华人高兴，全世界发展中国家的人民也高兴。我国的外交关系

---

　　*　本文发表于 1998 年 4 月《政工师指南》。

也处理得相当好，江总书记访美，叶利钦访华，李鹏访日，这是全方位的外交。这证明了一个真理：弱国无外交，发展是硬道理。你发展了，你有实力了，就可以在国际上争取到更有利的态势，保证我们的事业进一步发展。

国有企业的改革是当前社会各个方面关注的热点之一。经过 10 多年的探索，国有企业已经有了相当大的前进。党的十五大在理论上又有新的突破，中央下了决心，要用 3 年左右的时间，把国有企业改革基本上纳入到市场经济体制框架，就是现代企业制度的框架里面，从总体上初步走出困境。这是很鼓舞人的，也是很艰巨的。这就要求思想政治工作适应新形势的需要，不断地改进方法，充实新内容，拓展新思路。要高举邓小平理论的旗帜，真正把邓小平理论贯彻、运用到思想政治工作中来。说现在思想政治工作不好做了，或者思想政治工作已经削弱了，这是不符合事实的。否则，怎么理解今天十几亿中国人民都拥护邓小平理论？怎么理解现在中国上上下下这么稳定？我们今天的思想政治工作与过去相比已经大不一样，已经有了很大的变化。解放初期，你去问工人，他所知道的国家大事、世界大事是从哪儿来的？90% 是听支部书记讲的。那个时候有几种报纸啊，全国一直到"文化大革命"开始的时候，一共只有一百六十几种报纸，发行量很小，广播的覆盖率也很小，电视很少有人看见过。有些地方一直到 20 世纪 70 年代，老百姓从来没有看见过电影。现在不同了，全国刊号的报纸有 2000 多种，地方刊号的还有 6000 多种；全国刊号的杂志 6000 多种，地方的还有 1 万多种；电视台、广播电台各有 2000 多座，还有有线广播。现在去问工人、老百姓，他的消息从哪儿来？大部分是从大众传媒得来。什么美国跟伊拉克打仗，什么股票危机、金融危机，老百姓都知道，支部书记还不知道呢，他们已经知道了。所以这个时候必然出现一个现象，叫做小气候顶不过大气候。说这些信息都是正确的思想政治工作，也不见得。也有黄色录像等许多不正确的思想影响，但主导的方面还是积极的。有一些影响小一点，有一些影响大一点。像《渴望》这种电视剧，播放的时候，万人空巷，连小偷都少了。不但在中国，在越南河内播放也是这样。现在，思想政治工作已经成为整个社会化的网络。这样说，并不是要减轻我们企业党组织、企业思想政治工作干部的责任，而是我们看到这样一个形势，怎样利用这种新的形势去做工作，就可以事半功倍，做得更好。

有好的形势，也出现了一大堆新的问题、新的挑战。过去想象不到的问题，现在迫使我们一定要作出回答，而这些问题往往是我们自己都回答不了的。这就麻烦了。老百姓得到的消息，有的我们还没有得到；老百姓不明白的事，有的我们也不明白。那么，我们的思想政治工作就难办了。恐怕困难就在这个地方。所以，要加强思想政治工作，很重要的就是政工干部、党的干部首先要能够真正懂得党的理论、党的路线方针政策，能够分析形势，能够帮助老百姓、帮助群众看清楚自己的利益在什么地方。有许多概念，过去我们老用，但是可能也没弄明白这个概念的意思，就这么用下来了。现在就需要重新弄明白一点。比如"觉悟"二字，什么叫觉悟高？过去很简单，谁的觉悟高呢？提拔干部时他让给别人，这个人就觉悟高，放弃自己的利益就觉悟高。现在按这个解释，有可能少数人能接受，多数人接受不了。"觉悟"这个概念在中国原来是没有的，应该认真想一想，这个概念到底是什么含义。中国过去是儒家思想，没有"觉悟"这个词，这个词从印度来，从佛教来。然后中国的儒家知识分子利用佛家的哲学思想来解释人生，就引出"觉悟"这两个字来。"觉"就是睡觉醒过来了，"悟"就是本来不明白现在明白了。醒过来了，明白了，就叫觉悟。所以，"觉悟"这个概念，并不是简单地放弃自己的利益，而是明白过来，使人能够作出最佳选择，就叫做觉悟高。本意应该是这样。我们这批人参加革命，我们说我们觉悟高，为什么呢？因为革命是最佳的选择，我们当然是觉悟高了。我们有许多伙伴在革命过程中牺牲了自己的生命，他们觉悟高，他们活得有价值，他们的人生价值发挥到最光辉的地方，他们的选择是正确的，这叫觉悟高。我们帮助群众提高觉悟，提高什么呢？并不简单地说要他放弃自己的利益，少拿钱就好。不是这样，要这样谁跟你走？而是要帮助老百姓看明白世界上的事情，看明白得越多、越透彻，他就越能正确选择自己的行为。如果我们这样实事求是地去做工作，就不会遭到老百姓反对。比如说，现在中国炒股票的人多得很，看见别人赚了、发了眼红，觉得自己不炒不踏实，也要去炒。你怎么办？你说炒股票不是工人玩的，他接受不了，别人能玩我为什么不能玩，你不让我发财啊？有一次我碰到一个工人炒股，我跟他讲，至少我给你提三条建议，接受不接受在你。第一条，拿自己的钱炒，别拿别人的钱炒，更不能拿公款炒，这样亏得起，不至于发生危机；第二条，炒股是投机性的，投机你当投资办，你选长线股买，企业连续两年分红利的水平比存银行划算，就是不卖，也吃不了亏；第三条，如果炒的长线股涨了，涨到一定程度赶快卖掉，不要想明天还涨，见好就收。此外还有第四条，不要拿你全部的钱去炒，也不要只买一种股票，这样赚钱不会太多，亏本也不会太大。你这样跟他讲，不管他信不信，最后他都会觉得你这个书记讲得有道理，第一，你是正确的；第二，你是替他打算的，你在他心目当中就是有威信的。我认为这也是帮助人提高觉悟。所以，有一堆新的问题需要我们好好研究。

现在我们碰到的新问题相当多，最大的问题就是建立现代企业制度，转变企业经营机制。这个转变很深刻，转变的程度、方式有很多种变化。于是工人就要提出问题了：工人阶级还是不是主人翁了？对工人阶级是领导阶级这一概念怎样正确地理解？不管怎么转制，中华人民共和国是工人阶级领导的、工农联盟为基础的人民共和国，这是不变的。工人阶级还是领导阶级，这一点是不变的。过去我们对工人是企业主人的理解，确实有狭隘的地方。工人阶级作为国家的领导阶级，是整个国家的主人，我们12亿中国人，每一个人都是这960万平方公里土地的主人，但不是这960万平方公里他一个人说了算。这样一个主人的概念是很不容易理解的。如果理解为我在这个厂，这个厂就归我所有，这是不准确的。现在有的企业合资了、独资了、外资了，那么我们还是不是主人？还是主人。主人的概念不是指所有制、所有权意义上的主人，而是指政治意义上的主人。它是通过全体人民的意志制定的法律来实施管理的，这个法律体现了包括每个人在内的全体人民的意志。管理者可能是某一个人，例如违反交通规则要由交通警察来管，并不是说只有警察是主人，警察执行的是全体人民意志制定的法律，他是按照所有人的意志去管理的。这样一种共同做主人的概念，要帮助人明白，是有些难度的。我们还要弄明白怎样共同做主人。共同做主人，做领导阶级，他就有主人的责任，领导阶级的责任。为什么工人是领导阶级，因为他是劳动者，因为他和先进的生产力相联系，因为他是共同在一起劳动的，有最强的组织性、纪律性，所以工人阶级是中国的领导阶级。工人阶级作为领导阶级的地位不会因为生产资料所有权的转移而变化。当然，只是这样讲，还是讲大道理，还解决不了具体问题和具体矛盾。主人翁这样一个抽象的概念，实际上是同许许多多具体的事情相联系的，这些具体的事情就包括企业里要减员下岗、福利分房、看病报销、养老保险等一大堆这样的问题。如果我们没有正确的认识，不能够正确地解释和引导，帮助人去做正确的抉择，那么，思想政治工作的领导权也就丧失了。

现在最引起人们议论的是企业的职工下岗问题："我不是不劳动，是你们不给我劳动的机会。"这个观念转变是一个很艰苦的过程。中国的国有企业，有的搞得好，有的搞得不好。所有搞得好的企业，最起码有两个共同点：一是产品适销对路，卖得掉；二是降低产品成本，卖掉了能赚钱。达到这样的标准，企业的改革才叫做符合实际情况的改革。所以要降低单位产品的工资含量，要从根本上去研究这个问题。我们铁路用人用得太多，大概平均1公里30个人，而美国平均1公里1个人。因为我们的车站太多，有一个车站就要用全套人马。铁路为什么要那么多车站？因为我们过去讲的是要为农民服务，为小站运输服务。实际上，铁路不是为小站运输服务的工具，短距离运输应该让给公路，铁路应该承担长距离大宗货物的运输。如果这样一想，小站就可以取消，成本就降低了。所以从根本上讲，就是减人、增效，一部分劳动力转移，这是符合生产力发展要求的。因为多余的劳动力在那里不能创造更多的价值，不能进行有效劳动。现在把它剥离出来，就是把它从束缚中解放出来，是对劳动力的解放，是对生产力的解放。你说这样是解放，但是这些人没饭吃怎么办？就要创造劳动就业机会，创造新的劳动岗位，出路应该在这个地方。什么叫就业机会？就是产品要卖得掉。社会总财富增加了，需求就会上升，需求愈上升，就业机会就愈多。至于谁能就业，那就要靠竞争了。完全用安排的方法来解决就业是解决不了的，所以要有预见。我过去介绍过上海锦江集团的经验。几年以前，上海锦江饭店女服务员的工资都是每月1000元以上，但是饭店党委号召她们学一门第二技术，准备将来转业。当时我就说，这是思想政治工作极好的做法，这是为老百姓着想的，不是跟客观规律对着干。任何人，再伟大的人，跟客观规律对着干都没有好结果。领导群众，就是要领导群众看清规律，帮助群众适应规律，在这个规律当中得到最大的好处。我们现在大城市中，有一部分人观念已经有所变化了，但是和市场经济发达国家人的观念相比较，还有相当大的差距。美国人有句口头语：一辈子不换8个工作岗位不算男子汉。现在，上海人思想解放一点，这两年大概安排了80万人就业，它的做法也比较好，把下岗工人转到再就业委员会托管。原来在厂里老惦着你给我安排工作，到了再就业委员会，天天讲怎么再就业，观念大变，变成社会化管理了。北京职工观念也有了相当大的变化，过去有许多事情，北京的工人是绝对不肯做的，现在也开始变了，但没有完全变。所以观念转变还有个相当长的过程。所谓工人阶级要作为领导阶级、作为国家主人，第一个条件，他是劳动者，不是那种想要少劳动多拿钱的人，而是愿意做一切他可能做的劳动，而且要做得最好，这才是领导阶级。我们要帮助工人阶级恢复这个优良品质，有了这样的品质，我们整个社会才会更加蓬勃，整个社会的需求就会更多地涌现出来，整个社会的就业岗位也会更多。现在还有一个问题，就是明明有一些就业岗位，看不见，不光是工人，连领导者也看不见。我到一些小城镇，包括一些大村子，有人开一个早点铺子，村子里的老百姓早饭也不开伙，因为他觉得在早点铺买了吃划算，省了做早饭的时间可以多干活，增加收入。群众的需求是各种各样的，社会的需求是大量存在的，劳动的机会绝对不是没有，现在是劳动力不解放，要解放思想，要转变观念。现在广东人新的开发项目是到农村去投资，北京有一批城里人到农村去干活。农村人到城里找工作，就是寻找各种新的生产门路。但是如果没有下岗，恐怕这些新的生产门路一个也找不到，中国的经济就发展不了。总体上讲，这是使中国经济社会蓬勃发展的唯一健康正确的道路。当然还有其他一大堆问题，诸如养老保险、住房、医疗保险等，都需要用新的观念来解释。而且，光解释不够，还要引导人们在这种观念转变中去寻找、得到自己最大的利益。我们这样做思想政治工作时，除了要帮助人们在观念上适应之外，还要帮助人们解决具体问题。最重要的是帮助人们学习新的技能，把学习技术、学习新的知识引进到我们思想政治工作中来，使人们掌握适应社会变动的本领，这既为转岗准备了条件，也为本企业的技术进步准备了条件。

转变观念之外，我认为还有一条，就是我们思想政治工作要开拓新的领域，或者说是开拓多种所有制和多种所有制形式下的企业思想政治工作。乡镇企业产值已经占了全国1/3以上，但是乡镇企业的思想政治工作参差不齐；三资企业有多种形式，有的外方老板就很重视思想工作，有的就把我们排斥在门外，这里面的工作怎么做？现在除了股份制还有股份合作制，这里的思想政治工作又怎么做，这都是新课题。企业内部的人员组成也发生了很大变化，思想方法、行为方式也发生了很大变化，发生最大变化的是企业营销人员。既然面向市场了，在他们满世界跑的情况下怎么做思想政治工作？还有很多企业有一大批外来工、农民工，这些人有的是有合同的，有的是转包再转包，包工头带的，有的叫外协工，这批人已经成为生产的主力，在有的企业里已占 40% 以上，企业产品的质量好坏很大程度上掌握在他们手里。用什么方法能够有效地对这批人做思想政治工作，这也是我们急需拓展的新领域。

综合起来讲，现在是加强企业思想政治工作的一个极重要时机，也是改进企业思想政治工作的一个极重要时机。我们加强和改进企业思想政治工作，一定要牢牢把握思想政治工作是为了促进生产力发展的原则，实事求是，一切从实际出发，两只眼睛看实际，而不是只凭条条来办事。邓小平同志说，发展是硬道理。共产党人搞革命，搞社会主义、共产主义，都是为了发展社会生产力。有利于发展社会生产力的办法才是好办法。一定要牢牢把握住时刻为群众的利益着想，这样我们才能够不脱离群众，才能够使我们的思想政治工作为群众所接受。因为我们思想政治工作本身就是为群众谋利益的，也就是坚持共产党为人民服务的根本宗旨。要在我们的工作中牢牢地记住：要造就一代新人，造就有理想、有道德、有文化、有纪律的工人阶级队伍，使得我们的民族、我们的企业能够在 21 世纪的世界风云中，创造出更加伟大的业绩。

科技进步与思想政治工作[*]

一、思想政治工作应该为推动科技进步服务

邓小平同志关于"科学技术是第一生产力"的论断，是对马克思主义的丰富和发展。在他之前没有人这样说过，他说得非常准确。我们现在越来越感受到知识经济时代的到来，对我们这个民族提出了严峻的挑战，当然也给我们提供了很好的发展机遇。应该说，在和知识经济相对应的这个工业社会的发展历程中，中国是落后的。这种落后状况至今没有完全改变。

我们的铁路部门 1 公里用 37 人，美国是 1.3 个人，这是一个相当大的差距。其他各行各业都有类似的差距，都是非常严峻的。我们自己采出来的油没有从外国买来的便宜。我们的工资没有人家高，这是可以肯定的。但成本

---

* 本文发表于 1998 年 8 月《政工师指南》。

为什么比人家高？一个重要的原因是科学技术不如人家。

当今世界科学技术和教育的竞争越来越激烈。我们能不能在当今世界上站住脚，能不能持续发展我们的经济？重要的是要靠科技进步。我们前一段的经济发展中有科技进步的作用，但是更多的依靠的是外延扩大再生产。只靠这种方法要达到持续发展恐怕是不可能的。我们必须依靠科技进步，依靠全民族科学文化水平的提高，来保持我国的国民经济在21世纪仍然能够持续、快速、健康地发展，使中国在世界民族之林中，在世界科学技术竞争中站住脚跟。这一任务当然要求思想政治工作为之做出艰巨的努力。

我们的基本路线确定了要以经济建设为中心。思想政治工作必须为这个中心任务服务。而这个中心任务的完成是要依靠科技进步的。我们中国近代受帝国主义的欺凌，人家船坚炮利。日本侵略中国的时候钢铁年产700多万吨，而中国在1949年钢铁年产量才十几万吨。在这种情况下，中国共产党的任务主要是争取独立，争取解放。解放后我们进行社会主义改造，经过艰苦努力，奠定了工业发展的基础，有了自己的铁路，自己的飞机大炮，爆炸了原子弹，火箭也上了天。现在面临的问题是，我们的水平仍然太低，我们最落后的地方是农民人均年收入不到500元钱。美国的农民一年的收入至少1万美元。

这种差距经过我们的努力有可能缩短，稍微一放松又有可能扩大。因为当前世界科学技术发展的速度极快，有材料说，一个大学毕业生知识的半衰期大概只有5年。在这种态势下，落后就要挨打，不是军事意义上的，是经济意义上的、政治意义上的。

当前我们面临着国有企业3年摆脱困境的任务，同样要依靠科技进步。减员增效，下岗分流，实现再就业，其中实现再就业是关系到改革成败的一个关键问题。再就业中，我们讲得比较多的障碍是观念的转变，有许多岗位没人干，同时有许多人没事干，思想政治工作要针对这个问题来做。还有一个方面是提高职工的技术能力。我们有一大批工人，或者只有一门技术，其他的都不懂；或者就没有技术，让他干哪一行都不能胜任。不经过技术培训就不了业，这个问题的难度不在前面那个观念转变问题之下。

减员的目的是增效，这更需要依靠新的科学技术的采用。这就需要提高国民素质，除了提高平均的知识水平之外，还需要造成一种不断追求新知识的心态。但是，在应试教育之下，上小学是为了上中学做准备，上中学是为了考大学做准备，学生读书读得很苦。最大的危害在于，只要有一天可以不读书了，离开学校了，他就再也不想看书了。这对于我们民族的危害是极大的。为什么在中国很少看到在美国、日本看到的在地铁上、公共汽车上都会拿出书来看的那种状况？当然这从用眼卫生的角度讲是不好的，但是从人的精神面貌讲，可以看出一种心态。人家就有只要有时间就要吸取一点知识的心态。但是在中国，很少看到这种状况。

要改变这样的心态，牵涉到每个单位的人才观念和培养人才的观念，不能说每个单位的领导对人才都不重视，但也不能说都很重视。总的看，我们还没有形成一种大家都来追求新知识的局面，也没有形成一种大家都不断创新的局面，很少有单位每年都涌现出大量的合理化建议并得到很好的重视。

企业的思想政治工作必须针对企业的科技进步所遇到的思想障碍，做出有效的努力。这种思想障碍是相当普遍的。

第一，对于科技进步的不了解，在许多企业从领导到一般工作人员相当普遍地存在，更不了解科技进步对于企业发展的用途。

第二，对于科技进步表现出一种不信任的态度。

第三，有一部分人有抵触情绪。普通工人怕科技进步会使他失掉工作，增加下岗机会；也有相当一部分科技人员有抵触，因为他们所学的东西在新的科技环境下不能再用了。于是，对于他不熟悉的技术横挑鼻子竖挑眼。

第四，对科技进步投入不足。企业很不容易做到长远打算，在利润增加的时候，必然会大幅度地提高工资，很难做到大家继续束紧腰带，为今后可能出现的利润下降做准备。太原钢铁厂，在 1997 年全国钢铁企业都不景气的时候它的效益还可以，为什么？在全国的钢铁企业都景气的时候，有的企业工资提高好几级，太钢不提高那么多，拿出钱来搞技术改造。当初要下这个决心是很难很难的。

第五，工艺纪律不适应。新的技术对工艺纪律的要求，往往更严格。这种变化要求工人一丝不苟，24 小时完全一个样，这也是非常难做到的。比如书刊印刷，同样的图书，用同样的纸张和油墨，颜色仍然会不一样。为什么意大利人只买我们的白绸，不买我们有颜色的绸呢？因为我们做不到同一个批号颜色完全一样，人家就可以做到。我们的许多思想政治工作，还没有深入到工艺纪律的领域中去。

第六，还有一个最根本的，科技进步也是需要艰苦奋斗精神的。艰苦奋斗不是表现在穿打补丁的衣服、吃粗茶淡饭上，而是表现在能够排除一切困难，表现为严格、严谨、一丝不苟、专心致志。这是对我们艰苦奋斗优良传统的继承，又是一种发展。这些都需要思想政治工作来做出新的努力。

二、认真研究高科技对思想政治工作 提出的新问题

这些问题有些是需要我们回答的；有些是需要我们应对的；也有许多新的有利条件需要我们掌握住，进而更好地加以运用；有的带来若干负面的问题、新的矛盾，需要我们加以解决。

科学技术的发展是人类进步的一个伟大的动力。人类的发展从愚昧、野蛮的状态进入到文明时代，是和人类的科技进步分不开的。人学会制造工具，学会运用火，这使人告别了动物界。人所运用的工具材料从石器到青铜器，再到铁器，这样的变化标志着人类社会发展阶段的不同和人类社会阶级划分状况的不同。中国人的四大发明：造纸

术、印刷术、指南针、火药，对于整个现代文明起着支撑的作用。如果人类没有发明造纸术，那么知识就不可能用这样的方式来传播、记录，也就绝对不会有今天的各种文明成果。如果没有印刷术，交流水平的提高和劳动力的发展也无从谈起。

当代工人阶级就是科技进步的产物，今后的科技进步肯定会有更大的发展，也会对人类社会、人的社会生活、人的互相交往产生更大的影响。马克思当年就对科学技术的每一个进步给予很高的重视。我们作为马克思主义者，今天不应该对科技进步的状况无所了解。我们要研究、了解科学技术新的进步，对于人的正确世界观的形成究竟起怎样的作用；能够怎样帮助人们开阔眼界，增强征服自然、创造幸福生活的信心；怎样促进人类生活的社会化和人的素质的提高；怎样帮助人们向人的全面发展的方向前进。人的全面发展需要有足够的余暇时间，这是生产力的高度发展所决定的，同时也还要有各种必要的载体和各种必要的信息资源。

除了这些方面，我们也必须清醒地看到每一个进步同时也带来许多新的问题。最近我看到一个美国人写的文章，说美国在第二次世界大战之后已经经历了四代人，第四代人是在计算机前长大的。这一代人的思维方式有什么特点？举一个很小的生活当中常见的例子：过去总是做父母的人告诉孩子这样不行那样不行。孩子想不通时，有的问题父母就解释出来，也有的总是解释不清楚，父母就说：你不懂，长大了就懂了。现在在美国或在中国的城市里孩子玩电脑比父母精通，有的孩子就会对父母说：这个你不懂。

孩子对大人说：你不懂。我们不能小看这句话，这句话意味着长辈在幼辈面前威信的动摇。这个问题必然会引起其他的问题，影响到道德传递。人类社会的道德是一代一代传下去的，首先在家庭是受父母的教导，以父母为榜样得来的。长辈的权威动摇以后，对道德传递会产生什么影响，我们还要观察。

由此想到我们的思想政治工作。新中国成立初期一个工人90%的信息是从党支部书记的报告中得来的，或者是从"读报会"中得来的，所以支部书记很有权威。现在一般的工人70%的信息是从大众传媒中得来的，20%的信息是从周围的人口中听来的，从支部书记那里得来的不到10%。现在一些人已经上网了，虽然是少数，但今后会是现在的很多倍。从网上可以得到很多信息，几乎什么资料都可以找到。面临这样的挑战，我们政工干部该怎么办？

另外还有一个美国人提出来：电脑是要花钱的，越是性能高的电脑越贵，而且电脑的更新速度很快，需要不断地加以更新。那么有钱的人掌握的信息量就很大，相反，穷人根本接触不到这些，这样会不会使贫富差距的问题更严峻？

从有人类文明史以来，各种思想家不断解释人类社会的种种矛盾、矛盾的表现形式以及解决矛盾的方案。这种种矛盾当中最集中的矛盾就是物质财富的分配，就是马克思所讲的用什么方式分配、占有、使用生产资料。这指的是物质财富，这个问题的解决方式是多种多样的。但对于知识财富占有的不平等这个问题似乎还没有被充分研究过。不但在一个社会的人群之间有知识财富的差异，而且在国家之间，这种差异是不是会更悬殊？会不会造成严峻的后果？现在已经可以感受到，谁掌握了信息传播源和信息传播载体，谁就有能力来影响整个社会的大多数。由少数人提供的经过选择的思想资料，使得大多数人必然产生某种观念，而且科学技术越发达，这种可能性就越大。这是一个很可怕的现象。

我们的思想政治工作，比如爱国主义教育，已经受到了来自发达的资本主义社会的挑战。这种挑战，在未来会不会更严峻？目前已经出现了在某些方面凌驾于政府之上的跨国公司。在这样的跨国公司里打工的人，会是一种什么样的心态？这时候我们的爱国主义教育应该怎样进行才更有效？

人类的发展包括物质生活的进步、文化的进步，也包括社会民主程度的提高。美国发展到今天这个阶段出现了一个现象：美国人的一切开支是在信用卡里面的，一切收入都是进入银行账户的。每一个人都有一个社会号码，到银行存取款都要用这个号码，而且全部在银行的电脑账户里面。这样个人的经济收支是没有秘密可言的。在最重要的经济生活方面人的隐私权不存在了，会不会影响人的自由？

关于工人阶级的状况，最近看到一个统计数字：在美国社会白领的人数已经超过蓝领人数，占52%，可能还会继续增加。在这种状况下企业内的思想政治工作会不会有什么变化？我们过去习惯的做法是把工作的重点放在"蓝领"工上，这种做法在以技术人员为主的地方，未必合适。我见过一些知识分子，说起单位的领导人口气相当不恭敬，因为这些领导人净说外行话还以内行的姿态出现，很被人家瞧不起。不懂就说不懂，可能还好一点，但许多领导人又不大愿意承认自己不懂。这样的人怎么能有领导权？能不能代表知识分子的利益？如果我们不代表他们的利益怎么能称做"和先进生产力相联系的政党"？同时我们又看到，至少在有些国家，白领阶层自己不认为自己是工人阶级，而是中产阶级。我们应当怎样对待这样一种现象？

除此以外，还有人的行为、人的爱好、人的接受信息方式，随着科技发展还会出现许多变化。比如说在一个时期中出现的高雅音乐没人听，"通俗音乐"有很多听众；名著没有人看，武侠小说、言情小说、"快餐式"的小说大量流行。怎样看待这种现象？是不是"人心不古"，越来越落后，只能听其自然？还是必须扭转这个趋势？人类当然不会一代比一代落后。但是随着工业化的发展，世界各国几乎都会有一个"通俗文化"流行阶段。这是因为中世纪的生产是不需要有文化的劳动力的，所以文化被剥削阶级所垄断。工业社会就不同了，它有两个需要：一个是需要劳动力具有初等文化，提出了普及国民教育的要求，但只能是初等教育；第二，工业社会的劳动方式和自然经济是不同的，自然经济是自己为自己劳动，劳动是自己的事，是不定时的。而工业社会不管剥削多么惨重，总而言之是一种定时劳动，劳动者或多或少有一些余暇时间。因此，就产生了适应初等文化水平、能够填补劳动者的余暇时间的通俗文化，这是一个有规律的现象。

了解这样一种规律性的现象，我们就可以知道：在这样的历史阶段，通俗文化出现的必然性并不等于文化的内容必然是颓废的。我们就可以引导新潮流并且逐步提高人们的品位。这类问题以后可能会相当多地出现。在电视机面前长大的人，对于读书的习惯，和在书本面前长大的人不一样，思维方式也不一样。现在日本社会卡通读物成为最普通的读物，许多人没有耐心去仔细看那些文字，而是对形象感兴趣。未来在电脑前长大的人思维方式又会不一样。我们的思想政治工作一定要与这种变化相适应。

科技向前发展，人又会对新的科技产生依赖，这就造成了科技对人类报复的条件。人类会不会成为自己创造的新的科学技术的奴隶，就像人创造了货币又成为货币的奴隶一样？我们的许多思想政治工作都是为了让人懂得怎样运用货币而不成为货币的奴隶。对于电脑会不会出现同类的问题？我们目前对这个问题看得还不是很清楚。

大概10年前，美国出现了一次股市暴跌，叫做"黑色星期一"。那一天美国股市暴跌500多点，引起全世界的恐慌。所有的经济学家都没有预测到这种带经济危机性的现象。但是它居然发生了。这使许多人来思考一个问题：为什么有那么好的预测研究手段，却看不见这一现象出现的苗头？研究的结果之一，是认为这是一次电脑对人类的报复。每一个股票交易市场开关的时间是一定的，但是从全世界的角度，股票交易是 24 小时都在进行的。没有一个人能够 24 小时都参与交易。但是电脑发明后，这一点就可以做到了，可以让电脑代替人，按照一定的预设程序，作出反应，24 小时参与交易。第一个这样做的人肯定会发财的。但是会有越来越多的人这样做，这时候就会出问题了。股市上出现了一个小信号，就会有至少一台电脑作出反应，使这个信号放大一倍，其他电脑也会产生连锁反应，而且反应速度极快，发生一种"雪崩效应"。这时候人没有别的办法，只好跟着它跑，成为了自己设计的程序的奴隶。现在世界上已经有一种办法来对付这个问题，就是"涨停板"、"跌停板"，让你有机会冷静下来思考。

人类的每一个科技进步对自然界造成损害后，自然界都会对人类进行各种不同的报复。我们人类现在最大的进步就是信息科学上的进步，是不是也会招至报复？人类有什么好办法来减少自身的损害？这也是我们需要研究的问题。

我们需要研究的问题相当多。有的涉及道德领域，如试管婴儿，谁是他的父亲，谁又是他的母亲？从法律上和道德上怎么解决这类问题？这类问题有很多很多，这一系列的问题都需要我们去思考、研究、作出回答。

三、运用科技进步的成果改进思想政治工作

各行各业都在利用科技进步的成果推动自己的工作。思想政治工作也不应当例外，或者说更不应当例外。但实际上好像运用得还相当不够，甚至比其他部门还要落后。

科技进步的成果有助于人们奠定唯物主义世界观，开阔眼界，激励志气，树立信心，培养正确的思维方法。这些方面已经有了许多的经验。我们还需要利用新的科技成果作为分析问题的手段，作为思想政治工作管理的手段。

当前，需要特别注意利用新的科技作为教育和影响人的手段，作为一种新的提供信息的手段。在这个问题上我个人是有许多经验教训的。比如说卡拉 OK 传到中国来，办的第一个歌厅我就去了，看了以后我认为它在中国流行不起来。但是两三年以后到处都是卡拉 OK 歌厅了，青年人很喜欢，可是唱的都是港台歌曲，因为没有我们的歌。后来我们自己才想到出了一套《中华大家唱》曲库，一下子把卡拉 OK 的市场用健康歌曲占领了 1/3，港台唱片商也来模仿我们。这个事情我们至少晚做了好几年。这样的教训给我们一个启示：对于新的科技手段不能漠不关心，而是应当掌握它运用它，才能领导新的潮流。我们不做，别人就会去做。有人用计算机下乡算命，使迷信披上科学外衣，赚了老百姓不少钱。

有的单位经常有一批工作人员在外地从事野外工作，如果能把他们的工作和生活场景制成录像带给家属看，把

家属的生活情况的录像带到他们的工作地点，运用这种先进的信息传递手段，使二者互相影响，就可能比其他手段更有用。太原铁路局的软件，每天赚多少钱亏多少钱一目了然。这也是企业思想政治工作的一个好工具。进入市场经济是以企业为单位进入的，企业在市场当中竞争要依靠全体职工的努力，最大的一个困难就是市场中的各种信息在企业内部没有办法传递到位。如何使市场竞争中的信息在企业内部向全体职工传递到位，这是当代企业思想政治工作的一个最重要的内容。能够做到传递到位了，思想政治工作为企业的经济建设服务就成功了。将来是不是还会有更好的方式，比如说网络会议，或者我们可以利用网络向职工提供他们所需要的解决各种思想问题的，或者能够鼓舞、激励他们的各种信息。前两年我们介绍了燕山石化的一个经验：过年的时候，过去是每个职工发一本挂历，现在发一本台历，其中有100多页是介绍本厂劳模的事迹，还有100多页是本厂的重要活动。钱花得没有发挂历多，但是职工非常重视这个东西，有的职工拿到的当天晚上看到很晚很晚。以后是不是有可能把职工文艺演出的优秀节目制成VCD发给职工，成本也没有多少钱。

总之，新的技术手段为思想政治工作做得更活跃、更深入提供了新的手段。我们要努力探索怎样去运用它。越用，我们对这些手段就越熟悉，越是能开发出它的潜力来，越能使我们的思想政治工作做得有声有色。

加强企业文化建设
塑造现代企业灵魂[*]

20世纪80年代以来，企业文化在中国相当一部分先进企业中有了长足的发展，而且各有特色。在这次会议上介绍的许多经验，也是各有特色，都取得了显著的成效。通过交流、参观、相互学习，大家都受到很大启发，得到很多收获。会议是成功的，在许多问题上增进了与会者的共识。会议不足的地方主要是探讨、研讨的时间没有做专门的安排，所以显得讨论不够。

20多年来，对于企业文化，存在着各种不同的认识。有的同志觉得企业里有了企业管理，就没有必要有思想政治工作和其他的群众工作，没有必要再增加这个项目；有的人觉得没有工夫做这件事情；有的人觉得搞企业文化的工作我们过去也在做，现在提出企业文化不过是换一个名词，没有必要，没有意义；还有的人觉得企业困难，没有钱搞；也有的企业是不困难的，也说没有钱；有的企业拿出钱来抓，也只是做一些传统观念所说的文化工程，如组织秧歌队、组织文化队，把它作为业余娱乐来看待；也有的人认为，企业文化好得很，重要得很，抓企业文化就行了，就可以代替思想政治工作了，因为思想政治工作在现代企业进行有若干困难，不如搞企业文化顺手等。在20年的实践中，这些不同的认识也在不断地变化、发展，通过实践、探讨，人们的认识在逐步深化，趋于一致。这次许多代表从不同的岗位到青岛来，就有一个感觉，青岛市的企业文化发展氛围非常好，许多优秀的企业在青岛诞生不是偶然的。这些企业创造出了许多经验，大家都很佩服。有些经验创造出来，就不仅仅是经验的问题，是令人想不到还有这样的奇迹。如大家想不到，服务也可以搞品牌，还可以到工商总局去注册商标。

　　江泽民同志多次强调文化的重要意义，他早就提出要建设有中国特色社会主义的经济、有中国特色社会主义的政治、有中国特色社会主义的文化，把经济、政治、文化三个领域并列起来作为我们建设的重要任务，引起了一些同志的重视。但可能还没有充分地重视，有些人觉得无非是把社会领域的现象分成这三个部分。为什么要把文化看得与经济、政治同样重要呢？许多同志可能还未来得及想这个问题。后来，江泽民同志又提出要建设社区文化、学校文化、家庭文化、企业文化，特别对企业，提出要建设自己的文化。大家也理解了，这是精神文明的重要部分或重要的表现形态。为什么要提出企业文化这么一个概念呢？可能也还没有引起社会足够的重视。

江泽民同志提出"三个代表"重要思想，代表中国先进生产力的发展要求，代表中国先进文化的前进方向，代表中国最广大人民的根本利益。把代表先进文化的前进方向作为共产党的基本职责，作为共产党的最重要的基本经验提出来，这就把文化到底有什么重要的意义这样一个问题摆在了整个社会的面前。应该说，中国共产党是重视文化的。中国的发展，不能不依靠文化作为基础。把代表先进文化提到作为共产党根本的职责任务的高度，应该说是马克思主义与时俱进的一种表现，这很值得我们进行仔细的、深入的、认真的探索和实践。我们这次会议只能在企业文化这样一个侧面对已经做了的事情进行展示和交流，思考一下企业文化本身的重要意义。

宝钢的同志讲到，有企业就有文化。从这个意义上讲，企业文化是任何企业都存在的，无非是这个文化对这个企业适合不适合、好不好、有用没用等。真正从我们自觉地研究，从理论上来概括的企业文化是 20 世纪 80 年代提出来的。80 年代以来，企业文化在中国的发展，是与社会主义的市场经济在中国的发展同步的。因此，我们研究企业文化就必须联系中国的社会主义市场经济来进行，把这两个东西联系起来认识。

现代社会或者说现代的市场经济，与过去的社会，与过去的经济状态是不同的，这一点大家都知道。不同在什么地方？我们可以举出很多不同来。现在有许多很大的企业，有几十万人的企业，过去没有。现在的生产力水平很高，大家去看海信的展览，可以生产出那么多高水平的产品。现在的机器设备的效率与以前是不一样的，现在我们运用的生产手段是过去不能比拟的。最大的不同是什么呢？我认为，最大的不同是社会的现代生产，它的竞争主体是企业，这是过去没有的。现代社会和过去社会比有许多变化，这许多变化可以说既有量的变化，更好了、更高了、更快了、更强了，这都是量的变化；也有质的变化，是过去没有的东西，叫"企业"产生出来了。在现代社会，中国还处于社会主义初级阶段，至少在城市里，在99%以上的领域里，生产活动只能在企业里进行，生产的主体不是个人，市场竞争的主体不是个人与个人的竞争，也不是家庭之间的竞争。劳动力、劳动工具、劳动对象这三种东西结合起来才能够进行生产，现在这三样东西的结合是在企业里进行的，这与过去有很大的不同。如做秦始皇陵的兵马俑，是个体劳动，虽然把许多奴隶集中起来做这样一件大事，但每个兵马俑都是一个人完成的，他把自己的感受、自己的体会、自己的追求放进去了，做完以后偷偷地在下面刻一个"丁"字，表示这是我刻的。没有刻"丁"字也有自己的心血、自己的感受在这一个产品里面。现在你看海信牌电视，我们住的宾馆里每一间屋子里都有，你们可以去参观他们的生产线，生产线上的工人，一秒钟做两下，他的哪一下是你这台电视机的？没有了，这就有很大的变化了。企业，这个东西过去中国基本上没有。这样讲，可能有人不服气了。新中国成立前有一点，少量的，新中国成立以后，我们也有很多工厂啊，我们也有企业文化，我们也有大庆精神。但实际上，我们过去的工厂不是企业，它是一个工场，它解决的问题是劳动者和劳动对象之间的关系问题。有些问题很难解决，我们把劳动者组织起来就解决了，这需要一种精神，突出的代表是大庆精神。大庆精神的特点是什么？"两论起家，三老四严"。他们要对付的是自然，人在对付自然的过程中，需要组织起来。军队是一种组织形式，大庆是借鉴了军队的组织形式。完全的军队组织不能适应工业生产，因为它还需要协调，要有更细致、更复杂的分工和组合。为了适应这种更细致、更复杂的分工组合，产生的是什么呢？产生的是进一步的企业精神，如我们的"鞍钢宪法"产生在征服自然的过程中，需要把劳动者更好地组织起来。在这种分工、组织协调的过程中，解决这样一类问题。真正的企业，真正的企业精神或企业文化，在那样的情况下是不可能产生的。因为，真正的企业是一个法人，在法律地位上它是一个人。是人就有生、有死，有生死存亡的问题，是一个有生命的东西，它是独立存在于社会上的。完全意义上的现代企业，我们还在建构过程中，许多企业还不够现代化，还在建设当中。

　　企业产生出来了，它就面对两个问题要解决：一个是企业与社会的关系，一个是企业内部的关系。我们先看企业与社会的关系。企业是个法人，会发展，也会死掉。那么它要生存和发展，避免死掉，它的依据是什么？依据是社会需要。海尔所讲的有价值的订单，有了这个，就能活，没有有价值的订单，有几百亿的资产也不行，也会死掉。这就是说，企业的生存和发展，它的根本、它的依靠是社会，是企业的外部。企业不是为企业本身的需要生产的，它生产的东西不是自我满足，而是满足社会。它要做的事情是它能不能或在多大程度上能满足社会的需求，为社会所信任，为社会所接受。但是，在企业诞生的时候，很多企业都不是这样想的。它想的是我的利润最大化，我如果不能挣钱，我办这个企业干什么？我不如把钱存在银行里。这两个追求，应该是一致的，是可以协调的，可以互相支撑的。但实际上是可以背离的。因此，在社会上就产生了一个问题，就是对企业的不信任。这是很普遍的现象，不是个别的现象。北京中关村有 6000 多家高新技术企业，能够从银行借出钱来的只有 400 家，这 400 家的绝大多数从银行拿贷款时，是要抵押的，不抵押，银行就不借给你。不是银行没有钱，银行也着急，银行的钱贷不出去，它要给存款的老百姓付利息的，它最好把钱赶快贷出去，但没有信用，银行怎么敢借呢？在 10 年前，问题就更严重了。有条街叫"电子一条街"，老百姓叫"骗子一条街"，现在"骗子一条街"的名字不存在了，进步了。但是，绝大多数的企业还是借不到钱。你去跟一些企业家谈，大多数人手里都有技术项目，他们缺什么呢？就缺资金。而银行呢？有大堆钱要找地方投，两边结合不起来。为什么结合不起来？缺乏信任度。你说得挺好，但到时候到底怎么样？会不会鸡飞蛋打？老百姓买东西，消费意愿来得很慢，很重要的原因，是对我们企业的信任度问题，表现出来是对产品的信任度问题。现在旅游又"热"了，其实还可以更"热"的，有相当一部分人所以不出来，不是因为没钱，不是因为外面不好玩，是怕麻烦、怕吃亏、怕上当、怕挨"宰"、怕路上出现这样那样的问题。实际上这种缺乏信任，就是缺少道德支撑，这已经成为经济进一步发展的瓶颈。

为了建设道德，中央已经颁布了《公民道德建设实施纲要》，说的是公民道德建设。我们现在面临的一个很大问题，是企业的道德建设，是法人的道德建设，不是自然人的道德建设。查有关道德的科学著作、伦理著作、哲学著作，从古到今，各种学派，全部论著堆起来比山还高，说来说去，讲道德现象、道德追求、道德愿望、道德约束，都是讲自然人的道德。道德是由什么东西约束的？道德是由人的良心约束的，不是靠法律来约束的。良心是什么？自然人有良心，企业有良心吗？企业是没有良心的，因为企业不是一个活的人。良心让人有道德，怎样让法人有道德呢？我们怎么来建设？这个问题在所有过去的伦理著作里是找不到的。道德还受什么制约呢？还受外界舆论的制约。外界的舆论怎样才能制约到人呢？这当中要有个东西，有个桥梁，叫做"羞恶之心，人皆有之"。这是孟子讲的。就是说，大家不赞成的，你要是做了，你心里会难为情，因为难为情，你就不做这件事情了。这里会产生很多道德规律。有的人在不认识的人面前，他不觉得难为情。在电影院里和你上班去参加会议的效果是不一样的。集体道德和群体道德的差异，有许多理论就从这里开始研究起来。在研究中有一个很奥妙的核心，就叫羞恶之心。人知道难为情，这是一个桥梁。企业不是一个活人，它怎么知道难为情呢？毛泽东说，人不知道害羞就不好办了。他不知道害羞，你就拿他没办法了。企业不知道害羞，它没有这个感情，没有这个感觉，这就是新问题了。法人道德究竟怎么建设？它的规律是什么？法人道德不是法人代表的道德，它与法人代表有关系，但与法人代表的道德不是一回事。真正好的企业，如果我们经营好了，离不开领导人的作用。但领导人的作用能发挥好的最好阶段是什么？有他企业就搞得好，没有他这个企业就搞不好。达到了这个境界，这个领导人还不算高明。真正高明的领导人就是，我在这个企业能搞好，等到我走了十几、二十几年后，这个企业还能搞好。我不在，它也能搞好，这才是真正的、优秀的领导。这靠什么？你走了，什么东西留下了呢？你留下1000万、留下1000亿，这都是可以顷刻瓦解的。所以我们要总结经验，要留下良好的作风，留下一个良好的班子，留下一个奋斗的精神，留下一个有道德的企业，一个有道德的法人。北京同仁堂的药，人家买了就是放心，不知道换过多少代人了，老百姓就是信任这个品牌。价钱卖得不贵，药又地道。要这样看，这法人至少应该是有灵魂的，需要给法人塑造出一个灵魂来，塑造出灵魂来，它就有良心了。这种良心的外界标志，就是它的品牌，有了这套东西，生存、发展就有把握了。这套东西不容易树起来。现在，企业容易想到到市场上去竞争的办法，如降价、甩卖，用这个办法来抢市场，互相残杀，实际也是自杀的政策。人们也会买一点商品，但不会买得很多，顾客的心态是买涨不买跌，价格越降，人们越不相信，信任度越低。怎样做到真正为顾客的需要着想呢？而且不光着想，还能实践呢？青岛的客运提出一个口号"比顾客的需要做得更好"。怎么做得比顾客的需要更好？顾客不需要的事，你做了不是浪费吗？实际上它还是满足了顾客的需要。有许多潜在的需要顾客想不到要提出来。顾客到商店买东西，例如买帽子，这种颜色不行，换那种颜色的，拿到第五次，售货员不耐烦了，说话稍微粗一点，顾客也不高兴了："你什么态度？"售货员说："你是来买东西的，还是来买态度的？"其实，顾客要买东西也要买态度，东西是标得出价来的，态度是标不出价来的，标不出价来不要紧，我可以走人，可以让你连东西一起卖不出去。宝钢发言时讲了一个例子，有一年，小鸭洗衣机厂不要宝钢的钢板，怎么办？派技术人员征求意见："老师傅，我的钢板哪儿不好？"老师傅说："我拿在手里抖一抖就感觉不好。"技术员说："抖一抖算什么呢？我拿技术指标来，指标全部合格，全部是好的。你还有什么意见？"老师傅说："我没意见，我承认你的钢板都好，都合格，但我不买行不行？"这样就没办法了。像这样的事情多得不得了，不是一块钢板的问题。前几年，营口一家企业的冰箱，做好了，拿到市场去，就是卖不动，开顾客座谈会征求意见，顾客说："你们的冰箱噪音太大。"厂家马上解释说，我们的噪音是多少分贝，国家规定是多少分贝，我们在国家标准之下。顾客听后，说了一句非常精彩的话："你们符合国家标准，你们卖给国家好了。"意思是说，你们卖给我，你们就得符合我的标准。而我们过去长期是计划经济，按照国家规定、国家标准生产，符合规定标准，任务就算完成了。我们有许多企业做的上游产品，在国内销不动，但是，同类的产品，客户花比较高的价钱到国外大量进口。许多企业不明白，认为国家不保护他们。到企业下游厂家去问，为什么不进我的产品？下游厂家说："我希望产品再做一次改进，再做更新……"上游厂家说："你们要改，行，要加一道工序，那是你的事了，我做到这儿已经达到标准了。"而外国人就可以，你需要什么产品，他就给你做成什么样。这就是为什么而生产、为什么标准而生产的问题。要使顾客拿到我的产品最放心、最顺手。

过去我们只要"多、快、好、省"，产品质量好、成本低、产量高，就不愁没有销路。现在看，光有那一套还不行，要满足顾客感情的需要，满足他的放心度，满足他的时间的节约等各种各样的要求。总之，企业要生存和发展，首先要解决与社会的关系。在解决与社会的关系中来定自己的位，来塑自己的魂。

企业要解决自己内部的关系问题。企业是由人群组成的。这些人群，是自然人的人群。企业作为一个整体、一个法人，它有生存、发展的环境，它要适应这个环境，争生存，求发展。个人的生存、发展目标，在企业里和企业的目标有吻合的地方，也有不一致的地方。甚至于企业内部的部门，它的利益目标与整个企业的目标也会有吻合的地方和不一致的地方。在企业中，并不是每一个人都能接触到企业的外部环境的，绝大多数人在大型企业中做的事情是看不见顾客的，看不见企业外部的人，他只是完成内部的指令，他只是对企业内部的指令负责。这就发生一个问题，怎样使企业内部这样一个由自然人组合起来的人群协调一致，配合起来、组织起来去参与企业在市场上的竞争？这种协调是有相当难度的，许多企业管理理论解决的就是这样一个协调的问题。这种理论不断地得到发展，不断有新的创造，但是，可以说，无论怎样严格地管理、怎样严密地管理、怎样合理地管理，都不可能做到100%地把企业所有从业者全部协调起来，而且组合成一个整体的拳头。而个人的一个很小的错误行为，都可以破坏企业品牌，破坏企业形象，拆掉企业的墙脚！这种行为造成的影响，是无法用金钱计算的。怎么办呢？这就需要一个东西，需要精神的支柱，需要做塑造人的工作，需要建设一种文化的氛围。在改革开放前，我们的企业管得很宽，什么事都管，职工在家里和老婆打架也管。你不管不行，职工的老婆跑到厂里来，找到车间主任，找到书记，要你管。这些年来，逐渐地不管了，这些事与企业无关，逐渐地也被社会接受了，人家也不找上门来。但是，企业是不是应当在一个新的层次上重视成员的道德表现？我认为，是要的，但不是恢复过去。前几天报上登了一个材料，有个中国男孩，在德国读博士，读了好几年，博士文凭拿到手了，去求职，去找大公司，把履历投到大公司，投第一个公司，退回来不用他；投第二个公司，退回来不用他；投第三个公司，退回来不用他。这时候小伙子泄气了：

"我找小公司。"找两个小公司也不用他。他心里发毛了，就打听人家为什么不用他？一打听，很简单，因为他在德国学习的几年，有3次坐公共汽车没买票，被人家查到了。德国人说，在我们德国这样的行为被查到的概率只有十万之三，而十万分之三的比例中，你被查到了3次，你这个人的道德品质不好，你骗别人，乘公共汽车这么小的事都要骗，这么小的便宜你都要占，如果你到我的公司来，如果有大的便宜你要占，那么我们公司不是倒霉了吗？所以，这样的人人家不敢用。在我们这里，大概没有这种现象。我们也不知道人家坐公共汽车逃票不逃票，就是知道了也无所谓，也不当一回事。但可以相信，总有一天，企业会重视这些问题的。你连家里的电话费都不交，我才不用你呢！因为你靠不住，我不是为了惩罚你的道德表现，而是我不敢把责任委托给一个可能骗我的人。每一个企业要保护自己的利益，为了不上道德品质不好的人的当，"对不起，我躲开你"。躲开你的结果是你没饭吃。企业文化建设的发展，最后会起到这样一个作用，对社会道德会起推动的作用。

　　企业内部的成员，在企业内部分工不同，劳动的性质不一样，互相的关系中必定会有各种矛盾，而且特别在现在经济结构调整的阶段，心态的不平衡是不可避免的。人与人之间的矛盾，需要我们用适当的方式来调整，需要建设一种民主的、透明的、温馨的氛围，营造企业员工之间的认同感，使他们从心理上得到补偿，他们的优势或潜在的优势得到承认和发挥，帮助人形成自己的自豪感，满足人群的精神需求和文化需求，这些都需要企业文化工作。现在这种需要，由于四种新的情况而更为突出了。第一种新情况是由于中国加入 WTO。中国的经济进一步融入世界经济一体化的进程中，需要与不同文化的规则、要求打交道。为了这种需要，我们的文化建设需要加快进行。第二种新情况是企业的改组改制。大批新的企业集团产生，新的企业集团如果不能比较快地在文化上一致，这种集团的竞争力就不能比较快地形成。要把文化观念整合一致，成为企业改组改制中最重要的动力。第三种新情况是科技作为第一生产力的作用，在新世纪更为突出地显示出来。产品更新换代的速度越来越快，新产品的寿命越来越短。因此，特别需要使企业变成学习型的企业，使员工树立终身学习的观念。因为，中国的教育制度过去长时间和应试的机制联系在一起，最大的弊病是使爱学习的孩子经过十几年学校严厉的"折磨"，变成不想读书了。许多从学校毕业的人说，这下好了，可以不用看书了。这是最大的悲哀。而在学校学习十几、二十年，所获得的那点知识，适应不了科技发展的速度，不学习肯定跟不上。所以，必须要改变这种状况，使人成为终身学习的人。第四种新情况是农民变工人的速度会大大加快。几亿农民种地的状况，在今后二三十年中将成为过去，这是一个很深刻、很痛苦的变化。小生产者是自由自在的，与有纪律的、互相协调的劳动是完全不同的文化和生活习惯。在这种新情况下，文化的竞争就成为企业能否迅速发展的重要条件。在农村扶贫工作中，走的是这样一条路，开始，觉得扶贫不能只扶钱，先要修路，使产品能运出来；后来想，不光要有物质上的路，还要有精神上的路，要使人的观念改变，使人的文化力改变、智力改变，他就有能力自己致富了。现在看，不仅仅是农民需要新的文化，我们的企业要变成真正的现代企业，有竞争力，也需要依靠文化的力量。而有了这种文化的力量的企业，就可以进一步影响全社会，发挥工人阶级在观念形态上引导整个社会的作用。

企业文化是什么东西？许多人有许多不同的回答。但我们可以说，它是一种氛围，是一种理念，是一种追求，是一种形象，是一种精神，是一种习惯，这六样东西都是抽象的，总体上说，就是企业的灵魂。我们进行的文化建设，就是塑造企业灵魂。因为它是企业的灵魂，所以我们必须加强党对企业文化建设的领导。企业文化是与企业内在要求相结合的，是企业自下而上发展的需要，它不是从外面加给企业的东西，它是一种适合于企业所采取的行为，比较容易纳入企业管理的系统，也比较容易量化、物化和制度化。所以，我们应很好地运用企业文化，发挥党的领导作用。党对企业文化的领导，着重点为：一是进行倡导，帮助人们认识企业文化的重要意义。二是用正确的价值观进行渗透，把正确的价值观渗透到企业文化的各个方面去。如果把这两项工作做好了，企业文化就能起到内聚人心、外树形象、转变观念、增强实力的作用。

建设好企业文化，还必须解决好若干关系：一是要解决好企业文化建设与思想政治工作的关系。思想政治工作应当或可以以企业文化为有效的载体，通过企业文化实现与经济工作的较佳结合。企业文化也需要正确的思想引导。两者是交叉圆的关系，而不是完全重合的关系。二是要解决好形式与内容的关系。各单位在企业文化建设中都创造了许多成功的形式，这些形式差不多每一招都是有用的，也可以说任何一招都是不够用的。企业文化没有形式就建设不下去，只有形式没有内容，就是僵死的东西。我们不能轻视形式的作用。三是要解决好硬件与软件的关系。硬件的建设要与企业的发展、企业的经济状况相适应，但这又不是决定性的。企业文化工作者要善于利用既有的舞台，导演生动活泼的节目，这就是充分发挥软件建设的作用。四是要解决好目标导向和可操作措施的关系。目标导向是比较大的，具体的措施应该是比较小的。只有通过一个个具体的小措施，才能脚踏实地，才能见到成效，才能积累起来去实现大的导向。五是要解决好统一性和多样性的关系。特别在集团企业中如果没有统一性的文化建设要求，整个集团就形不成共同的品牌、形象和文化力。但如果不承认各种不同特色企业、不同地区企业的特点，统一性就很难贯彻到底。六是要解决好一贯性和与时俱进的关系。企业文化的目标、形象、标志都应该是统一的、一贯的，而不应是多变的，变得多了，实际上就不存在了。但又应该是与时俱进的，要根据时间的变化，在统一中不断地发展。七是要解决好受体与主体的关系。企业文化建设的受体是企业中的人群，企业文化建设的主体也是企业中的人群，要依靠本企业的广大职工自己来建设自己的企业文化，才能真正得到成功。八是要解决好在职职工与离退休职工的关系。不应该忘记离开了本企业的职工，主要是老年人，这个人群容易被忽视。但是他们的心态，对企业的发展影响始终是很大的。他们的今天是企业在职职工的明天，所以做好他们的工作，对于稳定本企业现有的职工会有很好的作用。

企业文化建设是一项长期的建设工程，需要我们坚持不懈地努力奋斗，才能达到更高的标准。要抓紧时间，一点一滴从今天做起，不要拒绝做小的事情，只要有利于正面的价值观念导向，有利于企业职工精神状态的振奋，有利于企业健康氛围的形成。要利用许多小的事情把它综合组成企业中无所不在的氛围，把企业文化建设得更好。我希望我们将来有机会继续交流经验并做理论上的分析，把我们的企业文化建设不断推向前进。

关于企业社会责任的思考[*]

  企业社会责任是一个新问题，也是一个很重要的问题。企业文化的概念引入中国并逐渐被实践于管理之中已经有 20 多年，但是将企业文化中的企业社会责任问题单独提出集中研究才刚刚开始。

  现在，我们要构建和谐社会，要实现可持续发展，许多问题都要依靠企业来实现。当今的社会，企业是基础。现代社会和过去相比最大的不同，就是多了企业这样一个社会组织。几百年前，中国的社会构成中是没有企业的，那时家庭是生产的基本单位，是社会的基础和细胞，所以过去治理国家讲的是"修身、齐家、治国、平天下"。就是说，治理好家庭是治理好社会的基础。而今天，中国的生产主要在企业中进行，中国的 GDP 主要在企业中创造，中国人的收入主要通过企业得到，企业对社会的影响最大。因此，我们要构建和谐社会，要实现可持续发展，必

---

  * 本文发表于 2005 年 12 月《政工师指南》。

然要从企业入手。这也要求企业要重视和谐，重视可持续发展，承担必要的社会责任。

企业不禁要问，刚刚克服"企业办社会"不久，还没有彻底做好，怎么又来一个企业社会责任？对这个问题，我们要站在我国社会主义事业发展历程的高度来看待，不同的发展阶段，我们面临着不同的问题和挑战。

我国的社会主义建设历史已经有 50 多年，我们搞经济建设是从"企业办社会"开始的。当时我们搞"企业办社会"是由于当时处在特定的历史条件下，也并非毫无道理。新中国成立初期，社会资源不丰富，不办社会就办不了企业。比如当时的大庆，在荒山野岭开采石油，没有住房、没有社区，不解决基本的衣食住行问题，职工怎么工作？像这样的采矿企业，只能先办好社会才能生产。在当时的条件下，就连北京这样的大城市，也不能保证所有的市民每天都能洗澡，企业就只能自己建浴室。因此，即使在北京开办大型企业，也必须办社会。1949 年我国的人均 GDP 仅有 19 美元，工业化建设就是在这个水平上开始的。在这种情况下，我们要搞工业就要创造条件，为工人建设起码的现代生活条件，只能先办社会。现在看来，当初大庆工人的生活是非常艰苦的，但在当时的中国人眼里，那是特殊的，令人羡慕的，不可能一下子普及的。因此，当时企业办社会是没有选择的办法，是那个阶段的历史条件决定的。

改革开放后，企业要减轻负担，要剥离办社会的功能，要集中力量搞建设，这也是社会发展到一定历史阶段的产物。改革之初，中国发展到了人均 GDP200、300 美元的水平时，社会发展整体水平开始适合做这个事情。现在人均 GDP 已经超过了 1000 美元，更应该把企业的社会职能剥离开来，让企业轻装上阵，搞好发展。但是要想彻底摆脱"企业办社会"，也还存在一定困难。比如有些企业要把他们办的学校交给社会，学校就很不愿意，原因是企业投入的教育资金比社会多，剥离以后，教师的收入可能达不到原来的水平。为了促进企业一心一意谋发展，我们必须加快这个进程。与此同时，我们还要开始研究企业的社会责任问题，这个认识过程是螺旋上升的。因此，企业履行社会责任绝不是要回到"企业办社会"的老路上去。

当前，企业社会责任的提出，还有国际的压力。西方国家已经提出这个问题，一是他们的国家已经发展到较高水平。企业如果不重视这个问题，很容易卷入"官司"，结果是赔偿数目巨大的资金，致使企业生存发展受到很大影响。二是跨国公司的影响。早期的跨国公司也并不重视这些问题。随着社会的发展，他们才开始逐渐重视环境、社区、劳工等问题，因为解决不好这些问题就会被当地人认为是"帝国主义"，在经营活动中处处受到限制。与此同时，西方发达国家的企业感到，由于这些国家生活水平较高，工资福利较高，企业的成本就会高于发展中国家，价格竞争力受到削弱，因而他们就打着社会责任的旗号，利用采购等方面对发展中国家的企业施加压力，要求供货商也增加这方面的支出。如果中国的企业全部按照他们的要求办，经营成本就会上升到没有收益的程度。于是，产品价格上升，失去价格竞争力的同时就会失去市场，工厂倒闭，工人失业，这个后果更不"人道"。目前，我们的发展水平还不高，甚至有些地方还处在解决温饱问题的阶段，所以我们不能迫于压力就盲目地接受别人的建议。

我们既要看到国际形势，又不能照搬别人的做法，要根据我们的国情来履行社会责任，才能切实提高企业在国内国际市场的竞争能力，实现企业的长远兴旺发达，从而持续地增加职工和整个社会的利益。从自己的实际情况出发，把社会责任放在一个重要的地位，是中国企业本身的需要。

企业是法人，而"人"是生活在社会当中的个体，不能离开社会。企业的股东、资金、劳动力，企业需要的贷款、技术、设备、能源、水、土地、信息、市场等都来自社会，需要一个安全的、法制的社会，需要健全的交通运输，需要医疗卫生等。这些都是企业经营必须的条件，缺一不可。由此看来，社会是企业安身立命之处。因此，企业对社会有所取得也要负有责任，才能保证企业本身发展。这样看，企业的社会责任就不是被动的了。

企业履行好必要的社会责任，对企业来说也可以增强企业的影响力。人不断改造地球，在改造地球的过程中创造了越来越舒适的物质条件。同时人也不断破坏地球，这种破坏对世界的影响力越来越大，除了物的影响力还有精神的影响力、文化的影响力。企业影响着整个社会的价值取向，影响着整个社会的风气。无论做的事情是好是坏，都会对社会产生相应的影响。作为一个成熟的企业，基本上有两个责任，一个是法律责任，不遵守法律是为社会所不能容许的；另一个是道义责任，是一种软约束。现代企业越来越自觉地考虑自己的社会责任。

20 年前我去日本，住在新大谷饭店，是日本最高级的饭店。看到卫生打扫得干净极了，我就很羡慕，怎么能做得这么好。就问打扫卫生的是些什么人。老板介绍说："都是附近居民家庭的中年妇女。原来这里没有饭店，我在这里建了饭店之后就对周围发生了影响，汽车增多，物价上涨，出现了种种我难以预料的情况，影响到居民生活。如果居民讨厌我们，我的生意很难做好，因为他们的影响是潜移默化的，比如客人找酒店问路，居民的回答都会影响我们。我要在这里存在，就要让周围的居民感受到我的存在对他们是有利的。日本社会有个特点，成年女性结婚生子就会放弃工作照料家庭，而孩子长大后她们已经变成中年妇女。她们想工作挣一点零花钱，但没有技术技能，我专门请她们来，她们很愿意，工作也很认真，并且以有这么一个饭店并能为之工作而高兴。这样，这个饭店在这里经营就容易了。"

由此可以看出，这个老板是为了取得企业经营的良好环境，而首先想到自己的作为会不会影响别人。其实在企业与外界的交往中，总会有企业想不到而影响外界的地方，往往对外界造成了伤害而自己却毫无察觉。这就要求企业一定要想、要做调查，自己对社区产生了哪些不利的影响，哪些影响是自己事先没有预料到的。要针对这些不利影响采取措施，弥补人家的损失，才能不断改善经营环境，塑造企业的良好形象。

不仅如此，企业还要想到今天没发生但明天可能会发生的事情，考虑社会责任一定要想到这一点。在上海锦江饭店考察的时候，我觉得他们的一个做法是非常令人钦佩的。我说的并非他们的员工待遇多么好、管理多么好，而是在员工待遇很高的情况下，老板仍旧号召员工参加培训。他们告诉服务员："你们做服务员是吃青春饭的，不可能到40岁还做这一行，等你们不再年轻了怎么办？从现在起我们就来培训你们新的技术技能。"锦江饭店在员工赚钱很多的时候考虑到他们的将来，而不是等到他们要下岗的时候再培训。这种为员工未雨绸缪的做法，我认为是高度的社会责任感。实际上，企业的这种做法也是最聪明的，现在就培训花钱最少，等员工下岗再培训反而费用更高。

企业的社会责任，体现在很多方面。

第一，要善待员工。所谓善待员工，并不仅仅是给他们多少福利，而是要考虑到员工的需求，变化中的需求。吃饱饭的人比没吃饱饭的人有的时候需求还要多，苦恼还要多。比如蒙牛公司培训员工如何处理好家庭关系，这就是员工现在非常需要的。假如在企业里请一个家教专家作报告，恐怕比别的报告更受欢迎。这就说明，蒙牛认真研究了员工的实际需求。

第二，要善待投资者。这不仅仅是要保证投资者的利益、利润，更重要的是不要欺骗投资者。现代企业投资者和经营者之间互相不信任，不能很好协调相互权益，已经形成一种利益上的博弈关系。这个问题由来已久。为解决这个矛盾，企业界已经做过很多探索。原来是家族制，只有自己的儿子才能信任；后来专业化，发展到外聘经理。那么经理人的绩效如何考核呢？先是和业绩挂钩，后来改成年薪制，再后来改成让经理人持有一定的股票份额。实行年薪制的时候，每年考核经理人业绩都是当年效益，数字越大，经理人就会得到越多，于是他们就只注重企业短期利益，5年之后见效益的长期项目他们就不愿去做。为了避免经理人只顾短期利益，就改成了让他们持有一定份额的股票，企业长远发展好，他们的股票也会升值，就可以把经营者的利益与公司利益捆绑在一起。结果怎样呢？经理人拿到股票后，就发现另外一个"奥秘"——让股票升值比经营公司容易，于是又出现了做假账，使公司的账面很漂亮，股票就会升值，经理人卖出股票得到实惠后离开公司。这样，投资者就很受损失。怎样解决这样的矛盾，真正做到对投资者负责，这就是一种社会责任。

第三，对合作伙伴负责，对同行负责，达到双赢。对客户负责，善待环境，回报社会，这些都是值得深思的问题。比如，对客户负责，并非只是最好的产品以最低的价格卖给客户。对客户负责的内容包括产品、服务，尤其是售后服务。在企业与客户的关系中，有一些很小的细节就能体现善待客户。比如，20多年来我经常经过首都机场的高速公路，最近我发现一个新变化：路过收费站的时候，车辆交费后要找零钱，收费人员马上会递给司机事先数好的钱。而过去司机交费，收费人员就要先数钱再找零递出来。这个细节的变化，对收费人员的工作量来说是一样的，只是工作顺序问题，但对客户来讲就节省了时间，这就是企业善待客户。相比之下，有些高速路服务就不好，由于车少，6个放行口只开两个，让后面的车等候，浪费了时间，而没有开的放行口工作人员在闲聊。因此，企业善待客户，并不是一定要企业多花钱，也不一定要员工为此付出更多劳动量，但企业的理念、企业文化就有了提升。再比如，要回报社会，不仅仅是拿钱去回报社会，还包括我们要用企业的文化去影响社会。当前存在的问题是，一方面企业对回报社会的认识不足，另一方面有的企业被迫"支持"一些没有意义的项目，比如花300万请个歌星出场唱歌。因此，我们既要提倡企业回报社会，但同时也要保护企业的利益，政府要好好考虑如何建立起保护企业的机制。

企业的社会责任问题涉及方面是很多的，我们在探讨多方面的社会责任时，需要寻找一些应该遵循的重要原则。我认为，第一个原则是诚信。不管对哪个方面，履行社会责任都需要诚信。第二个原则是双赢互利。不是单方面的贡献。第三个原则是实事求是。企业承担社会责任不能是无限制的，超出企业承受能力企业就无法生存，企业不存在了就什么责任也尽不了，因此一定要坚持实事求是。第四个原则是讲求效益。我们经商做企业是讲投入产出的，而我们办公益事业就往往不讲求效益。钱一旦拿出去办公益，好像用不着衡量效益，我认为这是不对的。投入公益事业方面的钱也要讲求效益，用最小的投入取得最大道义的产出。因为归根到底，中国总体上是个穷国家，钱还是有限的，必须把有限的资源用的最为有效、浪费得最少、被贪污的可能性最小，变成形式主义的可能性最小。要研究这个问题。第五个原则是一定要依靠全体员工。企业的社会责任，要依靠全体员工去实现。不能把企业社会责任仅仅理解为企业家的社会责任。比如要在贫困地区建一所希望小学或者扶贫这样的好事，不能企业家捐出几百万、几十万或几万就完事大吉了，应该让员工代表到那个贫困地方去，让他们去看望当地的农民和穷困的人，把企业的爱心表现出来，回来之后还要让他们向全体员工报告这项工作的感受。做这样的事情，能让员工感受到荣誉感和自豪感，又能够用这个活动教育员工珍惜工作和生活。一汽赞助亚运会的时候，发动全体员工捐献 3 辆车，但不是企业直接调拨，而是全体员工都参与，人人都感觉自己对亚运会有贡献，都感到自己企业的光荣。所以说，社会责任是企业的社会责任，是需要企业全员来实现的责任。

　　企业的社会责任只是企业文化中重要的一部分，而不是企业文化的全部，还需要我们认真研究。

重视思想政治工作的覆盖面[*]

  思想政治工作是我们党的传家宝。几十年来，我们党依靠正确的艰苦细致的思想工作，团结教育全体中国人民，成功地进行了伟大的革命斗争，推翻了旧社会，建立了新中国，推进了中国特色社会主义建设，国力不断增强，人民不断富裕。我们的一切成就都离不开思想政治工作。近几年来，无论在抗击严重的自然灾害，应对国际金融危机，粉碎民族分裂活动等方面，都可以看到，正是正确有效的思想政治工作，促进了亿万人民团结一心，共同奋斗，争取了一个又一个胜利，创造了人民安居乐业，昂扬向上的大好局面。思想政治工作在新时期的主要意义日益被人们认识。

  思想政治工作必须与时俱进。首先，任务变了。不同的时代，民族前进的目标也不同。其次，形势变了。不同的时代，我们主观和客观的形式条件都有些不同，要解决

  * 本文刊载于新疆维吾尔自治区政研会会刊《思想园地》2010 年第 11 期。

的问题自然也不同。再次，对象变了。思想政治工作的对象是人，不同的时代，人的情况有了很大的变化。经济状况、政治状况、受教育的状况、劳动状况、生活条件都发生了翻天覆地的变化，尤其是接受信息的条件变化很大。人们的观念、思想方法也和过去大不相同。最后，思想政治工作的手段，影响人们观念的渠道也和过去大不相同了。这四个方面的变化，决定着思想政治工作的内容和方法必须有新的发展，新的创造，否则就不能适应新时代的需要。

在过去长期的思想政治工作中，我们已经积累丰富的经验，形成了许多规律性的认识。在新的历史时期，仍需要继承这些优秀的成果，同时又要及时地、科学地研究新的情况，正确掌握新时期思想政治工作的规律，使思想政治工作科学化。

思想政治工作科学化，需要解决的问题很多。当前迫切需要解决的问题之一就是要认真研究思想政治工作的覆盖面问题。

从根本上说，思想政治工作是面向全民的工作，而不能只是面向一部分人。我们面临的任务十分艰巨，既要全面持续发展，又要安定团结，必须依靠全体人民，在重要的根本的问题上尽可能地形成共识，同心同德，团结一致，互相协作，共同奋斗，才能克服万难，取得胜利。如果各种不同的群体，认识和目标各不一致，甚至互相冲突，行动起来互相抵消，那么共同的目标就不可能顺利实现，共同的利益就不可能得到保证。我们过去思想政治工作所以成功，一条重要的经验，就是尽可能地广泛地教育、影响和动员最广大的群众。以计划生育、遵守交通规则、不要随地吐痰这样的具体问题为例，如果不能达到某些有思想障碍的人群，那么，无论教育的力度有多大，都不可能有好的效果。所以，我们对思想政治工作的要求历来"横向到边，纵向到底"，也就是要全民覆盖。

但是现在社会人群的状况已经发生了很大的变化，这是整个社会深刻变动的反映。用我们传统的思想政治工作的渠道和方法，很少甚至不可能对他们覆盖，不可能或者很难对他们发生影响。我们说要密切联系群众，这是党的三大法宝之一。但是如果只按过去的方法，对这一部分群众，实际上很少联系，有的甚至根本没有联系。这就不是做思想政治工作同志个人的作风问题，而是要从整个思想政治工作的格局上有切合实际的设计和创造。

当前中国新出现的最大人群就是进城的农民工。上亿的人口离开农村，也就是离开原来的社会，农村党组织对他们的影响已经很微弱了，甚至可能都不知道其中有些人的去向。他们又还没有完全融入城市的生活。其中当然也有党员、团员，可是许多人的组织关系只放在自己的口袋里，长期不参加组织生活。许多人也参加不了工会。许多人流动性很强，居无定所。一部分人拿计件工资，劳动时间很长，闲暇时间很少。许多人既不参加会议，又不读书，不看报，不看电视，不听广播。传统的思想政治工作渠道几乎对他们不发生影响。他们又是相对弱势的群体，有许多苦恼，许多压抑，往往受到不公正的对待，却无处诉求。尤其是新生代的农民工，对自身前景的期望值很高，心理上的落差也更大，更加迫切需要有组织的引导。近年来对这个人群的工作逐渐有些改善，但与客观的要求距离仍然甚远。

在城市中处于流动状态的还有一个压力大的人群。他们是随着市场经济的发展穿梭于各个不同城市之间办事的人们。有的只是一两天的短期停留，有的组成办事的派出机构，常驻于某一城市。派出单位对他们的状况鞭长莫及，很少了解，也很难监督。驻在地区也很难了解他们的底细，难以建立思想影响的渠道。大部分餐馆、招待所、旅社，除了有一台电视机，连报纸都不提供。

外资企业、合资企业、民营企业、个体小企业中的劳动者人数已经占到城市工人总数的半壁江山。但是这些组织中有些没有党组织，有的没有工会，有的即使有了组织，也很不健全。如果这些经济组织中的思想政治工作处于空白状态，那就不是空白点而是大面积的空白面了。

城市里有许多写字楼。一座楼里往往有几十家单位办公。有律师事务所、会计师事务所，有婚姻介绍所，有搞培训的、有搞营销的、有投资咨询的，还有搞科研开发的，形形色色，从业人员大多是白领精英，人才汇集。但这些人和我们传统的思想政治工作渠道好像也没有多少联系。

随着老龄社会的逼近，离退休人群日益庞大。其中一部分还和原企业、原单位保持着一定的联系，但也日益疏远。有一部分原单位已不复存在，只能归入社会化管理。

这个人群无论在政治、心理、经济、文化、健康等方面都存在许多特殊的困难和需求，目前多数街道、社区的管理和思想工作状况显然很难适应。

街道和社区这些人员构成也发生了很大的变化。随着城市的改造，过去那种大杂院和单位宿舍逐渐消失。单元居民楼和新建小区，已取而代之。居住的设施条件提高了，居民的生活水平提高了，居民的文化素质提高了，居民的需求也提高了。但在多数小区，居民的相互联系减少了，参与公共活动的机会或者积极性下降了。在这样的条件下，如何建设和谐的社区，应当是新时期的一个重要课题。

随着对外交往的扩大，经常在国外经商、打工的人接近千万。如何和他们保持经常的联系，如何保障他们的权益，并且对他们进行正确的引导，满足他们的精神需求，也是亟待研究的新课题。

网络的兴起，QQ、论坛、博客、微博为不同人群互相交流提供了新的平台，也为思想政治工作提供了新的阵地。许多有共同兴趣、爱好或者观点的网民聚集成紧密程度不等的网上族群。他们的关注点各不相同，旅游、购物、炒股、买房、摄影、种花、集邮、交友，无所不有。有些还从虚拟社区走向实体世界。这应是为我们提供了联系群众很好的渠道，问题是要加以注意，加以规划，更要从组织思想上跳出老一套的框框。

解决了覆盖问题当然不等于解决了思想政治工作的全部问题。但这是第一步，还要进一步研究思想政治工作的内容、目标、方针、方法等一系列问题，持之以恒，扎扎实实地做，才能逐渐收到实效。但这第一步必须首先做好。如果若干人群根本不在我们的视野之内，那还怎么能团结教育带领依靠全体人民来共同完成我们的伟大事业呢？

道德建设与伦理学研究

DAODE JIANSHE YU

LUNLIXUE YANJIU

使理想教育的内容更加充实[*]

一

　　理想教育问题，小平同志 1982 年就提出来了。提出来之后，大家也宣传了一阵，但是当时的宣传好像没有形成气候，讲了一阵以后就有点冷冷清清了。1984 年小平同志在科技大会上再次提出这个问题，大家都感到小平同志提得好，抓住了要害，各个单位宣传的热情比上一次高，想了很多办法。首先是各级党委都很重视这个问题，大家从切身的经验，感觉到不讲理想不行，光靠钱调动积极性，产生许多问题不好解决。所以各个单位的各个会议、各种活动，都提出了要有理想、有纪律的问题。最近中越边境自卫反击作战中的一些英雄人物，许多单位请了去作报告，对党员、干部、大学生、青年工人都有很大的

---

　　* 本文作于 1984 年。

震动。这说明大家对这个问题是重视的，也收到了一些成效。问题是内容还比较贫乏，如果只是这样，持久进行下去就有困难。有的地方感到讲几次就没词儿了。怎么能把理想教育长久地、深入地进行下去，渗透到我们的一切工作当中去？怎么能达到小平同志提出的要求，真正培养出一代又一代有理想、有道德、有文化、有纪律的新人呢？这个问题需要我们共同研究。我们把这些问题研究清楚了，事情就好办了。

　　为了研究问题，我们先回顾一下我们的历史经验。在中国，最初有共产主义理想的，就那么几十个人，然后逐步扩大队伍，逐步扩大影响，在那几十年当中是相当有成效的。这个经验，我们需要回顾一下。不回顾这个经验，有些同志脑子里就会有这样一种思想，以为唱这个高调没人听，现在人家都讲实惠，你讲要有理想，人家会听吗？在20世纪20年代，整个社会是旧社会，讲实惠的理由、讲实惠的人，比现在要多得多，在那样的情况下，讲共产主义理想的队伍是怎样扩大的呢？这里总有一点规律性的东西。我们不可能企图登高一呼，万众云集。50多个共产党员登高一呼，马上就有5万人来，就有5000万人来，都树立了共产主义理想，这不是事实。在很长的时间中，树立了共产主义理想，和我们一起奋斗的在整个民族中都是少数。但是这个少数人的队伍是不断扩大的。这个少数人的队伍，在整个民族中能够赢得威信，能够领导这个民族前进。这个少数人的队伍的扩大，也是有规律的。有人说，我们做思想工作一没权、二没钱，不好做。新中国成立以前我们做思想工作不是更没权没钱吗？而且还要被杀头，为什么还有那么多人跟我们走呢？所以思想工作，让人相信一个什么东西，不是靠权，也不是靠钱，而是靠真理，还要靠我们的工作合乎人们的认识规律。

关于做思想工作的规律，已经有很多同志作出过很多很好的总结。我觉得过去搞理想教育，有一条重要的经验，就是能够把当时社会上的各种矛盾都收集起来，归结到一点上来，向人们指出，只有推翻旧社会，才有出路，非走革命的道路不可。在旧社会，矛盾非常多，杨白劳没有饭吃，借人家的债，最后要卖女儿，他这个矛盾怎么解决？在没有觉悟的时候，他希望有一个地主发善心，这显然不能解决问题。只有推翻旧社会、打倒地主阶级，把社会制度改变了，所有的杨白劳，所有的喜儿才能得到解放。青年人失业，学生失学，婚姻恋爱不自由，各种各样的社会矛盾，我们共产党人就真心诚意地帮助群众解决他们眼前的各种问题；同时，把这些问题加以分析，帮助群众认清这些问题的症结，在于社会制度不合理，在于帝国主义和封建主义的压迫。因此，只有走共产党领导的新民主主义革命这样一条道路。我们指出的这样一条道路，本身是符合历史规律的。指出这条道路的方法也是符合人们的认识规律的，因此我们的工作虽然也有曲折，也有失败，从总的来讲还是不断前进，这支有理想的队伍还是在不断扩大。

《四世同堂》，老舍写的这一群人里有几个是有觉悟的共产主义者？好像没有。但是日本人打进来，占了北京城，所有的人都卷到这个矛盾中来了。各人有各人不同的情况，但日本人一进城，所有的具体矛盾就都跟这个民族矛盾联系到一起来了。这就是当时真实的情况。但也并不是有了这一个大矛盾，其他具体矛盾就不存在了。具体问题还是很多的。许多人也并不是一下子就能认识到，他的根本利益就是要打倒日本帝国主义。这就要进行启发，进行教育。当时有一个最成功的街头活报剧——《放下你的鞭子》，写一个老头和他的女儿从东北逃亡出来，没有饭吃，在街头卖艺，但女儿饿得唱不出来，老头说你唱不出来就更没有饭吃，就要拿鞭子打女儿。根本的问题是中国人民同日本帝国主义的矛盾，在这里表现出来却是父女之间的矛盾。世界上的事情就是这么复杂。这个活报剧的题目也好，叫做《放下你的鞭子》。什么意思呢？就是说，老头把矛盾的方向搞错了。这一句话就透过表面现象抓到事物的本质了，就把观众引导到抗日这个根本任务上来了。这个活报剧以及当时其他一些成功的宣传经验，都告诉我们要把群众切身感受到的具体矛盾引导到根本的问题上去。这种引导当然要针对不同的对象，不同的特点，采取不同的内容、不同的形式。

回顾过去帮助人们树立正确理想的历史，我想对我们今天的工作是有启发的。但我们今天面临的情况和旧社会不同。在旧社会我们要实现共产主义理想，直接的目标是先要推翻旧社会，推翻帝国主义、封建主义、官僚资本主义三座大山的统治。当这个任务完成并且建立了社会主义社会之后，我们的任务就应该转变到经济建设，为结束中国贫穷落后的局面而奋斗。在宣传第一个五年计划的时候，提出要和地球开战，现在许多中年人的理想，就是在那个时候树立的。可惜那个时间很短，很快就被我们党在指导思想上犯的严重错误打断了。这个严重错误就是重新搞"以阶级斗争为纲"，后来一直发展到"文化大革命"。现在我们讲理想教育，就要回过头来，把现实社会中的各种矛盾收集起来，不是回避它，而是把问题集中到改变我们国家贫穷落后这样一个迫切的任务上来。现在群众有些什么意见，有什么要求？最大的意见是房子问题，其次是物价问题、工资问题。一些人总觉得自己困难特别多，觉得别人得到的比我多一点，自己特别受亏待，所以就不满意。其实我们最根本的问题就是穷。

有人说，要提高整个社会的生产力水平，太费劲了，我等不及，我只能外流，到外国去。有这样想法的人，历来都有的。1924年年初，李大钊在北京，有一个朋友从德国回来，一见面就叹气，说他坐火车从东北入境，一路上看到中国的老百姓面无人色，看到当时的中东铁路由外国人管着，中国的老百姓受人欺负，作为一个中国人实在没有味道。李大钊问他，你想怎么办呢？他说只有两条出路，一条是自杀，另一条是还到外国去。李大钊把这个青年人狠狠批评了一顿。说，你到底愿意不愿意中国人受欺负？无论你是自杀还是跑到外国去，都不过是逃避。而问题是怎么改变现状。最后这个青年人被李大钊说服了，到广东去参加革命了。

而且，整个国家不富强，到了外国你也抬不起头来。

现在在外国当资本家的中国人，有的入了外国籍，他们是深有体会的。过去，不管他怎么有钱，在那里还是二等公民，受人歧视；中华人民共和国成立了，他的头抬起一分来，中华人民共和国在世界上有地位了，他的头又抬起三分来。所以，首要的问题，还是要把国家搞富强。

现在许多部门都有人说，对我这个部门不重视，太亏待了。确实可能有这种情况。但根本的问题还在于我们这个国家太穷。在这种情况下，即使对哪一个部门极端重视了，他也过不了多好的日子，而且很可能还没有过上好日子就引发出许多新的矛盾。我想，当前进行理想教育的一个基本方法，就是要把我们社会的一切矛盾收集起来，把它集中到一点上来，就是要治穷致富。富包括两个方面，一是人民要富裕，一是国家要富强。离开了这个，大家你抢我夺，靠什么乱涨价，靠敲竹杠，靠歪门邪道、乱发奖金，那是靠不住的，因为整个国家生产的东西只有那么多。

二

还应该把我们理想的目标，进一步具体化。具体的东西，人家才好理解，好接受。所以，我们不能只是笼统地说共产主义理想，还要进一步把我们的目标加以分解，使得各种不同的人都能够感觉到我们的理想是实实在在的，是看得见摸得着的，是有奔头的。从长远目标讲，我们要实现共产主义；从当前讲，就要实现翻两番，实现了翻两番，再用三五十年，达到或接近世界先进国家的水平。从这里再向共产主义前进。怎样使我们的目标更具体化，使得大家都能感受呢？可以把我们的目标分成三个部分来加以阐述。

第一个部分，根本的就是要提高社会生产力。我们落后也就在这里。青年人往往说你们老头们就爱回忆对比，爱竖比，不敢横比。为什么不敢横比？应该说，我们比某些青年人横比的积极性还要高些。但是我们不但要比生活，更要比生产，要把我们发愤图强的志气比出来。北京制药厂，有一种原料药，原来销路很广，上一年卖不掉了。为什么？说是外地用外汇进口这种原料药，比我们的便宜。该不该用外汇去进口自己能生产的产品，这个问题是值得研究的。但就我们的工厂来说，人家的产品加上迢迢万里的运费，再加上进口的关税，为什么还能比我们的便宜呢？人家的工资还比我们高几十倍。我们拿了低工资，还竞争不过别人，这是什么问题呢？我们哪一天可以做到再进口也不怕，还能出口，而且也能拿2万美元的工资？这当然不是一天能做到的，但总要有点志气。

我们不要不敢横比，我们不比，群众也往往向我们提出这样那样的问题来。

我们不但要和今天的世界先进水平横比，而且还要看到世界正在酝酿着新的技术革命，这场新的技术革命正在许多重要的领域里进行，很可能使得生产力的水平在未来的二三十年当中能有一个飞跃。所以，不但我们现在和世界发达国家有很大的差距，而且还面临着新的危险，就是弄得不好，这个差距还有可能进一步扩大。现在做思想工作，没有科学知识就有相当的困难。当然我们不能成为各方面的专家，但我们总应该知道一点信息科学、核子技术知识、光学领域里发展的激光、光纤通信，知道生物工程是怎样发展的。今年的职工读书活动我们就推荐了湖南出版的《迎接新的技术革命》，这本书写得很通俗，有初中文化就能看得懂，希望我们所有的干部都能看一看。我建议北京电视台，凡是北京有新技术展览，都要把它搬到电视屏幕上去。让我们的干部群众尽可能得到新技术的概念。这才有助于激发人们树立远大的理想。不光是和外国比，还要和国内比。我们国内的发展也是不平衡的。条件差不多，有的单位生产的东西质量高、成本低、品种新，有的单位就是老一套，有的单位就混不下去。要敢于比较，找自己的弱点，"知耻近乎勇"，看到自己的不足，才有希望进步。在一个单位的内部，也要把各种劳动的能手，革新的能手，在技术上有创造的人的事迹，突出宣传，使得大家有一个比较。

讲生产力的问题，不但要长志气，还要使人有一种紧迫感、危机感。在农村职业教育会议上，我向郊区的同志们提出过一个问题，请他们想一想，会不会有哪一年，5年、10年或者8年，现在大家努力发展的苹果树，要含着眼泪去砍，因为那样的品种没人买了，人家不要了，因为别人有更好的更新的品种。现在香港的市场上，除了荔枝是内地的，别的中国水果就都站不住。美国的广柑就是从我国四川引去的种子，但是他们培育出来的"花旗蜜橘"，那是真漂亮！我们国内还没有一个地方能生产出那样的。不但比水平，比技术，还要比价格，算经济账。靠涨价，这是最没出息的，最站不住脚了。所有的大资本家发财都是靠低价格，我的东西比人家便宜，因此我可以扩大生产，我可以占领市场。想不付出劳动，就占现在的便宜，最后都会被人家挤垮掉。

讲生产力的问题，还可以讲生产力发展的历史。因为人家的生产力也不是一天就发展到今天这个局面的。日本人在第二次世界大战结束以后，20世纪50年代初他们的生活水平比我们现在还要低，比我们现在还苦得多。他们这30多年是怎么走过来的，我们需要不需要了解一下？现在他们在怎么走，是不是就不艰苦奋斗了，不勤俭了？也需要了解。我到日本去看了一个最好的幼儿园，是日本幼儿园协会会长办的。这个幼儿园确实很漂亮，还有小游泳池，他们做了许多工作。有件事引起了我的兴趣，就是发动家长给小孩子写童话。幼儿园把这些童话集中起来印成书发给家长，一年印一本或两本。家长通过写童话体会了孩子的童心，就会对孩子教育得更好了。我也想学他们的经验，但是钱从哪儿来呢？我就问她印书的经费是怎样解决的？这个园长就笑了。她说，到这儿参观的人还没有人问过这个问题，你既然问了，我就老实告诉你，这经费是家长把家里的破烂拿到幼儿园来，由幼儿园集中出售，就拿这笔钱来给家长印书。我这就得到一个第一手材料，人家到今天也还在艰苦奋斗。我们的经济水平比人家低得多，比人家穷得多。可是我们可能还没有想到这样来办幼儿园，也许觉得这样太寒碜了吧。从这样的事情就可以看出人家是怎么富起来的。我在国外看到，人家的办公室往往比我们的挤得多，工厂里机器的排列也比我们工厂里挤得多。人家对提高生产效率无用的钱就不肯花。

我们不但要研究人家的生产力发展的历史，还要研究我们自己生产力发展的历史，我们自己的经验也是值得重视的。回顾历史，就可以激发今天的青少年立志。这一代或下一代人手里重新攀登世界最高的水平，应该说要把发展生产力这个目标在人们的头脑中树立起来。需要做的文章何止成千上万，这些文章不会是互相重复的，不会是"老一套"，完全可以是丰富多彩的。这就要求每一个单位都能结合本单位的实际，针对不同的对象来做工作。

我们理想的目标不仅是发展生产力，还应该包括第二个方面，就是社会结构的变化。其中最主要的是社会主义生产关系的进一步完善和发展，但也不仅是生产关系。这种变化也不是凭空说的。我们说将来的社会一定是人人平等、人人相亲相爱，等等，怎样使人相信并且愿意为它的实现而奋斗呢？还是要把社会结构发展变化的客观规律揭示出来。下面我们也分门别类举一些例子来谈一谈。

首先是在工厂、企业内部，劳动力的结构在未来的10年、20年、30年、50年肯定要发生变化，全世界的企业都在经历这种变化，西方国家叫做蓝领工人逐渐减少，白领工人逐步增加。我们当然不能把工人分成蓝领白领，但我们工厂中劳动力的结构肯定也是要变的。没有文化的，没有经过专业训练的，没有一定职业道德的，纪律性不强的，肯定要在企业中被淘汰。否则，这个企业就会失去竞争能力。面对这样一种变化的前景，企业就要十分重视智力投资，重视对工人的培训。作为工人就要努力提高自己的文化技术水平，就要更加重视终身学习。从一个城市看，未来的职业构成也必然要发生变化，突出的是第三产业的兴起。这种变化也包含许多具体内容：哪一些职业需要的人会减少，哪一些职业需要的人会增加，还有哪一些工种现在被人瞧不起，还有哪一些工种会成为人们羡慕的，等等。这些都不是我们开支票，而是历史发展必然会推出这么一些结果来。

　　现在我们的学生千军万马就过那一根独木桥，从幼儿园开始就想考重点幼儿园，然后就是奔哪个大学，不上大学就认为没有出路，上了大学还不够，还要考研究生，考完了硕士，考博士，考完了博士，还要出国。现在有这样的心理状态不奇怪，跟我们现存的工资制度有关系，但是会不会变化呢？肯定会变的。很可能将来的工资制度就同现在的不一样。现在是高中毕业生参加工作拿多少钱，中专生多少钱，大专生多少钱，大学本科毕业生多少钱，研究生多少钱，都是统一规定的，凭学历拿不同的工资，于是人人奔那个文凭。但从世界的潮流来分析，很可能将来中专毕业生，职业中学的毕业生一毕业的时候拿的工资和大学毕业生一样多。因为他们一进工厂马上就能顶用，他们工资自然就会高一点，这样会不会没有人读大学？不会。因为大学生他还是有他的优势。他的知识多，以后提升的机会也多，工资会涨得更快些，就是说，后劲大。但是不会像现在这样，人人都来抢过这根独木桥。对个体、集体、国营的看法，现在已经有了许多变化，将来也还会有新的变化。

我们的管理体制，现在是每一个单位都设有一个婆婆，这样一个局面是不是永远如此？

农村现在已经有相当一批劳动力离开农业，离土不离乡，那么在将来20年当中、三五十年当中又会出现什么变化呢？小城镇在中国的土地上会以什么样的现状振兴起来？现在要房子，最好都要市中心的，20年后会不会抢着住到郊区去？

整个国家的人口分布也会有变化的。总不能大多数人长期集中在东南沿海一小片土地上。中国要振兴，没有一个人口劳动力向西部进军的过程，是不可能的。

社会结构的变化，还包括家庭结构、家庭关系的变化。

除了国内的变化，我们还要想到中国在国际上的地位。中国占世界人口近1/4，但是中国在国际贸易当中的比重，只有百分之一点几。这种情况也不会长期不变。当然，要变还得靠我们自己的努力。

我们要确定我们的理想，就不能不顺应历史的发展规律，考虑到社会未来结构的种种变化，通过这些变化进一步认识社会主义必然胜利之路。这里包括对当代资本主义作出科学的分析。说资本主义生产关系已经腐朽透顶，马上就要崩溃了，这不符合事实。我们应当细致地考察资本主义生产关系是怎样存在下来的，它和生产力的发展发生的矛盾是怎样解决的？在解决的过程中出现了什么新事物，引发或者蕴藏着一些什么新的矛盾？这样一分析，就可以看到，资本主义的每一步新发展，在客观上都为未来的生产资料的社会占有准备了新的条件。今天生产力发展和资本主义时期还有很大不同，已经不是爱迪生的时代了。任何一项重大的科学发明或发现，都不是一个人、几个人在一个研究室里就能够完成的。生产的高度社会化，同时也带来了科学研究工作的高度社会化，许多国家的政府都要做宏大的组织工作。

总之，在社会结构变化的目标方面，思想工作的内容也是极其丰富的。

另外，就是我们理想的目标还应该包括精神文明的内容，这也是我们和资产阶级很大不同的地方。精神文明的内容包括文化科学水平，包括教育事业，包括人们的道德水平，还包括人们的相互关系。在这些方面人们都有对于现状的种种不满，也就一定可以激发出对于未来的种种追求。上层建筑要和经济基础相适应。因此，就很需要广泛地讨论一下，当前的和未来的经济基础需要什么样的上层建筑，目前存在哪些矛盾，这些矛盾可能怎样发展。既然作为80年代的青年，总不能永远只能欣赏那些格调不高的"流行曲"，或者只配看一些打斗的小说、电影，更不可能想象他们的儿子、他们的孙子永远把对精神产品的享受停留在那样一个水平上。那就太可怜了！鲁迅先生说，"哀其不幸"，我们也需要有这样的同情心。许多人担心谈现代生活方式，这个问题也的确值得好好谈谈。什么叫现代生活方式？有的人说就是摇摆舞，就是裸体画。据他们说摇摆舞也是来源于非洲的土人的舞蹈，那不是野蛮生活方式吗？如果说裸体就是现代生活，那我们的老祖宗早就是裸体的，岂不是早就现代化了吗？我不是说这些东西都一点不能有，但决不能把它们当做现代生活方式的标志。真正讲现代的生活方式就要跟现代的生产方式联系起来。这种生活方式应当是科学的，是高效率的，是健康的。现代人应当更加讲卫生，因此人也能更长寿，精力更充沛。现代生活方式还应当是有更丰富的文明内容，信息多，视野宽，文化生活丰富多彩。有的人说越是现代化，家庭越会淡化，离婚就会更多，同居而不结婚的人也会越来越多，男女关系会越来越乱。这些问题也都可以讨论。但我们总要相信历史的进步，相信人是可以驾驭生产力的发展的，可以创造更美好的生活。人类几百年发展的历史、几千年以来的文明史都是证明，我们对人类前途应当抱乐观主义的态度，没有理由悲观。而且我们还要为更美好的前途奋斗。

总之，我们应当对理想的目标加以分析，也许我上面这样分析法不完全妥当，也可以用别的方法来分析。但只要我们认真地加以分析，就可以看到进行理想教育的内容是会十分丰富的，决不会讲了两句就没词儿了。

三

除了对理想的目标做横的分析之外，我们还需要做纵的分析。这也是理想教育的内容。这就是说，有了目标还要有达到目标的道路。光有目标没有达到目标的道路，那就是空想，是幻想。只有同时确定了达到目标的道路，那才是科学的理想。这条道路首先是马克思主义创始人——马克思和恩格斯在100多年前发现的。经过共产主义运动100多年的实践，经过中国共产主义者60多年的实践，特别是我们自己在这30多年当中既为社会主义建立了相当的基础，又犯过相当严重的错误，得到了丰富的经验教训，我们今天才能够找到一条中国式的社会主义道路。这一条道路，它包含的内容也是极其丰富的。

首先是不走社会主义道路不行。只有社会主义这样一条道路才能保证我们整个国家、整个民族共同富裕。同时在中国这样一个大国家，在我们的历史条件下也只有走社会主义道路才能使这样一个国家为一个目标去奋斗。否则这个国家就要成为一盘散沙，不同的地区，不同的人群之间互相倾轧，你争我夺，怎么能有力量搞四化建设？整个来讲，肯定搞不成。即使有一小部分地方发展起来了，也是没有力量的。它没有强大的后盾，不足以和当前世界上那些资金雄厚的、经验丰富的国际财团作较量。所以我们对于坚持社会主义道路这一条决不能动摇。

另一方面，对于什么是社会主义，怎样使社会主义的优越性充分发挥出来，也需要有正确的认识。这就要求我们能从中国的实际出发，头脑不被任何教条、任何旧观念框住。我们现在找到了这样一条路，这就是改革之路。改革的过程，内容也是非常丰富的，必然要碰到许许多多矛盾。我们进行理想教育，不能回避这些矛盾，而只能在解决这些矛盾的过程中来进行。例如，我们改革只能走小步，为了避免风险，我们不可能走大步，只能摸着石头过河，这样做总的来说比较稳妥。但是走小步就必然有两种制度、两种办法、两种价格并存的局面，或者两种以上的情况并存的局面。这就有空子可钻。也就必然会有人来钻空子，搞投机倒把、歪门邪道，等等。怎样对待这样一些问题呢？我们讲的共同富裕不可能是齐步富裕，齐步走只能共同贫穷。客观的规律只能一部分人先富，但是，哪一部分人先富呢？捞不着先富的怎么办？谁都想自己先富，那不又等于齐步走了吗？有许多问题一时制度上没有解决，一些人有意见，这当然也可以。但是他因此就不努力工作了，磨洋工，还觉得自己很有理由。这种所谓的"理由"，在我们看来究竟是对还是不对？例如前几天到公园去，一看里面的小卖部、参观点、展览室等等，包括摆渡船，四点半都下班了，关门，停航。现在是夏天，傍晚正是游人多的时候，他们都纷纷下班，让人家买不到东西，只有公园门口的小贩不下班，5角钱一瓶汽水，卖高价，敲竹杠。为什么公园的同志不做这个生意呢？他们说因为银行控制资金，超额的资金暂时拿不出来，职工觉得没有好处，所以不干。这里有两方面的问题。一方面，政策上应该解决，搞得合理一点。但是另一方面，在改革的过程中，这种暂时没有解决的问题总是有的，而且还会层出不穷。在没解决之前怎么办？一方面要求解决，另一方面还得讲为人民服务的宗旨，还得先干起来。这就要看在这些地方工作的共产党人了。即使没有奖金，人民需要的事，你干不干？就是要首先理直气壮地讲人民的需要，同时也努力合理地解决报酬问题，但是不能以报酬作为先决条件。如果我们所有的地方、所有的部门都是那样一种逻辑，说我这问题没有解决之前，我就努力不起来，那就不是社会主义的"按劳分配"，而是"按酬付劳"的雇佣观念。这样，国家的富强和兴旺发达就非推迟不可。所以在做思想工作当中，不能承认有钱就干、没钱就不干是所谓"合理"的，绝不能容忍"一切向钱看"的歪道理泛滥。还得提倡抗日战争时期的说法，叫有钱出钱，有力出力，有一分热，发一分光，大家来搞社会主义建设事业。

客观上存在着有可钻的空子，投机倒把分子看见了，我们共产党人也看见了，我们也不是瞎子。问题是看见了之后怎么办？现在有相当一批共产党员带头去钻这个空子，这就同我们共产主义世界观格格不入了。我们应当比那些投机倒把分子更高明一些，我们看那些空子比他们还要看得清楚一点，但是，我们不但自己不钻，而且还要用我们所能采取的各种手段来尽可能使人家也钻不成。现在那些下流的小贩泛滥，还不是钻我们的空子？谁钻呢？有许多就是党员带头钻，而且搞什么边缘政策，似是而非，还打着改革的旗号唬人。有的同志虽然有意见，但觉得界限划不清，所以也不敢讲话，既不敢支持也不敢反对。支持错了怎么办？反对错了怎么办？如果事事都要等上级把界限全部划清了再办，那就没法改革了，就前进不了了。但是在各个基层单位工作的同志如果没有一个标准来判断是非，那也没法工作。这个标准是有的。这就是要看对于发展社会生产力，是不是有利。是发展生产力还是破坏生产力，是有利于国家的富强、人民的富裕还是不利。改革就是要把生产力解放出来。有些人虽然也说他做的事叫改革，其实同改革毫不相干。北海公园把古建筑租给人家办公司，这就不对。别的机关占用公园的古建筑，我们费了很大的劲，叫退还，中央也支持。你们却拿古建筑租给人家去办公司，这像什么话！公园里的古建筑不是一点不能利用，但要根据情况，用在与园林有关的事业上。这样出租房子，把公园作为做买卖的地方，只能是对园林事业的破坏，对文物的破坏，这样做不是解放生产力，它没有鼓励人多付出任何劳动，只是把国家的财产拿去出租，收入归本单位所有。这个收入其实应该由财政局没收，应该归国家所有。文物局应该去检查，依据文物保护法，先警告，限期迁出，到期不搬，就应该查封。在我们工作的许多环节上确实有许多条条框框是束缚人的，使人有力气用不出来，聪明才智不能发挥。这些应当打破，目的就是解放生产力，让我们为国家也为自己多创造财富。有的工人把我们的思想工作概括为两句话，一句是要我们多干活，一句是叫我们少拿钱。这个概括对不对呢？不对，但有一部分是对的。就是要多干活，这是对的。因为我们的一切财富都是劳动创造的。但绝不是工人少拿钱，而是要让工人随着劳动财富的创造的增长而逐渐富裕起来。同时也不是简单地多干活，如果能使得劳动比现在更轻松一点，这倒是我们的希望。但是我们劳动的效率、效能一定要更高，一定要创造出更多更好的劳动成果来。这才是我们改革的目的。这样我们判断是真改革还是假改革，就有一个基本的标准了。我们这样讲，有些人会有意见，说这样我们的收入就创造不了了。不是创造不了收入，而是更困难一些。就是不让你走坐享其成的路，不让你走不花力气就多增加收入的路。这个路共产党是非堵不可的。但是我们希望人民富裕，怎样办呢？用我们的劳动来创造。想主意应该想怎样使每一分钟都能利用起来，怎样提高劳动效率，怎样用我们的劳动更好地为人民服务。应该想这些主意。不把不费力气随便涨个价的路堵死，我们中华民族勤劳勇敢的传统都会丢光的。我们民族的振兴就没有指望了。

四

有了目标、道路，还有一个层次的问题就是要落实到个人身上。没有人，而且是具有一定素质的人，谁来走这个道路，谁来为这个目标而奋斗？这样的人从哪里来？只有在为实现理想而奋斗的实践过程中才能锻炼出来，只有在这个过程中，我们整个民族的素质才能够不断提高。另一方面，也只有不断提高我们民族的素质，把我们讲的目标、道路，化为尽可能多的人的自觉的要求，理想才能化为实践。这里需要展开讨论的问题可能更多，包括要做一个什么样的人？人活着到底是为什么？怎样生活才有意义？什么是人生的价值？什么是幸福？等等。

在这个问题上，我们的要求不可能是划一的，而是有层次的，要根据不同的对象提出不同的要求。我们在经济改革当中懂得了一个道理，只能通过一部分人先富起来才能达到共同富裕的目的。在人的觉悟上更是这样，只能是一部分人先觉悟起来，然后才能依靠这些先进分子去做广大群众的工作，包括做落后者的工作，逐步达到整个民族的精神素质的提高。这个问题本来是很清楚的，我们共产主义者就是这个民族的一小部分最觉悟的人。现在有些同志却弄糊涂了。他们总是说，别人可以怎样做，所以我也可以那样做。把自己混同于普通的老百姓。既然做了共产党员，就应当明确地认识到自己是无产阶级的先锋战士。任何一个民族没有一小部分首先觉悟起来的成分，这个民族就没有希望振兴。所谓首先觉悟的成分，就是人家认识不到我能认识到，人家不肯吃那个亏我肯吃，肯做出头的椽子。新的理想教育首先应该是对我们的党员进行，对我们的干部进行，首先应成为整党的一个重要内容。其次，就要对我们的教育工作者，对我们的文学艺术工作者，对我们的在意识形态部门，包括报刊、出版、广播等这些部门工作的人来进行。在这些部分工作的人当中也是首先是其中有一部分人先觉悟起来。然后才是对广大的青年进行。共产党员、共青团员、国家干部、意识形态和教育战线工作的人，这是一批历史要求我们首先觉悟的人。我们应该对历史的规律，对民族的命运认识得更清楚，应当成为自觉地担起历史使命重担的人。我们应当更清楚走个人发财的路，不可能从根本上解决我们这个民族的问题，也不可能从根本上解决我们个人的出路问题，我们只能把我们个人的前途出路和整个民族的命运融为一体，为整个民族的富裕、富强着急，贡献我们的一切。对青年人，就要向他们指出，走我们这一条中国特色的社会主义道路，才能够使得我们整个民族的生活一天比一天好，一代比一代好，才能够使青年人的聪明才智得到充分发挥。如果不是走这样一条道路，整个社会就会停滞不前，或者陷于一种动乱状态之中，结果也是停滞不前。在那种情况下，也可能某几个人，或者少数人一时能够发财，飞黄腾达，最后还是会站不住。

　　我们现在是在一个更加开放的环境中来做思想工作。这有许多有利条件，思想工作的资料更加丰富了，人们的社会实践内容也更加丰富。但是要利用这些条件，就要付出艰苦的劳动。同时，对于人们各种不同的认识问题，我们决不能再重复过去的蠢办法，用高压的手段，搞大批判，打棍子。因为人的信仰是绝不可能强迫的，只能够通过人自己的实践，在这个基础上，经过细致的思想工作，才能够逐步得到解决。也不能放任自流。每一个党组织，每一个共产主义者都要积极地去做工作。首先要看到自己的责任。例如，我们教育部门的同志、在学校工作的同志对于不正之风都很反感，一开会就意见一大堆。这些意见对不对？许多都是对的。但是至少应该再加一条意见：既然我们对不正之风这么不满意，我们做教育工作的，能不能做到自己教育出来的学生一个也不搞不正之风呢？如果做不到，能不能至少做到我教出来的学生当中有几个无论如何也不搞不正之风？如果还做不到，每人至少教出一个决不搞不正之风的学生可不可以？做到这样，尽了一份责任了。我们的大学教师近半数是党员，我们每一个党员哪怕最低限度一年教一个好样的学生出来，可惜的是许多同志一方面对别人的思想工作成果不满意（这是可以的），另一方面自己又不愿意承担做思想工作的任务，就是相当可观的成绩，认为这不是我的事情，认为谁做谁吃亏。连这一点亏都不肯吃，连这一点义务都不想尽，何必要加入共产党呢？我们每一个共产主义者都知道，只靠少数人的力量，是不可能达到共产主义的。因此，每一个真心诚意为共产主义事业奋斗的人，就总是要利用一切可能来扩大共产主义的影响，扩大信仰共产主义者的队伍。我希望在整党中能够好好讨论一下这个问题。如果经过整党，大家仍旧不愿做思想工作，那就不能认为这个单位的整党工作做好了。

群众中的许多思想问题，是可以讨论清楚的，例如，现在许多大学生非常爱好讲"自由"，我们共产党人奋斗的目标也是要从必然王国达到自由王国。但是我们讲的自由和有些人讲的"自由"并不是一回事。他们讲的"自由"是"我想怎么样就怎么样"，这种"自由"在世界上任何地方从来就没有存在过，而且也永远不可能存在。我曾经说过，这些人的思想还不如"五四"时候的钱玄同。钱玄同并不是马克思主义者，他也想要自由的，他就感觉到有许多不自由的东西，我为什么姓"钱"呢？这一条就不是我选择的，我不自由，我写一个钱字，这边写一个"金"字，那边写两个"戈"，用这样一个方法来写，这也不是我选择的，也是不自由的。他要想改个姓，改成疑古玄同，但改了姓他还是不自由，疑古两个字是用汉字写的，写法也是别人早就规定了的。他生在中国，有几千年的文化，他就背了这几千年文化的包袱。钱玄同看到了这个必然性，他在这一点上是和马克思主义接近的。一个人生下来是自己选择的吗？生在 20 世纪，为什么不生在 40 世纪，也不生在公元前 20 世纪？哪里有想要怎样就怎样的事！

　　前年有一个人跑到天津宾馆，到处乱钻，保卫人员把他扣起来一问，说是某大学的学生。问你干吗跑到这来？他说，我存在就有我的自由，这是我自己的选择。他是用萨特的存在主义来为自己的行为辩护。其实他一点也不自由，我们可以问他你为什么就不想出一个念头来，选择到监狱里去？你为什么就不想出一个念头来，说我选择到矿井里去？你想出这么一个到宾馆来的念头的本身就是由于整个的社会存在和你自己的经历、你的世界观这许多东西综合的因素决定你这样做的。

　　我们共产党人说的争取自由就是认识历史的必然，并且能够按照这个必然去行动，按照这个必然去改造世界，使这个世界更适合人类生活和社会发展的需要。

　　对于现在流行的许多观念，我们不要回避，也不可能回避，回避了就没办法讲理想。对自由的问题，对于主观为自己的问题，对于金钱万能的问题，对于人生价值的问题，人生目的的问题，我们一个也不要回避。我们完全可以耐心地用更多的事实、更正确的道理，更有启发、更有说服力地和青年人一起谈心，一起交朋友。但是我们不可能希望他们经过一天、一次谈话就全部接受我们主张的东西，我们不用那样的标准去要求。这样我们就可能比较实事求是，比较实在，我们也能容忍许多错误的观念，因为我们知道这些错误观念的产生也是有原因的，改变是需要有条件、有过程的。但是我们不是放任，而是逐步地、坚定不移地引导人们前进。我们有很多先进的榜样，很多好的经验可以总结。希望我们做思想工作的部门，我们的文学家、艺术家，我们的记者、编辑，很好地去挖掘这些材料。《光明日报》最近登的曲啸的例子，就非常感人。这样的事例北京也是有的。例如，西城区公安局顶住贿赂、送礼等歪风邪气就是一个很好的榜样。还有石景山区黄庄职业中学，原来是一个办不下去的学校，改成职业中学，给了1.5万元开办费，他们在4年当中不放寒假，不放暑假，不发奖金，教师自己踏平板三轮拉活，艰苦奋斗，积累了60万元固定资产，把学校打扮得非常美丽，进了楼门就是一架料器葡萄，整个学校走廊都铺上地毯，挂上壁灯，学生在这样的环境中不要说没有人随地吐痰，连大声讲话的人都没有。培养出来的学生人家抢着要。也有人拉他们的教师，用几倍的工资、用给房子来拉，许多教师也有苦恼，也有思想斗争，但是大家还是坚持下来了，就是为了干这样一个事业。他们认为自己的事业是有意义的，有前途的。还不是能做到吗？

　　所以中央领导同志说，共产主义理想这个高调必须要唱。首先是我们这些做宣传工作的人，要有一个正确的认识，清醒的、冷静的，同时是充满着激情的正确认识，敢于并且善于动员人们为祖国的富强、为结束我们国家贫穷落后的历史而奋斗，而献身！在这个过程当中需要我们和群众有密切的联系，了解群众的思想状况，了解群众的实践，了解群众生活和工作的环境，需要我们不断地充实自己的知识结构，提高自己的水平。因为要真正把理想教育搞好，解决这许多问题，需要有科学技术的常识，需要有经济学的知识，也需要有文学艺术各方面的知识，还需要我们采取更多的生动活泼的方式来吸引群众。

日本人搞了一个日本发明协会，在全国支持建立了70个少年发明俱乐部，吸收小学二年级到初中二年级的学生参加，每年举办一次全国少年发明展览会和教师发明展览会，由日本天皇发少年发明奖，这个奖只给奖章、奖状，不给钱。他们还拍了电影《我的机器人》、《少年科学发明活动》、《千叶县的少年发明俱乐部》，等等。这样就使得小孩子从小爱好技术，废寝忘食地热衷于发明革新。我们也可以采取许多种方式，特别对青少年来讲采取各种各样的竞赛活动，才能把人心激励起来。我们现在的经济宣传，对于技术革新活动，对于合理化建议的活动，一般的都宣传甚少，偶尔有一点，不深入、不生动、不感人。我希望在这方面也能有所改进。

我相信只要我们把建立一代人的理想的问题当成一个大的系统工程来看，而不是一个临时的任务来看，我们就会感到这个工作的内容是很丰富的，很生动的，很活泼的，我们的宣传工作也就会是很有效的。我相信我们宣传战线上的那么多同志，聪明才智是不可限量的，一定可以把这个工作做好。

中央领导同志谈当前工作时指出，现在方针、政策基本上都定了，重要的问题是不要讲空话，要多做实事。我们做宣传工作，作风也要有一个转变。我们不能停留在中央说什么，我们就把这句话照搬一遍，而是需要结合我们的实际情况，认真地做分析，把事情认识清楚，做出自己贯彻落实的规划来，扎扎实实地付诸实施。不要一阵风一刮就过去了。这样我们才能前进。既然大家认为理想教育是抓住了当前思想工作的要害，那我们就认认真真地来研究，并且认认真真地把它变成一千个、一万个、多少万个实际行动。这样做，社会主义精神文明建设就会比较有保证了。

探索一下理想教育的规律[*]

近些年来，许多地方一谈到理想教育，就觉得有点为难，好像讲理想，人家就一定不爱听；讲的人也觉得有点理不直，气不壮。4 年前，小平同志就提出要使我国各族人民都成为有理想、讲道德、有文化、守纪律的人民。但是，我们的教育工作做得不大成功。当时热闹了一阵子，后来就深入不下去了。最近，小平同志再次强调了树立远大理想的重要性，指出一靠理想，二靠纪律，才能团结起来，建设有中国特色的社会主义。所以，从事思想和理论工作的同志就要认真研究一下理想教育包含的内容以及它的规律。

我们向青年进行共产主义理想教育，并不是要把共产主义理想作一张登入"天堂"的入场券来向青年推销。理想是青年本身的需要。而且，这种需要是从现实生活当中提出来的。世界上自有人类以来，就有各种各样的理

---

* 本文作于 1984 年。

想。因为人的活动，都是依据自己的实践经验和对事物的认识，先在头脑里形成一个蓝图，然后再去做的。要做一张桌子，他脑子里先要有这张桌子的蓝图。做成以后的桌子，可能比他想象的更好，也可能不如他脑中的那个蓝图。他在做的过程中可以修改，但是脑子里总要先有个蓝图再去做。盖房子也是这样。上大学，也是先想到毕业后能拿到学位，能从事某方面的工作，不是事先什么也没有想到，脚踩西瓜皮，滑到哪算哪。人们不是这样过日子的。当然，对于什么是美好的，什么是正确的，在各个不同时代，在不同的人当中，认识是不一样的。这就是理想的不同。我们所进行的理想教育，无非是帮助人们确定一个符合时代要求的、符合历史发展规律的正确的理想，这就是共产主义的理想。谁有了这个理想，谁就有了坚实的精神支柱，就获得了正确的前进方向，有了最强大的动力。

共产主义作为一种理想，以及为这个理想的实现而奋斗的实际运动，已经有130多年的历史了。为共产主义事业献身，绝不是偶然的。有人说献身精神早已过时了，不符合80年代的潮流了。这当然不符合事实。先不说我们社会主义国家的情况，只举两个欧洲的例子。那是资本主义国家，现代化的程度比我们高得多，共产党没有执政，但共产党员和积极分子的献身精神却看得很清楚。法国共产党的党员当选了市长，工资全部交党费，然后由党发给他只相当于一个技术工人的工资。意大利的议员工资也很高，共产党员当选议员后，也是只留下相当于一个技术工人的工资，其他都交党费。你说这是不是共产主义的献身精神？这种献身精神是不是只有少数人才能有呢？不见得。在许多情况下也可以做到有相当规模的群众性。我在意大利参加了《团结报》节的活动，这是共产党党报的节日，是很大规模的活动，连续半个多月，参加活动的人次达到几百万，地点在罗马郊区。一片荒丘，几十公顷土地，几个月间每天有5000人参加义务劳动，建成一片现代化的临时建筑。报节期间每天又有几千人义务劳动。我们现在许多人说是参加义务劳动，其实厂里还算他上班，照发工资、奖金，还要给车费，给误餐补贴。而人家参加义务劳动的人或者是利用平常攒下来的假期，或是下班之后再义务干上几个钟点。我曾到过一个小学教师家里，这个教师正在睡午觉，女儿出来招待。她说她母亲咋天下午参加《团结报》节义务劳动，直到夜里两点才回家，3点才睡觉，早上6点起来赶到学校去上课，下午还要去参加义务劳动。我看到，他们在义务劳动时，喝一口水也要自己掏钱。你说这是不是共产主义的献身精神？

　　为什么在全世界那么多国家，有那么多人持续不断地为共产主义的理想而奋斗？就因为共产主义理想符合工人阶级和全体劳动人民的根本利益。共产主义制度是人类最理想、最美好的社会制度。这个制度的实现，是社会发展的必然规律。世界的历史正在向共产主义方向前进。有人说，帝国主义腐而不朽，垂而不死。这能不能证明共产主义理想不是真理呢？我看不能。100多年前，马克思、恩格斯发表《共产党宣言》的时候，共产主义不过是欧洲上空的一个"幽灵"，而现在已经有多少亿人、多少个国家建立了社会主义制度，这难道不是共产主义的胜利？还有一些国家，虽然存在各种问题，但口头上也宣称搞的是社会主义。如果共产主义没有生命力，他们何必这样做？许多资本主义国家生产力的发展，从根本上说是为共产主义的胜利准备物质条件；这些国家采取了许多挽救自己命运的措施，但这些措施的采取反过来也证明了共产主义的力量。我们讲共产主义必然代替资本主义，就是因为生产力发展到这样大的规模，社会化程度这样高，因此私人占有生产资料和生产的社会化必然发生矛盾，前途只能是由整个社会来掌握生产资料。这就是共产主义最根本的东西。对于这样一条客观规律，资本家当然要抵抗。但是他们要维持自己的生存，就必须一步一步地接受社会对企业的干预。无论美国或者日本，政府对生产的干预都是很厉害的。特别是科学技术的发展，更要靠政府。例如美国的"阿波罗"计划，集中了130万名科技人才，这是任何资本家都做不到的，只有通过政府才能组织这样大的系统工程。当然，美国的政府也是资本家掌握的。但是，这种大规模的政府干预，同时也就为未来劳动人民通过掌握政权来掌握生产资料准备了条件。在企业内部，德国搞人民资本主义，让工人入股。日本搞企业家族化，增强工人的"向心力"。我们说，他们搞的是欺骗手法。的确是欺骗。但这些办法是从哪里来的呢？是从社会主义模式中偷来的。日本人自己说，他们是学我们的"两参一改三结合"。他们为抵抗共产主义而采取的行动，本身就证明了历史发展的方向究竟是什么。

　　还要看到，共产主义理想、目标和思想体系，也是人们自身发展的一种需要。我们不可能强迫人们树立某一种理想。强迫的信仰，从来不可能存在。你可以强迫一个人做什么事情，但绝不可能强迫人们相信什么东西。这是任何人都没有力量做得到的。中国人是怎样相信共产主义的呢？从1840年鸦片战争以后，中国逐渐沦为半殖民地半封建社会，中国的先进分子就在寻找救中国的道路。经过差不多80年的摸索，什么办法都试过了，都不灵，十月革命一声炮响，才发现了共产主义。我们相信它，并不是因为它说得好听，而是因为它能够救中国，也确实救了中国。经过28年的奋斗，建立了中华人民共和国，使中国人终于站了起来。所以，树立共产主义理想，这是我们自己救自己，自己解放自己的需要。

　　存在决定意识，人们的认识只能来源于人们的社会实践。今天，我们整个的社会实践就是在进行社会主义的"四化"建设。这种建设的目的，是为了摆脱贫困，最终向共产主义前进。这样一种社会存在和社会实践，一定会在今天中国人民的头脑中产生巨大的影响，不管我们每个人是不是意识到这一点。也可能某个人心里想的是"三大件"、"四大件"之类，但是，他们的行动总归要和四化建设的实践发生这样那样的关系，而我们建设四化的实践恰恰是在共产主义思想体系指导下进行的。有人说，我们所进行的改革，所采取的对外开放、对内搞活经济的政策是搞资本主义。这完全是一种误解。实际上，这些政策和措施都是共产主义思想体系的产物。我们的着眼点是怎样才能促进生产力的发展，而这正是社会前进的最根本的动力。我们承认富裕的程度、富裕的速度的差别，只能一部分人先富起来，不可能齐步走，这正是为了所有的人走共同富裕的道路。因为一定要齐步走，只能使所有的人共同贫穷。我们不能允许的是搞两极分化，在中国重新恢复剥削制度。我们的这样一种实践，是人人参加在里边，大家都看得见、摸得着的。

正是这样一种社会实践，决定了当代中国青年的命运，使他们就整体来说非跟着中国共产党走不可。因为这几年，他们的生活比他们父兄的生活要好得多，如果要倒退回去，比如说回到"文化大革命"中的那种情况，他们是不会赞成的。而且他们也有一个信心，再过10年、20年，生活会比现在更美好。特别是改革，使许多青年人感到自己有了脱颖而出的机会，为他们提供了施展才能的舞台。一条是青年人的生活必然会随着党的路线的胜利，一天比一天更好；再一条是他们的才能也可得到更加充分的发挥。青年人最需要的就是这两条。所以，尽管许多人还可能有这样那样的思想问题，但是就总体来说，青年人愿不愿意我们这套路线、方针、政策得到贯彻执行呢？愿不愿意这套方针、政策被改变呢？比如说，愿不愿意中国再发生动乱呢？再来一次"文化大革命"，大家天天贴大字报，也不上课，也不做工，这对青年人是有利还是不利呢？回答应该是很清楚的。现在有的学校也有人借这个那个由头贴几张大字报，但总是得不到多数人的响应。有的贴大字报的人叹气说，现在中国的大学生太落后了，奴性太强了，怎么发动他们也发动不起来。其实这是中国大学生有了觉悟的表现。他们清清楚楚地知道，跟着起哄、闹事，一点儿好处也没有。

说今天中国的青年人必然跟着中国共产党走，是从存在决定意识这样一个根本点来说的，并不是说对青年不需要教育，不需要引导了。在现实生活中，人们的认识层次是不同的，认识水平是逐步提高的。我们不可能要求人人都成为成熟的马克思主义者。用那样的标准去要求大多数人是做不到的。在任何历史时代，深思熟虑地考虑一个阶级、一个民族未来的命运，而且对于这个方面的规律研究得较深、较细的人总是少数。任何时代，人的觉悟都只能是不同层次的。有人总说，30年代、50年代的青年样样好，这也不符合事实。那个时候也有各种各样的人。30年代，抗战爆发，大家热血沸腾，革命事业有很大的发展，但是全中国参加共产党、八路军、新四军的人也不过100多万；同时，另外还有许多人参加了汪精卫的和平军、华北汉奸部队等，加起来也可能有100万。什么时候都有各种各样的人，不论是哪个时代都是这个样子。因此，不能用一个标准来要求这个时代所有的人。有人说现在的青年人都没有信仰、没有理想。为什么今年清明节时，并没有什么号召，却有1万多人跑到八宝山去扫革命烈士墓？这说明，当代青年的主流还是好的。

一定要向青年进行思想教育，这种教育又只能从青年的不同的实际情况出发，引导他们提高一步。少奇同志曾经把这一条作为做群众工作的一个基本原则提出来。如果不从实际出发，你从哪里去提高呢？不引导，只是迁就、迎合，要先锋队干什么？想一下子提高两步、三步，也做不到。只能是今天提高一步，明天再提高一步，不能一步登天。少奇同志说，我们做群众工作，犯不犯错误，界限就在这里。每个人的出发点不同，要解决的问题不同，走向共产主义的道路也不可能完全一样。有的人开始就是爱看小说，而且是古典小说名著。他看了之后，又爱和别人议论。但是，别人的分析往往比他高明。他要研究这个问题，就从朋友那里借了一本茅盾写的分析世界文学名著的书，从这里第一次接触到历史唯物主义的分析方法。从此，他对社会科学著作发生了兴趣，逐渐走上接受马克思主义的道路。有的人就是爱听音乐，我们的工作就可以从帮助他提高欣赏音乐的水平开始。甚至于日常生活问题，也可以用马克思主义帮助群众分析、出主意。某人手里有300元钱，想买台录音机，但现在市场上300元钱左右的录音机他又看不中，看中的那种要卖800元，他的钱又不够。他是先买一台次的好？还是把钱放在口袋里好？还是存在银行里好？有人说存在银行里的钱要"毛"，货币贬值，有人说有利息。究竟怎样上算？这是日常生活中的问题。什么东西的价格趋于涨，什么东西的价格趋于降？这都是有规律的。懂得马克思主义的基本原理，又善于运用，对这些日常生活问题也不难作出正确的分析。去年北京曾经发生抢购棉布的事件，有一位经济学教授的爱人就没抢。他并不是有什么小道消息，而是对经济形势有正确的分析。后来的事实证明，还是那些抢购者自己吃亏了。还有像青年人交朋友这样的事，也需要有正确的指导。青年人需要共产主义思想，但是如果只向他们讲抽象的大道理，那就毫无用处。如果能用共产主义思想体系分析社会生活中的实际问题，人们就会觉得这是对他有帮助的东西。

　　总之，不能认为青年人不需要引导教育，不能说我们的教育太多了。美国人对爱国主义教育就抓得很紧。它不抓也不行。美国土生土长的就是印第安人，其余都是从各个国家去的。要保持这个国家的稳定，就得强调美国的生活方式最优越，不然就团结不起来。他们那里不论赛球还是各种大型活动都要全体起立唱国歌，人人开口，而不是只奏乐曲。日本人也很重视思想教育。他们的生活水平比我们高，但是从小学校到报纸舆论却天天在讲危机感。他们说日本是资源小国，能源、材料都要靠外边来，人家一卡就会没命。还说，虽然有点技术，也是学人家的，基础研究不够，现在别人的技术发展更快了，我们要落后了。它天天向国民灌输危机感，就是为了让大家发奋图强。它为什么要花很大一笔钱来拍《阿信》这样的电视剧？就是要进行回忆对比教育。现在日本掌权的一代人是在第二次世界大战后十分艰苦的条件下成长起来的。那时他们的生活比我们现在的水平低。日本就是在那样的条件下奋斗起来的，它现在就怕青年人失去奋斗精神。苏联的革命传统教育很突出。莫斯科青年男女结婚时，都要到列宁墓去献一束花。这些都说明，世界上不少国家，尽管社会制度不同，但都很重视精神的作用，很重视对青年的思想教育。

我们的教育应当从青年的实际出发，考虑到不同层次青年的不同情况。不能要求每个人都完全做到像雷锋那样，每个人都做到一不怕苦，二不怕死。一定要每个人都那样，那就是讲假话。但是也不能反过来嘲笑雷锋和其他先进人物，说他们不是学习的榜样。心向往之总是可以的吧？至少对雷锋应当佩服。自己虽然不能完全做到，学他几分也是好的。不能因为自己做不到，就反过来嘲笑先进的人，那就近于无知了。有人说，都像雷锋、蒋筑英，社会就不能前进了，因为雷锋、蒋筑英不懂享受。我们说，如果世界上人人都只懂享受，一个雷锋、蒋筑英这样的人也没有，那才真是一步也前进不了。你们说不要雷锋，那么陈景润要不要？陈景润不是一门心思扑在数学公式上，别的什么也不想吗？要不要居里夫人、爱因斯坦呢？这些人都不是只看眼前的一点物质利益的人。请大家想一想，完全没有这样的人，世界历史会是个什么样子？

讲共产主义理想，要和今天的实践相结合，要和务实精神相结合。什么是有理想？不只是看言论，主要要看行动，看是不是为四化而奋斗，是不是在为祖国的富强，人民的富裕发奋图强、艰苦奋斗。是这样做的，就是有理想；如果不是这样，而是为了眼前的个人的或小集团的私利，不顾整体，不顾大局，这就叫没理想。有的人说，讲理想和青年人遇到的现实有矛盾。我们说矛盾是客观存在的，如果理想就是现实，那么我们何必还要讲理想呢？就是因为现实还有种种不如意，所以才需要有理想，才需要为实现理想而奋斗。但是我们讲的理想又是可以实现的，有远期的，也有近期的目标，一步一步前进，而且是按照历史发展的规律前进。十年动乱时期，"四人帮"胡说"知识越多越反动"，谁努力读书谁就是走白专道路。那时我们就劝青年人还得读书，知识终归是有用的。有的人听了，有的人不听；听不进的人后来反而发牢骚，说我年轻的时候，精力好、记忆力好的时候，你们不提倡学文化，等到我记忆力不好了，你们来说要学文化了。那么，为什么另外一些人在那时仍然能坚持学习呢？就是因为他们有理想，相信共产主义的前途，相信总有一天局面要变化的。后来搞"顶替"，又有人说"学好数理化，不如有个好爸爸"，文化还是无用。当时我们就说，顶替制度是必然要废除的，这不是有什么小道消息，而是因为违反历史规律的事终归是站不住的。现在有的青年人又有一种唯有文凭高的思想。什么文凭好捞，他就捞什么文凭，或者是混文凭，不认真地掌握真才实学。我们说，你这个文凭将来靠不住，他也不相信，说什么现实生活中就是有文凭的工资高。他们看不到将来"大锅饭"还要进一步打破，企业实行自负盈亏，工资制度也要根据按劳分配的原则进行改革，你这个人只有文凭，没有本事，不能为企业的发展做出贡献，凭什么要给你高工资？我们现在这样讲，也许会有许多人不相信，但总有一天事实会来证明的。

　　理想教育的作用，就是它能使人看到事物向前发展的趋势和方向。这就离不开对现实情况的分析。所以，要把理想教育和形势教育结合起来。要帮助人们既能充分看到我们的胜利，又能正确认识当前存在的各种矛盾、困难，以及这些问题产生的原因，解决这些问题的条件，等等，从而坚定改革的信心，坚定搞社会主义现代化建设的信心。

就贡献和索取谈人生[*]

一

问题似乎是从张海迪的一句话引起的：

"人生的意义在于贡献，而不是索取。"

讨论起来却变成了"人生的价值是什么？"

当然，"价值"这个词也是可以用的。爱因斯坦就说过："一个人的价值，应当看他贡献什么，而不应当看他取得什么。"因为"价值"有时也可以从"意义"这个角度来理解。

那么，问题在什么地方呢？问题在有些同志不同意张海迪那样的说法。他们说："人生的价值在索取，索取得越多，证明价值越大。""如果不讲索取，人生就没有价值了。"这样讲人生的价值，是不是可以呢？我看也可

---

* 本文曾收入中国华侨出版社 1991 年 12 月出版的《改革中的精神铸造》一书。

以，也算是一种说法。不过这种说法所讲的"人生价值"，不等于"人生意义"，这里讲的价值，带着一股铜臭味，是商品的交换价值。出卖的是什么？是自己的人生。卖的钱越多，说明我这个"人生"越值钱，当然也就越有价值了。这是以个人为中心来打算盘的。

卖给谁？据说是卖给社会——也就是其他无数个人所集合起来的整体。但是，社会又何必要买你这个人生，而且是从你一生下来，从你小的时候就买起，谁知道你长大以后一定干什么？干好事，还是干坏事？又能干多少好事？为那些其他的人打起算盘来，对于买你这个人的人生究竟上算不上算，可以说实在没有把握。何况你又是一个以自我为中心的人。这笔买卖就更有点玄了。凭什么非买你的人生不可？难道离开你地球就不转了？这笔买卖做不成，你的人生就一点价值也没有了。

"你们否定人生价值，不人道！"现在有一些鼓吹资产阶级人道主义的同志，把人道主义归结为"承认人的价值"。他们这样说，实际上是为个人主义者的讨价还价制造合法的根据。谁要是不能满足他们那些不应当或者不可能满足的要求，就给你扣一顶帽子："不人道"。不过，马克思主义者见过的帽子多了，从来也没有被什么帽子吓退过。"曾经沧海难为水"，个把顶"不人道"的帽子，还是好对付的。

因为，真要讲人道，世界上哪个阶级也比不过我们无产阶级。资产阶级是提倡人道主义的老祖宗。可是他们有什么人道？1840年英国资产阶级用炮舰打开中国的大门，发动的战争叫"鸦片战争"，就是为了强迫中国人买他们的毒品鸦片。以后的火烧圆明园、八国联军、卢沟桥事变、南京大屠杀、"三光"政策等，我们都还记得很清楚。美国是这些国家当中号称最文明的。就是这个国家的资产阶级政府，出钱出枪给蒋介石打内战，杀了我们多少人！至今有的人还在阻挠台湾的回归，使海峡两岸多少亲人不能团圆！他们有什么资格和我们谈人道！而我们呢，却是在革命战争中就实行了革命人道主义，把多少俘虏改造成了新人。社会主义在中国的胜利，使中国人民站起来了，广大劳动者做了自己生活的主人，能够用自己的劳动来创造自己美好的现实和更为美好的前景。社会主义比资本主义何止人道千百倍！

我们扯得可能远了一点。不过对我们有些爱用人道主义来批判社会主义的同志，指出这些事实，提醒一下，还是有必要的。他们的毛病出在哪里呢？在于他们考虑问题离不开"自我"这个中心。

谈人生价值，难道不就是谈"自我"的价值吗？离开了"自我"，还有什么意义呢？我们说，问题就在这里：如果离不开"自我"，那就没有什么价值可言。无论是人生的价值，或者是人生的意义，是有是无，是大是小，总要有一个衡量的尺度。这至少是毫无意义的废话。因为，任何事物的价值或意义，都只能在该事物和他事物的关系中表现出来。世界上没有一把尺能量出自身的长度，没有一杆秤能称出自身的重量。如果不从社会出发，孤零零的个人，确实是毫无价值可言的。

　　一些爱把个人放在考虑问题中心或者首位的同志，常常问："没有个人，哪里来社会？"好像这样的问题是无可争辩的。其实，问题正应该反过来："没有社会哪里来个人！"孤零零的个人，难道能像孙悟空那样从石头里蹦出来吗？人类诞生和发展的历史，并不是东面产生一个个人，西面产生一个个人，然后这些个人碰到一起，加起来组成一个社会。事实不是这样的。人类是作为一个整个的群体的无限链条中的一个环节，才能诞生出来；也只能作为人类社会中的一员，才能得到生存和发展。正像人体虽然是由细胞组成的，但却不是由一个个独立的细胞装配出来的。而每一个人体上的细胞，却都是在整个肌体的发展中产生出来，并且不能离开这整个肌体而独立生存。人的整体要发展，当然有赖于这个整体的每一个部分，包括每一个细胞的发展。但是，任何一个细胞都不能对整体闹独立性，如果哪一部分细胞，越出整体需要的范围自己大发展起来，这种细胞就叫做癌细胞，这个整体就是得了癌症，这一部分癌细胞越发展，整体就越受损害，最后走向死亡。而到了这时，癌细胞本身也失去了生存的依据，自己也就要随之走向死亡。不从社会整体出发，去追求个人价值的膨胀，不是也可以比做社会生活中的癌细胞吗？

　　我们说孤零零的个人没有价值，并不是故意贬低个人的价值，而只不过是指出一个客观存在的事实。孤零零的个人本事再大，又能做得了什么？能移山？能倒海？能呼风？能唤雨？能出版万世不朽的著作？什么也做不到！不但不可能对这个地球、这个宇宙作出什么贡献，也不可能索取到什么东西。没有社会，你向谁索取？向自然界吗？在这位严酷的大法官面前，孤零零个人，实在和小小的蚂蚁差不多。只有人类这个整体，才能用自己的活动，按照自己的需要来改造自然界，在自然身上打上自己的印记。在宇宙间全部已知的物质形态中，只有人类这样一种物质形态能够这样做。我们有幸生而为人类的一员，这是我们的骄傲。我们也只有作为人类社会的一员，才能获得生命的价值，生命的意义。把个人溶化到人类社会的集体中去，正是提高人生价值的唯一正途。

<h1 style="text-align:center">二</h1>

　　人生的意义，人生的价值，离不开人类社会，究竟是在贡献，还是在索取呢？道理本来很简单：大家讲贡献，贡献的成果在社会，社会进步了，个人的利益才有保证。大家只知道向社会索取，社会就成了无源之水，到头来还不是一场空？然而，人们又容易认为，只讲贡献，不讲索取，会不会太吃亏了？其实，讲人生的意义不在索取，并不是说人生没有任何取得。认真算起账来，任何一个个人，包括极其伟大的人物，他所能向社会作出的贡献，都很难抵偿社会所给予他的一切。个人生命的由来不用去说了，只说日常的生活吧。每个人的生活都离不开火，总要用几根火柴。可是，原始人学会利用火，保存火，钻木取火，到发明现代的火柴，其中经过了多么漫长的道路。这条路，任何一个伟大人物，毕其一生之功，是决计走不完

的。类似的例子，成千上万！100 年前中国的最高统治者慈禧太后，无论怎样骄奢，她也看不上电视，用不了电扇。今天，一个二级工却不难得到这样的享受。这难道只是出于个人的本领？在每一件生活小事上，我们都享受着千秋万代亿万人劳动的结晶。谁能说：我的贡献足以偿付这一切？

这种吃亏感的来源，第一在于不了解人类社会进步的历史，第二在于不了解他人为自己所作的贡献。现代社会的分工，越来越细，早已超过了三千六百行。分工创造了新的生产力，推动了社会的进步，也带来了互相之间的不了解。晚上回家，一拉开关，电灯亮了，大概很少有人想到，此时此刻发电厂的工人正在为他服务。早上上班，公共汽车挤，等得不耐烦，担心迟到，发两句牢骚，固然情有可原。可是知道头班车的司机、售票员是什么时间由家里起来上班的人大约不多。你得了感冒，上医院看病，医生只用五分钟就给你开了处方。可是，你可知道：为了这五分钟，他曾用了多少年的时间去攻读那一厚本、一厚本难记的名词？而为了生产那些小药片、小药丸，又有多少人付出什么样的劳动？人与人之间的互相了解，实在是太重要了。存在主义者咒骂"他人是自己的地狱"，可是他们又绝不肯离开这个"地狱"。他们其实只是用这种骂声来为自己的不愿作出相应的贡献而辩解罢了。

张海迪说，"不是因为我是人民的伟大儿女，而是我是伟大人民的儿女"，因为，"如果没有我们这样好的党，这样好的国家，这样好的人民，这样好的社会，给我以战胜各种困难的力量……别说是什么'强者'就是有十次生命也活不下来。"她对于人民给予她的一切，都牢牢地记在心上。这里包括着对她的各种鼓励和帮助，更包括着对她思想上的启发和教育。她得到这一切，才使她的生命发出光辉。但是，仍旧不能因此认为，她的人生价值就在于取得什么。因为，每个人都可能得到类似的帮助和教育，但结果是不是能为社会作出贡献以及贡献的大小却是大不相同的。

三

　　坚持人生的价值在于贡献，并不是要否定个人利益。人总要吃、喝、穿、住才能生存。人不但要生存，而且要发展。如果不是为了广大人民生存和发展的权利，我们何必要革命，何必要付出那样大的牺牲来干革命？何必要坚持为共产主义的理想而奋斗？事实上，在共产主义思想体系指导下的中国革命事业和建设的发展，已经为广大中国人民带来了实际利益，这是大家都可以看得见的。

　　但是，个人主义思想则是要不得的。许多人以为集体主义就是放弃个人利益，个人主义才能帮助人们得到个人利益。这种错误观念一点也不符合客观实际。不错，根据集体主义的原则，必要时要舍弃一些个人的眼前利益，甚至自己的生命。但这也是为了更多人的长远利益的实现。个人主义的小算盘也的确可以在某些条件下给某些个人增加一时的私利。但这是一种腐蚀剂，最终总是要破坏或者损害全体劳动人民的根本利益，这也就包括每一个劳动者的个人利益在内。当然，如果有的人力图爬上剥削者的地位，那他就不包括在这些劳动者之内了。但是，广大劳动人民能不能允许这样的现象出现呢？历史不可能倒退，所以如果要在社会主义的中国做剥削者的话，前途也不会是美妙的。

有人虽然也承认张海迪是幸福的，承认她的人生有意义，有价值，但是，他们说那是因为张海迪出了名，似乎"成名"就是实现人生价值的一个重要条件。我们要问：究竟是成名才使张海迪的生命变得有价值，还是因为她的生命的光辉才使她成了名呢？难道是党和人民无缘无故地把一个本来毫无价值的生命捧到成名的地位吗？这岂不是把亿万为张海迪的事迹所感动的青年都当成傻瓜？再说，如果成名才有价值，那么一个十亿人口的国家究竟能有多少人成名呢？十亿人都成名，可能吗？谁也不可能记住这么多名字。就是说实际上绝大多数人成不了名。难道他们都是废物，他们的生命都没有价值？

还有一些人似乎也承认贡献是有价值的。他们说，这种价值就在别人的掌声里，在别人的感谢声中。那么无名英雄呢？那些默默无闻地在后台工作的人呢？革命战争中无数牺牲了的烈士，推着小车支前的民工，送情郎上战场的农村姑娘，他们是为着什么人的感谢和掌声才付出自己的牺牲呢？

个人主义者最不能理解的精神境界就是无私。他们甚至可以把雷锋也看成是一个个人主义者，说雷锋是为了满足自己的道德需要或者叫做精神需要才去做好事的，这也是为了个人利益。那么，他们又为什么不要这样的个人利益呢？为什么不肯向雷锋学习呢？他们说人们需要是分层次的，最低的层次是生存，最高的层次才是道德，他们先要满足那些低层次的需要。那么，雷锋就不需要满足这些低层次的需要吗？雷锋在物质享受上超过了我们哪一位普通工人了呢？

这些道理都是说不通的。个人主义世界观源远流长，我们不能指望很快地消除它的影响。一些同志有个人主义思想，暂时克服不了，可以等待他们逐步提高觉悟，如果能够逐年有一些进步，也就值得欢迎和鼓励。但是如果硬要为自己的个人主义辩护，不承认它的错误，把它说成是合理的东西，说成是普遍的人性，甚至把个人主义栽到先进人物的先进事迹上去，那就不能容许了。这样的原则是非不能不分清楚。

最后，还想说明一点：人生的意义不在索取，不等于当个人的正当利益受到不公正的侵害时不要起来抗争。我们干革命，就是对社会上不合理现象的最大规模的抗争，直到推翻那不合理的腐朽的旧制度。社会主义制度的建立，从根本上结束了人剥削人、人压迫人的历史，但是还不可能把一切丑恶的、腐朽的东西都打扫干净。我们的生产力还很不发达，社会主义的生产关系还需要不断完善，旧的意识形态对人的影响还不可能消除。十年内乱，沉渣泛起，国外资产阶级的影响，更使党风、社会风气受到破坏。这几年我们已经进行了大量的斗争，现在又开始进行整党，都是为了推动我们的事业更加前进，把社会主义的物质文明和精神文明都建设得更好。对于受到官僚主义、不正之风、宗派主义、错误政策损害的同志的揭发、申诉，党的方针很明确，就是要支持。这不但是为了保护受害者的正当权益，更是为了减少和消除我们社会的阴暗面，扩大光明面，也是为了尽可能地挽救一切可以挽救的同志，帮助一切身上沾上了灰尘的同志，使他们的人生也获得真正的意义和价值。离开这一切，鼓吹抽象的人生价值，什么问题也解决不了；用个人主义的思想作指导企图来为个人价值增值，不过是制造新的不公平、不合理，因而也就必然走不通。技术能力，我们有一大批工人，或者只有一门技术，其他的都不懂；或者就没有技术，让他干哪一行都不能胜任。不经过技术培训就不了业，这个问题的难度不在前面那个观念转变问题之下。

减员的目的是增效，这更需要依靠新的科学技术的采用。这就需要提高国民素质，除了提高平均的知识水平之外，还需要造成一种不断追求新知识的心态。但是，在应试教育之下，上小学是为了上中学做准备，上中学是为了考大学做准备，学生读书读得很苦。最大的危害在于，只要有一天可以不读书了，离开学校了，他就再也不想看书了。这对于我们民族的危害是极大的。为什么在中国很少看到在美国、日本看到的在地铁上、公共汽车上都会拿出书来看的那种状况？当然这从用眼卫生的角度讲是不好的，但是从人的精神面貌讲，可以看出一种心态。人家就有只要有时间就要吸取一点知识的心态。但是在中国，很少看到这种状况。

要改变这样的心态，牵涉到每个单位的人才观念和培养人才的观念，不能说每个单位的领导对人才都不重视，但也不能说都很重视。总的看，我们还没有形成一种大家都来追求新知识的局面，也没有形成一种大家都不断创新的局面，很少有单位每年都涌现出大量的合理化建议并得到很好的重视。

企业的思想政治工作必须针对企业的科技进步所遇到的思想障碍，做出有效的努力。这种思想障碍是相当普遍的。

第一，对于科技进步的不了解，在许多企业从领导到一般工作人员相当普遍地存在，更不了解科技进步对于企业发展的用途。

第二，对于科技进步表现出一种不信任的态度。

第三，有一部分人有抵触情绪。普通工人怕科技进步会使他失掉工作，增加下岗机会；也有相当一部分科技人员有抵触，因为他们所学的东西在新的科技环境下不能再用了。于是，对于他不熟悉的技术横挑鼻子竖挑眼。

第四，对科技进步投入不足。企业很不容易做到长远打算，在利润增加的时候，必然会大幅度地提高工资，很难做到大家继续束紧腰带，为今后可能出现的利润下降做准备。太原钢铁厂，在1997年全国钢铁企业都不景气的时候它的效益还可以，为什么？在全国的钢铁企业都景气的时候，有的企业工资提高好几级，太钢不提高那么多，拿出钱来搞技术改造。当初要下这个决心是很难很难的。

第五，工艺纪律不适应。新的技术对工艺纪律的要求，往往更严格。这种变化要求工人一丝不苟，24 小时完全一个样，这也是非常难做到的。比如书刊印刷，同样的图书，用同样的纸张和油墨，颜色仍然会不一样。为什么意大利人只买我们的白绸，不买我们有颜色的绸呢？因为我们做不到同一个批号颜色完全一样，人家就可以做到。我们的许多思想政治工作，还没有深入到工艺纪律的领域中去。

第六，还有一个最根本的，科技进步也是需要艰苦奋斗精神的。艰苦奋斗不是表现在穿打补丁的衣服、吃粗茶淡饭上，而是表现在能够排除一切困难，表现为严格、严谨、一丝不苟、专心致志。这是对我们艰苦奋斗优良传统的继承，又是一种发展。这些都需要思想政治工作来做出新的努力。

新世纪中国的道德建设[*]

一

在新世纪即将到来的时刻，道德建设的问题越来越成为中国人普遍关注的课题。

在新的世纪，中国人面临民族复兴的机遇。我们希望在新世纪的前半期进入中等发达国家的行列，彻底改变贫穷落后的面貌，并且为人类作出更大的贡献。为此，就更加需要全国人民团结一心，勤劳勇敢，互助互爱，努力创新，具备更为良好的道德风尚。

在新的世纪，中国人又面临着一系列的挑战。在道德领域也有许多亟待解决的新问题。实现了温饱、开始走向富裕的人们，如何对待和运用物质财富就是一个新问题。在这种情况下，如何教育子女的问题，困扰着许多家庭。

---

* 本文发表于 2000 年 12 月《政工师指南》。

社会处在改革的进程之中，新旧体制并存，新体制只能逐渐走向完善，社会长期存在的各种漏洞和诱惑，不能不对人们的道德观念产生消极的影响。对外开放，既使人们有机会了解和学习许多有益的经验、技术、文化和观念，也使人们接触各种腐朽的观念和生活方式的机会大为增加。人口的大规模流动，使亿万群众离开原有的社区，削弱甚至中断了原有道德传递的链条，暂时又难以融入新的社区，接受新的道德传递方式。发展的不平衡使得人们收入的差距拉大，心理的不平衡加剧。在市场竞争的过程中，如何兼顾效率和公平，需要经过长期的探索和磨合过程。上网的人数以几何级数迅速增加，而在虚拟社区中人们的道德观念、道德感情、道德行为、道德体制等，都是全新的课题。传统的道德观念，面临着需要调整重点，改变形态，结合新的实际，才能在新的历史时期更好地发挥作用，显示强大的生命力。

人们的道德观念，归根到底取决于人们的物质社会生活条件。但是道德观念的形成并且成为社会的共同规范则需要经过长期磨合的过程，而且一旦形成就有相对的稳定性，所以道德观念的变化相对滞后是常见的现象。这种矛盾在社会发展相对平稳的时期并不明显，而在社会生活急剧变化的时期就会显得相当突出。中国目前的情况是社会变动的速度快，范围广，程度深，人们的心态迷惘和不平衡较为严重，而道德发展的滞后又反过来会阻碍社会的进步。因此，迫切需要借助科学的力量，顺应社会发展的规律，用大力气来进行道德建设的工作，使道德建设成为建设有中国特色社会主义的有机组成部分。

二

在进入新世纪的时刻，中国的道德建设有一些特别需要关注的问题。首先就是要大力提倡讲信用。这是发展市场经济的道德前提。不讲信用，任何市场交换都不能顺利进行，更不可能有充分的发展。讲信用不仅是简单的不卖假货，杜绝伪劣产品，而且应当渗透到社会生活的各个方面和人际关系的各个领域。信守合同就是一个极大的问题。夸大宣传、欺世盗名、虚伪统计、谎报成绩、侵犯知识产权、掩盖缺点错误、逃避责任、偷税漏税、假新闻、盗版书等，都应当成为社会谴责的可耻行为。诚信待人，说话算数，遵守时间，忠于职守等，都应当受到社会的称道。信誉至上成为风尚，社会主义的市场经济就能够健康发展了。

中国的家庭已经和正在发生深刻的变化。至少在城市，家庭已经不是一个物的生产单位。家庭的功能已经演变为共同生活的单位和人的生产单位。后一功能又受到计划生育政策的限制。家庭的小型化和多样化，家务劳动社会化程度的提高，家庭成员在职业和地域上流动性的加大，都向新时期家庭道德建设提出了新的问题。核心家庭成为家庭的主流形式，夫妻构成家庭的主体，互爱、互助、互信、平等应当成为家庭美德的主要内容。独生子女的教育还需要摸索总结成功的经验，主要的问题一是过多的照顾、不需要奋斗和努力轻易得到满足，使人丧失幸福感；二是以自我为中心，不考虑他人的存在和需求。在这种情况下，个人的人生价值也难以得到实现。

在新的历史时期，人们生产方式的变化，居住条件的变化，相互联系方式的变化，使得人们的社会交往急剧增加，同时又使人们感到孤独，难以寻觅真正的友谊。在群体之中，互相竞争的关系同互相依赖、互相帮助和支持的关系同时并存。如何正确处理这两种关系并加以规范，是伦理工作者的主要责任。在人际关系中，邻里关系、社区关系是特别值得关注的课题。在新的住宅小区中，过去那种近邻超过远亲的状态已经难以存在。但是，我们注意到，只要邻居互相认识，整个楼群的安全度就会提高不止一个数量级。这就需要创设条件，来建设新型的邻里关系。在改革的过程中，人们正经历着从单位人向社会人的转化。这种转化，首先在老年群体中开始表现出来。60岁以上的老年人口目前已经超过 1.27 亿，而且仍在急速增加。这个人群的生活、健康、娱乐、活动主要在社区之中，而社区的建设目前又还很不完善，并且在人们的传统观念中受到忽视和轻视。在社区之中建立和谐愉快健康的人际关系，应当是今后 30 年至 50 年的一项重要任务。

新的世纪，全球经济将进一步走向一体化，跨国公司的作用和影响力将进一步加强，人们的国际联系和交往会有大幅度的增加。在这种情况下，发展中国家如何保护自己的利益，如何争取自己的利益，面临很严峻的形势。中华民族要振兴，必须进一步发扬爱国主义的优良传统。在贫富、强弱的对比更明显地成为许多人切身感受的形势下，在许多人成为跨国企业工作人员的条件下，如何使人们认清自己的利益同祖国的利益休戚与共，为增强社会主义中国的国力而奋斗，应当始终是新世纪道德建设的头等重要使命。不但需要加强中华民族优良传统的教育，加强近代史和现代史的教育，还应当帮助人们认识中国的国情与今日的世情，了解中国在各个方面的进步，清楚进一步解决存在问题的途径，树立起坚强的信心。

科学技术的进步使得人们越来越感觉到人类所居住的地球更小了，地球村的概念越来越被更多的人所接受。人类也就比过去更容易认识自己实际上只能是以一个"类"而存在的，认识人类的共同利益，保护人类生存的环境，保护地球，必须作为人类共同的道德意识和道德行为而日益为更广泛的人群所接受。中国作为一个人口大国，人均占有资源又远在世界平均水平之下，保护环境的任务尤其艰巨。文化程度、科学普及程度和生产力水平的低下使环境意识的树立需要加紧努力才能达到。为了国家的可持续发展，为了子孙后代的利益，也为了对人类的贡献，我们理当使环境道德建设在新世纪有更多的成就。

科学技术的发展也使许多新的道德问题提到人类面前。其中受到人们关注的一是基因工程以及生物的克隆问题，二是虚拟社区中的道德问题。信息高速公路的开通为生产力的发展开拓了广阔的空间，也必将对人们的精神生活产生巨大的影响。中国上网人数已经超过千万，这个数字还在急剧增长。网上的信息垃圾尤其是色情、暴力的内容对青少年的毒害不可忽视，利用网络犯罪的行为尚未找到有效地防止方法。人在虚拟社区中生活时的道德观念和道德行为与在现实社区生活有不同的规律，两种道德表现又必然会互相影响。如何运用网络更加积极地影响人们、帮助人们树立正确的价值观，如何防止网络所产生的消极影响，如何建立网上的正确道德观念、道德行为，都是伦理学工作者在新世纪面临的课题。

三

新世纪的道德建设，不仅要明确道德建设的重点内容，还需要探索适应新时期新情况的科学方法，才能收到成效。

中华民族具有优秀的道德传统。长期以来，这些优秀的道德传统保证了我们伟大民族能够在各种不同的情况下始终具有强大的生命力。这是我们民族的一笔宝贵财富，在社会上具有巨大的影响力。任何民族的道德建设都不应当轻易抛弃本民族的优秀道德传统，否则就会事倍功半，甚至造成社会的混乱。但是原有的道德传统又必须同新时期的新情况相结合，有所丰富，有所取舍，有所发展，才能更好地为新时期的人们所接受、所运用，才能更好地发挥作用。完全是老一套，人们就会觉得行不通，或者不能解决现实问题。譬如孝道，"父母在，不远游"，肯定行不通；晨昏定省，也很难做到。但是完全可以"常回家看看"，把在外面学习、工作的成就向二老双亲报告。同时，对于老年人除了物质上的赡养，更要注重关怀他们的精神需求。有些年轻人在自己过生日的时候不忘记向父母表达对养育之恩的感谢，这就是新的发展。

道德建设离不开道德教育，这是普及社会已有的道德成果和使其代代相传的必要手段。但是道德教育不能成为单纯的说教，必须符合人的认识规律，从社会成员的社会实践出发。要帮助人们了解、感知、理解自己的社会存在，要为人们创设道德实践的机会，要注重培养人们的道德情感和养成道德习惯。这样才能使新的道德内化为人本身的良心，成为人自身的需求。

现代传媒的发展特别是互联网的开通，使得人们接受信息和形成新观念的方式发生了变化。单向的灌输很难适应年轻人的思维习惯。在新世纪的道德建设中，需要采用交互的方式、探讨的方式，让人们通过自己的选择走向更高的道德境界。同时，应当更多地关注人们在道德实践中的新创造，加以积极的扶持和推广。近几年的志愿者活动、成人仪式活动、城乡少年手拉手活动、老人金婚银婚纪念等，都是群众自己的创造。这些事实生动地证明，人民群众不仅是创造物质生活的主人，也是创造精神生活的主人。

中国早已不是过去那种单一的农业社会。新的世纪，人们的分工会更细，活动的领域会更广，活动的方式会更多，许多事情很难找到一个统一模式的标准答案。孔融让梨的故事流传了将近两千年，用谦让的美德教育了一代又一代中国人，今天依然有它的积极意义。但是在实际生活中，我们可以发现许多复杂的情况。如果分梨的时候正值梨园中的收获季节，现代"孔融"是不是可以对梨的大小不必那么关注？如果孔融的母亲病了，需要吃梨，当时梨又难得，有了这次机会，现代"孔融"是不是可以挑一个大梨带回家去？如果举行一场比赛，第一名得两个梨，第二名得大梨，第三名得小梨，现代"孔融"是不是可以力争第一？如果孔融知道同时参加分梨的另一位小朋友身体不好，需要吃梨，现代"孔融"是不是可以把两个梨都让给对方，并且帮他削皮？如果主持分梨者对孔融很不礼貌，现代"孔融"为了自身的尊严，是不是可以礼貌地说："对不起，我今天不想吃梨?"还可以设想出许多种情况，采取各种不同的行动。但是，这种多样性并不妨碍我们可以具备共同的价值观，也不妨碍社会成员用高尚的道德标准来要求自己。

总之，道德作为人们相互关系的规范，是人类自身的需要。人类要进步，要发展，要获得幸福安定的生活，就不能没有适应当时时代需要的道德。道德又总是在克服各种不道德的现象过程中曲折地前进。我们没有理由悲观。人们不但受益于整个社会道德的进步，受益于他人的道德行为，更因为自身道德水准的提高，使心灵更加充实，行为更为得当，而取得更多的成功，得到更多的愉悦。道德建设并不是对社会成员的束缚，而是使社会成员更加幸福的阶梯。尽管前面的路还很长，我们的工作还会有许多困难，但是成果是可以预期的。一个更加繁荣富强也更加文明的中国，一定会屹立于21世纪的世界。

传统道德的现代价值*

关于中国传统道德的现代价值问题，1998 年的抗洪斗争，在相当程度上对这个问题作出了一个很明确的回答。因为这次斗争的胜利，把中国人民伟大的精神力量，其中很突出的是优秀传统道德风尚，充分地显现出来了。

一次我们道德科学院开座谈会的时候，我说了一句话。我说，这个时候，至少这一段时间当中，没有人敢说道德是没有用的。没有人敢说这句话，当然以后还可能有人再说。之所以没人敢这样说，是因为抗洪斗争充分显示出了中国人民不屈不挠和困难作斗争的精神，以国家利益、人民利益为重，不怕牺牲，舍生取义、舍己救人的精神，一方有难、八方支援，团结互助的精神，顾全大局、服从整体的精神。也可能抗洪的人们来不及作很多理性思考，但他们实际上很自然地把一个民族一个国家的命运，当做一个整体来思考，并以此指导行动。很多中国人都这

---

* 本文曾收入河南人民出版社 2003 年出版的《传统道德的现代价值》一书。

样做了。这些做法不能光讲它的优或是不优，它带有很强烈的中国特色。比如说大堤上老百姓或战士自己喊出"人在堤在"的口号，比如说挂出来的生死牌。我猜想，若干年后，也许用不了若干年，可能一年或几个月后，就会有人说："这是不科学的，是不人道的。'人在堤在'，堤守不住，'人在'有什么用？"或者说："生死牌，守不住就要死，不人道。"一定会有人说这样的话。但是中国人在这个时候自己就会立出生死牌来，这就是中国人。美国人绝对不会这么做。美国记者问解放军战士，这样做给你们多少钱？他无法想象你怎么会泡到水里，几十个小时不睡觉。这是西方人无法理解的东西，带有很强的中国特色。

领导人和水利专家们，个人要担很大的风险。万一大堤破了，损失就不堪设想。水位已经超出历史纪录，并在不断升高。如果说可以不分洪而分了洪，又会造成多大损失！这时，就需要运用科学的手段和各种数据，计算各种错峰方法。现在是成功了，但是在当初决定的时候不可能有绝对成功的把握。冒着这么大风险，不顾个人利益，坚定地作出正确决策，这是不是传统道德？我认为是传统道德。是简单的传统道德吗？不是，是具有现代意义的，有现代特色的传统道德，是现代人采取的行动。

有许多教授都谈到义和利的问题，比较义和利的轻重取舍，谈得很好。我觉得，在义当中，也要研究利。比如说，这次抗洪，人们的心都是一样的，心系抗洪前线。我也想做点什么事情。概括起来讲，我想做的事情就是：第一，是老百姓急需的；第二，政府顾不上做的；第三，这个事还不要费很大力气，要费很大力气，我也做不来。我寻找这样的事情。我有一些朋友，家在灾区，他们天天晚上跟县委书记和县长通电话。我就跟他们打听前线的情况，因为要想真做事情，就必须了解完全真实的情况。我了解到，有很多人住在大堤上，大堤周围都是水，什么交通条件都没有。堤上也是水和泥浆，天天下雨，他们拿稻草铺在泥浆上睡觉。3天以后，草全烂了，再想办法弄点新的干稻草铺在烂稻草上。温度40多度。没有人去看，但是有一点儿粮食吃。我们的政府绝对会想办法保证不让饿死人。但是，没有人去看他们。为什么没有人去看，因为那些人力还要去堵没有破的大堤。他们则觉得他们是天底下最不幸的人。还会不会下雨？不知道。还有没有洪水？不知道。洪水什么时候会退？不知道。江泽民同志来过，他也不知道；解放军在救人，他也不知道。什么都不知道，很苦恼。当地政府也想做一些工作，想办法印点小报。可是，这时候根本不可能有船把小报送到堤上，根本做不到。能印出来，但送不出去。

我们了解到这个情况，想了几天，想了一个主意。我找几个朋友凑了一点钱，也不多，20来万。买了3000台大喇叭收音机，每台收音机至少带有足够用半个月的电池，因为堤上买不到电池。一个收音机可以有二三十个人听得见。一个省的大堤送1000台去。这些到了下面，真解决问题。我只有20来万块钱，这就要算账。我这20来万块钱用在任何别的地方，达不到这个效果。

做了这个事情之后，我们继续观察下面的情况，感觉到，疾病可能要暴发了。因为喝的水不行，住的地方不行，人与垃圾粪便都在一起，绝对是要生病的。有许多地方，医疗队到不了，到了也没有那么多药。然后我们想，我们动员一下，突击印一本书——《抗洪防病手册》。我们用4天工夫，从我出这个主意，到写完、编完、印完、装订完，四天四夜。包括六位最高级的专家审定。专家都说，你任何时候送来，包括半夜里，只要你送到稿子，我3个钟点给你审完。所有的专家都是这样。我们那些小青年，都是4天不睡觉。就这样做出来了。历史上从来没有这样做过。当时我们想印3万本，因为我要到了3万本的钱。在印的过程当中，印数就往上涨了。因为，那些青年当然不要钱，这没有问题，他们说，多印一点吧，不够的钱，我们编辑室出。到了印刷厂，纸厂的老板正好在印刷厂，说，你印这书，我送给你8吨纸。这样，我们下决心印10万本。我们不印定价，上面写上"免费赠阅，欢迎翻印"。

有时候就不能考虑钱，为什么？我们印完之后，事先没想到要空运。最快的是空运，空运又要收钱。一打听，可以免费，但是要到民政部办手续。我一算，办手续需要两天，两天要死多少人哪！我们不办手续了，我们掏钱。掏的运费比印刷费还高。也就是，有的要算账，要算钱，有的就不能算。

把这个送下去，人们欢喜得不得了，要求多给一点。我们说你可以翻印。他们说，我们现在哪顾得上翻印——

他们在前线的人根本顾不上这个。我就又找了个朋友，出了 10 万块钱。印了 20 万本送出去。

印这 20 万本，其实花了不到 20 万块钱。在一般的情况下，印这些书，肯定超过 20 万。我们因为连稿费都不给，编辑费也不给，什么都不给。这样，事情就做成了。

我讲这件事的意思是，你只有 20 万块钱，捐 20 万，也是义。但是，利用 20 万可以做出这样一些事情来，也是义。同样一个义里面，可不可以算算账，讲一讲利，用同样的钱起更大的作用？要讲合乎义的利，而且，讲得越认真越好。

以上这些话，算是本文的引子。

我接着要讲的是，中国传统道德是有用的。几千年来有用，如果几千年来没用，我们这个民族不可能发展到今天。世界上只有这一个民族在历史上是这样发展过来的。包括两千年前，我们的发展水平也是相当高的。

但是，传统道德面临着新的挑战。有很多人讲了反对传统道德的话。我相信黑格尔这句话：存在的都是合理的。存在的都有一定的道理。人家提出那么多反对的话，也不是没有道理。不是无缘无故来反对的，也有他的原因。就是时代条件变化了，按原有传统道德的形式，在今天肯定有许多格格不入的地方。如何对待这种挑战？我认为，最大的挑战来自两个方面。

第一个方面的挑战，就是市场经济。中国的传统社会，不是没有市场，也有一点儿市场。但是，它是立足在自然经济基础上的。一家一户是一个生产单位。每个家庭就是中国的一个细胞。所以，中国的全部道德中，最重要的、最核心的、最关键的是孝，是修身齐家。然后推演出来许多其他的观念。孝是很重要的一个道德观念，它可以维持家长对于这一生产单位生产经营的全部指挥权，才使得每一个家庭的生产最有效地进行。没有孝，就不可能最有效，孝可以使得一个家庭的技艺能够薪火相传。3 年无改于为父之道，本事可以传下去。没有孝，生产技术不能继承，不能发展。这种道德本身，对中国社会的生产发展和社会安定，起了很大的作用。有许多观念，虽不是完全从这里延伸出来的，但是和这个观念有着密切的联系。

但是，现代社会是立足在分工的基础上的，分工越来越细，唯有分工细，才能不断采用新技术；分工细，才能够使生产力有飞速的发展。三百六十行还不够，三万六千行都不够。这样，人才能够创造更加美好的生活。但分工就要交换，交换不同的人的不同劳动和不同劳动产品。因为，所有的事情都自己做，肯定不会有高水平。但交换有一个前提，就是信用问题。不交换，就没有分工，没有分工，社会就不能进步。社会要进步，就要有商品，就要有市场。我们现在搞市场经济，很明显，使得我们整个社会富裕了。市场经济要进一步稳定地发展，就要求讲信用，这是它的道德前提。

信用，在儒家道德中，在中国传统道德中有没有呢？有，"人无信不立"，"言而无信，不知其可也"。有很多这样的话。但是，我们在这方面的研究，还远远不够。我建议，我们应该把很大的力量用到这方面来，来写中国的信用论。这种信用，不是简单的一句话，如中国人说话是算数的，"一言既出，驷马难追"，"一言九鼎"，"一诺千金"，而是包含的内容相当深刻、相当广泛。为什么现在我们大家对伪劣产品有那么大的义愤呢？过去在计划经济下，这个问题不突出，不需要强调。市场经济发展了，问题就突出了。

我印象非常深刻的就是湖南张家界。那里原来是个原始的地方，是一个林区。有一年，在那个林区开记者会，被记者发现了，说这个地方风景好。那批记者回来跟我讲，他们进去看，走着走着，累得要命，看不见人，忽然看见有一户人家，就很高兴地跑上去："老乡，我买一点水喝行吗？"老乡说："哪能卖水给你们呢？"老乡把自己家里仅有的半斤白糖全部倒进水里，端给大家喝，根本不收钱。"怎么能收你的钱呢？"老乡说。这是记者回来告诉我的。

3年之后，我到张家界去，那里已经初步是商品经济。送水的事情是根本不可能维持了，因为那么多人去，他也送不起。我走在山路上，看到旁边摆了一个个破梨，我问老乡："这是什么呀？""猕猴桃。"那是梨，不是猕猴桃。他骗外来的人，说是猕猴桃。同样是这个地方的农民，你说农民是好人或不是好人，这些概念都不对。远方来的人，他真心欢迎。但是，长期这样做，他做不起。初步的市场经济发展了，最初学会的就是骗人。这不是有信用的市场经济。

现在再去，他绝对不会把梨给你说成猕猴桃了。他又变了。他开始学会讲信用了。学会在市场中讲信用，需要有一个过程。

所以，我认为我们现在非常需要研究这种道德，要展开研究。

比如，北京有许多下岗工人。下岗工人要就业。年纪大了，电脑也不会，外语也不会，开车也不会，什么都不会，怎么办？有很多事情是用不着什么技能的。比如说，有一个职业，肯定需要几千人，用不着什么技能，什么职业，就是北京有许多小孩子要上学，家长送不了，要有人接送。如果愿意，就可以去做这个事情。几千个人肯定容纳得了。因为北京同一个年龄的孩子最少13万多人，最多的有20万、18万多人。有这么多人上学，接送的需求量是很大的。安排5000人就业，应该不成问题。但是安排不了。不是面子问题，也不是技能问题，而是家长不敢交给他。为什么不敢交给他呢？不放心。有的放心，交了。送了两三个礼拜之后，忽然有一天他家里有事，不来了，小孩儿没有人接，从校门出来，走到马路上，撞坏了。前两天就有因为这种事打官司的，胳膊撞折了，而且是小孩的责任，不是司机的责任。那你怎么办？家长索赔7万元。这个下岗工人怎么赔得起呢？问题不是赔得起赔不起。你说家长怎么敢送？况且城里孩子多是独生子女。我们的下岗工人的观念，是以前在某一个企业上班的观念，我今天有事，就不来了。我一天3块钱，这3块钱我不要了。信用就应该是答应了之后一言九鼎，一诺千金，大丈夫一言既出，驷马难追。要做到这一条，职业就有的是。不只他一个人有职业，几千个人都有职业。可是他做不到。

我讲的要研究信用，就包括这个问题在内。现在这是一个挑战。

第二个方面的挑战，就是技术进步，而且技术进步非常之快。进步是好事，好事带来了新问题。一般地讲，大概在技术进步越快，社会变革越快的社会里就引出一个问题——代沟越大；社会发展越是比较平稳，代沟越小。社会发展变动大了，年青一代碰到的问题和老一代碰到的问题差异大，产生出来的两代人之间的观念差异就大。

一般地讲，有这个问题。特殊地讲，有什么问题呢？

一个是道德传递问题。过去，我们在家里教孩子。一般地讲，讲什么道理，孩子要问。再问三个问题，老子不耐烦了："这个你不懂，以后你长大了就懂了。"差不多所有的老子都对孩子讲过"你不懂"。现在，出了一个新问题，经常是孩子说"妈妈，你不懂"，或者"爸爸，你不懂"。孩子七八岁、十来岁，就说这种话。说这种话，他有根据。他7岁就玩电脑，甚至就上了网，你是没有他那么明白。他有根据。有根据是对的，但是，有个问题。长辈在下一辈人心目中的权威动摇了。小孩子分不清楚你懂哪一部分，不懂哪一部分，他分不清楚这一点。过去，有的家长气得不得了，说老师教错了字。我对那个家长说，你千万不要在孩子面前说那个老师错了。他说，是不是怕那个老师报复。我说，不是怕报复。老师讲的课，有百分之九十九讲的是对的，百分之一讲错了，你就给他指出来了。你给老师个别指出来可以，你给孩子指出来，孩子就不相信老师。因为这一点不相信，那九十九点也听不进去了，孩子吃亏。

那是讲的知识性问题。现在，碰到一个问题，就是道德权威动摇了。过去一般地讲，大概在 8 岁以前，男孩子心目中最权威的人就是他爸爸。10 岁以后，慢慢就变。现在，他要来三次"爸爸，你不懂"，你就不是最权威的人了。你不是最权威的人，你的道德传递，他就要怀疑了。这是进步快带来的一个问题。

第二个问题是进步快带来交往的无限扩大。飞机一个小时就到了几千里之外，有电话、伊妹儿，很多人家里的名片，两个抽屉放不下。你可以有那么多朋友。要问你到底有几个朋友，想来想去，甚至一个也没有。你认识很多人，但是友谊淡化，找不到真朋友了。人在电脑面前跟别人交流，许多人却觉得孤独。这是现代社会的社会病，孤独，找不到一个知己。

甚至小孩子，都是这样。小孩子的苦恼，一个是功课负担重，一个是没朋友。过去的四合院不存在了，一家一套房子，关起门来什么都有，很满意。满意的结果，没朋友了。连邻居都不认识。一栋楼里边二十几户，住了 10 年，不知道对面是谁。对面小偷进去把东西偷出来，以为人家搬家，还去帮忙。这样，社会安定程度就大大下降了。我写了一篇文章叫《认识你的邻居》。所有的邻居都互相认识，只要做到这一点，安全程度至少提高一个数量级。在现代社会条件下，这是第二个挑战。

第三个问题是家庭许多功能弱化了，若干功能不存在了。

在许多地方，家庭已经不是一个生产单位了。农村因为有家庭联产承包，这个功能保存时间还长一点儿。这样的结果，加上有许多其他条件，加上社会技术发展，家务劳动社会化程度的提高，家庭的小型化，独生子女，再加上人的交往的扩大，包括见异思迁的条件，就是见异的机会比从前人见异的机会多，从前的人活动范围方圆不到15里路，15里之外的人他都没看见过，现在他见异的机会多，等等。这种变化还可以讲很多，这些变化使得家庭的某些功能不存在了，某些功能削弱了，某些功能改变了。这样，在全世界都引发一个问题，就是：家庭还能不能存在下去，还有没有用？

实际上，在现代社会，至少我估计在几百年当中，家庭是消亡不了的。而且，现代人对家庭实际上有一种更强烈的需要，是什么呢？就是，他在社会上有激烈的竞争，紧张的程度极高，压力极大，而又没有朋友，每一个人都需要有这么一个地方：可以倾诉自己的感情，可以得到温馨的抚慰，可以得到支撑，可以使自己能够恢复精力。每一个人都需要，这是很迫切的需要。这种需要，大概在家庭之外，在别的地方都不可能得到。所以，对家庭的这种需要，比以往任何年代都强烈。这就需要我们强化家庭的这方面的功能。可惜我们传统道德观念里面，对这一方面的东西阐述得少一点。

传统道德观念里面，以父子为第一要义；现代的家庭是小型化的家庭，两个人加上一个子女，应该是夫妻作为第一要义。在传统道德里面，夫妇这一要义，讲的多是互敬，互爱讲的少，不是完全不讲，我们应该发扬这一条。这种互爱，不是简单的性爱，如果把性爱简单化、动物化，那么任何地方都可以找到。家庭区别于动物的，是什么东西呢？这种爱是什么样的爱呢？讲得高一点，这种爱是不求报酬的奉献，不是占有，而是愿意为对方做一切，只要对方高兴，只要对方好——是这样的爱。这样的爱，对自己来讲有什么意义？自己为什么要付出这样的爱？最后必然要问到这样的问题。有什么需要，有什么需求？这个需求就是，人生需要有一个伴侣。中国传统道德里在家庭这个观念中，一个最好的词语就是把自己的伴侣称为"老伴"。不是简单地把他（她）当做性对象，而是一直到老都是人生伴侣。去追求这样一种东西，你就可以得到一种支持，可以得到温馨，可以在你遇到任何风雨的时候，都能够恢复你的精力，恢复你的信心，你在人生道路上可以勇往直前地行进。家庭会不会破灭，实际上是个什么问题呢？就是人还需要不需要它。实际上，目前时代的人对家庭的需求是超过以往任何时代的，而且摒弃了以往单纯为传宗接代的那种需求之后，有更强烈的需求。家庭的这种功能不是自然而然地来的，是需要经营的，需要营造的，需要你付出的。付出，你才能够得到。现在，有这样的变化了，大家还没来得及理解。

　　所以，许多人并不珍惜它，不去营造它。今天要去出差了，爱人说："你把这件夹克带了吧。""没事，两天就回来。"往边上一放，就走。出门了，爱人又把这件衣服拿起来了："带了吧。""唉，烦什么呀！"往旁边一丢。——年轻人这样。我说，即使你爱人主意出错了，让你多带一件衣服，对你有什么坏处？他让你多带，也是一份心意嘛！你先把这份心意领下来嘛！你不是嫌人家烦吗？哪一天想要人家烦，人家还不高兴烦呢！

人要注意到这一点，是很难的。为什么呢？因为，新中国成立以后，我们有很多年是批判家庭观念的。这之后，我们承认家庭观念了。承认之后，无论从西方的道德观念还是从我们中国的道德观念来说，我们都应很认真地发扬互相支撑、人生相伴的理念，然而我们发扬得不够。

以上三个问题是科学技术的进步引起的代沟的扩大，朋友的减少、对家庭的冲击，都需要我们从中国传统道德方面去做许多事情。

其他挑战可能还有相当不少。比如，社会责任感的问题。一般情况下，在和平年代，在生活比较好的年代，总体人群的社会责任感下降；艰苦、困难、过不下去的时候，人的社会责任感就上升。全世界各个国家都是这样。但是，并不是这个时候人对社会的依赖在实际上下降了，不是。而是在困难的时候，他想到了依靠社会，他的社会责任感及参加政治活动的热情就高了，想到了不改变这个社会就没有出路。在平常的时候，他依靠了这个社会，因为一切在正常运转，他感受不到，想不到。这种时候，怎么来帮助人们提高社会责任感？再比如，爱国主义问题。这几年我们做了不少工作，是有成效的。实际上，挑战是很严重的，因为跨国公司出来了。跨国公司是不讲国界的，是要和各国政府作斗争的，要捣世界上所有政府的乱。在这种形势下，国家观念怎么保持，有什么用处？这都是新问题。

　　我讲的总的意思就是：我们中国的传统道德中的优秀部分，在历史上有用，在今天也肯定有用。我们必须随着时代的进步，对其加以改造，加以充实，加以发展。

使伦理学的研究更加适应
社会主义建设的需要[*]

这几年伦理学的形势非常好，可以说是盛况空前，也可以说是起死回生。因为实际上过去伦理学已被打死了。在"文化大革命"前多少做过一点伦理学研究的同志，到了"史无前例"的时代，几乎没有一个人不是被打成"修正主义分子"、"资产阶级反动权威"，整个伦理学被废弃了。只有在粉碎"四人帮"以后，经过党的十一届三中全会，解放思想，伦理学才得到起死回生的机会，出现欣欣向荣的局面。今天，我们党在重视社会主义物质文明建设的同时，还提出把建设社会主义精神文明作为我们社会主义建设的任务和奋斗目标。在这种形势下，伦理学受到了社会各个方面的广泛重视。各个地方，学会、研究会纷纷成立。还有专门性的研究会，如大学德育研究会、

---

* 本文作于1984年。曾收入教育科学出版社2000年出版的《市场经济与道德建设》一书。

职业道德研究会、家庭教育研究会等，这些研究组织成立得不少。在许多大学里，设立了道德修养课。举办的讲座就更多了。伦理学的专著也出版了一些。青少年的修养读物，发行的数字愈来愈多，而且还常常脱销。对于伦理学研究的广度和深度也在不断扩展。提出了许多新的问题，如关于职业道德问题，关于家庭教育问题，关于犯罪问题等许多问题。实际工作中随着"文明礼貌月"和"五讲四美"活动的开展，各行业都制定了自己的守则，如青工守则、学生守则等。研究伦理学的人也正在逐渐多起来。如果说有问题的话，主要是三个字："不适应"。因为伦理学的研究曾经中断了多少年，而且过去的研究也很薄弱。现在面临着一大堆新情况、新问题，要求我们作出回答，作出解释，作出说明。我们还未做到。

实际生活向我们提出的问题是相当多的。如青少年犯罪问题，这是整个社会都关心的。又如抵制资产阶级思想腐蚀的斗争，也向我们提出了许多伦理学的问题。有的人说，你们进行道德教育没有用处，谁也不听你们的。这就是个很尖锐的问题。现在有相当多的化公为私或化大公为小公的现象，这种现象流行的原因是什么？怎样才能改变它？群众中有些问题是以很具体的形式提出来的，实际上其中包含着深刻的理论问题。一位基层商店的支部书记，是1950年入党的干部，他有个儿子刚参加工作，拿30多元工资，有一次买了一顶40多元钱的帽子回来。这位老同志仅说了一句："你爸爸一辈子也没买过这样的帽子"，儿子却说了一大堆话："你那是50年代，现在是80年代，还有50元、80元一顶的帽子，我还没有买呢！"这位老同志气得说不出话来。他说，你们能否帮我想想，应说些什么话。这些具体问题仅仅就事论事确实说不清楚。这位同志提出的问题，涉及的有：50年代和80年代有什么不同？其不同表现在什么地方？有没有需要共同遵守的，并没有发生根本变化的原则？生产和生活水平虽有不同，但还是要量入为出来安排自己的生活。50年代难道就没有80元一顶的帽子吗？一个工人丢掉了勤俭的原则，能不能适应80年代的要求？总之，只有我们在理论上有所前进，才能回答生活向我们提出的许多新问题，才能使伦理学适应我们的时代，适应社会主义建设的需要。怎样推动伦理学研究的发展呢？我想，有两个问题是需要注意的。

第一个问题需要把社会主义社会的道德现象，包括道德概念、道德信念、道德感情、道德行为、道德规范、道德教育等很复杂的现象，当做一个现实的、实际的运动过程加以考察，从中找到规律性的东西，使它能更好地对社会道德实践起一点指导作用。简单地讲，就是，伦理学的研究要从实际出发。

马克思主义告诉我们，原则从来不是出发点，只是我们研究的最后归宿。从伦理学来说，这门科学和哲学的关系历来是很密切的。伦理学的研究一定要在哲学的世界观指导之下进行。在中国哲学史的资料中至少有一半以上或有2/3和伦理学分不开。但是我们在研究伦理学时，能否把哲学的原则当做出发点，当做妈妈，把伦理学的范畴作为儿子来进行推演呢？那是不可以的。在研究时，我们只能从实际出发。事实上，即使唯心主义的伦理学家的研究，也是从他那个时代的伦理实践出发的。从整个人类讲，也是先有伦理关系，即人和人之间在共同的劳动生活中发生一定的关系，才需要有一些准则来调整这种关系。这种准则不是固定不变的，是随着生产的发展而变化的，同时也受到社会生活其他方面条件的影响。这个变化从未停止过。所以我们不能把伦理学当做僵死的或者随心所欲的东西。例如道德规范，就不是少数人可以主观制定的。伦理学工作者只能研究这些道德规范是怎样产生的，在什么样的条件下必然会需要什么样的道德规范，这些规范又是怎样普及的，等等。伦理学不可能像几何学那样，运用几个公式就可推出原理，推出一切。伦理学不能这样做。我这样说并不是说伦理学的著作不要条理化、系统化。这是很必要的。但是，伦理学的研究要前进，必须从实际出发，把现实的伦理关系作为研究对象，从而发现它的规律。特别是在社会主义时期，即共产主义的初级阶段，尤其需要这样做。因为这是一个新的历史时期。在社会主义社会中，道德教育的作用比过去更加高，更加重要。社会主义社会的建设除了物质文明建设以外，还需要精神文明的建设。精神文明的建设包含两个方面：一是文化方面，二是思想道德方面。归根到底就是要使得我们全体人民从党内到党外、从老到小、男男女女都成为有理想、有道德、守纪律、有文化的人。其中理想、道德、纪律都和伦理学的研究有关系。

社会主义是共产主义的初级阶段，它所要解决的一个问题，也是人类几千年文明史没有解决的一个问题，即要使人从奴隶变成主人，而且要造成人们不可能再成为奴隶的条件。人变成人的奴隶，在人与人之间的关系上，是生产力进步的结果。生产力进步到那个阶段，再要向前进，就需要采取这么一种形式，即使一部分人奴役另一部分人，这种形式可使生产力比较快地发展，但是生产力的进一步发展，到了今天，就造成了一个条件，即不需要再使人成为人的奴隶了，而是可以使人成为社会的主人。这是在整个阶级社会的历史过程中，被奴役的人们始终存在的一个理想。但是，在过去的长时期中，人们不可能找到怎样使自己成为主人的道路。鲁迅写《阿Q正传》，阿Q很想当主人。在梦中，革命成功了，他成了主人，同时别人又做了他的奴隶，他可以任意去指挥别人。在这样的农民心目中，不可能找到一条既当主人而又没有人当自己的奴隶的道路。小私有者向往桃花源式的生活，"三十亩地一头牛"。我是三十亩地的主人，我不管别人，谁也不要来管我。但是，这种幻想是永远行不通的。因为在私有制为基础的社会中，不可能把他这种地位永远保持下去。马克思最伟大的功绩就是从生产力和生产关系的矛盾运动中看到生产的社会化必然要求生产资料的公有制，这就找到了人做主人的道路，就是集体地做主人。这是一个翻天覆地的大事业，人与人之间将要形成完全新型的关系，反映这种新的人与人之间关系的道德意志、道德行为、道德信念和道德感情的形成也必须是一个非常艰巨的、长期的过程。在这样一个过程中，单靠照抄现成的结论，无论如何是不够用的。在社会主义伦理学这个领域里，注定了是新问题层出不穷的。我们有些同志常常感到在道德领域里，问题好像非常之多，这个问题还没有解决完，那个问题又蹦出来了。今天有人提出：进行理想教育不对，说这是和天堂赎罪论差不多的东西；明天又有人提出：进行纪律教育违反了人的自由天性。一波未平，一波又起，似乎永远解决不完。我们如果彻底把这个问题想清楚，大概就可以看出，作为马克思主义的伦理学工作者，我们的命运就只能是这样。就是要面临着这么多的问题，因为我们要实现的是这样一个翻天覆地的大变化。而我们的光荣，也就在这个地方。

当前在道德领域中，最基本的问题是解决集体主义和主人翁思想的问题。它表现在各个方面，其中以下四个方面可能是比较普遍的：

一是社会公德。这个问题的重要不需多谈。现在搞的"五讲四美"、"文明礼貌"、植树、义务劳动等都属于社会公德的范畴。

二是职业道德。社会主义的职业道德很值得我们重视。

职业道德是随着社会分工的发展而发展起来的。某一种职业，就是某一特定的分工。它的存在本身就需要有一定的规范，否则就存在不下去。人的实践中最主要的是生产实践；因此，人的道德观念、道德行为等最重要的是体现在和他的职业有关的行为中。在社会主义社会，分工的性质和旧社会分工的性质有了根本的变化。按照这种性质变化的情况来研究社会主义社会中各种不同职业的职业道德形成和发展规律，（不是为每一个行业制定一套行为准则，而是研究这些准则的形成和变化发展的规律）成为伦理学很重要的研究对象。这方面还可能有一些我们过去没有想到的问题。例如有的同志在评论文艺作品时提出了一个道德标准问题，这个问题不一定能归到职业道德的范围，但可能有点关系。一个作品拿到社会上来，必然要起作用，可以起帮助人们认识社会的作用，可以起审美的作用，也可以起激励、影响人们的思想感情的作用。这些对人的道德行为实际上发生了影响，就需要有个标准来衡量一下它的方向和作用的大小。许多同志研究文艺现象时，虽然说法不一，实际上是涉及了一些作品的道德标准问题。可是伦理学工作者对这方面加以注意的似乎还不太多。

三是家庭、婚姻道德。这是老问题了，几乎所有研究道德、研究伦理的人都会涉及这方面的内容。但是还不能说这方面的问题都已经研究清楚了。现在人们提出了一大堆新问题，从弗洛伊德的精神现象分析一直到赤裸裸的性解放，或者在理论上说"现代化必然带来家庭的崩溃、家庭的瓦解"。主张这种观点的人都是有证据、有数据的，如果简单地说"这不对"，那是解决不了问题的。我们不要回避问题，要扎扎实实地去研究，研究生产的现代化对家庭实际上发生着哪些影响。生产的现代化使人们的劳动时间减少，在家庭的时间多了，要不要对家庭发生影响？生产的现代化，使得家用器具电气化、自动化，使得家务劳动的时间逐渐减少，现在的女同志用不着每星期补袜子了，就省下好多的时间。省下的时间可以从事别的活动。现代化创造了更多的就业条件，使男女之间的不平等减少；现代化带来家庭中的文化生活增加，现代化能使人们控制自己的生育，不必担心因子女生得太多而产生的负担；这些都会对家庭生活发生影响。我们研究这些影响就可以看到现代化所起的作用。我认为这些作用得不出必然使家庭瓦解的结论；而是有了使旧的、不平等的家庭处于瓦解的条件，使家庭成员之间更加平等，使他们的文化生活、精神生活得到更多的发展。这样来研究，就可以反过来看出，现在在有一些称为现代化国家里出现的家庭瓦解，实际上是由于什么原因造成的。青年人讨厌我们不作具体的分析，不作具体的调查，用一个什么帽子到处套。他讨厌这些东西是有道理的。我们自己也应该讨厌这些东西；就是不要回避对具体问题作具体的分析。

四是应该把共产党员的修养纳入到伦理学研究的范围。在中国的土地上，有这么一个共产党，它是我们社会的领导力量。这个党按其性质来说，是无产阶级的先锋队；但是党的成员实际上大多数不是从无产阶级队伍里出来的。从当年巴黎公社开始，就有这样的情况，巴黎公社的活动家中，绝大部分不是产业工人，只有两三个手工业工人。这些人为什么会有共产主义理想、共产主义道德？他们的共产主义道德观念当然不是从天上掉下来的。那么，是怎样产生的呢？为什么有的人后来又会放弃这种道德观念，走向腐败？这种情况是在什么条件下发生的？在什么条件下又可以争取这些人重新转变？发生这些现象都是有规律可循的。少奇同志研究这个问题，写了著名的论文，他是从当时的实际情况出发，涉及了许多重要的理论问题。如果不把它作为伦理科学研究的对象，实在太可惜了。

在今天社会主义社会的条件下，对上面所说的种种问题的研究，完全可以使全党的研究超过以往的一切时代。这么多的事物摆在我们面前，不要说过去的思想家，就是马克思也没有来得及详细研究过。只要我们坚持把这些伦理现象，当做一个运动的过程来对待，找出它的规律性，就可以使伦理学的研究得到丰富的源泉、得到充分的发展。例如，前面讲到的树立主人翁思想的问题需要解决相当多的理论观点问题。如有的同志说：群众为什么没有主人翁的思想？是因为没有给他们主人翁的地位，有了主人翁的地位，自然会有主人翁的思想。这首先就涉及一个根本的理论问题：假如主人翁的地位是要靠别人来给，那么这种主人究竟是不是真的，就很值得怀疑。因为他的地位还要取决于别人给或者不给他，归根到底是由给或不给的人做主的。

到底现在人民群众有没有主人翁的地位？我们说有。那么，为什么没有反映到某些人的意识中去呢？存在决定意识，到底有没有反映呢？我认为大多数情况下，还是有反映的。例如有的青年在家里待业，有时发牢骚："政府就是不安排我！"他为什么要发这个牢骚呢？他认为他有权获得政府的安排。如果是美国政府或国民党政府，他就不会发这个牢骚，因为人人知道那不是人民自己的政府。中华人民共和国的人民才会发这个牢骚。这个牢骚是不对的。不能要求人民政府一切都包下来。但是，他之所以产生这个不对的东西，是因为他实际存在着主人翁的地位，由于种种原因，他的认识是歪曲地反映了他的存在，但毕竟也是存在的反映。在有的农村，社员自留地上的果树，虽然没有围墙，可是一般没有人去采他的果子。因为人们都知道这果树是张三家的，不是我的，我没有权利去采它。如果采了，一般的人都觉得这是不道德的。公家的果园，就不一样了，随便去采果子的人就比较多，旁边的人也不认为这样做有什么不对。社会上有这样的观念：公家的东西就可以"大家拿"，不拿白不拿。在一些人的潜意识中认为他有这个权，公家的东西应该有他一份。这当然是个人主义思想，是对主人翁的存在的歪曲反映。我认为我们在研究像主人翁思想这类问题时，不能简单地说，只要是个主人，就一定会有主人翁思想。如果这样，就不需要伦理学了。我们需要研究：人们是怎样成为主人的，他这个主人实际上是怎样做的？主人翁地位如何反映到他的意识中去？这个反映必然要有很多歪曲，是什么原因？又怎么才能做到比较正确地反映？研究这些客观规律才是科学的任务。愈是坚持这种客观性、科学性，对党的思想工作愈是有帮助、有用处。

研究现实问题一点也不排斥对伦理学基本理论的研究、对国外的和古代的伦理思想的研究。现实的共产主义道德教育，就非常迫切需要这些方面的研究材料。我们要研究各种伦理观点是在什么条件下产生出来的？有哪些规律？一些不同的伦理观点是怎样互相斗争的？在怎么样的情况下，一种伦理观点胜利了；另一种伦理观点又是怎样在社会上消失的？我们愈是把这些规律掌握得好，在进行共产主义道德教育时就愈有把握，就不至于陷入简单化了。

第二个问题，在伦理学研究中要保持共产主义的纯洁性，用共产主义的思想体系去观察问题，分析问题。这首先是对共产党员的要求，也是对广大伦理学工作者的希望。实际上也是伦理学的党性问题。

伦理学研究中要坚持共产主义思想体系，就要批评离开四项基本原则的资产阶级自由化倾向。当然不能把所有研究中的不同意见都说成是资产阶级自由化的倾向；但也要看到这种自由化倾向是确实存在着的。如有一种观点，说我们今天根本不是社会主义社会，我们还没有资格搞社会主义，说我国十七年就没有走社会主义道路。既然这样说，那还坚持什么社会主义呢？再例如有人主张革命的言论也可以自由发表。这就简直否认了人民民主专政的原则，也是违反现行的法律。还应该注意这样一种倾向，即把马克思主义解释成为个人主义辩护的东西，解释为一切从个人出发，一切为了个人的东西。如果马克思主义真是这样的东西，那马克思主义也就不存在了。

在伦理学研究中，坚持共产主义思想体系，最主要的就是对个人主义的态度问题。我们不能要求在现在的社会中就把个人主义的思想消灭掉；如果有这样的想法或采取这样的行动，那就是错误的，可能会犯很大的错误。但是我们又不能去美化和宣扬个人主义。马克思主义的伦理学不能为个人主义辩护。如果想用个人主义思想体系来解决青年的某些思想问题，即使一时能哗众取宠，结果也一定会使人家思想苦恼。因为那个思想体系和我们的社会主义现实是不能相容的。如果想用个人主义来建设共产主义道德，那就更是南辕北辙了。

对现在青年中流行的许多和伦理有关的思潮，其中许多是从国外传进来的，很有必要组织力量加以研究。例如存在主义，有的书介绍的态度是严肃的；有些刊物、杂志的介绍，则相当不负责任。到底应该怎样看，就需要组织力量来认真地进行研究。这种研究不是简单地为了得出一个"对"或"不对"，是唯物的还是唯心的结论。而是要研究这种存在主义的思想是在什么条件下产生的？被什么样的人拥护？又在什么条件下被什么样的人所抛弃？它的规律是什么？在我国青年人中哪一些人最欣赏？它的原因是什么？如果把存在主义推荐给陈景润，我看他就不会接受，因为他心里很充实，他对自己的前途很有信心，他对前途没有毁灭感，他就不会接受这个存在主义。美国的大资本家也不一定会接受这个东西。但是，有的走下坡路的资本家就可能相信它。美国有一个中等资本家就在自传中说，政府是我的敌人，因为政府要多收我的税；铁路是我的敌人，因为铁路要多收我的运费；顾客是我的敌人，因为顾客尽想买便宜的东西；工厂厂长是我的敌人，因为厂长想把货卖得贵一点。这种商人可能会容易接受萨特的观点。今天中国有哪些人容易接受萨特的观点呢？是什么原因造成他接受？这不能看他的宣言，他自己可能认为是自由选择的结果。天津有个大学生跑到宾馆去，到处转，保卫人员问他，来干什么？他说："我存在，就有我的自由选择，我今天选择到这个地方来！"他自己说他是自由选择的，这是他的宣言，实际上他是不自由的。他为什么不选择到矿井去？为什么不选择去扫垃圾？为什么要选择到宾馆来逛？这里面总有一点必然性。他自认为的自由，实际是受那种必然性的支配。

有的人认为，我们讲的马克思主义伦理学，不能解决现实的问题。共产主义思想、共产主义道德到底有没有用？到底能不能被人接受？从整个人类历史看，一个社会提倡的道德观念，不被这个社会的许多成员接受，这种情况是有的。在剥削阶级统治的社会里，那个社会要正常地运转下去，也必需有若干社会公德，这种社会公德尽管打上了当时统治阶级的烙印，对这个阶级的统治是有利的，但还是要和这个阶级各个成员的直接利益相矛盾。因此，这种社会公德就必然要成为伪善的东西，必然会出现讲的一套、做的另一套的矛盾。这种矛盾在社会动乱的时代，就会发展到相当严重的程度。如果能够对道德史中这样的现象进行研究，那是很有意义的。新社会的情况当然有了根本上的不同。我们当前在进行共产主义道德教育中，遇到的最大困难，还是"文化大革命"遗留的恶果。林彪、"四人帮"打着共产党的旗帜干坏事，严重地败坏了共产党的声誉，败坏了共产主义道德的声誉。但是，无论有多少困难，我们还是有充分的信心，相信共产主义道德，最后一定能被广大群众接受。根据在哪里？根据就是：我们讲的共产主义道德，是社会主义经济基础本身要求的，是符合最大多数群众的最大利益的，是符合人民群众的根本愿望的。

从这两年的实际工作看，一方面可以看到思想工作是很吃力，是有许多困难的。另一方面也可以看到，只要我们认真去做，就一定会有效果，而且收效往往超过人们的预料。例如前两年，北京青年结婚中的铺张浪费相当严重。坐公家的轿车，大摆酒席。当时我认为这个风气不好；批评不一定有效，但是批评比不批评好，至少可以对它起一点限制作用。批评的结果，变化还真大。现在北京街头挂彩带的公家小轿车不见了，偶尔有人偷偷用了公家的小轿车，往往很快被揭发出来。结婚订酒席的下降了百分之八十几。事前没有想到有这么大的变化。其实道理也很简单，因为这种批评教育符合群众的利益。群众一方面囿于旧的世俗观念，跟着那个潮流跑，一方面感到那样做对他并不利。所以他很愿意有人出来批评这种做法，提倡好的做法。我们的共产主义道德教育和群众的利益相一致，就会收到超过我们预想程度的效果。但仍旧不能说"教育万能"，更不能希望教育都能收到"立竿见影"的功效。如果抱那样的希望，那就是空想、幻想。

在共产主义道德教育中，有些同志对于是不是讲"大公无私"感到有些困难。林彪、"四人帮"把"大公无私"说成一点个人利益也不要，他们实际上是向劳动人民的利益进攻。对于这种歪曲解释的"大公无私"人们当然不能接受。我们讲的"大公无私"是提倡不要有自私自利之心，不要搞个人主义。即使这样，要使社会上绝大多数人都树立大公无私的思想，在今天，一下子也是做不到的。但是，"大公无私"思想符合公有制经济基础的要求，符合绝大多数人民的利益，这是可以讲通的。为什么还有很多人不能树立"大公无私"思想呢？除了有旧思想的影响外，还有生产力不够充分发展的原因。在认识上讲，在现在的条件下，人要有这样广阔的视野，也有一定的困难。在人类的认识史上，人们对自己的相互关系的认识，好像一个不断发展上升的螺旋。这个螺旋的每一个片断都有可能发展成为直线，走向谬误。人民自己创造了金钱，然后又反过来崇拜金钱。被金钱所支配，"一切向钱看"。又例如学位制也是人造的，我们设置学位制是为了社会主义的利益，鼓励人们去掌握更多的知识；然而人们也可以因为有了这个学位制就只知道追求它，忘了它的目的，甚至背离它的目的，不是为人民的利益去掌握知识，而是混文凭，"跑文凭"，甚至造假文凭，以为有了它就行了。每一个认识环节都可以跑到片面去。但是人是能认识自己的，经过多次的实践反复，经过做了许多傻事之后，最后总能认识到自己的利益究竟在什么地方。这个过程可能是相当长的。在这相当长的过程中，有的人做了傻事还自以为很聪明，别人也夸他聪明。就像《红楼梦》里的王熙凤，就是一个绝顶聪明的人，她的聪明用在什么地方？攒私房钱，攒了几万两银子。她在宁国府当然是个地地道道的主人，宁国府全由她发号施令，她是应该有主人翁的感觉的。她的权势全靠着宁国府的存在，但是她还是要挖墙脚，她还要去攒私房钱。这就为宁国府的垮台增加了条件。宁国府被抄家，其中有一条就是放高利贷，这就是王熙凤用她的私房钱干的。这个大家庭垮台了，王熙凤的地位就不存在了，她的私房钱也没有了。这就是绝顶聪明的人做的蠢事。但是这种事情常常要发生。人类社会像一个人一样，人的每一个细胞都要发展，但细胞的发展不能离开人的整体。细胞能自己分裂、吸收营养，但一定要纳入人的整体范围之中。有一部分癌细胞，以发展它自己为利益，它发展它自己时，就损害整体的利益，把人体的营养吸收过去，使癌细胞壮大。最后造成人的死亡。癌细胞的利益发展到极点时，就是整体机体死亡时候。但是整个机体死亡了，癌细胞也存在不下去了。个人主义的作用就很像癌细胞。在社会主义社会中，每个的利益都依赖于国家和集体的利益。损害了整体，同时也就损害了每一个人。为什么有人看不见这一点呢？他没有这个感受。他感到国家很大，他只损害国家一点点利益，关系不大。但是如果这个国家，每个人都像他那样自私，那是什么结果呢？我们的社会主义中国就存在不下去，就会亡国。大家都会做亡国奴。为什么没有亡国呢？因为并不是所有的人都这样自私。所以对极端个人主义进行批评是必要的，这个批评对那些极端自私的人是一种帮助；即使他们不接受批评，也是对他们有利的。因为这个批评可以在社会上发生作用，使他们的极端个人主义行为在社会上不合法，使社会上不会有更多的人来模仿他们，这就对整个社会有利，其中也包括了那些自私者的利益。

在整个社会中，可能一部分人接受了"大公无私"的思想；一部分人今天不接受，明天接受了；一部分人在相当长的时间后，甚至到临死之时才接受。他不接受，到他的儿子、孙子来看他的行为时，可能像我们现在看猴子一样，"这种人真傻！"被他的后代所嘲笑。历史只能是这样发展的。我们可以告诉人们这个历史发展的规律，我们不能强迫人接受某种道德观念。我们预计到有一部分人是不接受的，这是符合规律的。这样看问题，我们的信心反而会更足一点，会更有信心地进行共产主义道德思想的宣传工作、普及工作和有关共产主义道德的研究工作。

总之，如果我们既坚持从实际出发，又坚持共产主义的党性，我们的伦理学研究一定会有一个非常广大的前途，一定会蓬蓬勃勃地发展。我们的任务是相当艰巨的。这是时代对我们的要求。时代既然有这个要求，只要我们努力去做，总会逐渐有所前进的。也许我们的后人不会知道我们今天遇到过什么困难，做了些什么努力。但我们究竟是在人类历史的重要转折阶段，做了前人没有做过的，具有伟大历史意义的事情。我们的劳动，对人类历史的前进，是会有贡献的。这就是我们的安慰。

建设有中国特色的社会主义
伦理道德体系[*]

我国思想战线上的态势目前是相当好的，可以说是超过了一年以前大多数同志所预想的在一年当中所能达到的成绩。一年以前我们也是有信心的，相信能够做好思想工作，能够把大多数群众，大多数同志团结起来，争取一个稳定的局面。但是在一年当中达到现在这样一个结果，是事先没有想到的。国家要稳定，现在已经成为绝大多数人的共识。不光是工人、农民是这样想，知识分子也是这样想，就是大学生，也大多数都承认国家需要稳定。在北京有一些大学生，对我们采取的政策、采取的各种措施，还不完全满意。他们说，你们这套办法不能保持稳定，你们这套办法只能达到暂时的稳定，不能达到长期的稳定。这样说法，也是认为稳定是需要的，他们是站在这个前提下

---

　　* 本文系 1991 年在全国第五次伦理学讨论会上的讲话。曾收入教育科学出版社 2000 年 2 月出版的《市场经济与道德建设》一书。

来跟我们争论的。一年以前就不是这样了。一年以前一些人的说法是天下大乱是达到天下大治的必要条件，等等。东欧的变化对我们国内的冲击是不小的。但是，多数人的说法是：那些国家都变了，中国保得住吗？中国会不会变呢？中国能不能不变呢？心态是不希望中国也像东欧那样。在国内我们的凝聚力在增强，人民的凝聚力在增强，而不是在削弱，人民对于我们前途的信心在增加，不是在减少。国际上对我们的封锁、制裁逐步被打破。对中国实行制裁无效这一点，在国际上赞成我们的人或不赞成我们的人，相当多的人都是看到了的。因此，正因为无效，就不能不作出许多松动。根本原因就是我们能把我们国内的事情办好。虽然有制裁，但我们的出口额还是增加的，外汇的储备额还是增加的。

　　形势的这些变化是多种因素综合作用的结果。首先是由于我们党的决策，十三届四中全会以来所采取的许多重要的决定是正确的。还由于我们各方面的同志都作了大量的努力。其中也包括社会主义的伦理道德观念，在推动形势好转中起了相当大的作用。我不认为我们社会主义的伦理道德观念是可以轻易被摧毁的。有许多观念是深入人心的，不容易一下子就变样的。最起作用的一个道德观念是爱国主义。第二个就是中国人心中要分善恶，要用道德尺度来评价事物。这几年，有许多人在那里鼓吹不要善恶观念，鼓吹恶就是好，鼓吹不要讲廉耻等。但大多数人还是要用道德尺度来评价事物。善恶的观念在关键时期还是起作用的。第三个就是大多数人在内心深处所接受的价值观念还是社会主义的。现在大多数人不满意的是什么？突出的是腐败、分配不公。这种不满，并不是从资本主义立场出发的，而是从社会公平的立场出发。他们在社会主义社会至少生活了 20 多年，或者更长一点，只是他们没想到如果把中国变成资本主义社会，腐败和分配不公会无限膨胀。他们内心深处的价值观，还是从社会主义来的。正因为有这样原因，所以我们就可以采取争取团结绝大多数人的政策。当前社会的凝聚力在增强。一个很重要的因素就是对于反腐败的斗争的信心有所加强，相信我们是有决心的，相信我们大多数的高级干部是廉洁奉公的。这当然和我们采取的坚决行动有关系。人们的思想变化，很重要的是从宣传学习雷锋开始，表扬和宣传了大量的先进人物和先进事迹来的。从这里人们感觉到了我们党、我们这个社会是提倡集体主义的，是反对自私自利的个人主义的。这个感觉很重要。如果我们整个的舆论导向是"一切向钱看"、是谁有本事捞就光荣、是个人主义有理，那么你说你要反腐败，人们是不会相信的。

从这些点上人们看到，在我们国家政治经济稳定中，社会主义道德起了重要的积极的作用，这也和我们伦理学界同志们的努力分不开。

现在中国的态势可以这样估计，在可以看得到的时期要在中国造成大的动乱的社会基础是不存在的。当然我们还是要提高警惕，因为捣乱的人还是有的，也形成了一小批职业反革命，即吃反革命饭的人。因此我们还是要很谨慎、很认真地对待。我们有把握保持中国的稳定，在这个前提下推进中国的现代化建设。同时，我们还要估计到反对和平演变的斗争是长期的、艰巨的，在社会主义和资本主义谁胜谁负的斗争最后解决之前，这个问题总是长期存在的。特别是在相当长的时期中，资本主义发达国家比我们有钱，比我们富。因为一直到现在社会主义革命的成功，是在资本主义链条的薄弱环节，就是说是在一些穷国家中取得的。取得胜利之后，这些国家虽然有很快的发展，但终究比不过那些富国。在这种情况下，总有一些人要羡慕人家，总有一些人要不断地提出社会主义不如资本主义的问题。而帝国主义要在我们这里搞和平演变这个方针也是变不了的，最近看到美国某研究机构写的一个报告，它认为中国现在还不是一个强国，还不构成对美国的现实威胁，但认为中国对美国是一个潜在的威胁，因为中国最近现代化建设的速度很快，到下一个世纪就可能成为美国的威胁。因此它向美国政府提出的对策建议就是要对中国实行软封锁政策。他们在 20 世纪 50 年代搞过硬封锁，现在行不通了，也无效，所以要采取软封锁。什么叫软封锁？就是找各种借口来整我们。这个报告中有一些很值得注意的问题。它提到的要限制中国的理由，同中国是不是搞社会主义几乎无关，而是说中国是一个大国，中国要现代化了，那就不行。现在有的人很天真，也是出于好心，希望国家发展得快一些，总觉得我们的政策是不是太硬了，这样的政策使美国人要封锁、制裁我们，不来援助，应该再向美国人靠拢一点，现代化就可以搞得快些。其实不是这么回事。人家拿出来的所谓人权问题、魏京生问题，这些都是找出来的借口，真正的原因就是不让中国的现代化搞得太快。如果他们真是按他们所说的那个所谓"人权"标准办事，那么1976年"天安门事件"，那些人为什么一句话不说呢？"文化大革命"当中那样的摧残人权，连国家主席都整死了，那些人为什么一句话不说呢？现在就关心这么一个出卖情报的魏京生呢？因为"文化大革命"那样的做法，中国富强不起来，他们不觉得可怕。现在中国改革开放，又坚持社会主义，因此可以凝聚我们的力量，使中国现代化速度比较快，这十年已经证明了我们是可以做得到的。这才是根本原因。人家要整我们还为了中国是一块肥肉，中国是一个大市场，他们需要把中国这个大市场尽可能地拿在他们手里。

帝国主义敌对势力要在社会主义国家搞和平演变，还有这样一些原因：一个是为了对付第三世界、对付发展中国家的需要。现在发达的资本主义国家为什么能这么富，为什么其他国家这么穷，而且贫富的差距还在扩大。扣除所谓的"援助"以后，从发展中国家每年向发达国家净流出500多亿美元。靠什么？就是靠剥削，靠不等价交换。它要维持和发展对第三世界的这种态势，而社会主义国家的存在就是一个障碍。第三世界需要社会主义国家存在，反过来说，帝国主义就需要社会主义国家不存在。你不存在了，它就可以更加放手地对第三世界进行剥削。第二是需要以反对社会主义为目的，来整它的同盟国，需要强迫日本人、德国人听它的话。用什么理由呢？就是反对社会主义。在这个理由下，在那些国家驻军，搞"统一行动"，不让那些所谓的同盟国生意做得太好，不让它们发展太快，不让它们对美国威胁太大。第三个需要是为了对付国内劳动人民。现在有些同志说，资本主义也改善了，也有一些福利待遇。这些东西从哪来的？是资本主义国家的工人阶级以社会主义国家的工人阶级已经取得的权利为榜样来进行斗争，资产阶级在有社会主义存在的条件下不能不作出来的让步。对于这种让步，资本家一方面是从长远的利益考虑，觉得是必要的，另一方面，从获得最大限度利润角度考虑是不甘心情愿的，只因有社会主义存在不得不如此。

由于这些原因，帝国主义敌对势力要对社会主义国家搞和平演变是不会改变的。因为它们有客观的需要。所以我们也只能作长期斗争的打算。这种斗争是时起时伏的，有的时候激烈一些，有的时候松动一些。有的时候相信社会主义的人多一些，有的时候少一些。当我们的事情办得好一点，经济繁荣，连续丰收，相信社会主义优越性的人就多一些；如果政策指导上发生比较大的失误，或者遇到比较大的自然灾害，日子不好过，不相信我们的人就会多些。帝国主义相对和平发展时期，相信他们的人多一点，它内部矛盾尖锐化，出现危机，相信他们的人就少一点，大概就是这样一个时起时伏的规律。

在这个过程中我们有充分的信心，可以对我们的人民进行好坚定社会主义信心的教育。这有三个原因：第一是我们社会主义的优越性是客观存在，不是编造出来的。社会主义可以集中力量办大事，资本主义做不到这一点。中国走资本主义道路，发展资本主义性质的工业从 19 世纪末就有了，到 1949 年，半个多世纪整个积累工业资产只有 100 亿元多一点，而我们这 40 年大约积累工业资产为 1.3 万亿元，是那半个世纪的 100 多倍。是在什么条件下积累起来的？只有社会主义才能把这个力量集中起来，我们这 40 年做了资本主义国家 200 年做的事情。所以我们讲的优越性也是推翻不了的。第二，我们的社会主义是符合绝大多数人民利益的，我们虽然人均生产总值还在 300 美元的水平上，但在全世界一般的严谨的经济学家都承认我们人民一般生活水平相当于资本主义国家平均收入 1000 美元的生活水平。有了这一条，我们社会主义就打不倒，因为绝大多数中国人不干。只有中国共产党领导的社会主义中国才能做到国家统一，国泰民安。国泰民安这四个字也不是容易做到的。在中华人民共和国成立之前，在本世纪中，是没有一天不打仗的。除了外患，还有内忧，军阀混战就没有停过。由此上溯到清朝，包括清朝的极盛时期，中国的国内战争也没有停过。除了共产党领导的革命，谁能结束这个局面？今天中国如果重新走资本主义道路，沦为帝国主义的附庸，必然又是四分五裂，不得安宁。中国这样一个大国，任何一个帝国主义国家都不可能一口吃下去。所以真正有识之士都要赞成中国稳定。再有，资本主义国家之间的矛盾正在向前发展。特别是在把社会主义国家削弱了的情况下，他们的内部矛盾肯定要更加尖锐化。当前突出的是西德和日本发展起来了。它们同其他资本主义国家的矛盾，肯定有很多好戏可看。

真正困难的、深层次的问题，还是在价值观上。一方面，我们应当充分估计中华民族的传统美德和社会主义的道德观念在中国已经是深入人心的。亿万劳动群众，在劳动实践中所表现出来的那种艰苦奋斗的奉献精神是非常可贵的。例如长春机车厂的党员精神，我们知识界有些同志对这些是不大了解的。有位记者到大连造船厂去采访，写了一篇报道，电报发回编辑部，最后加了一句话：请编辑同志注意：稿中热火朝天四个字不要删掉。他本身也做过编辑。他在做编辑时，看到热火朝天四个字就删，觉得是在说空话。他自己下去，看到人家几天几夜都不下船台，就是为了出口船的任务在那里拼命。他觉得找不出别的话来，非得用热火朝天四个字不可了。西藏那曲地区，去年一场大雪灾，冻死120多万头牲口。由于党和政府领导救灾，20多万人一个没死，现在生产又恢复发展了。今年他们派了两个人，带了群众捐的3.6万多元钱，走了5天路到北京，捐献给亚运会。他们说我们是来报共产党的恩来了。有人说现在没有什么无私的奉献了，什么都是等价交换了。实际生活中并不是那么回事。亚运会工作人员中就有许多是完全的义务劳动。这样的事情到处都有。可是有一段时间，我们的宣传中看不见这些，好像到处都是坑蒙拐骗，谁有能耐谁骗人。于是人们就有一种苦恼，看见一件好事不做良心上过不去；做了好事又怕别人嘲笑。有人就会说，现在世界上还有谁像你这样？好像做好事的人是天上掉下来的，是不食人间烟火的。但最近这句话开始有点变化，现在做了好事也有人说他：现在像你这样的人不多，而不是说现在没有人像你这样了。实际上在那里作贡献的人成千上万，到处都有，这方面要做充分的估计。但是，另一方面，我们还认为，树立正确价值观是一项相当艰巨的斗争。因为，虽然人类是作为社会群体产生出来的，并不是先有个人再组成社会，任何个人的发展都离不开这个社会。但是，每一个人又都是作为个体存在的。这种存在方式使他看起来可以离开这个群体。当然实际上离不开，完全离开了就活不下去。但他还是可能认为他可以和整个社会作对。好比细胞离不开整个身体，但有癌变的可能，无限扩张自己，结果把整个身体毁灭，自己也失去存在的基础。由于生产方式和人的认识能力的局限，人要认识自身还是相当困难的任务。个人主义的思想观念将会在一个很长的历史时期中存在，将要比剥削制度存在的时间长。在当前，资产阶级要剥削和统治劳动人民，有一个很重要的思想武器就是发展个人主义。单个的穷人和单个的富人斗，穷人是斗不赢的。人家有钱，有权，你没有就斗不过他。列宁说，工人阶级唯一的力量在于组织。团结才有力量。现在发展中国家就在提倡南南合作。但真正做到团结一致相当困难。因为各有各的利益，各有各的算盘。对帝国主义来讲，最有利的就是鼓励穷国、穷人各打自己的算盘，打的结果团结不起来，就只好做他们的附庸。所以他们用很大的力气来鼓吹自我价值，说什么要发现自我，认识自我，自我设计，自我实现，每一个人的自我都无限膨胀，就团结不起来，帝国主义就可以永世统治。在这过程中，也可以从穷人中间挑出几个人让他们爬上去，使那一套更有诱惑力。对民族分而治之，对群众搞自我膨胀，这是帝国主义、资本主义行使统治的需要。我们社会主义国家是以公有制为基础的，这就形成了共同的利益，需要有集体主义的价值观来同经济基础相适应。没有集体主义思想，我们的公有制经济基础也会站不住脚。

　　进一步考察近代世界的历史，我们还可以发现，落后的国家，要赶上或者超过先进的国家，除了经济上、政治上的各种条件之外，还有一个文化思想素质的条件，也就是要有自己民族的，胜过先发展国家的文化和道德价值观念。困难在于，整个世界文化现象，也是个势利眼的现象，就是谁有钱，谁的文化就流行。造成一种奴化的心理状态。心理奴化的民族就没有可能超过已经走在前面的民族。世界经济发展有个不平衡的规律，就是后进可以超过先进。因为可以采用新技术，创造更高的劳动生产率。但是，实践的结果，只有少数国家赶到前面去，大多数落后国家仍然落后。这说明经济上的客观可能要变成现实，还需要有观念上的、文化上的条件相配合。这是一个需要谁的问题。我们需要研究葡萄牙人、西班牙人、荷兰人、英国人、法国人、德国人在近300年中价值观念各有什么不同。近几十年中亚洲有些国家和地区的崛起，如日本和"四小龙"，它们的价值观同西方人相比也是有不同的。李光耀在新加坡就非常强调新加坡的爱国主义。因为新加坡人是由华人、马来人、印度人组成的。他们到新加坡去，是因为那里好赚钱。为这个目的去，赚不了钱就开路，就不可能使这个国家稳定发展。谁都没有长远打算。

为此，新加坡采取了许多种措施来发展新加坡独特的爱国主义，包括在道德和价值观念上形成许多独特的东西。日本人的价值观和美国人也是不完全一样的，他们提倡团队精神，把企业家族化，而不是绝对个人主义。一个日本啤酒厂的工人去饭店吃饭，如果这个饭店没有他们厂产的牌子的啤酒，他会宣布今天不喝酒。这一点美国工人就做不到。从这些情况看，后进国家要赶上先进，在价值观上不可能没有斗争。当然，问题是很复杂的，不能简单化，需要从政治、经济、历史、社会、教育各个方面进行思考和研究，是一门很大的学问。

有的同志建议，现在应该搞一个伦理的或精神文明的总体规划。意见是很对的，但是现在做不到。因为我们现在还没有把这件事认识清楚，做起来很可能有片面性。我希望多作一点考察、研究，弯路不要走大了。我觉得我们需要研究三个问题。问题是，究竟我们需要建设什么样的伦理道德体系。这是11亿人的伦理道德体系，不是书本上的体系。就是11亿人实际上应怎样规范自己的行为。这种伦理道德体系必须有利于我国现代化建设的发展。如果对现代化建设发展不利，人们是不会需要的。这种伦理道德体系又必须是同改革开放的政策相适应的。适应不是等同，也不是互相规定，更不是互相妨碍，而是为支持，互相影响、互为补充。改革开放的实践，对于人的道德行为、道德实践或道德观念都不可能没有影响。我们已经看到的积极方面表现在人们的劳动热情较前增加，人们对科学技术进步比从前更加重视，同时，随着商品经济的发展，对于货币这种特殊商品的拜物教也在一定程度上发展了。社会主义的道德体系还必须能保证中国的独立和坚持社会主义道路。因为只有这样才符合我们国家民族的绝大多数人的利益。

以上，我只是出了题目，究竟这种伦理道德体系要包括哪些内容，还要大家研究，要在实践中形成。我想，至少有两个方面是必须充分重视的。一个是爱国主义。去上台村，那里的群众有两句话：一句是"好爹好妈不如有个好国家"，下面一句是"给钱给物不如办个好支部"。这就是爱国爱党。我们11亿中国人生活的改善领先于我们这个国家的繁荣与富强，这一点是应该可以被人认识的。但问题是，有时候人们并不认识。有的大学生就认为他上大学是完全靠自己的本事大。他从小是第一名，他在考试中把别人打败了，这都是事实。但他就没想光有这些还不一定能上大学，上大学还得有人供养。人家为什么要供你上大学，就是因为我们这个国家需要科学、需要技术、需要文化。如果不是大家都认识到这种需要，人家干吗要省吃俭用来供你上大学？这样的道理在生活上的各个方面都表现出来。我想起我小的时候，我的妈妈每天在那里补袜子。因为我妈妈生了8个孩子，那时穿的是线袜，穿几天准破，只好补。现在又有哪个女同志还补袜子？都是你们有本事，我妈妈没本事？不是的。是那么多人无私奉献开发了大庆油田，那么多人搞科学技术，搞石油化工，才有现在的锦纶之类的袜子，不爱破，你才不补了。不是你个人有本事，是靠国家发展富强。这应该是可以认识的，可以把人们的思想凝聚到把我们这个国家建设好这点上，这是我们道德中极其重要的内容。

第二个重要内容就是集体主义。美国人说他们的社会是靠个人主义发展起来的。我看至少不完全是事实。美国的独立就不是靠个人主义成功的。那时美国 13 个州，开大陆会议时南方是一个立场，北方是一个立场，纽约人、弗吉尼亚人，谁都不要说自己是××州人、这样会议才得到统一。美国独立战争最艰苦的时候，华盛顿的军队退到铁匠炉，饥寒交迫，弹尽粮绝。当时弹药全部集中起来送给华盛顿。州内很多人反对。他说，即使我们的游击队垮了，但有华盛顿的军队在，那就还有美国，如果华盛顿的军队垮了，即使纽约州的游击队全部保存，美国也不可能存在。这是极端个人主义能够做到的吗？今天，我们中国是以公有制为基础的社会主义国家。如果没有集体主义与之相适应，公有制的优越性就发挥不出来。前几天有一个博士研究生说，我现在弄明白了，社会主义就是大家吃个半饱，资本主义就是有的人能吃得很饱，有的人饿死了活该，这么一比我觉得还是资本主义好。为什么呢？因为他认为他是属于那种可以吃得更好，让人家饿死活该的人，所以他这样的选择。他就没有想一想，世界上到底是什么样的人多，你要人家饿死活该，人家就要打倒你。

一个爱国主义，一个集体主义，这两个主题是无论如何少不了的。当然还有其他一系列问题需要研究。特别是共产党员的道德是一个很重要的课题。因为共产党人数在我们这个国家虽然占少数，但作为执政党起的作用是非常之大的。少奇同志的《论共产党员的修养》起过很大的作用，毛泽东同志的《愚公移山》、《为人民服务》、《纪念白求恩》这些重要的文章起过很大的作用，今天，在社会主义改革开放的条件下，共产党员的道德修养需要有新的论证，除了党员之外我们也还需要研究政治道德问题，需要研究公务员的道德问题，需要研究各行各业的职业道德问题，需要研究家庭道德问题，需要研究社会公德问题等一系列问题。这是第一点。

　　第二点，还需要用很大的力量对我们对提倡的社会主义道德作出有说服力的论证。我们看孔子、孟子的书上，很多就是伦理观的辩论，就是面对着各种挑战，面对着从各种角度提出来的问题，反复地进行说服论证。这样的事情，在封建社会当中几乎所有的学者都在共同做这件事情，一直做了两三千年。我们现在很迫切需要做这件事情。这种论证不只是在理论上研究就算完了，只研究到这一层，并不能成为整个社会通行的、实际上在那里运行的价值规范，实际上起作用价值尺度。因为道德是要通过人心起作用的，要使人们真正相信，而不是勉强接受。这就需要进行反复的艰苦论证。这种论证工作也不能离开人们自己的利益，如果完全离开人们的利益，要想说服人也是不可能的。所以毛泽东同志说，马克思主义的基本原理，就是要帮助群众认识自己的利益，并且团结起来为实现自己的利益而奋斗。认识自己的利益并不是件容易的事情，是需要用马克思主义的观点去分析客观存在的各种利益关系和它的发展趋势，作出科学的回答。这就是需要我们论证的内容。

　　第三点，还需要研究社会实际的道德规范是如何形成的。实际上起作用的规范，不是那个文明公约或者几要几不要规定是如何形成的，而是实际上老百姓觉得这样做对那样做不对形成的，他们的这些观念是从哪来的？为什么大家都是这样想。我们花了很多力气研究伦理思想史是有成就的。但是，除了某些伦理学家或其他学者写在本本上的伦理思想以外，我们还需要研究实际的社会道德史，就是实际上人们伦理观念发展变化的历史。一个社会，一群人，大家都以某种做法为荣，以另一种做法为耻，这是怎样形成的，它的形成机制是什么？这个规律对我们太有用了。有了这种规律性的认识，我们才能实行一系列可以操作的、有效的、稳定的措施，不是搞运动，而是一步一步用亿万次反复的行动来使社会主义的道德真正实际上建设起来。这需要在规律性认识的基础上，形成某种格局，建设某些阵地，运用和造成某些机制。希望大家来努力研究这个问题。

　　下面我来举一些例子。比如爱国主义思想如何能在人心中扎下根。我们通常的说法是进行爱国主义教育。我也认为这是必要的。因为要树立爱国主义思想确有相当多的认知内容。如果不知道这个国，就很难谈到热爱它。这里包括对国情的认识，对爱国者的认识，对国家面临的挑战、国家所面临的威胁的认识，还包括对卖国贼的认识，等等。这些知识教育需要通过哪些渠道，如何操作，才能为广大群众所接受，这些都是需要研究的。但是，还可以再进一步想一想，爱国主义是不是光有知识就够了。爱是一种感情，感情和知识有关，但又不完全一样。感情如何培养，这又要作另外的研究。比如中国人过春节、中秋节、端午节，吃月饼、吃粽子。某人到外国去待了3年没过春节，到了那一天心里就难受，就"遥知兄弟登高处，遍插茱萸少一人"，这就是感情。这种感情对于一个人可以是自然而然形成的，但也是有规律的。对于一个社会，可不可以按照客观的规律，有计划地形成某种格局、某种机制，使得大多数人必然或者比较容易培育出某种感情，大家就是喜欢这种东西，不喜欢那种东西。因此，我们民族的风俗、习惯，秀丽的山川，民族特有的审美观等，都要研究，这些都是形成爱国主义的需要。

其他方面也需要划出许多可操作的方法。长春百货大楼的人际关系比较和谐，一个老职工，因为家住得远，要求调出去，调出去后不久又要求调回来。他说在这里是家离得远，心离得近。就是说在这个单位已经造成这样一种格局。问题是这样一种格局是怎样造成的。我们可以总结经验，例如尊重人、关心人、爱护人，等等。但这还不够，还要研究他们采用了哪些可操作的办法。如在长春百货大楼，先进人物不感到孤立，也没有墙里开花墙外红的问题。他们表扬先进的做法一共有7个台阶，从小组先进到全国劳模，层层表扬，而且每一层都很认真，都组织演讲会、报告会，都挂牌子，只要稍有好的表现就可成为不同台阶的先进，人人都有希望。成了先进又不能满足，因为上面还有台阶。我们整个社会也应当是这样，不是7个台阶，而是 99 个台阶。使每个人都有机会表现自己，用自己的努力赢得别人的尊重，不断上进。

还有个问题，真正要深入研究，内容是很丰富的。包括给小孩子看什么书、电影、动画片，进行什么游戏，还要设计人们参与哪些社会活动，等等。有许多观念是只能在参与中形成，如果不参与，不实践，只在旁边听道理受教育是扎不了根的。有许多事要很多次行为之后才能形成习惯。而且还要设想通过什么样的传播方式，使正确的思想尽可能地覆盖全社会的各种人。

有一个历史趋势值得我们大家注意。中国社会主义现代化建设的长过程，也可以说是这个民族逐步工人阶级化的过程。1949 年我国工人阶级有 300 多万人，发展到今天，工人队伍到了 1.3 亿，乡镇企业半农半工的工人还有8000 万。这个发展的速度是相当快的。一方面工人阶级的队伍和力量不断扩大，同时，其他阶级的成员进到工人阶级队伍中来，也带来了它们的阶级意识。第一，工人是劳动者，是靠干活吃饭的。对于劳动好有技能的人是极为尊重的，对懒汉是鄙视的。第二，工人的劳动是集体劳动，不是个体劳动，是集合在企业中按统一的意志、统一的计划，共同来进行操作的。因此工人阶级最明白靠一个人的力量打不了天下的道理。第三，工人的劳动是有严格的纪律的劳动。这种严格纪律不仅体现在时间、地点方面，更体现在工艺上，工艺上的严格纪律要求人在社会生活的各个方面也要养成严格守纪律的习惯。第四，工人阶级的劳动是日新月异的劳动，是技术不断进步的劳动，这种进步的速度越来越快。现在我们有许多先进的企业，他们由于采取了许多正确的方法，工人阶级这些意识得到保持和发扬，而且成为很强大的力量，可以对社会发生重大的影响。我们需要认真地去总结研究他们的经验，发现许多有益的东西。马克思、恩格斯在研究资本主义的规律时除了发现社会主义代替资本主义的必然性，同时也发现了实现这一转变的物质力量，即当代无产阶级。我们今天要在中国建设社会主义的伦理道德体系，也同样需要找出实现我们道德理想的物质力量。如果不能依靠亿万劳动群众的社会实践，我们许多努力就不容易变成社会的现实。我们的伦理学工作已经有了丰富的经验，在新的历史条件下，一定可以做出比之于过去更加伟大的成就来。现在是到了伦理学工作者大显身手的时候了。

伦理道德建设面临的新课题

我们党确定把建设有中国特色的社会主义理论作为党的全部工作的指导思想，确定把社会主义市场经济体制作为经济体制改革的目标，确定了20世纪90年代十个方面的战略任务，对整个国家加强改革开放，使经济建设迈上新台阶具有极其重要的意义，具有长远的、深刻的影响。这也向伦理学工作提出了新的重要任务，要求中国的道德建设呈现新面貌，跨上新台阶，为社会主义事业提供有力的精神动力和思想保证；这也为伦理学研究工作开拓新领域、取得新成就提供了新的有利条件，使伦理学研究工作者能进一步解放思想，适应中国历史走向新的阶段的需要。

理论的命运如何主要是看它满足民族需要的程度，民族需要随生产力发展，随民族在世界经济、政治格局中的地位而变化、发展，伦理学和其他科学一样也需要不断地推动自身向前发展。我们要适应哪些变化？如何适应变化？哪些是最重要的变化？这都是要我们研究的问题。如果客观的东西变了，还是原来的教科书，这个教科书就过时了。这几年中国最大的变化就是 11 亿人口中绝大多数的人都能吃饱饭了。饿肚子的人和吃饱了的人，他们的需要、行为方式、生活方式都是不一样的，我们应该研究这个规律。吃饱了，手里有点钱，再有点闲，要求的就是另外一些东西。这是我们研究问题的一个重要的出发点。中国第二个大变化，就是开始多了一些市场，现在只是开始，以后还要多，包括集市的市场以及生产资料、劳务、知识产权、专利权、金融、证券、现货期货等市场。市场的关系开始逐步渗透到各个领域。从伦理学的角度看，人在什么关系中生活，他和他人用什么方式交换自己的劳动产品，这种交换方式将引起人的思维方式、行为方式、愿望、要求、价值取向等一系列变化，这些也是带有必然性的。理论研究是第二性的，可以起非常强大的作用，但归根结底是反作用，不能用观念形态的东西同物质对抗，谁对抗，谁就会被抛弃。第三个变化是科学技术迅速发展，作用和地位都上升了，使得人们的观念发生变化。科学也影响到意识形态。研究思想工作，要研究人对信息的接受，研究人的社会政治信息从何而来。20 世纪 50 年代，全国报纸发行量是 360 多万份，绝大部分老百姓的信息来源是支部书记，支部书记就是人民的教师。全国公开发行的报纸有 1700 多种，发行量是 1.7 亿份，全国有收音机约 2.2 亿台，电视机约 2.2 亿台，群众的信息 70% 以上是来自大众传播媒介，百分之十几来自街谈巷议、小道消息、公共汽车上等。所以，现在基层的同志说"小气候抵不过大气候"，主要的原因是科技进步。不研究科学技术带来的变化不行。支部书记负不了人的思想的全部责任，但也不是没用了。应当用新的方法来影响人们的思想，例如新的信息怎样筛选、怎么判断，可以从这里去研究。第四个大变化是对外开放。各种信息都进来了，也要引起一系列的变化，有积极的、有消极的。我们如果从实际出发而不是从概念出发，就要研究这个变化。

现在议论比较多的是市场经济，这里着重讲一讲。

从伦理学的角度看，市场经济还需要不需要道德？所需要的道德是什么？看法差异相当大。有一种看法，市场经济不要讲道德，要请客送礼，这就需要研究。举些例子来说，新加坡有一商人说新加坡商人不大愿意到中国内地来做生意，因为请客送礼太厉害了。商人对花钱送礼并不在乎，只要能赚回更多的钱，但他们对请客送礼究竟要花多少钱才能办成事弄不清楚，感到疑惑。有一笔生意对内地是不利的，新加坡一位商人花 10 万元送礼，结果做成了，另一笔生意对内地有利，但送了 20 万元的礼也没做成，他们感到"没法事先做可行性研究"。另外一个例子：香港某公司，承包了内地某市一大宾馆的改建工程，其负责人为此从香港来内地 46 趟，时间、路费不说，每趟还要请客送礼，否则工程就无法顺利进行。这样，他们就说，以后再也不到内地去投资了。还有很多例子，例如世界银行准备为中国发放开发贫困地区的贷款，他们考察了某省，得到了盛情招待，但正是这盛情招待使他们决定对该地区不予贷款，因为他们认为该地区的领导不懂得怎么花钱。国外某投资者在我国某市谈投资项目，双方都很满意，即将谈妥之时，对方接到母亲病危电报，但临时买不到飞机票。在市委书记的干预下，他被直接送上了最早的航班。事后此人十分感激，但投资项目告吹，因为他认为市委书记的意见可以改变一切，没有法律，没有规则。没有法律怎么搞市场经济？新加坡的商品价格一般比香港高5%—10%，但人们都倾向于在新加坡购物，旅游访问者在新加坡的购物支出占总支出的70%（旅游者在北京的购物支出为总支出的10%）。因为新加坡不卖假货，重要的商品开保证书。人们常常问道德值几个钱一斤，照这么说，新加坡的道德就值钱了。新加坡设有反对商业犯罪的调查局，主要反对金融欺诈犯罪，因此新加坡成为远东的金融中心，外汇成交额每天有700亿美元。所以，市场经济与道德等的关系如何是值得研究的问题。

又如：第二职业、跳槽与市场经济的关系。合资企业没有允许做第二职业的，不能说不允许第二职业是计划经济独有的，也不能说不允许第二职业就不合乎市场经济规律，我们对于市场经济的概念应该有正确的理解。有个日本人认为中国宣传人才流动，实际上又流不动，这是号召人反对政府，他认为应该实际上允许流动而不必宣传。日本人才可以自由流动，但舆论宣传的是知恩必报。日本有高薪挖别的企业人才的情况，但很难挖得到，因为被挖的人怕人家骂他忘恩负义；另一方面，老板对这样挖来的人才也不很信任，因为别的公司可能再把他挖走，老板对这样的人用得着就挖来，用不着就甩掉，而一旦有被挖被解雇的经历，就很难再找到工作。这是日本关于人才流动的观念。有个香港资本家也有自己的用人方针，对于只为薪水高而求职的人一概不用，而是选择那些愿意发挥特长或孝子等类型的求职者。这个资本家认为，人就像生活在一个大屋子里面，不能把屋子里的东西尽往自己口袋里装，装完了就拆房子，这样最后会压死自己的。这是一位资本家讲的必须重视集体或重视整体的观点。

　　总之，对市场经济要有全面的认识，搞市场经济不是不要道德，搞市场经济道德不是没有用。资产阶级的个人主义打破了中世纪的观念，在道德上是很大的进步，它发挥人的创造力，尊重个人及其尊严，但同时也把出卖劳动力的个人作为剥削对象。欧洲的个人主义有很多特征，如强调开拓、冒险、进取、竞争意识等，通过鲁滨逊等文学形象深入人心，同时他们又主张依靠基督教的形式和力量"改造、感化落后的人类"，征服蛮荒，拯救野蛮人的灵魂。改造不了的，屠杀就成为有理之举。这样的个人主义带来欧洲的繁荣，因为当时最先进的科学技术、生产力就掌握在他们手中，凭借个人主义思想力量的支持，用先进的科技征服世界。在此之后，世界上许多国家都为改变自己的地位，学习西方的科技和意识形态。但经济落后的国家照搬发达国家的个人主义，似乎还没有一个是成功的，因为如果国家的生产力是落后的，照搬只会被有力地分化瓦解。后来居上的有欧洲的德国、欧亚间的苏联、东方的日本、亚洲的"四小龙"。这些后来兴起的国家和地区在价值观上都有着共同的特点：带有某种程度强调集体的色彩，如德国的社会资本主义，日本的企业本位主义等。落后的人们大概只有一个方法：团结起来，形成一个拳头，才会战胜有力的对手。例子很多，如欧佩克石油输出国组织，团结起来，就保障了自己的利益；美国之所以能独立，也是由于爱国精神，不是只考虑每个州怎么样，而是考虑整个美国。

理论不是教条。哪些东西，包括善、恶的观念在不同的条件下，对历史前进的过程起什么样的作用，要作具体的分析。中国有优秀的传统，这些传统对保护自己民族的利益是有用的。中国的传统是个很厉害的力量，不能轻视它，例如佛教传到中国来就被中国化了，流行歌坛上，"西北风"刮起来，也是民族传统对别的文化的改变，因此我们决不能忽视民族的传统。

我们今天所要提倡的价值观念，是江泽民同志提出的爱国主义、集体主义、社会主义和艰苦奋斗的精神。这些话站得住脚，能说服人。需要花力气研究的是社会主义市场经济与集体主义的关系。现代市场中竞争的主体不是单纯的个人而是企业。现代的生产和过去时代的生产不同，现代生产的特征是劳动者只有在企业中才能实现与生产资料相结合。改革为集体主义提供了最坚实的基础。展开来讲，就有了企业凝聚力、命运共同体、企业价值观、职业道德等问题。这些问题，从理论上越研究会使人信心越坚定。但是光有理论不行，有些问题到实践中一时行不通。有的东西是人们的需要，但不是每一个人都能对自己的利益马上认识到，作出理性的判断，因此就需要宣传，要说服教育，使之变成每个人的需要。

　　要建设有中国特色的社会主义的伦理道德，使之符合社会主义市场经济的需要，为中国人民带来利益，有两件事情要做：第一，进一步把思路放宽，动员社会各方面的力量，把圈子放大。伦理道德建设不是社会不需要，社会主义的事业是人民群众自己创造的，社会主义的道德是社会主义条件下人民群众自己参与的，只能在参与的实践中建设，所以要动员千百万群众。第二，努力把伦理道德建设渗透到社会生活的各个领域中去，这些领域包括企业的劳动领域、市场的交换领域、企业文化的领域，要贯彻到社会生活的各个方面，如对先进人物的支持，对见义勇为行为的支持。还有一个很重要的领域是家庭领域，我们要用一定的力气重视家庭文化的建设，我觉得把家庭文化看轻了，至少在东方会吃很大的亏。另外，我们要关注民族传统的节日，节日中体现出来的传统风俗没有道德说教，但可以帮助人们形成优良的道德情操。

　　新时代为伦理学的建设，为伦理学在整个社会主义建设事业中发挥更大作用提供了更为广阔的舞台，这是一个伦理学工作者大显身手的时代，是伦理学迈上新的台阶的最好的时代。

社会主义市场经济条件下道德建设需要关注的几个问题[*]

中国的社会主义市场经济正在蓬勃发展，并且日益显示其优越性。相应地，社会的道德建设也在扎实推进，取得了明显成效，为经济和社会的发展，为社会的和谐和进步，提供了精神动力和思想保证。

但是，社会主义市场经济体制还在完善的过程中，社会结构已经和正在发生深刻的变动，人们的社会存在，人们的相互关系，包括人与人之间的关系、人与社会的关系、人与自然的关系，都发生了深刻的变化。道德，作为处理这些关系的行为准则，不可能不遇到一系列新的挑战，不可能不产生一系列新的矛盾。解决这些问题，既需要坚持正确的原则，更需要不断探索新的途径和方法。

中华民族有优秀的传统美德，中国共产党人在长期革

---

* 本文发表于《求是》2010 年第 20 期。

命斗争中又形成了先进的革命道德。这些传统深深植根于广大民众之中，是一股巨大的力量。群众有建设良好的社会道德风尚的强烈愿望。我们的党和政府历来重视道德建设，多年来各级组织做了大量卓有成效的工作，积累了丰富的经验。社会主义核心价值体系在全社会居于主导地位。我们还可以借鉴其他国家和地区在类似情况下促进道德进步的做法和经验。这些都是进一步提高社会道德水平的根本的有利条件。

当前，我们要面向变动着的中国实际，遵循道德发展的客观规律，充分发扬我们的优势，全面规划，抓住重点，立足根本，科学、扎实推进与社会主义市场经济相适应的道德建设。有几个问题需要加以特别关注。

一、要特别关注诚信建设

诚信是市场经济存在和健康发展的道德前提。在市场经济条件下生产的是商品而不是单纯的产品。商品为交换而生产，生产的目的首先是为了实现交换价值，只有经过交换，其使用价值才能得到实现。商品交换又必须经过货币这个一般中介物才能够完成。这种生产和使用的分离，使社会分工得到极大的发展，使资源得到尽可能合理的配置，也为科学技术的使用和不断进步开辟了广阔的舞台。但这种生产和使用的分离，以及两者之间连接的无数中间环节，又为不诚信行为的产生提供了条件。这反过来又限制和影响了市场经济本身的健康发展。现代世界，诚信是最重要的投资环境。企业正常的经营和管理，商品的流通，市场的繁荣，金融结算，人才的培养和流动，劳动就业和劳动保障，鼓励新技术的采用，消费权益的保障，以及人际交往的许多方面都离不开诚信。诚信也是社会和谐稳定的必要条件。目前在这方面的缺失已经造成群众强烈的不满。

在中华民族的道德传统之中，诚信占有重要的地位。"仁义礼智信"，诚信是五德之一。"人无信不立"，"一言九鼎"，"不轻然诺"，"一言既出，驷马难追"，许多成语流传至今。但是，过去的诚信主要是在小生产的基础上形成的，主要是在熟人社会的圈子里维系的。失去信用的人很快就会失去周围人的信任。失信行为的空间受到限制，就比较不容易泛滥成灾。

现代市场经济使人的交往范围无限地扩大了。人们很难在这无限多的对象和无限多的行为中辨别真伪，决定取舍。这就为失信者甚至恶意作伪者扩大了生存空间，也扩大了失信行为的受害面。在新的情况下当然首先要加强社会主义市场经济的制度建设，完善各种必要的法律和规章，杜绝各种失信行为产生的渠道，提高失信行为的成本，加强对失信行为的打击和惩处。但是一般说来，这种制度建设往往有滞后性，很难做到事先设防。同时就要加强有关诚信的思想道德教育，在全社会大力弘扬诚实守信的美德。

值得注意的是，广大群众是不诚信行为的受害者，在社会上提倡诚实守信当然是得人心的，但更为重要的是帮助群众提高保护自己免受各种不道德的欺诈行为危害的能力。事实上，许多群众也正是这样做的。一些信用不好的人就很难在亲友中借到钱，一些质量不好的品牌商品销量急剧下降。在发达的市场经济国家，这种认识已经超越直接经验的范围，一个人过去某一方面的信用记录不佳，今后在就业、任职、投资、贸易、买保险等许多方面就会受到限制。并不是那些地方的政府对此有什么严格的规定，而是人们为了保护自己的利益自然选择在同失信者打交道时更加谨慎。有了这样的心态，就可以在新的条件下让人们的守信程度和被他人信任的程度发生正相关的关系，广大社会的自然人和法人都成为保护自己利益的社会诚信的自觉守护者，才能大大压缩不守信行为的生存空间。

二、要特别关注新市民的道德建设

社会主义市场经济促进了人口的大规模流动。改革开放以来，亿万农民进入城市，这是一个伟大的历史进程。他们为社会主义现代化建设提供了充足的人力资源，已经成为中国工人阶级队伍的新生力量和主要组成部分，为中国经济的快速发展和城市建设作出了重要的贡献。在这个进程中，他们也提升着自己的素质，促进了自己的家庭和家乡脱贫致富。这个进程现在还在继续，还将进一步推动中国城市化和农业、农村现代化的发展。

大批农村人口转为城市人口，大批农民成为工人和城市劳动者，这是世界各国工业化过程中必须共同经历的过程。和许多其他国家不同的是，在这个过程中，我们避免了大批农民破产流为贫民的悲惨遭遇，而是把农民进城务工和农民逐步脱贫致富结合起来。事实证明，这个做法是成功的。但是这个过程中的种种矛盾和痛苦仍然是不可避免的。

亿万农民进城务工和从事其他劳动，这是一个阶级到另一个阶级的转变，一种生产方式到另一种生产方式的转变，也是一种生活方式到另一种生活方式的转变。这是中国社会最深刻的社会变动之一。亿万农民进城，带来了他们勤劳勇敢、艰苦朴素、坚韧奋斗的优良品质，同时他们又忍受着与亲人分离的痛苦。他们离开了原来的乡村社区，原社区长期形成的一些道德规范对他们的影响逐渐减弱。他们渴望融入城市生活，但又困难重重。其中许多人已经在城市工作和生活了许多年，但是同城市原居民之间的隔阂、距离还很难消除。特别是新一代农民工，基本上已经失去重回农村的可能，他们必然或者已经是城市市民的重要组成部分。帮助他们比较顺利地融入城市生活，减少这个过程中的痛苦和摩擦，应当是当前的一项迫切任务。除了首先要从制度、政策等方面逐步解决他们的户籍、就业、劳动保障、居住、子女教育、医疗、养老等方面的问题，还应当着力帮助这个新市民群体建设适应现代城市生活的道德观念、道德行为和道德习惯。这也是建设现代文明城市必不可少的工程。

现代工业生产和农业小生产之间的不同，就在于劳动的大规模协同、严格的纪律和一丝不苟的操作，正是这样的劳动锻炼了现代工人阶级的集体主义精神和极强的组织性纪律性。现代城市生活作为人类文明的成果，为人们提供了各种提高生活素质的条件：快捷、便利、舒适、丰富。同时这些条件的维系和运行要求人们互相的尊重、克制，要求自觉接受各种规章和程序的约束，不像农村生活在自然条件下有那么多的随意性。广大的新市民是城市文明的创造者，如何使他们同时善于和充分享用城市文明的成果，需要做许多切实的帮助工作。

这就是说新市民的道德建设，主要不是用他们不熟悉的各种规范和守则使他们受到限制，而是要帮助他们了解和熟悉现代城市各种有利于他们的条件、机会和人际关系，来提升和增进自己的生活质量，得到更多的精神文化享受，不断提高自己的知识水平和思想水平，使自己获得更好的发展机会。为了这些，他们必然要掌握和遵循各种相关的规范和守则，成为真正的现代市民。新市民自身成为新市民道德建设的主体，道德建设成为他们自身的内在要求，这样才有巨大而持续的力量。

外来务工人员的子弟应当是新市民道德建设的重点。幼小的心灵更容易接受新的道德观念，幼小的年龄更容易养成新的道德习惯。只要引导得好，这些新一代的新市民将比他们的父辈更容易融入城市生活。如果在城市原居民的孩子和外来务工人员子弟之间广泛深入地开展"手拉手"互助交友活动，将使双方都获益匪浅，都能从对方身上学到许多优秀的品质，也将为城市社会各阶层之间消除隔阂，加深沟通和理解，增进城市的和谐、安定和友爱奠定长久的基础。

三、要特别关注社区道德的建设

大量的人群从单位人转化为社会人，是市场经济条件下我国城市发生的另一个最广泛最深刻的社会变动。

30 多年来，许多原有的单位不再存在了，许多单位兼并重组了，许多单位经过了多次改制。单位办社会的功能逐渐取消，不再像过去那样管得宽、管得严了。大批离退休职工的管理已经社会化。现存的企业、事业，无论哪一种所有制，单位和个人之间的关系普遍比过去松散。

在这样的情况下，人们的自我意识增强了，交往扩大了，流动更自由了，发展的机会增加了，发展的空间扩大了。许多人的社会地位、社会角色不断地变化。这种情况有利于人们更加勤奋、更加努力学习，追求新的知识，更加勇于创造和创业。人们在创造自身幸福生活的同时，也推动着社会的进步。

人们感到不满意的是，随着交往的扩大，孤独感却增加了，人们感到缺少友情，缺少温暖，安全感和安定感也有所下降。

这种缺失本来应当在社区中得到补偿。但是社区长期是我们工作的薄弱环节。过去那种大型的单位宿舍已经逐渐瓦解。四合院式的住宅被新建的单元楼房代替。人们在这里缺少公共活动的场所和机会。一家一户成为一个个陷入陌生人环境中的孤岛。多年的邻居相见不相识。邻里互助、守望相亲已经成为遥远的回忆。就是说，社区虽然是人们居住的地方，却没有成为人们安放心灵的场所，也没有成为社会公德哺育、成长、实践的最广泛的基地。

改变这种状况当然要做大量艰苦的工作，还要经过许多探索。但这是社会转型的必需，是建设新型现代文明城市的必需。建设社会公德，不能离开社区这个基础。

社会心理学的研究认为，人处在个体、群体、集体这三种不同状态时，心理活动会有明显的不同特点。道德作为处理人际关系的行为准则，在集体之中最容易获得必要的营养和生长的条件。社区的道德建设需要以创设各种有利条件，促使社区成员之间的相互结识为突破口，进而逐步形成各种不同程度的社区集体。事实上，只要社区的成员互相认识，社区的文明程度和安全程度都必然会有一个大的提升。各地都有很多社区在这方面做了很多有益的探索。邻里节的兴起就很受社区居民的欢迎。

社区居民有许多不同方面的共同兴趣、爱好和需求。养老、育儿、助残、家庭绿化美化、饲养宠物、购物、旅游、环境卫生、摄影、文娱、健身等等，都可能在社区中有志同道合者之间互相切磋、互相支持、互通信息，共同愉快地发展。满足这些不同的需求，是促进社区居民逐步组织起来，进入社区公共生活的重要途径。这些方面的活动开展好了，业主委员会、居民委员会自然会获得深厚的基础。

人民群众是自己生活的主人。要创设条件让居民们都有为提高社区的物质和精神生活水平出力的机会。实际上机会是很多的，潜力也是无穷的。每个人都有不同的专长、经验和社会联系。出力无论大小，都会增进人们作为社区主人的感觉，从而更加关心社区、爱护社区，并且在这个过程中感受到幸福和快乐。

社会生活的变化广泛而深刻，在道德建设领域需要关注的新问题层出不穷。但是无论怎样变化，人民群众始终既是社会物质生产和生活建设的主体，也是社会精神生产和道德建设的主体。广大群众必定会在自身生活条件不断变动的过程中，不断地探索，调整自己的行为和行为规范，来适应新的条件，创造自己更加幸福的生活。尊重群众这种主体地位，关心和支持他们的愿望和迫切需求，尊重他们的创造，并且加以积极引导，使之与社会主义市场经济相适应，这样，作为强大推动力量的社会主义道德体系就一定能够日渐完善，深入人心，形成大众习惯，蔚为社会新风，在整个生活中日益发挥其主导作用。

新 闻 出 版
——业务研究与实践创造

XINWEN CHUBAN
——YEWU YANJIU YU SHIJIAN CHUANGZAO

从晚报的兴起看新闻资源的开掘[*]

晚报的兴起，是近几年中国新闻界的一个引人注目的现象。1966 年以前，全国的晚报不过是四五家。"文化大革命"一来，这些晚报都被迫停刊了。党的十一届三中全会以后，羊城晚报、北京晚报、新民晚报陆续复刊，发行量都大大超过"文化大革命"以前。接着，有许多新的晚报在各地创办，其势如雨后春笋。截至 1983 年年底全国晚报已达到十七八家。大多数晚报在本城市的发行量占城市人口的 1/10 左右。

晚报的兴起，自有其客观的需要和依据。仅从新闻方面看，有了日报，还需要出晚报，恐怕不能只从新闻的时效来解释。事实上，晚报虽然也刊登了一部分日报出版（或者说截稿）以后在当天上午发生的事实，但这数量毕竟不多。而且，大多数读者之所以踊跃订阅晚报，主要也不是为了对这一部分新闻能够先睹为快。

＊ 本文作于 1984 年 2 月。

粗略地浏览就可以发现，晚报刊登了许多过去日报没有刊登的新闻。日报之所以没有刊登这些新闻，或者是囿于习惯的办报方法，或者是受到版面的限制。而这些新闻，具有相当的教育作用，也为广大读者喜闻乐见。这就说明，在我们的社会中，确实蕴藏着极为丰富的新闻资源，有待我们新闻工作者去开掘。开掘的结果，当然不是只有增办晚报这样一条路，还可以办各种专业报纸，更可以据以改善、充实日报的版面。

晚报的新闻，有一大部分报道人与人的相互关系。这不是偶然的。党的十二大报告指出，建设社会主义精神文明，不仅要提高广大社会成员个人的思想、道德水平，而且要解决建立新型的、社会主义的人与人之间的相互关系的问题。这是一个需要几代人才能完成的伟大任务。

人们的相互关系，包括的范围相当广泛。古人把这些关系概括为君臣、父子、夫妻、师生、朋友，也就是五伦，不但概括得不完全，而且没有抓住根本。最根本的关系是生产关系。生产关系在人们的各种关系中起着决定作用。生产关系的变革，不能不引起人们在各方面关系的一系列变化。另一方面，人们如何处理自己在各个方面的相互关系，对于生产关系的巩固和发展，也会起一定的推动或阻碍作用。

例如，家庭中的种种关系就是一个很大的题目。早在延安时期，毛泽东同志就曾论述过走出家庭和巩固家庭的关系，以及改造家庭的基础等问题。到20世纪80年代的今天，家庭问题又有了许多新的内容。就城市而言，就业面的放大，使男女双方都成为平等的社会主义劳动者；专门从事家务劳动的人口减少，家务劳动社会化的程度在提高，又还严重地不足；计划生育的推行，使教育独生子女的问题显得突出；平均寿命的延长，把老人问题提到广大家庭的面前；单元式的楼层大批地代替四合院，使邻里关系也发生了变化。这一切，都为新闻报道提供着丰富而生动的材料。这样的新闻，既是建设社会主义精神文明所必需的，又是广大读者必然关心的。开拓这个领域的报道，岂仅是晚报的任务而已。

随着生产的发展，人们的分工必然愈来愈细。三百六十行的说法，早已远远不够用了。这是一个必然的趋势。在农村，随着商品生产的发展，这个趋势也会愈来愈被人们看得清楚。在城市，则早已成为明显的事实。

分工的发展，可以带来更高的劳动生产率，可以促进社会的进步。分工的发展，也使整个社会成员的相互依存关系愈来愈加强。每个人的劳动都是为社会的，每一个人也都离不开无数其他社会成员的劳动。这种状况，在社会主义条件下，特别有利于形成集体主义的世界观。但是，分工还有另外一面，这就是缺乏应有的互相了解。人们打开龙头，水就流出来了；烧的煤可能是千里之外、千尺之下的矿井中采来的；出门坐上电车，路口有交通警指挥，保证安全；晚上一拉开关，灯就亮了。可是，人们往往没有想到，也不知道，这一切为他服务的人，是怎样劳动和生活的。

骑自行车的人，稍有违犯交通规则，往往受到交警的大声呵斥，甚至还要罚款。受喝斥的同志心中难免有怨言。可是，大约很少有人想到交警是怎样站岗的。他们无论烈日暴晒、飞雪冻地，都要坚守岗位，一丝不苟地履行自己的职责。他们亲眼看见过不少不幸的事故，了解这些事故给人们带来的痛苦。血的教训使他们对违反交通规则的行为痛心疾首。为了人民的幸福和安全，他们付出的代价是什么呢？北京市的交警，很少有到40岁以后腿不肿的。从交警方面说，也有他们的弱点。面对川流不息的人群，这些人奔向何方，为何如此匆忙，他们恐怕也不甚了了。如果互相之间了解更多，对于促进交通秩序的好转，肯定是会有利的。

北京有一条7路公共汽车线，过去秩序很不好。主要的原因就是沿途有几个中学的学生上车打冲锋，吊车不放松，扎堆爱起哄，司机售票员见了他们就头疼。在文明礼貌月当中，这条车线的职工同沿途的学校共建文明线路，收到了很好的成效。其中有一个学校的老师，给他的学生们出一个《7路汽车观察日记》的作文题。学生们开始认为这路车天天坐，不用观察，也很清楚。但仔细一想：起点站、终点站、头班车、末班车，情况都不了解。等他们跟车走了几个来回之后，感受便大不相同了。路上无论怎样着急，也不能叫车停在那里让自己先去方便一下。如果遇上几位吊车的人，耽误了时间，下一站等车的人就更多，车就更开不动，到了终点站，连喝口水的时间都没有，就得急着往回赶。这样，他们和司机、售票员之间的感情就发生了变化。有的学生在自己的作文中写道："对这种顶着星星上班，最后一个进入梦乡的人，怎么能不尊重呢！"这种感情的变化，就是从对方的劳动状况的了解开始的。事实上不可能每个人对每一种劳动都去观察一番，这就需要记者来做他们的眼睛。让我们深入到每一个行业里去，把各种不同的劳动者工作和生活的情况报道出来吧。有的行业，在全市几十万、几百万人口中只有几个、十几个人。例如，为死者化装的人。他们是怎样对待他们的工作的呢？报道出来，是会有很多读者的。因为他们的工作实际上和千家万户都有关系。千百种不同的行业，愈来愈细的分工，对新闻工作来说，就是一种取之不竭的丰富资源。

　　在人与人之间的相互关系中，干部和群众的关系，值得特别引起新闻工作者的注意。我们的干部，是群众的领导者，又是人民的勤务员。干部需要了解群众，群众也需要了解干部。1983年暑假，北京市组织一部分大学生到祖国各地考察。他们的重大收获之一，就是了解了我们的干部。一些到青海去的大学生，在青海受到省长黄静波同志的接见。黄静波同志60多岁了，到青海虽然才几个月，但他对这些大学生介绍青海的情况，手里不拿稿子，把每一个地区的物产资源、存在的问题、准备采取的措施，讲得头头是道，如数家珍。这些大学生说："原来共产党的老干部是这个样子的呀！"他们心目中的老干部形象原来并不怎么好。这一方面有林彪、"四人帮"造谣诽谤的影响，另一方面，近几年有些文学作品对我们干部的形象也作了许多歪曲的描写。群众对干部的状况能否有真实的了解，是关系到对我们社会主义事业的前途树立信心的大问题。可是，在我们过去的日常报道中，群众只看见干部在这个那个会议的主席台上就座，只看见我们的干部作出的决定，就是不了解这些干部日常是怎样工作的，这些决定是怎样作出来的，不了解曾经设想过一些什么不同的方案，怎样经过反复比较、试验才作出了某种决定。在这个领域里开掘下去，也是有很丰富的题材的。重要的是要选取适当的角度，要同对个人的无原则吹捧严格区分开来。

晚报的新闻，还有一大部分是关于人们日常生活的报道。我认为这一点无论对晚报还是对日报的工作，都是很有启发的。我们的报纸应当有指导性，这是毫无疑问的，但是，过去我们对指导性往往只理解为指导工作，这就未免狭窄了。指导工作是需要的，还应当指导思想，指导人们的生活，指导人们的消费。指导生活，包括文化生活、体育生活、家庭生活等方面，其中丰富的内容是大家都看得见的，在这里不打算多说。我想多说几句的，是报纸应当把指导消费的任务担当起来。这是今天的形势发展向我们提出的任务。在生产停滞的时候，人民的生活水平长期得不到应有的提高，日用消费品供应严重不足，许多重要的消费品只能计划供应，指导消费的问题，在报纸上当然不可能占多大地位。从十一届三中全会以来，人民的实际生活水平已经有了相当的提高，许多新的消费品迅速地进入群众的生活领域，这个问题就突出出来了。群众手里有钱，不知道如何使用得当。根据群众原有的习惯观念和自发形成的对产品的需要，有些商品往往是供应严重不足。

另一方面，又有许多可供群众消费的资源，或者是许多人还没有想到，或者是不知道有这样的新产品，不知道到什么地方可以买到。例如，在家务劳动中，被子的拆、洗、缝就是一件很麻烦的事。先是在一些宾馆里，后来在一小部分群众的家庭中，学习西方人的习惯，做成被套，省了拆和缝这两道工序。可是过去布票有限，做被套就不好提倡。现在化纤大量生产，棉花丰收，不但可以提倡用被套，还可以提倡用床罩呢！许多城市煤气日益普及，需要消耗很多火柴。而火柴梗要用木材，一是资源不足，二是原料价格上涨，火柴要维持原价就需要政府补贴。为人民生活方便考虑，还是推广电点火器为好。不但比用火柴更干净，而且按目前的工艺水平，一般的点火器可以用 5 万次左右，算起来比用火柴还便宜。中国的羽绒资源十分丰富，但是过去鸭绒被一般只供出口，大家认为是高级消费品。其实认真算一笔账，一床鸭绒被至少可以用 15 年，每天的耗费并不超过一支香烟的钱。每天少抽一支烟，就可以盖上鸭绒被，何乐而不为呢？

指导消费，反过来就促进了生产，促进了四化。这是大家都知道的。

当然，我们所说的对消费的指导，是用马克思主义来指导，是按照党的方针政策来指导，并不是提倡消费主义、享乐主义，并不是引导人们去追求那些一时不可能实现的目标。这种指导，和提倡艰苦奋斗、勤俭节约的精神是一致的，而不是矛盾的。这种指导，应当有助于培养人们高尚的情操，并且有助于使人们把更多的精力集中到工作和学习上来。这样，这里就有许多问题需要研究，有许多文章可做。

我们的国家，经过拨乱反正，已经走上了开创社会主义现代化建设新局面的历史时期。走有中国特色的社会主义建设道路的伟大实践，需要有更加丰富多彩的新闻信息来为它服务，同时也产生了十分丰富的新闻资源有待我们去开发。我在这里从晚报说起，而且也只举了一小部分事例，是因为我参加了一次晚报工作经验的交流会，受到了启发。其实，这个问题是放在我们所有新闻工作者面前的。现在，广大农村已经改变了等待生产队长派活的状况。我们新闻工作者是不是也要改变一下在一部分同志中存在的坐等上面出题目的状况呢？而要改变这种状况，就需要彻底地研究一下，在人民群众当中是不是蕴藏着极其丰富的新闻资源。只要我们真正深入下去，又时刻想到党的事业和人民群众的需要，就一定可以使我们的新闻报道迅速出现新局面。适应新时代需要的杰出的新闻工作者，也一定会涌现出来。

家长里短寓深意[*]

"飞入寻常百姓家"，这是老新闻工作者赵超构在《新民晚报》复刊时提出的希望。如今，全国十七八家晚报，都在不同程度上实现了这个要求。晚报已经成为党联系广大群众的一条重要的渠道，成为进行以共产主义思想为核心的精神文明建设的重要工具。研究晚报的实践所提供的经验，对我们整个新闻事业，都是很有意义的。

晚报之所以受到群众的欢迎，有多方面的因素，就新闻报道的内容说：晚报报道了大量人民日常生活中发生的事情，使广大读者感到亲切，产生浓厚的兴趣，就是原因之一。这一类报道，有人称之为"社会新闻"。这个名词并不十分贴切，因为它难以和其他许多内容的新闻划清界限。广义地讲，经济、政治、文化等，都是发生在社会上的事情。不过，"社会新闻"这个名词在大家都理解的含义范围内，也还是可以用的。这里的社会新闻，反映的是

＊ 本文作于 1984 年 4 月。

新思想、新道德、新风尚在社会生活的各个领域中如何蓬勃生长，如何战胜旧思想、旧道德、旧习俗的事实。"文化大革命"以前，有的同志说过，可以寓共产主义教育于谈天说地之中，现在看来，这种教育更可以寓于家长里短的谈论之中。

　　毛泽东同志在 1941 年 8 月 22 日《致谢觉哉》的信中说："凡人都只能根据自己的见闻即经验作为说话，做事，打主意，定计划的出发点或方法论"，"未见未闻的，连梦也不会做"。他在这里说的是认识发生的起源问题，但是对于怎样向群众进行共产主义思想教育，也提供了极其重要的原则。刘少奇同志也说过，我们的工作只能是从群众原有的水平出发，引导群众提高一步。他并且强调指出，我们的工作犯不犯错误的界限就在这里。这就是说，人们只能根据自己亲身经历的事实作根据来认识世界，判断是非，决定取舍，我们的思想教育工作要做得有成效，就要善于从群众的亲身感受出发。如果我们说的道理，和群众在实际生活中得到的体会是相矛盾的，那么，无论这些道理多么正确，群众也是不大容易接受的。

　　人们的日常生活，表面上看起来就是一堆平凡的琐事，好像和马克思主义的要言妙道联系不起来。但是，马克思主义既然是放之四海而皆准的真理，既然是从大量的实际生活中概括起来的真理，当然也就一定和日常生活现象所反映的客观规律在根本上是一致的。问题是新闻工作者要善于从平常人们司空见惯的事实中，看到人们没有注意的内在含义。

让我来举一些例子。

有一位小学教师，在向学生讲国家的大好形势，说到人民生活的提高，忽然有一位小朋友提出了疑问："我爸爸说，物价还涨了呢！"怎样来对待这位小学生的疑问呢？批评他思想落后？显然是不适当的；详细地列举物价变动和人民生活水平的各种统计数字，用经济学的道理来加以解释？这也是小学生所难以理解的。这位教师的办法是：发动学生过一次主题队日，让大家说一说3年来家里添了什么新东西。结果不用我多说了，在生动活泼而又热烈的活动中，孩子的疑问自然得到了解决。这位教师采用的方法，就是让孩子们观察生活中看得见摸得着的东西。

有些事物的意义是要把它和同类的事物放在一起比较才能认识的。例如，我早晨上班，在路上看见一位跟着妈妈走的小女孩，我对她笑一笑，她就很自然地对我打招呼："爷爷，你好！"这样的事情，在我们的社会里是十分普遍的。每一个孩子，都自然地把他所遇到的大人看作叔叔、阿姨、爷爷、奶奶，如果他不小心跌了一跤，他就会希望附近的大人，无论是认识的或不认识的，向他伸出援助之手。如果把这样的事情，和资本主义国家的儿童处境放在一起比较一下，人们就会很容易从中看出社会主义制度的优越性来。有一位同志到美国探亲，有一天去参观博物馆。他在排队等待参观的时候，看见站在前面的小孩很可爱，就像对待国内的孩子一样，摸了摸那孩子的头。不料，这孩子立即恐慌地叫起来："妈妈，那个人摸我的头。"这位同志的亲戚也立即阻止他继续对那孩子有什么表示，回家后并且告诉这位同志：在美国，每个孩子都被告知，任何一个陌生人都可能是他的敌人。而这样的教育，在美国社会中是完全有必要的。我们如果能够善于利用这样一类事情来进行两种社会制度对比的教育，进行爱国主义和共产主义教育，那么，题材就是取之不尽的。本质是看不见、摸不着的，本质只能通过、又必然要通过现象表现出来。而现象则是无限丰富多彩的。这正是我们进行共产主义思想宣传的新闻报道可以做到十分生动活泼的客观依据。

新闻要注意反映群众日常生活中可以感知的事实，但又并不等于停留在群众的感性认识的水平上。毛泽东同志说得好："感觉了的东西，我们并不能够马上理解它；只有理解了的东西，才能更深刻地感受它。"所以，我们在报道群众生活中的各种事物时，还要善于选择那些能够启发群众认识事物本质的事情，并且把这些事情在版面上恰当地组织起来，这样才能有效地帮助读者从感性认识向理性认识提高，或者如刘少奇同志所说，达到引导群众提高一步的目的。

有一位老同志，在公共汽车上看见一个小偷在行窃，他当场抓住了这小偷。同车的乘客一方面赞扬他，一方面感慨地说："你这样的人太少了！"这位老同志也因此而认为当前的社会风气不能叫人满意。这样的看法是不是对呢？是对的，但是还不完全。如果我们回到几年前，这位同志能不能顺利地抓住那小偷呢？靠不住，同车的人不一定敢于支持他，小偷却很可能当场在车上行凶。现在，他所以能顺利地抓住小偷这个事实本身，就说明正气在上升，邪气不能像过去那样猖狂了。当然，社会风气的好转还不够，还不能令人满意，但毕竟是在前进中。从同车人的反应可以看出这一点，如果在前几年，他们可能噤若寒蝉，连公道话也不敢说。如今，他们说这样的人少，就是说他们承认勇于向坏人坏事作斗争的人是存在的，而不是像有些人说的"世界上没有大公无私的人"，他们说这样的人少，是希望这样的人多起来。他们又亲眼看见这一场小小斗争取得了胜利，这就鼓舞了他们的信心。可以相信：如果下次再发生类似的事情，在这一次的旁观者当中，肯定会有一些人表现得比这一次更积极。任何事物都在运动中，一件生活小事也是整个历史长河中的一滴水珠，我们只有把它放在广阔的历史背景下，才能真正深刻地认识它的意义。新闻工作者的任务，不仅在于把每一个事实真实地报道出来，更在于准确地指明它的意义。这不仅是言论的任务，也是新闻的任务。新闻要担当这样的任务，就要求记者能站在时代的高度，并且对实际生动作深入的开掘。

应当承认，和生活本身的无限丰富多彩相比较，我们的新闻报道的生动活泼程度还是远远不够的。我们应当大踏步地前进。但是，也有些同志似乎还存在某些顾虑，他们把过去报道中出现的某些失误归咎于过分地追求生动活泼，或者叫做"趣味性"。其实，问题根本不在这里。正确不等于板起面孔，不等于枯燥无味。问题在哪里呢？问题在我们为什么而办报。毛泽东同志在《〈政治周报〉发刊理由》中的第一句话就说："为什么出版《政治周报》？为了革命。"如果忘记了这个目的，为趣味而趣味，为生动而生动，或者是为了个人或者小集团的名利去追求这些东西，那就一定要走到邪路上去，一定会产生许多不应产生的失误。如果是为了把人民群众团结到党的周围来，为了帮助人民掌握正确的世界观，为了吸引群众去完成党所提出的建设具有高度民主、高度文明的现代化的社会主义强国这个伟大任务，那么，我们的新闻越生动活泼、越有趣越好。生活中有无数新闻宝藏等待我们去开发，无论是谈天说地，无论是家长里短，我们都应当把它们充分利用起来。

新闻报道要为建设和改革
创造更好的舆论环境*

　　新华社是一个有着光荣传统的新闻机构，有一支非常强大的、素质较高的新闻工作队伍。在几十年中，为中国的革命事业，为我们的社会主义建设，为改革开放做出了非常重要的贡献，也培养了很多很多的人才。在八九风波当中，绝大多数地方分社表现都非常好，受到了表扬。当然，在此期间也有若干经验教训。搞新闻工作要想完全不出错，是根本不可能的。新闻工作的特点决定了每天都得表态，不像搞别的工作，如果对事情一下子看不清楚，可以先研究，3天以后表示一个非常鲜明的态度，谁也不觉得他有错误。但是新闻单位就难办，就不能等我想3天再表态。

　　新闻单位的这个特点也有个好处，就是锻炼人。时刻处于非常紧张状态，时刻都要有非常鲜明的政治态度，时

---

　　* 本文是1990年在新华社国内工作会议上的讲话摘要。

刻都要正确判断形势，而且要迅速作出决断。所以在我们党的历史上，新闻战线是很培养人才、锻炼人才的。

新闻报道，应当围绕着在当前形势下如何为党中央，为全国人民顺利地进行社会主义建设，推进改革开放提供一个较好的舆论环境。

现在，整个国内的形势是好的。中国要稳定，这已经成为全国绝大多数人的共识。当然，我们也估计到有许多深层次的思想问题还没有完全解决。但是，包括一部分思想不通的人在内，绝大多数都承认中国必须稳定。这在舆论环境分析当中是最重要的标志。但是还有很严峻的问题摆在我们面前。国际上风云变幻，必然对我们国内产生相当大的影响。国内还有一小部分人，总还想闹一点事情。

为了中国人民的利益，我们必须闯过这个严峻的形势。中国人民能够有今天是不容易的。如果发生逆转，大多数人的生活将急剧下降，整个国家将陷入分裂，陷入动乱，甚至陷入内战当中去。我们绝不能让这样的局面在中国重演，不能让中国这样一个独立自主的社会主义大国重新变成别国的附庸和殖民地。我们必须用我们全部工作来使中国的社会主义事业稳定地、有秩序地坚持下去，发展下去。稳定才能推进改革开放，稳定才能发展经济。我们考虑这个时期的舆论导向，很重要的一条，就是小平同志讲的，"稳定是压倒一切的"。我们处理问题，首先要考虑是否有利于稳定。凡有利于稳定的，就要想各种各样的办法搞好；凡对稳定不利的，我们就要想办法把它改掉。

我们的报道怎样才能够有利于稳定？这是需要我们不

断研究和解决的问题。最近我们突出地抓重点建设的报道问题。为什么提这样一个问题？目的就是用重点建设的报道来把人心引到经济建设上去，使人们真正感觉到有前途，有信心。如果天天只说困难，就容易使人们失去信心，就难以凝聚人心。

有关重点建设的报道已搞了一个月左右，在年轻人中也产生了比较好的效果。原来有些青年人认为共产党什么事也没做，做的都错了。他们说，你们推出一个新的政策就说过去那个不对，然后又推出一个新的做法，又说过去那个不对，天天说的都是过去不对。当然这不是我们主观上要造成这个印象，但客观上，许多信息加起来，好像共产党几十年的历史就是充满着失误的历史，人们看不见我们做了些什么事情。前一段时间我们做了一点思想调查，好几个老同志都反映，他儿子与他辩论，其中一句话就是你们共产党几十年究竟干了什么？实际上我们现在进行的建设远远超过20世纪50年代的规模，远远不止141项和156项重点工程。现在开始做了一点报道，还不能说这些报道很令人满意，但是有了这些报道之后，他看一个月两个月下来，说我们没干什么事这句话就说不出口了。

香港有些报纸对人代会的报道做了一个分析，我看很有政治敏感。他们说，在前半年多，中央的宣传着重在两个基本点之间的关系，这次人代会的宣传看到了一个新的动向，就是注意宣传两个基本点和一个中心的关系。他们看见了我们这个变化，我看人家这个敏感超过了我们许多同志。经济建设这个中心突出了，两个基本点的关系自然就好摆了，两个基本点都是为了一个目的，把这个目的突出出来就好办了。

第一，是稳定，包括稳定人心，稳定政策，就是改革开放政策的稳定性和连续性一定要宣传出来

特别是农村，农民接受的信息比城里人少，但是他们特别敏感。有的地区派社会主义教育工作队下去，还没有开始说话，农民就想到很多问题，想到过去有一次社教运动是怎么进行的。他就杀鸡，砍树。这种波动对生产力的破坏是很严重的。所以，要稳定就必须把改革开放政策的连续性告诉群众，让大家看得见。对农民当然要进行社会主义的思想教育，但我们不能用社会主义去吓唬农民。你要做的过分了他们就不高兴。对城市里边的宣传，最近在各种报道当中都挂一句"市场疲软"。好像市场疲软已经是天经地义，就是这么回事。但是仔细想一想是不是整个的市场都是疲软状况呢？日本来了几批经济学家考察中国的经济，考察完了回去，大多数人第一句话都是：情况比我想象的要好得多。他们来之前，看我们的报道，也看他们的报道，似乎中国的经济简直到了崩溃的边缘了。因为按照资本主义国家的说法，疲软就是什么东西也卖不掉了。他们跑到这里来一看，并不是什么东西都堆在那里卖不掉，市场还很繁荣嘛。我没有看到一季度全国商业销售额的统计，但北京今年一季度商品销售总额比去年同期是上升的，怎么能说整个市场都是疲软的呢？有许多东西老百姓想要的买不着，有许多畅销的东西摆在柜台上，摆不到一天、两天、三天就光，怎么能说这个市场是疲软的呢？确有一部分东西不好销，不好销的东西也不完全都是市场疲软的原因。有的东西就是不应该搞这么多，什么冰箱厂一个省可以搞二十几条生产线、二十几个厂，说这一个省二十几个厂的冰箱都要卖得掉，那这个经济不是个病态经济才怪呢！中国一年消费胶卷3500多万个，我们现在胶卷的生产能力到了两亿，那能怪市场疲软吗？有一部分商品是群众消费心理推迟，要等落价。更多的是我们的产品结构还不能够做到适销对路。前几天《经济日报》的一个记者，在国外亲眼目睹一个外国代理商在那里卖某地的艺术陶瓷。这些陶瓷造型都非常漂亮，但是每一件都有毛病，几箱货没有一件没有毛病。顾客就在那里批评这个商店。这样的毛病我们技术上解决没有任何困难啊！这不是市场疲软的问题，是我们自己的工作疲软。所以我建议，不要一概讲市场疲软。具体地讲，是什么问题就是什么问题，不然就把我们可以改进的，可以努力解决的问题统统掩盖了起来。

为了达到稳定，还必须有正确的思想工作，来调动广大群众的积极性，团结大多数。

第二，当前凝聚人心的最主要的旗帜是爱国

凝聚人心有各种不同的层次，对共产党员就得讲共产主义的理想、信念，但对全国来讲，最能够凝聚人心的旗帜还是爱国。这个旗帜我们一定要牢牢地抓住。就是不让中国变成附庸国，不让中国变成殖民地，不让中国人再做奴隶。1990年是鸦片战争爆发150周年，火烧圆明园发生130周年，八国联军进攻中国发生90周年。我们怎么样运用近代史上的这些事件教育人民、教育群众，可做的事情很多。世界各国开亚运会、奥运会这样大型运动会，都是作为振奋民族精神的重要契机来掌握的。美国利用开奥运会的时机，在全国进行深入的爱国主义教育。他们搞迎接奥运会的长跑、接力长跑，一个人交 2000 美元。从电视里看转播，不断有星条旗出现。旧中国在体育上是一点位置都没有的"东亚病夫"的国家，我国运动员第一次到伦敦参加运动会，那个情景非常凄惨，现在老运动员谈起当时的情景都掉眼泪。新中国成立后建起了第一批运动队，足球队请一个教练是上海的资本家，他为了让中国的足球踢上去，把工厂关闭了，到这里来吃苦、当教练，就是为了中国的体育事业。中国体育史可讲的事多的是。第一次在北京举行国际篮球赛是在东单体育场的泥巴地上，那是北京最好的篮球场了，朱总司令去了，连个看台都没有。现在我们能够在中国举办历史上规模最大的亚洲运动会，这不光是为中国人，而且为亚洲人争光。我们就是要把召开亚洲运动会，作为凝聚人心的一个载体，作为振奋民族精神、发扬爱国主义的一个重要活动，作为在世界上广交朋友、打破国际上的敌对势力对我们制裁的一个重要措施。从这么一个角度来考虑宣传，就大不同于一般的运动会的报道了。对亚运会的宣传，现在在北京热闹一点，但也不够深。对亚运会的宣传如果搞得好，是可以凝聚全国人心的。第一个为亚运会捐款的，是江苏盐城的一个小学生。步行500 公里到亚运会捐献全家攒的 2 万元钱的是沂蒙山区的一个农民。像这一类的报道是可以凝聚全国人心的，问题是在我们的宣传报道中如何掌握好。

第三，贯彻中央精神，加强党和群众的联系

我们要突出宣传一切工作、一切部门都要全心全意地为人民服务，依靠群众做好工作。突出报道我们的一切措施同人民群众利益的联系。我们的宪法、法律、政策、措施和一切工作，归根结底都是为人民谋利益的。但是，弄得不好就给人一个管老百姓的印象。比如计划生育，应该说是好事，但是现在变成天下第一难事。完全是为人民的利益的，但是有的地方变成了强迫，为什么呢？这里面既有思想认识问题，也有群众的实际困难。如果不把解决思想问题和解决群众的实际困难结合起来，计划生育工作就很难开展。办好事也得有一种好的做法，不然就会引起群众的对立情绪。比如打击偷税漏税，查禁伪劣商品，这必然会引起被打击对象的不满和对立，但这同时也是为了保护多数正当商人的经营。我们要通过宣传使人民群众真正了解这一点。这样，才能产生更好的效果。北京汽车厂到海南岛试车，试车的人一去就得3个月。厂宣传部的人带了一台摄像机，将他们工作、生活的情况拍下来，挨家挨户把录像片放给他们的家属看，让她们了解她们的丈夫住什么地方、吃什么东西，家属看了后很感动，都说共产党好，厂党委好。要通过我们为人民群众服务的具体行动，使人们把一时想不通的问题想通。不能把群众放在一个观众的地位，而应把人民群众放在主人的位置。只要真正由人民群众自己做主，许多事情就好办。

第四，当前的新闻改革中四个需要改进的问题

1. 应该有更多有现场感的、目击式的新闻。不能说我们的报道没有目击式的东西，问题出在我们虽然目睹了，但往往把它抽象概括起来写。除了写通讯写特写现场感比较多一点外，写新闻就比较少，因而可信性就降低了。如果我们的报纸上多刊登一些亲眼看到的、有现场感的新闻，那么，读者就会更感兴趣，就会更相信我们的报道。如果每个记者每个月都能写一条目击式新闻，那么汇集到总社就相当可观了。穆青同志写焦裕禄有一句名言，就是"不嚼别人嚼过的馍"。作为一名记者，总要有一点自己的、完全第一手感性的东西。如果他一辈子写的新闻都是人家的总结材料，没有一条是自己看见的，这样的新闻记者也就做得没有什么味道了。

2. 希望能够增加一些进行式的报道。现在，我们相当多的报道是过去完成式。要报道建一个厂，总要等这个厂建完了、开工了才报道。这样的报道往往不太吸引人，而正在进行中的新闻就容易吸引人。比如，这一次发射卫星，如果不是现场直播，是过两个钟点再放现场录像，看的人准没有那么多。又如足球比赛，为什么观众喜欢看现场直播？这是因为正在进行中的事情，还不知道结果是什么，往往能最大限度地吸引观众、读者的注意力。没干完也可以报，干到什么程度了，还缺什么东西，如果某一种特殊标号的水泥现在没有，工程停在那里，正在等哪一个厂运货来，也可以报。整个工程都完了再报道，也不一定事情都那么完美。如果一定要把事情都写得那么完美，给

人的印象是中国的事很容易办到。人们就会问：既然那么容易办到，为什么不多办点？

3. 希望对同样一件事情能够做出多侧面的报道。同样一件事情不一定只有一个角度可以写。比如说对亚运会的宣传，不光要讲我们有多少个场馆，而且要讲得细到某个场馆是打篮球的，地板的弹力是多少。还可以讲北京1990年9月22日到10月7日之间，近50年来的平均气温是多少，50年的这17天平均有几个阴天，几个晴天，几天下雨。这种气象资料现在就应该向国外发出去，这是在人家下决心之前所需要的资料。我举这两个例子是想说明，对同样一件事情，各种人往往有各种不同的需求，我们的报道应该适应这些不同的需求。

4. 要善于利用和提供背景资料。我举"亚洲一号"卫星为例。我们许多新闻单位作了很大的努力来宣传，但是，港台报纸，包括国民党办的报纸，关于这个卫星的报道的篇幅都比我们大，内容也比我们多。他们把我们第一颗卫星是什么时候发的，在什么地点，火箭推力多大，卫星有多重，一直到现在发射的这一颗卫星，全报道了。这些历史资料用不着到国防科工委、航天部去要，资料室就有。还有一些东西，也是人家报道我们没报道。国外有些记者很会用资料。有的消息实质内容只有一句话，其他的都是背景资料。但是看上去还真充实。有许多背景资料，平常发出去没人看，在那一天那个时候，发多少都有人看。讲优越性也好，讲成就和意义也好，如果没有背景就没办法比较，人们就感受不到。这一类事相当多。我们写

的人明白了，但看的人不一定明白。毛主席说过：不要以
为我们明白的事情，群众一概都明白了。也不要以为我们
不明白的事情，群众一概不明白。

　　从以上四点看，我们的报道是不是有可能、有需要突
破一下？要真正做到这一点，对我们记者队伍素质的要求
是相当高的。它需要我们真正深入实际，而不是停留在会
议上，不是靠人家的总结材料写东西。要跑到基层去用自
己的眼睛看，交很多基层的朋友，要求我们记者能够懂得
不同读者的心理和他们的需要。给领导干部看的是一种写
法，给老百姓看的是一种写法，给外国人看的又是一种写
法。当然，更重要的是要求我们有比较高的马克思主义的
水平，只有掌握了马克思主义的世界观和方法论，我们才
能在复杂的情况下、复杂的形势下判别出需要做什么和不
能做什么，才能知道哪些材料是特别可贵的，才能找到最
合适的形式，运用新闻这个工具，来为党的事业做出最及
时的、最有力的贡献，才能为建设和改革开放创造最好的
舆论环境。新华社有几十年的丰富经验，到了新的时期，
经验教训越积累越多了。把这些经验教训通通都变成我们
全体同志的宝贵财富，我们的队伍才经得起任何风浪的考
验，才能得心应手地应付复杂的局面，完成党和人民交给
我们的各项任务。

青年报刊要做好舆论工作
引导青年健康成长[*]

一、思想战线总的态势

一年前的今天——1989 年 6 月 19 日，会想到今天这样好的形势吗？当时我们估计是大局能稳住，翻不了天。但许多思想问题真要解决，有很大的难度。现在，稳定已经成为全国 90% 以上人民的共同愿望。大学生中不满意的人还有，说，你们这个办法只能是暂时的稳定。但就是这个说法，也同去年不一样了，前提变了。去年有些人是怎么说的呢？说中国需要大乱，没有代价中国就不能进步。去年的前提是要乱，今年的前提是稳定。去年撒传单的人中，十个有九个抓不住，今年十个有七个半能抓住，而且主要是老百姓抓的。老百姓怕乱，不愿再折腾了。去

---

* 本文系 1990 年 6 月在全国青年报刊总编辑研修班上的报告。

年五六月份，知识界中有一股舆论，说中国共产党到了国民党 1948 年的形势了。现在大家把这个当笑话。老百姓是有很多不满意，去年不满意的次序是：第一物价；第二腐败；第三分配不公。今年对物价的不满已经排到八九十位以后了。现在在许多地区第一位不满意的是社会治安，说没有安全感。对腐败的不满也有变化，过去认为整个中国共产党都已经腐败了，官越大越腐败。现在说是春风不度基层关。仔细分析一下这些说法和意见，就会发现有很大的变化，现在有些人对基层干部的分析虽然仍然不正确，但他们首先还是肯定共产党是反腐败的，是春风，只是认为能力不够。分析思想形势，要注意到这些变化，做出判断。总之，当前中国不存在发生大动荡的局势，当然想在一两年内、三五年内把所有思想问题都解决也是不可能的。

这个变化是在什么情况下取得的呢？是在东欧发生剧烈变化，西方七国集团对我们实行制裁，叛逃出去的反动分子到处造谣，对我国进行煽动性广播、寄反动宣传品的情况下取得的。五月份去广州看到一张今年"六四"要搞反政府大游行的路线图。连游行的路线都画好了。国内经济也有困难，许多工厂开工不足。但是仅仅经过一年，动乱的因素不是增加，而是大大减弱了。我们对各种具体的事，总会有各种不满意，这件事办得不妙，那件事有缺点。但从整个中国的社会主义建设实践看，一年中能做这么多事，就很不简单。能这么快把涨价风煞住，很多外国的经济学家都感到吃惊。有的说，原来想至少也得三五年。当然我们还是有缺点和毛病的。我们这个民族包袱比较重，认识世界的能力不那么强，国家机器运转不大灵，决策不那么科学。但领导 11 亿人，一年能做到这些是举世无双的。这主要是党的方针、政策正确，同时舆论引导正确也起了重要的作用。这里也包括团办报刊的作用。

主观意图只有符合客观规律，才能发挥作用。符合了什么？中国只有走社会主义道路，才有光明前途。为什么一定要走社会主义道路？这是历史的选择，不是任何个人主观逼着 11 亿人走社会主义。中国近代历史上，至少有 80 年，少数先进的知识分子，一直在想走资本主义道路。但最后反对中国走资本主义道路的恰恰就是帝国主义。帝国主义只是需要中国的市场，需要中国的廉价劳动力，把我们当成剥削对象。从 1840—1949 年，帝国主义强迫中国签订了上千个不平等条约，霸占中国的土地达 300 多万平方公里，相当于现在中国土地的 1/3，抢走的赔款，相当于每人 16 两白银，中国人民的劳动成果变成了帝国主义的原始积累。我们的小型企业、手工业纷纷破产，民族工业发展不起来。第一次世界大战结束前，曾经有几年有点发展，大战一停，帝国主义腾出手来，我们的民族工业就纷纷垮台。小说《子夜》写的就是那个时期。帝国主义逼迫我们不能走资本主义道路，只能自力更生走自己的道路。中国不走社会主义道路，就甩不掉贫穷。1949 年全国人均产值才十几美元。在这种情况下，搞社会主义建设把力量集中起来才有今天。我们的铁路、飞机、导弹、原子弹、钢铁、煤炭、石油、机械工业、纺织工业等就是这么搞起来的。现在回过头来看，干的当中，你可以说，我们干的这件是傻事，那件是错事。但是，就是有一万条错误，我们毕竟干了翻天覆地的大事，除了搞社会主义，根本做不成这样的大事。去年"一二·九"，我跟大学生座谈，提了这样一个问题：某些美国人为什么希望中国搞私有制。按他们的说法，他们的私有制有人负责、效率高，合乎经济规律；而我们的公有制无人负责，效率低，不合乎经济规律。既然如此，他同我们做生意，就应该鼓励中国把公有制搞下去，更容易赚我们的钱。如果我们也像他一样高效率，他们赚钱不是不容易了吗？如果说他是为中国人打算，为中国人着想，那他们就不是资本主义者，而是共产主义者了。实际上，穷人同有钱人打交道，只有团结起来，捏成一个拳头，才有力量。一个单个农民同地主斗，一个单个工人同资本家斗，肯定斗不过。穷人只有团结起来，形成一个整体才能取胜。对于有钱人来说，最有利的就是穷人都成为个人主义者，个人利益高于一切，互相斗争、闹矛盾，那天下就是他的。有个外国笑话说：一个有钱人碰到一个穷人，叫穷人听他的，穷人说："我为什么要听你的？"富人说："我有100万元，你没有。"穷人不干，说："你有100万元同我有什么相干？"富人说："我分一半给你。"穷人说："每人50万，我俩的钱一样多，我为什么要听你的？"富人说："我把100万元都给你怎么样？"穷人说："我有了100万元了，你没有钱了，还要听你的？该你听我的了！"从这里我们可以看出，这个穷人很机智。那个富人的目的是什么呢？

目的就是你听我的。只要你听我的，那么你的也是我的。帝国主义的政治家、思想家想问题的方法也是这样，就是要我们做他们的附庸、奴隶。他们都是资本人格化的代表，他们根本的要求就是追逐超额利润。他们这样打算盘，我们中国人愿意不愿意呢？可能有人会说，管他当奴隶不当奴隶，只要我生活能好起来就行。问题是，这样干中国人的生活能不能好起来？我看不但好不起来，而且最低程度要打20年仗、四分五裂，进入黑暗时期。旧中国就是军阀混战的几十年。中国共产党领导人民革命成立了中华人民共和国，才结束了这种混乱局面，才有人民的安居乐业。离开中国共产党的领导，谁也维持不了中国的统一，更不用谈建设了。为什么说中国如果走资本主义道路就会四分五裂？走资本主义道路，无非是找帝国主义做后台，但如果要号令全国，谁听你的？中国实在太大，没有一个帝国主义能一口把中国吞掉。各个帝国主义国家都想来咬一口，只能各找代理人，帝国主义出钱出枪，代理人打内仗，他捞钱。这样做的结果，不但中国不得安宁，世界也不得安宁。中国的难民成百万成千万地往外跑，谁受得了？现在的所谓出国热，一年也只几万人，打起内战来，一年至少逃出去200万，首先香港就要大乱。

东欧冲击波，对中国有什么影响？香港某报有一篇文章，叫"六四"一年反思，是站在所谓"民运"分子立场上写的。他分析东欧前途，有两种可能。一是西方花大笔的钱，至少花1000亿美元以上，东欧的经济可能顺利转轨，变成欧美的殖民地经济，相应地就会产生一批买办，他们一定要掌权，这样，现在这一套虚幻的民主也丢尽了。但是估计西方拿不出那么多钱。第二种可能是西方拿不出那么多钱，东欧只能按照市场机制自己变，结果只能是物价飞涨，工厂倒闭，工人失业，人民生活水平急剧下降，动乱不停。这位作者先生认为两个前途对中国都没有吸引力。所以，中国走社会主义道路是历史的选择，不可能改变的。

对于中国的青年，包括大学生在内，要热情爱护，严格要求，对他们是要信任的。有人心里打鼓，认为这是一种安抚人心的说法。我们说，共产党是唯物论者，说话是有根据的。根据是什么呢？有三条：（1）他们都是中国人，除了个别的汉奸以外，不可能把自己的利益同外国人拴在一起。个别的人可以跑到外国去。但是，每年究竟跑出去的能有多少？这不决定于我们放不放，而是决定于外国能接受多少人？中国每年出生 1500 万人，高峰时每年生 2400 万人。别说 1500 万，150 万人美国也不敢要。99.9% 的中国人还得在中国这块土地上生活。他们的利益最后还是同中国拴在一起。（2）青年人的利益同我们现在搞的社会主义现代化建设是一致的。我们正处在发展时期，不断地扩大再生产，运用新的生产力，新的科学技术。我们处在社会主义改革时期，在运用新的管理方法，新的机制。这些都给青年提供了非常广阔的用武之地。在这块土地上，可以生气勃勃地干，尽管有困难，有曲折，但整个来讲，我们是创造着自己的新生活。这个新生活是有把握的。青年人的生活，总是比自己的父亲、爷爷要好。他们虽然也要发牢骚，无非是认为我们进步的步子还不够快，但总是相信 2000 年会比现在好。这就是相信社会主义是有前途的。（3）青年人是在社会主义制度下长大的，社会主义的价值观实际上已渗透到青年心里。去年动乱许多青年为什么卷入？他们主要是为反对腐败，反对分配不公。他们用的是什么价值尺度？绝不是资本主义的。在资本主义社会，只能是更腐败，更不公。青年的弱点是，没有想到搞资本主义会是什么结果。但是他们内心深处的价值观还是社会主义的。所以，我们和青年人在根本问题上可以取得一致。

二、一年来关于舆论引导的一些做法

有一年我们的一个报纸搞了些迎合低级趣味的东西，有一位总编在检查中讲：我太注意趣味性、太注意吸引力啦。我不同意这样的检查。我觉得健康的趣味性应该是浓浓的。所以出问题是因为出发点不对。我们究竟是把群众吸引到自己的周围，还是用自己的报纸把群众吸引到党的周围？如果是后者，吸引力越大越好。趣味性越浓越好。

共青团是干什么的？是先进青年的群众性组织，是党的助手和后备军。共青团办报刊是为了团结教育青年实现党的任务。报纸要教育青年，但报纸不等于学校，你办得不好，不吸引人，人家就不看。所以，报纸要讲究宣传艺术，要讲究趣味性。人为什么要看报？因为他生活在社会里，需要知道社会的许多信息。报纸就是满足人们的这个需求，在这个过程中进行引导。这个舆论引导作用是很厉害的。列宁讲，资本主义国家的性质是资产阶级专政。他讲了三条：资本；国家机器；舆论都掌握在资本家手里。报刊作为资产阶级统治手段，发挥着强烈作用。什么东西对，什么东西不对，实际上是资产阶级说了算。他们向读者提供的材料，使读者看了这些材料只能形成资产阶级需要的观点。资产阶级新闻是很讲阶级性的，不要相信他们鼓吹的新闻自由和公正。我们无论做多少好事，他们的报纸就是不登，好像中国根本不存在。但一有机会，例如去年动乱，他们就大造其谣。资产阶级口口声声宣传自己的新闻以事实为依据，但他们报道的事实在关键问题上往往是不可靠的。美国新闻有一套保护自己造谣的办法。它刊登的谣言都说据某人称。某人说的内容是否属实，报纸不负责任。你问他某人是谁？他说，我不能说，我新闻来源保密。这实际上等于说，新闻可以不负责任地凭道听途说，传播谣言。我们无产阶级的新闻则要求绝对真实，用真实的材料进行舆论引导。这几个月我们是这么做的，主要是这样几件事：

第一件事，揭露动乱背后搞阴谋的人和事。去年动乱期间，有些青年讲，我是理性的选择，哪有什么黑手？我们很快就发表了刘晓波的材料。刘晓波自己在讲演中说，"我就是黑手"。在这一类报道中，我们也不戴帽子，登的全是事实。这一类文章是有可读性的。有一个逃往美国的"精英"，一下飞机就说谣言是他造的。香港报纸作了报道。我们就拿来转载。青年人看了这些材料后讲，"政治不好玩"，"背后还有那么多坏事，我们都不知道"。

第二件事，是宣扬正气。我们搞了学雷锋、学赖宁，并且宣传了一大批雷锋式的先进人物，提倡奉献精神。在这个问题上，全国青年报刊也做了不少工作。

经过这一年的宣传，群众对于在党的领导下进行反腐败斗争的信心增强了。反腐败不能只靠中央作决定，抓一个或几个大人物。只是这样做，人家还是不相信，还会怀疑：还有没有更大的？如果宣传的价值观是个人主义合法，人们就不相信我们会真正反腐败。我们宣传了一批"雷锋"后，社会舆论开始变了，相信共产党的价值观是主张大公无私的，腐败无理了，人们的信心也就增强了。

第三件事，是用了几个月的工夫，宣传了重点工程建设，电视台每天有一两条。不是吹牛，而是只讲事实。今天告诉大家内蒙古搞了个大煤田，全国可以用多少年；明天告诉大家江苏搞了个大化工厂；哪里修了条铁路，哪里又修了个核电站……全是新鲜的信息。这样宣传了 3 个月，社会上骂人的话去掉一句："你们共产党几十年干了什么呀"。现在这句话没有了。有人即使不满意，也只说我们干得不好，不能说我们什么也没干。我们做了许多事情，过去群众不知道。在这个问题上新闻工作是有责任的。人民群众作为国家的主人有权知道这些比较重大的事。我们新闻工作者应当为满足人民这个需要服务。这样做也增强了人们对前途的信心。人们看到我们一个一个重点工程，心里有了指望。如果天天只看到什么压缩、下马，那就会泄气。当然那些也要宣传，但压缩也是为了保重点，两者应当结合起来。

第四件事是宣传改革开放政策的连续性和稳定性。

第五件事是合理化建议的宣传。

我们着重宣传的事应当是人们能做到的，做不到的事宣传多了人们反而会泄气。合理化建议是发挥工人阶级主人翁作用最容易做到的事，也是当前企业中贯彻群众路线的一个很好的入手点。在困难面前有两种情况，一是各人打各人的主意，那就分崩离析；一是大家都来克服困难，那就增加凝聚力。越是困难越是要把工人作为克服困难的主体。如果少数人干，多数人在旁边看，干得再好，也会被别人挑出不少毛病来，也会落埋怨，挨骂。当然，我们不是因为怕挨骂才走群众路线，而是把群众当做我们事业的主人。大家一起干才能同心同德。

第六件事是亚运会宣传。这可以用很多心思，是增强爱国主义思想，凝聚人心的极好机会。

今年是鸦片战争150周年，8月份是八国联军入侵北京70周年，10月份是火烧圆明园130周年。这些事件都有许多丰富材料。把这些材料拿出来给青年人看，就可以知道中国为什么这么穷。帝国主义抢走了我们大量的财富。

这些宣传都是讲的事实，都是把群众当主人。这样宣传，也是社会主义优越性的表现。我们的国家，人民群众的主人翁地位是举世无双的，无论资本主义国家怎样吹"民主"，都没法同我们比。在我们这里，厂长不敢把工人当奴隶。这是我们的优势，我们要把这个优势充分发挥出来。

三、谈点对青年报刊的希望

我认为青年报刊应该多宣传一点知识，国家的知识，世界知识和生活方面的知识。譬如，资本主义到底好不好，就要知道世界上有多少资本主义国家，它们是什么情况。有的青年以为资本主义就是美国、日本、西德。不知道世界上有42个人均产值在200美元以下的穷国，其中41个属于资本主义国家。既然资本主义制度好，为什么不能把这些国家的生产和生活搞好呢？

日本的女中学生里，没有穿高跟鞋的，因为穿高跟鞋对未成年人脊椎不利。协和医院的大夫给我看了一大堆 X 光照片说明这个问题。但是很少有人向青年人提供这方面的知识。还希望青年报多一点帮助青年思考的内容。青年人很想知道事物背后的东西。美国为什么打巴拿马？为什么不搞霸权美国就过不了日子？美国有3万亿美元国债，人均1万多美元，财政赤字每年1000多亿美元。这样的经济早该垮台了，为什么他的日子却过得很好？奥妙在哪里？就因为美国是世界霸主，美元是国际货币。不但是流通手段，而且是储存手段。至少有5000亿美元在世界各国漂着。所以他的通货膨胀暂时没有危险。要是哪天美国不是霸主了，世界各国的5000亿美元要回到美国去买东西，那他的经济就要垮台。所以，美国经常要显示一下霸主地位。就像《红楼梦》里的荣国府一样，虽然内囊空空，别人还不敢惹，一旦被抄家，就全完了。青年爱思考，我们就要多提供事实材料，来帮助他思考。

我特别希望青年报刊多一点为青年服务的内容。要继承邹韬奋的传统，树立实实在在为青年办事的形象，不是光讲大道理。邹韬奋当年在青年中威信高，很重要一条原因就在办读者信箱。青年人写信问他什么词典好，他不仅帮你分析各种词典的特点，告诉你在哪儿卖，还帮青年人买。

当然，在服务中也需要有引导。报刊越是同青年关系密切，起的引导作用就越大。这种服务包括生活的许多方面，如怎么看小说、下棋、听音乐、看球等。这种工作做得越好，就越有利于工人阶级的意识形态占统治地位。但不能想象把别的东西都消灭得干干净净。总是有允许存在的、需要引导的和需要提倡的之分。需要提倡的某些东西，又不能期望一下子全社会都能接受，但要使之形成受尊重的地位。这是有可能做到的。

真理是可以说服人的 *

　　要建设具有中国特色的社会主义，使我们的政权能够坚持为人民的利益工作，首先要把我们这个党建设好。在中国，要抵制各种坏事，最有力量的只有中国共产党。人民群众也承认我们共产党是好的。即使是看到一些腐败、蜕化分子，老百姓的说法也是："看你哪像个共产党员。"这说明群众心目中确信党应当是好的。但是，我们党在组织上、思想上、作风上都存在严重不纯的问题，这种不纯严重影响了党和群众的联系。最近的国际风云变幻，也使我们更感到加强党的建设的必要。为什么搞了几十年社会主义，一些党又回到了社会民主党的老路上去？这说明共产党不是没有变质的危险。

　　我们党的性质是工人阶级的先锋队。然而，如何在执政的条件下保持党的性质？从理论和实践上，这个问题并没有得到彻底解决。这是需要我们共产党人用自己的努力

---

　　* 本文系 1990 年在《党建》杂志社工作人员会议上的讲话。

来回答的问题。纵观人类历史发展，过去的社会统治者都是剥削和压迫人民的。我们共产党人则是领导人民自己来做主人，自己来管理自己的国家。共产党所做的一切都是为人民服务，都是为人民利益而工作。这是一种全新的事业，没有先例可以遵循，充满了试验，因而也不可能没有失误，不可能不受到剥削阶级旧观念的侵蚀。特别是社会主义革命的胜利是在世界资本主义的薄弱环节上取得的，而资本主义的核心部分即发达的资本主义国家并没有被触动。这些国家的力量比我们强，比我们有钱，生活也比我们好。这对社会主义国家自然是一种强大的压力。当资本主义社会内部矛盾尖锐化，社会动荡不安的时候，人们对社会主义的优越性还比较容易认识；而当资本主义社会进入相对稳定的阶段，社会主义政党中就不可避免地会有一部分人发生动摇，甚至有人会投靠过去。国际共产主义运动一百多年的历史，走的就是这样一条曲折起伏的道路，不可能每天都是高潮，也不可能因为有了低潮就不向前发展。

国际共产主义运动史上，曾经有过几乎百分之百的工人阶级政党都站在资产阶级一边的时候。第一次世界大战时期，第二国际的破产就是如此。19 世纪末，资本主义也是进入一个相对和平发展的时期，第二国际的一些党在那个条件下，修正主义思想就逐渐发展起来了。到第一次世界大战爆发，在所谓"保卫祖国"的幌子下，几乎百分之百的社会党都站在本国资产阶级那一边去，背叛了工人阶级的事业。但是，就在那个时候，以列宁为代表的真正的马克思主义者重新聚集起来，开始是很小的力量，不久就领导了震撼世界的十月革命，创建了世界上第一个社会主义国家。在列宁同第二国际决裂的时候，有几个人能想到有这样的结果？我们应当看到，资本主义的固有矛盾是不可克服的。无产阶级和被压迫民族终究要起来反抗。无论情况多么错综复杂，道路多么曲折，历史总是要前进的。当然，人类难免会因为一些幼稚的认识，付出一些代价，有时是相当大的代价。从我们的主观愿望来说，希望代价尽可能小一些，但是，这要靠我们去努力工作，首先就是要建设好一个坚强的、用马克思列宁主义武装的、密切联系群众的党。

党的建设同其他一切工作一样，要思想先行。就是说首先要搞好党的思想建设。党当然要有铁的纪律，但这不是强迫命令，而是自觉的纪律。要用正确的思想来统一全党的认识。我们相信，真理是可以说服人的。因为它符合客观实际，符合人民的利益。现在一些人的思想发生动摇，接受了一些所谓的"新思潮"的影响。这些所谓的"新思潮"，其实都是旧思潮。但是，我们做思想工作，不能简单地宣布一下这些东西是旧货就算了，而是要善于分析这些思潮，找出它发生、发展的原因，才能有针对性地去批判。不会分析，就不可能打胜这场思想仗。

以存在主义为例，它第一次流行于第一次世界大战失败后的德国，以后第二次世界大战中流行于被德国占领的法国，在60年代法国社会急剧动荡时进入高潮，可以说，它是失败者的哲学。改革开放，推动了社会的进步，人们生活和事业前景光明，大学毕业生不少人直接进了中央机关，一些人看不见群众的力量，自以为了不起。对于他们，失败者的哲学当然难以满足需要，倒是"超人哲学"、"我就是上帝"的观念更合一些人的胃口。可见，一种思想，在一个地方，在一个时期流行，总是有一定社会存在做基础的，抓住了这个规律，就可以帮助人们找到怎样会走入误区的原因，也才好帮助他们走出来，摆脱错误观点的束缚。

我们做思想政治工作，就是讲道理，但是不能忘记，道理是从事实里抽象出来的。讲道理的时候也不能离开事实。为什么有些人一提社会主义就认为不行呢？一个重要的原因在于，我们有些舆论工具使人们接触到的材料讲的几乎都是社会主义的失误。每天接触这些东西，几百条日积月累，量就变成了质，对社会主义的信心就建立不起来。你老是领错路，人家为什么要跟你走呢？我们需要提供社会主义成就的事实材料，说明有哪些是资本主义制度下做不到的，更需要指出资本主义并不像有些人想象的那样美妙。资本主义的失误比我们多得多，也严重得多。可是，若干年来，我们为群众提供的这方面的事实材料实在太少了。

再有，第一次世界大战后，英、美、法资产阶级喂肥了希特勒，面对希特勒的进攻，张伯伦又实行绥靖政策，步步退让。结果第二次世界大战一爆发，法国很快就被纳粹德国占领了，战火迫及英伦三岛。如果不是斯大林领导的社会主义苏联，光靠英、美、法是不可能战胜希特勒的，世界的历史就要改写。这样严重的失误为什么大家看不见？不是说资产阶级民主、多党制、三权分立可以避免失误吗？为什么避免不了呢？

在社会主义曲折前进的过程中，要求 11 亿人每人都永远保持坚定的信念，是不切实际的。但是我们应当首先建设一个坚强的领导核心。只要我们把党建设好，我们就有信心战胜一切困难。

办好《党建》这个刊物，要从为基层干部提供思想指导着手。我们不是去讲具体如何做，而是要给基层干部一个正确、有力的思想武器。要做到这一点，是很不容易的。需要我们的宣传非常接近实际，能回答现实生活中人们提出的问题，并且要善于分析问题的产生，以及依据的材料和思维逻辑，从而解开人们思想中的扣子。目前《党建》发行量已达 80 多万，影响很大。如果这 80 多万党员干部都能用马克思列宁主义、毛泽东思想分析和回答现实问题，又能够团结和联系群众，就可以形成巨大的力量。这就是我们对中国社会主义现代化事业的贡献。

提倡现场短新闻*

现场短新闻是 1989 年作为新闻改革深化的一个重要措施提出来的。这个措施提出后，受到中央领导和新闻界前辈们的肯定，得到各新闻单位的广泛响应。现场短新闻竞赛活动开展两年来，对于新闻改革起了很好的作用。现在，我们在实践和研讨的基础上，要进一步认识提倡现场短新闻的意义。

首先，提倡现场短新闻是为了更好地体现社会主义新闻的功能。我们进行的是社会主义现代化建设。随着现代化进展，人们的分工越来越细，实际上使社会化程度更高了，每一个人的生活的每一个方面都和整个社会更密切地联系在一起了。但分工细又产生一个结果，就是人与人之间的关系被中间的物隔断了，使人与人之间更陌生，更不了解了。因此，容易产生种种误解和矛盾。这与自然经济比，是一个很大的变化。比如，晚上想看书，从前是点油

---

* 本文系 1991 年 9 月在全国第二届现场短新闻颁奖会上的讲话。

灯，油没了，记住下次赶集带瓶油回来。但到集上忘记买油，晚上看不成书，原因清清楚楚：忘了买了。谁也不埋怨。现在回家一拉灯亮了，如果灯不亮，就准不高兴，至于不亮是怎么造成的，你并不知道，因为这并不是你做的事，别人做的你不知道，就埋怨。上海在大水之后，有的老百姓就骂菜太贵了，其实这个时候最好理解了，菜田全淹掉了，菜农是在淹掉的菜田里把菜扒出来，又趟水送来。但是顾客不了解。后来，上海的报纸就采访了几个菜农，报道了淹的情况，菜农怎样趟水送菜的。这种现象在资本主义社会问题不太大，它是建筑在个人主义基础上的，人人为自己，上帝为大家。社会主义建筑在公有制基础上，人人都是国家的主人，所以社会主义国家的人民需要一个工具，来帮助他们了解自己和社会，自己和国家，自己和其他劳动者之间的关系。新闻记者是人民的眼睛。我们要替人民去看，看见了，如实地告诉人民，等于人民看见最需要看见的东西。做了这种工作，就使人与人的关系能够融洽，什么是民主，什么是工农联盟，都容易明白，集体主义观念也容易形成。为了这个需要，提倡记者到现场去写实实在在发生的事情。

第二，人民需要知道的东西那么多，没有那么多时间，所以需要短的，需要最能看得清楚的活生生的事实。人的认识本来是从具体到抽象的。抽象的东西是有内容的。实际上我们的大部分报道是理性的东西多。一个工作做完了，最后来个总结式报道，"近来……"、"三年来"相当之多。看了以后，没多少感性的东西。一般存在于具体之中。没有具体，讲一般就变成毫无意义的东西。抗洪救灾有很多一般的概括，舍己救人，集体主义等。如果只有这个一般概念，谁也不了解具体是什么东西。北京请来安徽报告团，有个农民在一个学校里作报告，一个人的报告，36次掌声。他那个报告很具体，语言很有个性。这些东西，你不在现场是根本抓不到的。具体的东西同样是一句话，内涵却非常丰富。可以说是"全息摄影"，能用最少的语言包含最多的信息。所以，我们要尽量到现场去抓具体的东西，新闻才更有可读性、可信性。

第三，倡导现场短新闻也是培养新闻工作者的需要。提出这个问题，是有感于很多年轻新闻工作者不会采访。记者这个名字很好听，但有个缺陷，不如过去那个名字。过去不叫记者，叫访员，采访人员。访员是要到处去访的。现在有的记者不去访，净坐在办公室里打电话，还有参加会议。会议上还要有比较好的礼品才去，去了后也不写，开会的单位必得准备一份材料，让记者拿回去勾一勾，有的单位更进一步把新闻稿都写好了。停留在会议上，运用简报材料写稿，记者就不成记者了，这怎能行？这样下去是非常危险的。必须采取一个方法提倡一下，尝到甜头后，有出息的记者会继续走下去。写现场短新闻也好，或把有现场感的东西放到新闻里面去也好，这样才能培养出一批人才来。

在推广现场短新闻中也有一些疑虑。比如说，事情发生的现场，我怎能就在那个地方？中国很大，一个省、一个市也很大，发生了事情，没可能保证记者就在现场。对此，我们得分析一下，有几种情况是能抓得住的。

1. 有许多事是有计划发生的，完全可以根据计划到现场去。比如爆破开闸就是有计划发生的。当然天下雨没计划，但调多少人到哪里去守卫是有计划的，完全可以到现场去采访。

2. 有些事是必然要发生的，可以根据已有的情况作出判断。比如，今晚到武汉市公安局，因为有案子要破，一天没有，跟三天必然有案子要破。比如导游、司机要回扣，我有了这个判断，就存心想办法盯着一个导游或者司机，做一个旅游者，亲眼目睹，一定能采访到现场新闻。采访黑三轮车的消息就是这样。一个记者披个军大衣，在北京站蹲了三夜不睡觉，人家以为他是个没职业的，自然有人跟他聊天，自然就把内幕全摸清楚了。

3. 有许多值得观察的现场，可以出新闻的现场也能够去。比如，人们说市场疲软，你到百货大楼去一天，看哪些东西卖得掉，哪些卖不掉，看人们的心态，听售货员与人对话，把所见所闻都记下来，必然可以挑出好东西来。现在抗洪救灾的现场，你去走一走，也必然有东西可写。

4. 还有偶然碰到的。记者需要有随机应变捕捉现场新闻的能力，偶然碰到的事情很多，但不是人人都能抓得住的。有个记者晚上回家，听见救火车在跑，他虽不是搞社会新闻的，但跟着救火车去了，这个现场他就抓到了。不一定别人没这种机会，有这种机会没有这种新闻敏感，现场新闻也抓不到。要随机捕捉，记者要有这种素质。现在记者有些给分工限制死了。你这个记者只许跑体育新闻，看见别的东西都不能写，写了人家说你撬别人的行。作为记者不能这样，还是要有随机捕捉新闻的素质。

5. 事情已经发生了，这类现场新闻还能不能写？我认为是能写的。一个地方发生了车祸，你是发生完去的。你去后，看看车子还在不在？车怎么躺着？警察是怎么画的圈？什么地方有血迹？然后问目击人，张三是这样讲的，李四讲的有什么不同？把这些都记下来，告诉人们，人们对发生的现场就有所判断。事后写现场短新闻并不是事后再造一个现场。这些问题都是可以在实践中不断探讨解决的。

不要认为写现场短新闻没出息，只有写那些大报道才行。

现在最流行的是那种大特写，写那种综合性的、不是一件事的社会大特写。不是说这些东西不能写，但有相当一部分可能是根据道听途说写的，其中掺有不完全真实的成分。现场短新闻的质量是可以不断提高的。只要长期坚持下去，一定能培养出一支密切联系群众，反应迅速，业务过硬的新闻队伍。这样，我们的新闻工作就会更有力量。

报纸要争一日之灿烂[*]

　　《光明日报》1993 年扩版、改版，是一个很好的时机。就是说，现在是办好报纸、办好面向知识分子报纸的好时机。我们现在从事的社会主义现代化建设事业，为广大知识分子提供了施展才华的舞台。十四大报告中说：知识分子是工人阶级中掌握科学文化知识较多的一部分，是先进生产力的开拓者，在改革开放和现代化建设中有着特殊重要的作用。由于知识分子是文化知识比较多的人群，也就有一个特点，他们的作用起得大一些，才能发挥出来，心里才感到平衡。才能得不到施展，这是他们最难过的事情。知识分子的才能施展出来后，当然还有别的心态，那就是看能不能得到应有的报酬、社会的承认，等等。现在，中国具备了知识分子施展才华的条件，所以是做知识分子工作的最好时候。

　　在这个时期，新闻工作如何发挥作用？《光明日报》

---

　　* 本文系 1992 年为《光明日报》改版而作。

作为一张面向知识分子的报纸，有自己很大的优势。《光明日报》有43年的历史，在知识分子中较有影响，有一定威信。时代对它提出什么新的要求呢？就是要面向知识分子，提供更多的他们所需要的信息。

《光明日报》改版、扩版，是顺应时势的做法。时代发展为我们新闻工作者提供了更广阔的用武之地。中国是个人均占有资源不丰富的国家，森林资源占有在世界平均水平之下，因此，纸张不可能有充分的供应。用纸量最大的行业就是报纸。我们的报业应该是什么样的格局呢？从世界上发达的实行市场经济国家的情况看，并不是小报林立，而是以若干种大报为主体，这样来满足人们对大信息量的需求。但这并不是用行政命令来做到的，要在市场竞争中得到实现。参与市场竞争，要有一个战略。什么战略可以在市场竞争中取胜？符合客观规律的战略就能取胜，反之，就会失败。

这两年一些主要报纸纷纷扩版，这是中国商品经济、市场经济发展的客观需求。需求什么？就是读者需要更丰富的信息量。我们要把功夫花在扩大信息量上。报纸是现代商品社会的产物，每天的报纸只有一天的生命。在报纸上写文章会有不朽之作，但不会很多。报纸的优势就是争一日之短长，报纸的文采就是求一日之灿烂。现在有些报纸加张之后，版面多了，大登大特写，几乎每个标题都有一个"大"字。但国外的报纸似乎并不这样做。他们报纸的版面比我们多得多，仍然没有大块文章，这是有一定道理的。我们登的那些大块文章可以赢得掌声，偶尔登一篇也可以。如果每天都有大篇幅的东西登在报上，人家也许要留下来，可没时间看。说报纸的生命力只有一天，可能听起来不大舒服。我们就是要在一天中创造最辉煌的东西。如果过了这一天，便抓不住读者了。明天又有明天的报纸。我们提倡搞进行式报道。如电视台现场转播体育比赛，大家爱看。如果事后放录像，由于人们知道了结果，看的积极性就不高了。我们的报纸要给人以正在进行着的事情的信息，而不要事事都等有了结果再报道，生命力就强了。

各种读者群需要的信息有相同的也有不同的。比如，知识分子需要有更多的正在发生的事情的背景材料。他们不喜欢别人教训自己，而喜欢自己作出判断。事实上，又没有哪个人能掌握一件事情的全部资料，这就需要报纸来提供。《光明日报》是否可以成为登地图最多的报纸？比如，武汉要建第二座长江公路大桥，这座桥在什么地方建，和第一座桥是什么关系，报纸上画个图，让人一目了然。新闻稿也同时登出来，图文并茂。还有什么地方修铁路了，什么地方发现大煤田，都可以用地图标出来。搞好了，就可以成为《光明日报》的特色。《光明日报》改版扩版设想中提出的"坚持基本路线，服务经济建设，宣传改革开放，面向知识分子，追踪时代步伐，贴近群众脉搏，保持传统特色，做到雅俗共赏，拓宽报道领域，透视社会现象，增加新闻信息，革新报纸版面"这 12 句话我赞成。但是要变成具体的可操作的事情。这样的事情想出十件、几十件来，一件一件坚持做下去，就是特色。要多一些背景材料，还应多一点历史图片。比如，现在北京对二环路进行了改造，就可以把以前堵车时的照片登出来，让人们了解它的今与昔。只要报纸吃准了服务对象，动脑筋，大家的聪明才智就可以充分发挥出来。

经济报道要宣传好人民群众最基本的社会实践*

　　我首先要感谢《经济日报》的全体同志为宣传我们的社会主义经济建设所做的有成效的工作。报纸越办越好看，越有用了。

　　我们党的中心工作就是经济建设，我们的基本路线就是以经济建设为中心。邓小平同志讲过，除非打起仗来，都要抓住这个中心不放，即使打起来打完了，还得扭住。经济活动是人类最基本的实践。人总是要先弄饭吃，弄衣服穿，然后才能做别的。我们讲政治、讲意识形态，都是在经济这个基础上，而且最终是由经济基础决定的。脱离了经济是最根本的脱离实际，脱离群众。我们革命也是为了使人民群众能够摆脱帝国主义、封建主义、官僚资本主义的压迫和束缚，得到发展自己的生产力，创造自己的幸福生活的权利和自由。在今天这样的历史时期，我们得到

---

　　* 本文系 1992 年 2 月在《经济日报》宣传发行座谈会上的讲话。

加快经济发展的时机，我们更要珍惜这个时机，把握好这个机会，集中注意力把经济工作搞上去。

远的不说，单说这两年，国内外有些人曾估计，中国共产党可能会离开基本路线。1989年的政治风波后，有人估计我们会把中心工作转移到政治上来，东欧、苏联发生变化后，外面的人都分析、猜测我们1991年的中央工作会议和八中全会是讨论政治问题，结果仍然是扭住经济这个中心不放。事实也证明，扭住这个中心不放是对的。不是不要做思想工作，而且一定要做得很好，很有效、很深入。我们头脑一定要很清楚，中国只能走有自己特色的社会主义道路，人民已经取得的权利绝不能丢掉，中国一定要成为独立自主的社会主义国家，不能重新沦为帝国主义的附庸，一定要保持中国的稳定局面，保持不了稳定对中国人民来讲就是灾难，这是非常清楚的。我们就是要以经济建设为中心，就是要尽可能地发展经济，这是社会主义本身的要求，也是人民群众的希望，也只有这样一条基本路线，才能够真正保持稳定，才能够实现中国的富强。

要把经济工作搞好，离不开对人民的宣传。在经济工作中，宣传可以起到激励和鼓舞人民的作用，起到帮助人们掌握政策的作用，起到使大家共同来探索经济建设、改革开放规律的作用。特别是改革开放，有许多是原来不熟悉的东西，只能"摸着石头过河"，更需要通过宣传工作，来帮助大家逐步接受。这里边包括别人"摸"了，在哪里"摸"着了，摸着了什么。这就要求经济宣传，不要把话说得很满、太绝对，要鼓励人们去闯，去大胆实践，错了再改。试验的东西如果要保证100%都对，那就无所谓试验了。最近，我们请了十几个企业的领导来和新闻界研讨，那些厂长、书记特别不喜欢说什么模式。我们在宣传上有这样一个毛病，宣传什么东西如果不宣传到100%，或者90%，心里总是不大甘心。马克思主义看事物，把一切都当做一个过程来看，世上没有凝固不变的东西。我们应当充分认识搞好经济宣传，办好《经济日报》的重要意义。

在经济宣传中，应该着重地和经常地宣传的东西是：第一，要经常宣传经济形势。形势看得清楚，人们才有信心，也才能看到主要任务。形势既包括国内形势，也包括世界形势，而且应当帮助人们看得准确，能够有点预见就更好。预见做到绝对是很困难的，但不是做不到，因为事物是有规律的。宣传准确要有实事求是的态度，包括有判断能力。举例来讲，这两年，一再宣传市场疲软就不大符合事实。1991年全国零售商品总额比1990年上升13%，前一年比1989年还是上升，这样的市场，全世界都羡慕，怎么能说是疲软呢？购买力是有的，需求也是有的，还有储蓄上升得很快；但是产品积压增加也是事实。问题的症结是产品不对路，卖不掉。所以，不是市场疲软，而是产品疲软，不能埋怨市场。产品疲软是什么原因，也不只是企业的主观原因，还有整个经济布局的原因，不管是什么原因，但不能用市场疲软来掩盖。

关于搞活搞好国营大中型企业，有的报纸经常宣传企业亏损面超过30%，亏损额上升多少多少。似乎也有点片面。北京"三资企业"亏损面比国营企业还要大，好像没有人报道。全国国有大中型企业资金利税率和全部"三资"企业资金利税率，基本上是相等的，经济效益是差不多的，无非是国有企业交税交得多一点。可是老百姓从我们的新闻报道中并没看到这一点，他们只看到国有大中型企业利润下降。实际上国有企业创造出来的东西，先收了税，留的利比较低，而不是整个都低了。我们国家现在财政收入主要来源就是国有企业，如果整个国有企业效益都不行，利税都下来了，我们哪有今天的好日子过。现在老百姓家里的日子都比较好过，可是一谈起国有企业来，好像就是一团糟。如果我们所有的国有企业都糟，我们今天的日子就不会好。我们开座谈会有的企业家说，报道上只说虚盈实亏，你们知不知道还有个虚亏实盈呢！其实这一点办企业的都明白。还有更简单的办法，发出去一批货不收钱，不收钱一算账不就赔了吗！有些"三角债"就是这样故意造成的，有意不收钱，然后好压低明年承包基数。"三资"企业账面上看起来也是亏了，但他的两头在外，在外的部分都赚了，亏了他是不干的，这是实际情况。我们的企业也是这样，企业的账上亏了，但他解决了许多实际问题。有一个企业，说是已经亏了3年了，我说，那你为什么还办，干脆关了算了！他们说，我这一本账上是亏，我还有400个人的工资呢，每个人2500元钱。实际上还不止这些。所以，他无论如何还要维持下去。把形势宣传得准确，不是件容易的事，对有些事情的基本估计不能只看表面现象。

除了经济状况，经济政策也需要对读者说清楚。因为政策是怎么制定的、现在实行的是什么政策，这意味着人们将在什么样的经济环境中来经营。这方面我们也做了工作，但是，不是每一个宣传都十分明朗。举一个例子，银行利率调低了 3 次，总共调低了两个百分点，我们的报纸每次都报道了。我们现在企业借银行的贷款大约 1.3 万亿元—1.4 万亿元，如果利率调低一个百分点，全国的企业就可以少拿出 130 亿元利息，调低两个百分点，企业就可以留下 260 亿元。报纸应该把这点说明白。

形势的宣传，还要包括行情。行情包括行情表，什么东西什么价，这个地方、那个地方什么价。山东烟台罐头厂原来是亏损的，派了一位原市委政研室的干部去当厂长，弄了半年多就不亏了，其中一个奥妙就是算亏损账：做的肉罐头，在山东买猪肉做出罐头成本多少钱，在四川买肉出产品多少钱，他就跑到四川去买猪肉，不在山东本地买，成本就下来了。搞经济就要捕捉信息、行情。我们现在的新闻媒介对行情（包括国际市场行情）的报道重视不够。现在的改革，就是"要把企业推向市场"，推向市场就要知道市场的行情，不知道市场行情，那"惊险的一跃"就要扑空。

第二条，要坚持宣传改革开放。现在，有许多原来我们不习惯的东西、不了解的东西，需要我们做更多的宣传。人们需要的不是我们今天说租赁好，大家都去租赁；明天说一包就灵，大家就都去承包。各个行业的特点不一样，不能用一个办法、一种形式去把企业办好。报纸宣传商品经济，第一需要讲理论，第二需要讲知识，第三需要讲经验。

没有理论，就不能从根本上说明问题，行动起来就会摇摆不定。比如，企业的出路在什么地方？有什么条件才能变化？为什么企业的发展要不断地追求科技进步？资本的有机构成为什么在企业当中要不断地提高？为什么要追求规模效益？这些都涉及基本理论，需要做出答复。举一个例子，前几年我们办起了一大批信托投资公司，大概办了七八百个。资本主义国家办这类公司的作用是吸收零散资金，集中起来变成生产资金，而我们这七八百个信托投资公司是怎么办的呢？国家规定，要办信托投资公司要有3000万元资本，到哪去找这3000万元资本呢？就是找某个地方拨。不管是从哪个地方，什么银行、财政或哪个机关拨出来，都是国家已经集中了的资金，实际上是把已经集中的资金分散到这几百个投资公司。信托投资公司形式上是一样的，是资本主义成功的经验，可是我们一学就走样了，变成了通货膨胀的条件。所以办报不能忽视理论宣传的重要性，实际生活中迫切需要的理论，要把它讲清楚。

第二个是知识。我们现在经常吃没有知识的亏。比如，在改革试验当中，我们扩大股份制试点，这是很明确的。可是，什么叫股票，可能知道的人不那么多。也有的说，资本主义的企业就是股份制企业。我问过日本人，日本大约200万个企业，股份制的是100万个，能够到东京股票市场上买卖的只有3000多个，其他的都不能上市，或者说不能任意买卖。为什么只有3000多个，它有什么条件？不能任意买卖的股票在谁手里？个人手里占多少？法人手里占多少？买的人为什么买？卖的人为什么卖？这些都应当弄懂。有一个日本人买了本企业的股票，股利大约5%，比银行利息还低。我问他利息这么低你为什么还不存在银行里？他说不买股票就是对企业不忠。有人对我说，他要是不买股票，到一定程度就不会提拔他。这都是知识。收小费，议论纷纷。有人说收小费是国际惯例，全世界都允许，中国不允许收小费是不对的。据我所知，世界上有相当一部分国家是不收小费的。有的国家规定小费是在账单里，10%，吃这顿饭是200块钱，加20块钱，由企业分给有关的工作人员。也有服务员直接拿小费，这也分几种情况，一种是服务员的工资与其他工作人员不一样，服务员给30元，其他人给300元，服务员其他收入靠小费。我在意大利的旅馆看到，他们的服务员是没有工资的，就靠小费过日子。还有的更绝了，你到我这当服务员不仅没有工资，每月还要交20%—30%的小费收入给老板。世界上关于小费的情况是五花八门，并不是一个样子。把这五花八门的小费排一排队，就会发现一个共同点，就是一份劳动只能拿一份报酬，绝不是又拿小费又拿全工资。方法看起来不一样，但目的是一样的，不然，任何人办企业都是办不下去的。我们现在有的人的想法是：工资、奖金都要拿，小费也要拿。他想要的这个东西，全世界都没有！还有那个回扣，也是吵得一塌糊涂。这个问题也需要介绍一下世界上习惯的做法。因多数国家法律规定，回扣作为折扣是可以的。个人作为独立的中间人才能拿中间的折扣，作为某单位的经手工作人员要把这个折扣拿到自己的口袋里，在所有法律健全的国家里，都要当做贪污，是政府的工作人员算贪污，是私人企业的工作人员也算贪污老板的。中国香港、日本、美国的法律，在这点上是一致的。否则，就没办法搞商品经济了。

对于现代企业的经营管理，也需要有较多的宣传介绍。既需要介绍企业怎么从小发展到大，像索尼公司那样的，也需要有像亚柯卡那样的企业起死回生的，也需要有泛美航空公司那样，从小到大发展到跨国的，然后又垮台的。需要有各种如何操作的介绍。美国的企业办不下去了，老板要关门，工人为生活下去，就集资把老板的股份买下。企业办好了，他们又把股份全都卖给另一个老板，他们还当工人。我们大概还没有人描绘过这样的事情。我也不太明白，但我知道有这样的现象。比如说，全世界储蓄存款最多的是日本，人均大约两万美元。是不是日本的利率很高呢？日本的低利率在世界是出名的。是不是日本的物价不涨呢？至少东京是全世界物价最高的城市之一。物价涨的速度超过银行利率，存款又不保值，但日本老百姓存款还是比较积极，是什么心理状态，我也不清楚。我问过日本人，他说我有三大需要不存款不行：一是需要买房子，买房子没有 1/3 的银行存款，另外 2/3 就不借给你；第二是小孩子上大学，第三是看病。有这三大需要，就得每月把 1/3 的工资先存起来。美国人的心理状态又是另外一种了，美国人均存款只有几千美元，人均负债

（私人债务）1.2万美元。他又是什么心理状态呢？

第三个是经验。这种经验应该是有比较完全的过程的，包括相当辩证内容的经验，不是今天一个做法否定昨天的做法，明天一个做法又否定今天的做法那样简单的说法。现在，我们推广了许多经验，读者看了觉得不好学。比如说，可以开除工人，报上登了一个、两个、三个，有人一学就碰壁了，不知道为什么别人做得通，自己就做不通。宣传严格管理也是这样，只说这个厂严极了，地上发现一个烟头罚20元，车间主任没抓到罚100元，别人也很难学。第一，他那个厂严的前头，对工人有一大堆爱。第二是严得有道理，是生产的需要，而这个需要又是工人都了解的，民主讨论过的。第三是管的人是公道的。如果我们介绍的经验不说明这些条件，经验就推不开，或被人误解。有一个报道说某厂优化组合后工人月工资达到350元，工人很满意。但是报道没有说这个厂的效益是多少，工人吃多少辛苦。还有，这300多元是什么概念？副食补贴、洗理费还有没有。许多做法都有许多复杂的条件。不能简单化。要么讲稳定就一个人不能动，要么讲动了才能更稳定，开除越多越好。都是片面性。经验，就是要有许多具体操作的窍门。

第三条，就是希望在宣传中不要丢掉经济领域的思想政治工作。存在决定意识，意识对存在有强大的反作用力量。在生产比较快地发展、在经济体制变化比较多的时期，人们的思想变化和社会心理的变化，也比较复杂，有的时候思想上的矛盾会相当的激烈。单纯的经济发展的本身也会造成许多新的观念上的变化，加上我们现在还有体制上的变化。这样的时候，有的人对新东西不理解，有的是自以为理解了，但理解成歪的东西。这两种现象是经常发生的，都是妨碍经济发展的。以前到张家界去，爬山口渴得不得了，到老百姓家要买水喝，老百姓说你们是大老远来的客人还能卖水给你们喝？烧好水，把自己家里仅有的一包白糖放上给客人喝不收钱。现在又去，什么都得买，有的老百姓把黑梨当猕猴桃卖给游客。从不卖水白给，到卖假猕猴桃，他并没认识到这种一时的得利对长远是不利的。在新的时期，在观念上必然要有变化，生活好了，也不穿打补丁的衣服了，艰苦奋斗还要不要？有些人说必须要艰苦奋斗，就看不惯老穿新衣服。这是不了解在新的时期要有什么样的艰苦奋斗。从根本上讲，需要增强我们整个民族的爱国主义、集体主义、社会主义和艰苦奋斗精神，而不是变到不爱国了，个人主义了。但是，老一套的集体主义思想教育，又适应不了新的变化，也不能被人们接受。我很赞成北京宣传的王府井一条街不卖假货，不光是某一个店不卖，整个一条街都不卖，这就是有共同的利益。一家卖假货，对这条街上 99 家不卖假货的商店的信誉都有损害。这种共同的抵制假货就是集体主义思想。在新的时期，要有新的方法来增强人们的集体主义、爱国主义、社会主义思想观念。这是我们新的思想政治工作的任务。

　　经济宣传的内容还很多。我希望把我们的报道搞得更有可读性、更有说服力。经济报道搞不好容易枯燥乏味。

怎么能让人愿意看呢？一是要增强现场感；二是要增加一点背景资料，有对比宣传就活了；三是尽可能地联系群众的生活，让群众感受得到；四是尽可能多一点辩证思维，想到不同的读者接受我们信息的心理。

要达到这样的目标，需要我们长期的努力学习，提高我们的思想，提高对经济的熟悉程度，深入实际了解的程度，才能使我们在经济宣传报道中的自由程度更大一些。《经济日报》有很好的条件，有一批老的骨干，又有一大批年轻的同志，思想比较活跃。只要按照江泽民同志说的：学习、学习、再学习，深入、深入、再深入，真正把这两条抓好，那就能成长出一大批优秀的新闻工作者。这一批人就能在我们国家的关键的历史时期，做出重要的贡献。新闻本来就是明天的历史，写新闻的人也是在写我们自己的历史。我们的工作做得好不好，关系着整个民族的历史命运。我相信，《经济日报》的记者、编辑、全体同志在国务院和地方各级党委、政府和各经济部门的帮助下，一定能把这张报纸越办越好。

培养合格的新闻人才*

    新闻院校主要是为新闻工作培养人才。当前的新闻工作与之前相比也有了很大的发展。1978 年只有 186 种报纸，现在已经有 2030 多种报纸。现在广播电台发展到 800 多座，电视台发展到 600 多座。这种发展速度是相当快的。这样快的速度已经超过了我们各方面力量所能承受的程度。当前新闻事业发展的方针是：调整结构、控制数量、提高质量、增进效益。新闻事业的发展发生了这样的变化，新闻院校培养学生的去向，也就是人才需求的情况发生了变化。今后若干年中，不会每年增加大批的报纸和广播电视台。所以，我们的新闻教育，除了继续为新闻战线补充新生力量之外，要着重培养新闻单位在职的人员。近几年，新闻单位新增加的人员有 20 万人，其中新闻院校毕业的有 1.5 万人，有 90% 以上的人还没有受过新闻专业训练，要帮助他们取得职业资格。希望新闻教育单位

---

* 本文作于 1994 年。

着重提高教育质量，改进新闻教育，努力培养适应建立社会主义市场经济体制和适应社会主义现代化建设事业发展需要的合格人才。

什么是合格人才？邓小平同志有一句话说："思想战线上的战士，都应当是人类灵魂工程师。"他还同时指出："作为灵魂工程师，应当高举马克思主义的、社会主义的旗帜，用自己的文章、作品、教学、讲演、表演，教育和引导人民正确地对待历史，认识现实，坚信社会主义和党的领导，鼓舞人民奋发努力，积极向上，真正做到有理想、有道德、有文化、守纪律，为伟大壮丽的社会主义现代化建设事业而英勇奋斗。"小平同志的要求对于培养新闻专业合格人才是很重要的。如何加强和改进新闻教育工作，可以归纳这样几条：

1. 首要的是要以邓小平同志建设有中国特色社会主义的理论来教育学生，培养能够贯彻这个理论，坚持党的基本路线，有理想、有道德、有文化、有纪律的跨世纪的新闻人才。小平同志建设有中国特色社会主义理论是当代中国的马克思主义，是唯一能够引导中国人民走向富强的理论。我们新闻院系，更要注重用这个理论教育学生，才能使他们担当用正确的舆论引导人的任务。

2. 要改进和加强新闻理论教学，要理直气壮的坚持无产阶级党性原则，适应建立社会主义市场经济体制的要求，推进新闻改革。我们改革的方向，就是要更加适应建立社会主义市场经济体制的需要，更加适应中国社会主义现代化建设的需要，更好地满足人民群众对各个方面新闻信息的需求，更加有利于加强和改善党对新闻事业的领导。多年来，各个新闻院校的教师对新闻理论的许多重要问题作了许多认真的有益的探索，我们新闻界在新闻实践中也创造了许多经验，对于西方的新闻学也进行了许多介绍和研究。我们可以吸取其中对我们有用的成分。现在应当努力编出新闻学教学大纲，吸收新闻研究的新成果，使我们的新闻理论教学向前推进一步。

3. 要加强新闻职业道德的教育。

第一，职业道德是各行各业存在和发展的基本条件，是人际关系最重要的行为规范之一。人类职业是随着人类生产活动的分工而产生的，分工到了比较固定的状态就产生了不同的职业。产生不同的职业，意味着人互相交换自己的劳动，也意味着人不完全靠自己的劳动来直接满足自己的需要。这种分工存在的前提，就是分工的各个方面互相要有一个基本的信任。如果没有这个基本的信任，分工就存在不下去。人们卖掉一样东西，希望拿到的是一张真钞票，不然就不必卖了。所以各行各业职业的存在，职业道德是安身立命的基础。没有职业道德，这个职业就无法存在。职业道德规范不是束缚人手脚的条条框框，而是我们这个职业能够存在、能够发展的根本条件。

第二，新闻职业道德应当包括新闻工作的社会责任。因为新闻工作是影响整个社会舆论、影响社会情绪，以至于影响整个社会行为的一种工作，必须要有必要的社会责任，使它不危害社会，其中包括不鼓吹凶杀、暴力、色情、吸毒，不损害民族的利益，不挑起民族和宗教的冲突，还要包括不利用新闻对他人进行诽谤等方面的内容。新闻的职业道德还应当包括从业人员的敬业精神，以及各个不同的新闻单位之间的相互关系，包括新闻工作者不利用自身的特殊条件谋取私利，收受不正当的报酬。大家在讨论中也提出了新闻职业道德应当包括艰苦奋斗的精神、精益求精的精神等。

第三，在新闻职业道德教育中，应当向学生讲授我们民族的优良道德传统，我国革命新闻工作的优良传统，也要介绍世界各国在长期的新闻实践当中所形成的大家公认的道德规范，以及这些规范形成的过程。

第四，在新闻职业道德教育中，应该向学生介绍在建立社会主义市场经济体制的过程中，对于新闻职业道德提出的要求、挑战和对策，以及发展的趋势。这样才能使学生具备在新的条件下加强和保持自己道德品质的信心。

第五，应当教育学生做人的基本道德。

第六，道德的培养，既包括说理和明知，更要依靠习惯的养成。如何重视养成教育，也有待大家研究。

4. 要更加丰富和充实学生的知识。新闻工作者是面向整个社会进行采访和编辑各种信息的，因此，所需要的知识面相当广泛。当然不可能把一个新闻工作者一生新闻实践中所需要的知识全部都在大学阶段完成，但是应当在大学阶段打下良好的基础。这种基础包括哲学、政治学、历史学、法学、美学、自然科学、经济学特别是社会主义市场经济知识，以及教育学、心理学等。这些内容，有一些是我们已经重视了的，有一些是设置了课程但需要改进的，还有一些是需要努力增加的。有些学校对于暂时不具备条件开设的课程，先开讲座，效果也很好。现在已经引起大家充分重视的，就是对于新闻院系学生的计算机教育。对于新闻院系的学生来讲，如果不解决这个问题，将来分配到新闻单位，就会没办法工作。现在，很多新闻单位都以很快的速度摆脱了用笔和纸写作的状况。不懂计算机就没有就业的资格了，对于新闻专业，这是就业的起码条件。新闻院系的困难可能是装备需要资金投入。一方面教委可以要求各个学校、各个教育行政管理部门给予充分的重视，另一方面各新闻院系自己也要想点办法。

5. 加大新闻实践教育的力度。新闻是一门实践性很强的学科。要担当记者、编辑的工作，不是光懂得应该怎样做就够了，还需要会采访，会写作。在采访学、编辑学的教学当中，应当采用各种方法来培养学生观察社会、观察人群的习惯。问、看、听、记、想，一条也不能少。有的青年记者在采访时，除了人家介绍的情况，其他都没有看见。做一个记者，第一是要会观察，最重要的是养成观察的习惯。第二要有记录的习惯，记者就要记录，有的记者只记几个数字，其他的情况，当时认为不重要，就不记，回去连贯不上了，就去"合理想象"，这就要命了。第三要培养学生善于运用背景材料，新闻是事实的报道，在新闻里增加议论是不可取的，但是写新闻应当善于运用各种事实材料，加以组织，对人群形成正确的导向。在我国的新闻实践中，运用背景材料还是一个弱项。还有一条就是训练学生把具有主观色彩的用语在新闻中剔除掉。这一条不做反复训练是做不到的。

为了加强新闻实践教育的力度，需要加强和改进学生的实习，一要有时间的保证，二要有组织、有教师带领，三是新闻单位应该对学生的实习给予热情的支持，不但不收实习费，而且对实习中产生的稿件也付给报酬。

6. 要提高新闻教师队伍的素质。我们有一支很好的新闻教师队伍，绝大多数人有理论、有水平，有献身精神、敬业精神，担负着为国家培养新闻人才的重要任务，他们也在教学实践中不断探索新的知识，是我们培养新闻工作者的依靠力量。我们应该关心他们，帮助他们扩大眼界，提高水平，关心他们的生活和教学条件。

为培养跨世纪接班人少儿出版工作者应重点思考的问题[*]

一、少儿出版工作者要为培养跨世纪接班人服务

少儿出版工作者首先要明确自己的责任。少儿出版工作者首先是思想教育工作者，少儿出版社首先是教育少年儿童的机构，这一条要非常明确。

在全国宣传思想工作会议上，江泽民总书记提出，宣传思想工作必须以邓小平同志建设有中国特色的社会主义理论为指针，以科学的理论武装人，以正确的舆论引导人，以高尚的精神塑造人，以优秀的作品鼓舞人。这也是对我们少儿出版工作的要求。把这个要求具体化，就是要为把下一代培养成"有理想、有道德、有文化、有纪律"

---

[*] 本文系 1995 年在全国少儿出版工作会议上的讲话。

的社会主义新人出好书。

这次会议的目的，是为了提高少儿出版物的质量，加强主旋律读物的出版。当前我国少年儿童读物的质量是比较好的，整个社会各方面评价也是比较好的。从总体上看，我们的读物在少年儿童当中起的导向作用是正确的。我们少儿出版工作者做了大量有成效的工作，应该感谢同志们的努力。我们做的事情对我们民族的未来，对我们民族的素质，是起了积极作用的。但是，从我们民族的利益考虑，我们还必须进一步提高读物的质量，许多人走上革命道路，是从小时候看某一本好书开始的。我们应当看到我们的作用，提高我们的责任感。我们许多出版社的名称都叫"未来"、"希望"、"新世纪"、"二十一世纪"、"明天"等，说明大家考虑到了跨世纪的问题。"跨世纪"这三个字说起来容易，但要把它具体化，就需要具体策划，有具体行动。如跨世纪的人才需要具备什么素质，这些素质需要采取什么方法才能具备等，不做这样的策划，跨世纪就是一句空话。要落实就要仔细研究跨世纪的含义，要研究我们今天的这一批读者明天会面临什么，他们会碰到些什么问题，他们会不会碰到挫折，碰到挫折时该怎么办，能不能从今天读到的书里吸取到一点力量。

一直到现在为止，我们中国同西方发达国家在生活水平上还存在相当大的差距。我们要为缩小这个差距而奋斗。要使落后的地方都发展起来，人民群众都富裕起来，不仅需要我们努力，还需要下一代接着努力。少儿出版社是为3.1亿少年儿童办的，是为12亿人明天过幸福生活

办的。我们能为 12 亿人的幸福生活做什么贡献，能为
3.1 亿儿童、少年的素质提高做出什么贡献，要一条一条
地分解，培养这种或那种素质要采取什么办法，哪一本书
可以有点用，换一种出法用处是不是大三分等都要研究。
当然也要赚钱。好书卖得越多，作用也越大，经济效益也
越好。但首先要为我们的广大读者考虑，为民族利益
考虑。

　　中国要实现翻两番，实现三步走的战略目标，我们已
经有了蓝图，有了指导方针，这就是邓小平同志建设有中
国特色的社会主义理论，党的基本路线，这是我们的幸
福，是几十年探索的成果。但是能不能坚持一百年不动
摇，要由我们的儿子、孙子们决定。只有使他们具备我们
的事业所要求的基本素质，才能把这条路线坚持下去。需
要哪些素质，这个问题要很好地研究。我们要为贯彻国家
教育发展纲要服务，为贯彻团中央少工委的"雏鹰行动"
计划服务。要仔细研究，认真琢磨，才能把我们的出版工
作做得更有成效。

二、不断提高孩子们的智力水平是
关系民族兴衰的一件大事

　　对下一代的培养大概可以分为两个方面：一方面是智
力因素，另一方面是非智力因素，当然，还有体、美、
劳等。

　　我们在下一个世纪面临着激烈的竞争，这种竞争是综

合国力的竞争，归根到底是人才的竞争。所以必须使民族的智力水平提高到相当的高度，而且要不断提高。出于这样的认识，我们国家把教育放在基础地位，高度重视教育工作。邓小平同志对教育工作给予高度重视，为全党作出了榜样。

人从出生到 14 岁，有 14 年。这 14 年很重要，是打基础的阶段。但 14 年能学到的东西毕竟是有限的，并不能保证他终身够用。更重要的是在他进入工作阶段以后是不是还有求知的欲望和能力，是不是不断地吸收新知识。历史要发展，科学要前进。如果一个人不能不断学习新知识，那么他就不会有前途。如果一个民族不能不断学习新知识，那么这个民族就不会有前途。

现在的一个突出问题，是学生学业负担太重。除课堂作业、教科书习题外，还要加各种各样的课外习题、辅导、总复习，做到晚上 11 点钟还不能睡觉。有的孩子直叹气，问爷爷何时自己才能退休，他盼什么？盼哪一天能不念书，不做作业。一旦他有权不读书，他就什么书也不读了。对于他们，学习没有成为一件愉快的事情，不是打开知识的新领域，不是打开一扇扇通向世界通向宇宙的窗户，而成了非常苦恼的事。习题是重复又重复，用不着动脑子去想。同样的东西抄 5 遍、10 遍、20 遍，没有新鲜感，怎么能不厌烦？这样的结果，对我们出版界也是个大危机。上海出版局的徐福生局长说过，我们出版界为什么有饭吃，因为我们的前人给我们造就了这样一个市场，造就了一批读书的人。这个市场又是很容易被毁掉的。一是各种低劣读物，强奸、凶杀、抢劫，那种东西人家看三本五本就不想再看了。还有一种就是用大量的辅导习题，把孩子们读书的兴趣扼杀掉。其结果就会是无人买书，读者群消失，还有我们编辑的饭吃吗？

教委曾禁止出版各种复习提纲和学习辅导材料，但现在这类东西还是不断出，而且与各类竞赛挂钩，和升学的分数挂钩。导致孩子上课不记笔记，听课不认真，结果上大学后，不会记笔记，费很大劲不知老师讲什么。不是现在的孩子比过去的孩子笨，而是我们这一套东西把孩子们害了。有必要好好查一下对教委规定的落实情况，哪些是真的落实了，哪些还没有落实，是什么原因，怎样贯彻，还有哪些不完备的需要补充。这不单纯是为减轻孩子们的负担，而是为民族前途考虑。也许这样会影响到一些出版社的眼前利益，但还是要从民族利益的大局着想。我们撤掉的是影响儿童智力水平提高的东西，我们要做的是真正有利于提高少年儿童智力的工作。要多出有利于提高学生学习兴趣的书。如50年代出的趣味物理、趣味化学就很好。这种书不要与竞赛挂钩，也不与任何考试挂钩。但要能吸引孩子们去读。还要出帮助孩子们掌握学习方法、学习技巧的书，如怎样增强记忆力、观察力，怎样创造性地思维。还有一个方面，就是展示相关的新领域和新知识，有许多东西可以非常有趣，如踢足球，一个香蕉球是怎样踢进去的，它的弧线是怎样的，着力点应该在什么位置上。要把知识变成有趣的东西，办法多得很。我们学物理，知道声学里面有共振现象，这就可以跟唱歌联系起来，为什么帕瓦罗蒂唱《我的太阳》跟别人不一样？我觉得这些都可以成为我们出书的内容。

对新事物我们的反映是不是还可以更敏锐一点？前几天，彗星撞木星，据我所知，到现在，还没有一本面向少儿的书讲这方面的知识。这个信息是什么时候知道的呢？至少半年以前大家都知道了。但是，没有人想到出书，我也没有想到。现在有许多家庭为孩子买了儿童电脑，286型或386型，最低限度买个中华学习机——700元，或者更便宜点，买个小霸王——486元，也是学习机，把打字学会了，同时也玩点游戏，这在城市家庭中相当不少了。但是，像这样的情况，在我们的儿童文学、儿童小说里面，有多少人写到？还有，儿童自己开汽车，他幻想板凳就是汽车，他开车周游世界。儿童讲外语，用外语直接同外国人打交道。这些，在我们的儿童文学作品中，表现得都不够。到下一个世纪，使用计算机、开汽车、会外语这三条可能是就业所需的基本技能。要面向21世纪，在今天就要让儿童有所准备。

目前职业教育在北京已经占到中学的将近70%，天津职业教育的比重也已经超过50%。职业教育的内容已经开始进入到初中，这在儿童作品里很少反映，我们也很少出版供给职业学校学习阅读的知识性读物，我们出版工作者的眼睛还停留在传统的小学、初中、高中，还未适应这个变化。出书的方法可以有许多种。武汉音像出版社有位同志告诉我，他们出了一种录音带，投入极多，效益很大。他们把乘法口诀小九九配上音乐，使孩子们在听音乐中记住乘法口诀，很受欢迎，一下子卖掉几万盘。而且，他们发现这个带子对弱智儿童也很起作用。这个例子说明少儿出版社出书天地广阔得很，儿童需要、人民需要、民族需要的书很多，出版社也能赚钱。千万不要干那种提心吊胆赚一点钱，让人戳脊梁骨的事。

三、热爱儿童、了解儿童、尊重儿童，为提高　　儿童思想道德水平和综合素质多干实事

少儿读物出版工作的另一个范围更为广阔的方面，就是有关非智力因素，或者叫思想品德素质的培养方面。这当中，最重要的是社会主义市场经济条件下的价值取向问题。我们要研究搞社会主义市场经济、搞社会主义现代化建设，需要人们具备什么素质。儿童文学作品要能够在社会上发生较大的影响，必须符合时代的需要。《爱的教育》产生的背景就是当时欧洲正开始从传统式教育向现代教育过渡，不同等级的人开始在一个课堂里上课，原来的等级意义逐渐消失，有钱和没钱的差别在明显起来，在这样的情况下产生许多新的矛盾。《木偶奇遇记》可以说是适应资本主义市场经济的需要而产生的。虽然那里面并没有讲市场，只讲了小孩子要诚实。这一点正是市场经济健全发展的前提条件。《鲁滨逊漂流记》适应了帝国主义向外拓展的需要。还有《汤姆莎耶历险记》，《爱丽丝漫游奇境记》等，都是适应了当时时代变化的需要才产生重大影响的。我们现在也需要有我们的匹诺曹，需要有适

应我们伟大时代的需要，能够帮助少年儿童形成时代需要的意志品质的作品。可惜，这样的作品好像还很少。相反，出现了一些描写13、14岁的娃娃们所谓谈恋爱的东西，还把这样写叫思想解放。我们不需要用这些东西去教孩子。适应时代的需要，该写的没写，或者写得不够，或者写得不够好，落后于儿童、落后于生活。

我们这个时代的少年儿童需要具备什么精神呢？最根本的当然是用邓小平建设有中国特色的社会主义理论来武装我们的下一代，邓小平同志提倡的"四有"新人，党中央确定的爱国主义、集体主义、社会主义教育，江泽民同志讲的48字创业精神，都是符合社会主义市场经济体制和社会主义现代化建设需要的。而要让儿童接受，就要下苦功夫。我们出了大量爱国主义教育的书，这是好现象，有了这个开头，就可以进一步研究如何搞得更好。要让孩子们感到我们的国家现在是可爱的，过去是值得骄傲的，未来是辉煌的。爱国，爱哪些，怎样爱，一样一样分解，文章就好做了。

团中央的同志提出要写一本《21世纪的中国》，我说至少可以写100本。这100本并不是写21世纪中国的农业、中国的工业等，这是给大人看的。给孩子看，要有给孩子的写法，可以写得生动活泼、丰富多彩，充满着幻想，有故事情节，才能引人入胜。既要让孩子看到21世纪的现代化，同时还要通过具体情节让他们看到21世纪面临的困难。这样，艰苦奋斗就有了新的内容。

有的同志谈到今天的孩子缺少艰苦生活的锻炼。"手拉手"活动可以帮助孩子了解国情。一位日本记者到石家庄采访"手拉手"活动，说：城里孩子与农村孩子通信，城里孩子的收获比农村孩子的收获更大，他们知道了中国还有穷的地方，知道有的孩子到了五年级还没有一本课外书，知道有的小朋友从来没有看到过一块橡皮。这就是具体的国情教育。有位朋友告诉我，过去经常教育孩子要节约，但孩子听不进去。参加"手拉手"活动以后，说：妈妈你这双皮鞋才穿几天就扔了，太浪费。孩子的父母高兴得很，说孩子知道节约了。可见这样的国情教育比只听大人说的作用大得多。各民族的孩子互相通信，他就知道祖国是个多民族大家庭，都是兄弟姐妹，是一家人，这个观念确立了，就是爱国主义。但是"手拉手"活动报刊上登的不多，一本关于"手拉手"的小说也没有。现在，北京的许多孩子去过沂蒙、帕米尔、漠河，许多农村的孩子进了北京、去了天安门、到过中南海，见到过总书记、总理，还没有一本小说来写他们的感受。许多新鲜的事还没有反映到我们儿童文学作家的头脑里去。

　　爱国主义教育要很具体。例如，推广普通话就是爱国主义教育。秦始皇的一个伟大功绩就是统一文字。如果我们的下一代人能做到都讲普通话，功劳就大了。要做到这一点，至少在儿童文学作品里不要出现方言。有许多话在儿童教育中要不断反复，反复得多了就容易被接受。如"神探亨特"这个电视剧，每一集演员都要讲同样一句话："我是警察，你可以保持沉默……"不断反复，观众印象很深。我们也有许多话要在作品中反复讲。如提倡出门和父母打招呼，"出必告，返必回"，可以在各种儿童小说中凡是写到小孩子出门，加上一句"妈，我出去了"，写回来时，加一句"妈，我回来了"，各种作品，都这样写，反复重复，就能帮助培养打招呼的习惯。这对提高我们民族的素质有好处，对提高劳动生产率有好处。

集体主义思想是社会主义道德的核心。一个美国人讲："若干年后，你们几亿小太阳在中国当政了，看你们怎么办？"他认为这些小太阳都是以个人为中心的。我们要教育我们的后代树立集体主义观念。这是可以做得到的。因为我们的社会会使他们认识到他们的命运是依赖于整个社会的。市场经济的竞争主体是企业。现代生产不是个体劳动，劳动者和其他生产要素是在企业里结合起来的。个人力量不与企业结合起来，作用就无法发挥。社会实践，加上我们有意识的工作，完全有条件造就一代集体主义者，这是客观现实的需要。

日本人的企业精神是比较强的，他们叫做团队意识。形成这种意识的原因之一是学校教育，日本学生从小参加各种比赛，书法、美术、跳绳、电脑等。每次比赛，都是作为班级或学校集体的代表参加，而不是作为个人参加。其他同学则都是他的后援，把他参加比赛当做自己的事。从小学到中学毕业都是如此。长期下来，这样的人，从进企业那天起，他就认为自己是企业的一员。这是一种养成教育。人的思维习惯就这样养成了。集体主义的精神要在日常生活中去训练，变成很具体的东西，要分解到我们的儿童文学作品里去体现，写什么，不写什么，如何把关，要十分明确。

　　我们要出一些有关法制教育的书，但不要使孩子认为法律就是限制自己的，而要让孩子看到法律是保护自己的。要学会用法律来保护自己，同时也用法律来约束自己。

　　培养孩子孝敬父母也要具体化。可以写很生动的书。现在孩子们感到孤独，怎样交朋友就是个大问题。孩子的动手能力怎么提高？要出书讲怎么搭帐篷，如果半夜下雨怎么办？怎么点篝火？

图书在版编目（CIP）数据

徐惟诚自选集/徐惟诚著.（学习理论文库）
－北京：学习出版社，2011.7
ISBN 978－7－5147－0027－5

Ⅰ.①徐… Ⅱ.①徐… Ⅲ.①宣传工作－中国－文集
②思想政治教育－中国－文集 ③文化工作－中国－文集
Ⅳ.①D64－53 ②G12－53

中国版本图书馆 CIP 数据核字（2011）第 132879 号

徐惟诚自选集
XUWEICHENG ZIXUANJI

徐惟诚 著

责任编辑：向 钧
技术编辑：周媛卿

出版发行：学习出版社
 北京市崇外大街 11 号新成文化大厦 B 座 11 层（100062）
 010－66063020 010－66061634
经 销：新华书店
印 刷：北京联兴盛业印刷股份有限公司

开 本：880 毫米×1230 毫米 1/32
印 张：19.125
字 数：381 千字
版次印次：2011 年 7 月第 1 版 2011 年 7 月第 1 次印刷

书 号：ISBN 978－7－5147－0027－5
定 价：86.00 元
如有印装错误请与本社联系调换